钟 泰 著

钟泰著作集

钟泰日录

上

钟泰著作集

7

上海古籍出版社

整 理 说 明

钟泰《日录》稿本计有 22 册。其中 19 册存钟斌先生处,时间起迄为 1943 年 7 月 6 日至 1962 年 1 月 31 日。另三册存吴家栖先生处,时间起迄为 1962 年 5 月 21 日至 1973 年 12 月 31 日,1979 年 8 月 1 日至 9 月 3 日。此外 1974 年 1 月至 1979 年 7 月 31 日之稿本未见。

稿本前 19 册由钟斌先生录入电脑,并施标点;后三册由钟斌先生手抄一过,再据抄本录入电脑,并施标点。此次整理出版,由黄德海先生据稿本和抄本(后三册)校对文字,改订标点。陆欣瑶女士、郭君臣先生、李阿慧先生曾予协助。

整理尽量保持原貌,稿本中的一些旧时词语用法、用字习惯均不改;人名常有同音字换用的情况,且前后文不统一,亦予保留。脱字和字迹无法辨认的,用"□"标明;其中有少量人名标"□"者,系手稿原处空缺。可确定为笔误的,径改;有明显错误的,酌情注明。

目　　录

目　录

一九四三年

　　蓝田至湘潭，船钱连伙食在内一百六十元，加菜二十一元，内有酒钱三元。湘潭至车站，搭划子六元，划子上岸至车站挑力每担六元。客栈房间六元，饭每餐十八元。湘潭至衡阳车票三等六十五元，二等加倍，卧车铺位下十五元，中十二元，上十元。衡阳下车至道前街社会服务处，挑力每担十二元，过渡每人每担行李各一元。社会服务处至湘桂车站人力车每辆十元，衡阳至冷水滩车票六十三元。下车至渡口挑力十元，大码头至零陵城搭船每人十五元，行李每担加五元至十元。

七　月

　　六日　下午由蓝田上船，九日晚至湘潭，乘夜车十二点五十分。十日六点钟到衡阳。行李存社会服务处，宿食物油厂曹主任治阳处。十一日七点钟上零陵车，午后一点钟到冷水滩，宿长江旅社，实火铺也。十二日早晨搭班船至零陵，下午四点在老埠头上岸，因柁毁不能行。夜六点半到柳子街。共八里。十三日晨谒柳子庙，访龙兴寺，俱为学校所占也。

1

遂(午后)入城,购得皮鞋一双三百六十五元,《浯溪中兴颂》《淡岩黄双井题诗》《怀素草书石刻》数种计百二十元。

十四日　早到泥坝岭庄屋午饭。午后到栗山里联科庵唐氏谱局,唐柳愚留宿,遂订翌日同游淡山岩。自柳子街至泥坝岭八里,自泥坝岭至联科庵十六里,庵离淡岩三里。

十五日　游澹岩,宋人题名甚多,不独山谷诗也。其后暗岩,闻多奇景,以无导者,虽入,不能悉觅,但见所谓仙人田、仙人井者,胜宜兴善权洞人工假造者万万矣。归途大雨,山水暴涨,至诸葛庙水深不能行,遂涉水而归。过朝阳岩,天已黑,未能游。自城至淡山岩二十里。

十六日　晨入城,访法华寺等故址,今为高山寺,随登芝城第一山,为府城东北隅。旧有角楼,可望蘋洲、湘潇二水汇合处,今建楼祀前零陵镇守使刘崑涛建藩,死于护国讨段之役者也。修手表三十元。

十七日　午前至绿天庵访怀素墨迹碑。在芝城第一山后。买灰兰色布一丈三尺,每尺二十三元,共二百九十九元。午后至朝阳岩,岩为水浸,终不得入。傍晚至龙兴寺前寻钻铒潭不得,旋至茶林庵。对面有锡器铺,系避轰炸移来者,以一百九十元购一锡茶壶而归。

十八日　早七时离零陵,十时到冷水滩,搭前一日快车,误点。直至十九日早五时始到桂林南站。车票九十元,加重八元,挑夫挑零件到六合路二十三元。又由钟协取行李两件,三十五元。住钟协家一小室,正在七星岩下。

二十日　早由公烈介与其房客曾广植子芸相晤。曾为邮政储金汇业局桂林分局副经理,允函金城江邮政机关代定邮车。中午吴子臧请吃午饭,并邀公烈夫妇作陪。饭罢,与吴子臧同游七星岩。便道过瞿、张二公瞿忠宣式耜、张忠烈同敞纪念亭,堂侧四松甚佳。七星岩在栖霞寺后,前岩即名栖霞,后岩曰曾公岩。因曾布得名。布帅桂,尝跨洞为石桥。又一洞曰元风,约深二里,中最奇者为雪柳。导者呼作"珍珠万民伞",其名甚鄙,不知为何人所定。若去"万民"二字,即呼"珍珠伞",不少愈乎。公烈代购一热水瓶,价三百二十五元。

二十一日 早沙日昌来,并约在乐群社午餐。_{西餐。}其夫人严志影携一女一子亦来,女名南姝,子名阳生,尚有一女名阳姝。餐前与公烈同至故桂王宫看独秀峰,今省府在焉。旋至社会服务处报名参加阳朔旅行团,由公烈代纳旅费三百元,定二十四日晨五时三十分出发。晚得贵阳师范学院信,随于灯下作覆。

二十二日 午前至图书馆翻阅临桂县志。与公烈在爵禄饭店食银丝卷包子,甚好。午后至象鼻山观水月洞、云峰寺,驻兵,未得入。旋至龙隐岩观元祐党籍碑。晚至乐群影戏场观《大独裁者》影片,十时始归。

二十三日 早七时警报,因得重游栖霞洞。电光之下,景物全改观矣。午后三时半又有警报,至朝云洞避之。朝云疑当作巢云。中有比丘尼构_架木为屋居之,名曰海圆。与之语,尚能道各宗派别。

二十四日 早五时半随阳朔旅行团乘舟出发。至二塘附近遇空战,弹著沙滩上,距船才数丈外耳。一路风景最好为双泉滩、九马山,_{即画山。}惜过九马山在夜间,时月未上,所见不甚分明。又经冠山,未能一探其岩洞之胜,斯为憾耳。然夜起一舟在群山中,天水相映,景亦幽绝佳绝。

二十五日 早六时至阳朔,登鉴山楼,又至观莲处看碧莲峰倒影,皆无甚奇处。寻龙洞仙泉亦未得。闻县立中学校长钟旭元_{字曲园,梅县人,毕业中山大学哲学系}言,阳朔胜处全在旧县治,今名兴平,即九马山附近一带也,而于夜中荡舟经过,惜哉惜哉。县长名莫超人,派县署数职员导游,午饭于乐群酒楼。于十二时后乘汽车回桂林,过良丰广西大学前,车亦未停。五时到寓,得贵师聘函并悌儿一信。

二十六日 覆宗子威一信。蓝田转来吴士选、王苏宇两函。途遇王继银,言欲转入桂林师院。

二十七日 早起阅报,意相墨索里尼辞职,《大公报》昨日已有此讯。

继之者巴多格里奥将军,并盛传教皇力主和议,如此则欧战或可早了也。至七星岩图书分馆查阳朔、临桂两县志,因藏之洞中,约明日早可取出借阅。是晚公烈携眷返扶南,其嫂其妹仍留寓中。

二十八日 早至栖霞图书馆检临桂、阳朔两志书,未取出而警报发,乃至巢云洞避之。午后复去,阅两时许而归。履周自重庆来书,嘱在桂稍待,当得一晤也。

二十九日 至栖霞图书馆检阳朔志。钱震夏有电来,言陷日起行。悌儿、蒋生各有一信。晚至爵禄饭店食面。购电炬一,二百五十五元。

三十日 购表带一,二十元。至栖霞图书馆检阅临桂志。午后冯振心偕吴子臧来访。彭祖年来信,言暂不去滇矣。晚覆王苏宇一信、悌儿一信。

三十一日 早至图书馆阅临桂志。午后至师范学院看吴子臧。钱震夏快信到。独游伏波山,未得入,绕山一匝而归。

八 月

一日 早至穿山国学专修学校回看冯振心,留面。忽大雨,雨止,由蒋石渠庭曜陪同至漓江边,约行二三里,复由龙隐岩日牙山而归。沙日昌早一刻来,未晤,留得金城江介绍车辆信而去,信盖与航空第七转运所巩所长者也。蒋,武进人,专修馆毕业,现任该校总务主任。

二日 报载林主席于昨晚七时逝世。王举廷快信来,言旅费已由中国银行电汇,然信到而电不到,可怪也。至图书馆阅临桂志。午后王克仁寄来护照,言齐泮林代长师院,经费已结束,备交代,旅费当由后任寄。此事费周章矣。钱履周又有一信,言月半可到桂林。

三日　早访吴子臧，知款尚未到。午冯振心来，赠《自然室诗续集》一册，留谈而去。随至桂东路中国银行问款事。其司汇兑者曰张澍生，河北人，言款已到，转花桥民生路中行办事处拨付矣。乃又至办事处，主其事者李姓，镇江人，则言通知未交来此。即打电话问张，张告云三十一日到，其号码为何仍查不得，不知两处弄何玄虚也。李云明日准有下落，乃重托之而归，又即以此往告子臧，子臧惟摇首耳。

四日　早通知到，往民生路取款。冯振心来，言梁漱溟已回，约至校中晚饭并晤漱溟。午饭后与同去，至二时漱溟始自市中归，因历问宰平、庸伯、子真、真如等踪迹。席中又得见张作人，泰兴人，道及其父名倚，两江师范数理化科学生也。张现任中山大学生物系主任，在中学时尝从刘云鹄学植物，因得读余所编植物学教科书，真如谈隔世事矣。饭后与吴子臧、一苏姓客_{芗雨}同回。振心、石渠令一校役持灯为导，虽雨后，幸未倾跌。座中又一王先生，_{名震，字子威}。武进人，言桂林山水之胜在李家村，即相思江上，距穿山约十里，并约同游。然余游兴阑珊，姑记之以俟异时可也。

五日　早王子威、蒋石渠、张作人来谈。午后梁漱溟来谈甚久。

六日　早子厚、震夏、敬春到，盖已寻觅半夜矣。寻觅不得，乃宿于附近火铺，苦矣。遂偕之同到潇湘饭馆食早点，共化四十一元。子厚遂往见吴子臧，旋赴穿山汉民中学投宿，震夏则宿社会服务处。午后覆彭一湖、周伦生、任心叔、林景润、程璞五、成人美、教育全书编纂处各一信。敬春带来信十三封，其中任心叔有二封，兴和一封，薛廓五一封，皆不用覆。吴紫佩一封，萧宜之①一封，宗伯宣一封，内附作人信，皆未覆。又王后知夫人一讣，邱志州取书一函。晚托震夏代买各药及牙膏，共用一百四十二元。卡泰尼亚于本日投降盟军。

---

①　萧宜之：下文又作"萧逸之"。《日录》中常有人名中同音字换用的情况，今均不作改动。

七日 报载美军占据蒙达,苏军收复奥累尔及比尔戈罗得,并克服克罗密镇。托朱先生买票回,二等一百九十元,三等九十四元,至柳州止,晚七时上车。

八日 到柳州,因误购北站票,未能到宜山。住谷埠路金龙旅舍。多用三百元,然得观立鱼峰云峰之胜。

九日 由东站上车,车票三等两张,七十八元。午后一点五十分到宜山,住新生社。二百〇三号。悌儿夫妇携槿孙来视。

十日 早八点四十分同悌儿到九龙路局乘交通车看颜伯存昆仲、章伯老、林诗伯,并得见冯锦泉。伯老留午饭。叔养劝在宜稍候,即电工务处问前路修理情形,俟通车无阻再行。其意极厚,可感也。两日晚饭并在庆隆饭店,每客饭十二元。

十一日 遣悌儿往见叔养,托函宜站站长,暂允行李存放数日。与子厚、震夏同到柳庆师范学校,原浙江大学地址也。荒草不除,屋倾欲圮,宜乎悌儿之急急欲离去也。午餐晚餐皆在该处。敬春购得鱼一块,甚美,然并他肴馔,费几百金矣。去学校不远,有乾隆中郡守商盘"书以寄胜概"一碑,上横书"宜苑碑"三字。宜苑想系当时巨室园名,惜无府县志查考也。

十二日 夜来大雨,早晨有晴色,甚喜。九时后又大雨,焦灼极矣。终日在旅舍中未出,震夏病齿,并发微热。

十三日 早偕敬春复至路局,知路尚未修好,暂不能通车,惟有过驳,然亦不知何日也。叔养送免票一张,劝再稍后。随邀张圣英同至颜氏兄弟寓中省其太夫人,从章伯老假银一千元而回。适隔壁房间空出,遂迁至二百四号。傍晚至北门外隔江望北龙洞楼阁,甚丽,而未及登也。

十四日 仍雨。早冒雨至图书馆查县志,无有。问其馆长黄紫光,云陈清如老先生家有之。乃至陈家访陈清如,年七十五矣,云已散失。旋至县政府问县长罗人杰,时已散值,言午后送来而竟未送来,无

6

聊已极。雨止,乃至南门外一看,亦无可观者。是日伯老差人送颜叔养介独山站长及林诗伯介各站信来。

十五日 仍雨。县府教育科长温焕金送县志来,随移住柳庆师范农场楼上看县志。午后雨止,晚月明甚,而夜半又闻雨声,天意真难知也。傍晚复访宜苑碑,碑后有龙溪锦篆书,亦商盘作,乃知三里桥下溪名龙溪矣。

十六日 看县志。午饭后与悌儿、敬春邀师校苏一宏、尹续增二生同访铁城山,得见宝祐中判静江军黄应德所为《铁城记》与《铁城颂》。颂在东崖,记在西崖,并字大如拳,紫霞洞内宋人所书《七曲帝君内传》亦如故。洞稍下一石崖横而扁,字迹历历可见,然无路,不可下亦不可上,疑清邑人陈元迪所作《紫霞洞记》也。铁城容地甚广,而四周皆山水,无去路。正霖雨后,积水往往盈尺,中间有水处不可行,皆敬春负而过。

十七日 晨拟往九龙,途遇子厚,遂同行,而交通车不开。乃以电话询叔养,知通车无期,遂决计至金城江搭汽车行矣。午悌儿复与子厚同去,并还章伯老银行折,兼问前途情形。回云有煤车运煤去,可望开至独山,行计益决。午后二时过江至北山,遇雨,至白云庵而还,白龙洞、雪花洞皆未及去。

十八日 函温科长缴还县志。午十二时半上往金城江车。晨见十五日桂林《大公报》载苏军入卡尔科夫,盟机袭维也纳机场,中弹三十馀万磅。邱吉尔、罗斯福将会于加拿大之奎伯克,欧战殆将展开欤。午后四时抵金城江,寓铁路宾馆。沿途所经,以怀远、德胜较繁庶,风景亦较佳。晚陈碧潭夫妇来相看。

十九日 八时半乘车赴南丹,十一点半至拔贡车停。据云前路有损坏,遂在车上过夜。车过六甲穿一山洞,过加必屯连穿三山洞,以第二洞为最长,工程之艰可知已。自金城江以西山形与桂林宜山略同,而多重峰叠障,常数里不断。平地甚少,山上树较多,以风景论,比宜山有过之。

  二十日 闻前路以夜雨,又坠一巨石塞道,车行何时未定,焦灼已极。九时半忽传南丹所开车已到长山,车即开行,过打狗河桥至拉险岭下车,停过驳。步行上岭,约百馀级,复上车,直至十二时方开。轨道成之字形,车或进或退,如是盘旋,直达岭上。到南丹若是者共两处,各站皆停。车程凡八十八公里,计行十小时,晚八时后始到。凡穿山洞十二,寓铁路宾馆。以叔养信故,主任侯明甫招待甚殷。车上遇卓承烈之子,名卓嘉杰,由宜山调往南丹电台,为报务员者,人甚聪俊可喜也。

  二十一日 至独山,车不开,站长杜华黼言本日为墟日。九时后遂至城内看瑶民赶墟,十一时半至城,计十三里。城甚狭小,惟有一门,亦无城墙。至县府晤县长潘宗武,钟山人,谈及,知与钟公烈相识。县署为旧土司衙门。土司莫氏伟勋,自宋神宗时世袭州刺史,至清乾隆中始设州判。光绪三十一年,莫泌者病故,乃改设弹压,归河池州承审。民国七年改县,县辖地甚广。据潘县长云,全县只七万人,真可谓地广人稀矣。将至城,有一公园,内有真武铜像并雷神及两小神像,亦俱铜制。碑莫树杰文,云地本莫氏家庙。莫氏,原山东人,以平苗来领是州。故祠又为山东会馆,像为宋代遗物。复闻庙甚大,民国十五六年时白崇禧等主毁神祠庙,遂废,可叹也。又至截龙滩一看,亦名接龙楼,两山如劈,一水中通,亦本县一景也,距城三里。五时半回宾馆,卓嘉杰与一吴县人谷姓者来看,并约翌日午饭。

  二十二日 车开无期。天又雨,乃至第五总段电台回看卓嘉杰。谈次,知与厚侄相识,其兄之妻与宏侄之妻又兄弟也。坚留午饭,肴馔甚美,盖台长周某之妻手调也。周,长沙人。座中又有一卓姓者,安陆人,任交通部电报局报务,并客某,皆嘉杰之友也。酒名乾插,较桂林三花为烈,一杯后已醺然矣。午后雨止,回寓,闻车六时可开,于五时即至车站转行李票。直至九时后,车始开行,未至一站即停,留过夜,

8

幸坍塌山洞正在抢修,明晨不致再稽留耳。周某云九龙沟森林可看,离站十五里,未能去。

二十三日　晨四时,车复开行,过新店三五里又停。初掉道,继脱钩,自九点至五时,尚徘徊于新店、高桥间也。从邻座借得宝唱《比丘尼传》读之。中国之有尼,自晋建兴中净检,尼姑严戒持经,精习禅观,颇不乏人。惟载支妙音,当太元中,富倾都邑。荆州刺史王忱死,桓玄在江陵闻,欲以王恭代之。玄素惮恭,以殷仲堪才弱易制,意欲得之,乃遣使凭妙音为仲堪图州。以妙音言,孝武遂用仲堪。以一女尼而予朝政,遂肇祸端,不知此书何以取之。六朝人于佛法,所得之浅,仅此可见已。六时后车开,七时后至高桥。以车头缺水,又停一夜。

二十四日　车头回至辛店上水,至九点四十分始开行。十点四十分至泗亭,为黔桂交界处。由此而西,岩洞多不可数,亦有数处有树木,风景不恶。十二时左右至麻尾,为南丹以上最大之站矣。车中无事,借得《金刚经略义》中峰明本著读之。后附明鲍性泉居士《论金刚般若》,析理甚精而透。不知鲍为何人,至筑当一查《居士传》也。一时半由麻尾开,二时后至朱石寨。过朱石寨不远,有岩洞甚多,亦甚多垒石为门,当有人居。稍西一岩在山半,中通如门关,顶一巨石板,甚平,而正有若今之钢骨水泥制成者,尤奇特,平生所未见也。晚九时后到独山,持叔养函见李站长,李招待甚殷。以宾馆客满无住处,留住站上头等车卧铺,睡尚酣。

二十五日　上午迁住扶轮中学,庶务褟君,名有亮。横县人,亦极力招待。站上副站长王良琅,其父桐萱为两江师范学生,当途人,谈次方知之,又多识一熟人。午入城,在三友饭馆午餐。餐后到卡车库会钱守之主任,不在,乃留介绍信而回。晚过李白凤闲谈。白凤由桂林中学来就此间教事,一爽朗人也。

二十六日　早与子厚再往卡车库见钱守之,言两三日后有车往重庆运材料,可直送贵阳。沿途蹭蹬,至此忽闻此好消息,真意外也。本日为墟日，随至大西门外观墟场。较南丹为盛，然竟未见一苗民。城中以西南隅为热闹，今名复兴门。房屋亦较整齐。以霍乱方盛行，未敢多留。仍至三友饭店食客饭，每客十五元。午后回寓，寄邱志州、吴紫荆兄弟、倪东甫、程希圣各一信。

二十七日　早至卡车库，知车行无确期。随至城内省立民教育馆查县志。馆址原为文庙，本日为孔子诞辰，又为教师节，到时正在举行仪式。县长以次皆集，祀典不行，徒知演说呼口号，观之惟有浩叹。然展转得知县绅张松舫家有民国四年修县志稿，因至文化路三十号访张。张年六十五，貌极和蔼，出志稿相示。载志修于明州牧王希曾。王政绩甚优，今县立中学即所以祀王，俗呼王公祠，又名棠荫祠，民国初年县知事王华裔所葺也。续修于清乾隆中，此志稿则三修矣。今方设局续修，张云四五月后或可付印也。独山原为土司，地归都匀管辖，至明宏治七年始建州，改县则民国事。今铁路公路交辖于此，独山乃成要道，城中街道至悉改新名，非复旧时偏州景象矣。然问及县中掌故，除一二老辈外，鲜有能道之者，亦可慨也。在城内食面后，即往寻水崖瀑布。由黄浦路去，展转问人乃得之。盖在鸡尾仔背，原有一石板路通城东门，初不必绕道铜鼓井也。岩壑甚奇，惜天雨，未能穷其胜。但见两瀑相对，一瀑尤伟，凡两截皆直下。农家于旁置石磨，与乐清双瀑正似也。归寓已五时后。连日闻辛店、高桥间曾肇覆车之祸，死伤至三百馀人，其地即前余等所乘车脱钩处，其车则迟余等一日。念此乃知余等真如天之福，再有怨尤，直狂悖耳。

二十八日　以震夏病，入城寻杨鑫兹。杨军校教官，为震夏同学，允邀一唐姓医官来视，而候之终日竟不来，人情之薄如此可骇也。午后小睡，起登校后飞凤山，山下有泉曰来风井，县志称八景之一。然树木斫伐尽，山石荦确，实无足观者。从李白凤借得《元词斠律》《托尔斯泰传》读，遣时而已。

二十九日　钱守之电话来，言到贵阳车明早开，甚喜。然震夏热未止，不知明日如何上车也。午后又大雨。

三十日　晨六时至卡车库，由禤有亮派学校工人搬送行李。内一冷姓，四川人，最出力，赏酒钱百元。九时车开，一时至都匀。忽言在都匀停宿，乃持林诗白介绍片见第八总段黄少虞段长。适侯局长自重庆回，召集路工人员开会，黄出席未返，由崔主任陵淇河北人招待，行李即搬至段内存放，并代订复兴公寓房间。会邵二南亦在开会，邵为之江工程系学生，馀姚人，现任兔场三十一日分段长。会毕，与黄俱来见余，甚喜，坚邀余与子厚至南京饭店晚饭。烧鲤鱼甚佳，自此以西，食鱼更不可得矣。邵妹在遵义浙江大学，明日将同车行。饭后入城一看，即回寓。

三十一日　晨九时车由都匀开，马场坪午饭。午后二时车复开，经贵定、龙里至图云关，天尚未黑。以检查耽搁，至东门外加油站则七时后矣。换乘人力车至大夏大学，遇一事务员姜姓者招呼入校，子厚则往寻李子黼，就旅馆宿。

九　月

一日　早起，理学院长夏浮筠、教务长孙亢曾来相看。盥洗后出门，适王举廷来，遂邀至附近一广东馆早点。回后门房送来各处信电，知钱履周尚滞留，住贵阳招待所，通电话后即来。王校长亦到校，即偕举廷去一周旋，欧副校长亦在焉。旋与履周至燕市酒家午饭，四菜耳。履周抢会账，约在四百金左右，贵可知已。回后崔君送八月薪至，共千五百四十元。刘俊枢任中学教导主任，邀之来，言程希圣在城内。移时希圣亦来，言拟往洪江，正候车也。前文学长谢六逸电话约三四点钟来相看，候之竟未来，子厚亦终日未来，皆可怪。黄昏时法商院长金企渊与前训导长谢嗣升字履平同来看。举廷来，详谈校内情形。在校内晚饭，菜勉强可食，缴半月费二百二十五元。萧逸之两信、一湖一信片、阳朔县立中学校长钟曲园、彭平庄一信，皆须覆。

二日 王校长邀在招待所午饭，孙、夏、金、王外，有盐务专修科主任任宗济、法律系主任今任训导长高承元。谢六逸来，一谈而去。与王举廷同至白沙井九号访王克仁，不在，遂至大东旅社洗澡，花去二十元。回后岑家梧偕周封岐来，周为熊子贞、梁漱溟门下，旧年杭州所认识也。钱子厚、李子黼、刘持生来。刘中文系讲师，曾从子厚读，亦伯沆学生。晚程希圣来，决去洪江矣。寄颜叔养、章伯寅一信。

三日 早八时半开新生成绩审查会，得见外国文学系主任黄奎元、化学系主任陈景琪、陈曾在之江教过。政治经济系主任葛受元、会计银行系主任张祖尧。饭后与孙教务长商议课程，大约可约钱子厚也。庄裕森来，十馀年不见矣。程希圣来，托带一信回蓝田。又寄钟曲园、钟公烈、钟薇坤各一信。昨日并覆薇坤一电，盖欲转学，不能行也。晚宋子玉嘉兆邀在卡尔登晚饭，谈之江事，并发一电与悌儿，邀任之江生活指导。

四日 早约庄心田上街买物。柳翼谋、尹石公来，未遇，留一字条去。午后子厚、何棪先、李雅甫同来，谈为子厚就大夏事。商量尚未定，庄心田又介许庄叔来，许中学国文教员也。张登魁过此，亦来一看。写一信与萧宜之，一信与龙女。由履周荐子慧到协和教书，故发信告之。晚举廷邀在家晚饭。

五日 早八时至六朝居与翼谋相见，谈龙蟠里图书馆事甚悉，盖宋本抄本尽为盗劫矣，方志亦在兴化为寇烧去七千册，存在龙音阁者。惜哉！惜哉！翼谋会账，因订八日再聚之约。散后与子厚同至资源委员会第四宿舍回看尹硕公，谈甚久，尹可谓博闻强记人也。发一信与云从，一信与士选，内附致陆步青一信，索回《吕注订补》稿件。许庄叔来坐，赠所著《黔雅》一本。

六日 寄二哥一信。阅五日《中央日报》，盟军进攻意南者，已占领勒佐及圣几阿凡尼。寄唐鸣春一信。刘俊枢偕□□来看,邀履周同至金龙酒家午饭,三足冬菇、咸蛋肉饼、红烧白菜加一冬瓜盅,共二百〇五元。饭后至青年会看子厚,病矣,去就尚未决,愚暗可怜也。随至宋子玉处小坐,并为之江出国文题为"工欲善其事,必先利其器"。至文通书局晤谢六逸,允接印《吕注订补》,但须一年后出版耳。晚饭后回看金企渊,又至举廷处谈。

七日　早回看孙亢曾。到文学系办公室,见有回教文化刊物一种,取回阅之。内有《跋吴鉴清净寺记》一文,为白寿彝作,考证甚精。吴记见《闽书》,白则云南大学教授也。哥尔多巴西班牙地为阿剌伯文学传入巴黎、牛津及意大利之根据地。

八日　早至六朝居,柳翼谋不来,因至北门外盐务新村访之,言十一日行矣。又去看许庄叔,借《贵阳府志》十七册。午后回校,人至不适,检视温度,高至三十八度,即偃卧休养。晚钱子厚来谈,已决不就大夏,拟后日赴花溪。

九日　热未退。晨间,王裕凯、周漠雄来谈。继许庄叔送《琴师黄勉之传》来,勉力应对,极感疲乏。客去,检温度,达卅九度一矣。宋子玉代买阿斯浦罗一盒,至临睡服二粒。

十日　早热退。履周、子玉来视。午后热又起,服阿斯浦罗一粒,热转高。傍晚孙教务长来谈。临睡又服药一粒。本日胡四来信,内夹云从一信。

十一日　早热度三十七度五,即邀举廷于十一时同至龙泉路二十六号王聘贤处诊视,谓但感冒夹食,开一方与服。午后包医师又来,所说与王略同,即服王药,觉头目爽多矣。一之、伯老并有信来,知到筑,信已达宜山矣。是日午前,履周来视。晚庄心田来。

十二日　病愈,但人尚软耳。寄一信与廖茂如,附一信与孟宪承。礼鸿信转寄与子厚,请其径覆之。

十三日　早强起,至办公室开领物单领取文具等件。寄一信与卓嘉杰、一信与陈碧潭、一信与郭思愚、一信与李白凤。看《贵阳府志》。曹治阳有信来。

十四日 今日旧历中秋也。早发一信与魏鹤轩。与陈敏之到图书馆签课,又寄杜蘅之一信。

十五日 仍签课。看《平黔纪略》,贵阳罗质安文彬、华阳王雪澄秉恩同编,"黔南丛书"本也。东甫来一信,言元放已脱险至宜兴张渚,西来想不久矣,闻之甚喜。

十六日 发一信与彭祖年。宋子玉送月饼来。晚到青年会,之江开校务会议也,至九时后始回。与会者李、宋、王外,有夏元溧、楼特全,严文炜纪录。

十七日 早邀王梦淹、邹质夫谈课事。王云其兄元直,字仲肃,可教"历代文选"。因与孙教务长及举廷商邀其任课。又拟邀许庄叔教基本国文一班,大约明后日可定也。发一信与邵二南、一信与独山站长李恩彤。

十八日 写一信与姚琴友、张汝舟,并附一信与刘寄尘。早九时开贷金会议。午后三时开校务行政会议,直至晚饭后始散。

十九日 早至富水路六百三十号看王梦淹,遂邀同出威清门高坡哨访其兄仲肃,请其来校任课,强而后允。在彼处午饭后进城,至翠屏里约许庄叔任基本国文,亦允。旋偕同至其邻看包晋笙医师,再至王聘贤家看咳嗽,开一方,谓须服两剂。在正新路同济堂购药,共四十二元。

二十日 午后正侔来。颜叔养、徐功懋、任心叔、倪东甫、培儿并有信来。林轶西来看,未遇。晚服药。

二十一日 早课后回看林轶西,其妻与伍立仲之妻,兄弟也。又回看周封岐,周留午饭。回后看《贵阳府志》。高觉敷、吴林伯有信至。晚服第二破药。发一信与葛景仲。

二十二日 寄周子贤内附李鹤祚一信、王后知一信。钟曲园、陈碧潭、之江分校并有信来。看《贵阳府志》。

二十三日　寄宗伯宣、徐作人一信，培儿一信。吴士选信来，言稿费已寄蓝田矣。

二十四日　又寄培儿一信，为稿费事，欲其转此。寄夏朴山一信，问文澜阁书。中午在燕市酒家开校务行政会议。会后至富水路邀王梦淹同至四川路一一七号看邹质夫，邹到慈善路资善堂文献征求馆，因更至馆中相晤。遇杨覃生、李紫光德辉，编辑。王康侯任文牍亦在。移时任志清来寒暄。任尚健，杨则龙钟矣。坐中得知何季刚死耗，惜未及一见也。再到堰塘路六十三号江竹一家，王仲肃正到，余克卿亦寓江处。与仲肃谈甚久。仲肃言，贵州文风之盛，得力于程春海、吴印江典史、林贞伯肇元、广西人。严范孙。因严礼延雷玉峰绥阳廷珍主学古书院，后改经世学堂，翌年丁酉刘培良即以解首举于郎中，其子萱宇，贵阳高级中学校长。仲肃、和叔同科，陈幼苏、稚苏亦同科，式者六人。后辛丑补庚子科，又中十九人，其时学堂所谓高材生才四十人，获隽者殆居其半，作育之效，即一二人之力已如此。吴秋庄以一典史而能使文风丕变，尤为难能。雷玉峰治经崇今文，著有《经学正衡》《文字正衡》《经世正衡》等书。又言丁勉初泽安，贵筑人长于《易》，有《自得斋易学》三种，不知其书能觅得否也。由江家出，又到中华路五五五号看柴小廉，柴亦文献征求馆人士，仲肃极称道之。晚归后，吴士选、萧一之、蒋云从并有信来，萧信中附子慧一信。吴信则谓书稿可寄回，致陆步青信已转去矣。训导处有信，请三十日星期四十二时在十三教室向文学院新生谈话。之江信来，请订授课时间。许庄叔送文章目录来。

二十五日　之江送聘函并九月薪至，邹质夫亦送文章目录及周寿昌《汉书注校补》来。午后王梦淹来谈，言明日府学祀孔，当约与之往观礼。至图书馆借得"黔南丛书"三集，皮鹿门、牛空山年谱。李白凤覆一书。

二十六日　是日为孔子诞辰。早偕王梦淹同至府学行祭，黄丕漠主祭。祭后至梦淹家食面,邹质夫作陪。遂同至对门梅家看吴达安。又至虎门口九号看窦觉苍。窦因坠马伤及锁骨尚未愈。与质夫别后,又至黔□路看陈恒安,未晤。再至齐家湾看梦淹岳翁孙仲翔,_{名鸾}。孙以进士尝官县尹,今弃而为酱园_{味花园}主人矣。复至东岳路八十八号看桂百铸,以时已晏,未能多坐。赶回到林轶西处食水饺,因得见马湛翁、柳劬堂、尹石公近作诸诗,轶西亦有作,匆匆未得细观。归时已九点矣。

二十七日　寄王校长、王苏寓、胡皖生各一信。午后谌湛铨到校。报载昨日俄人克斯摩楞斯克。

二十八日　早谌湛铨来坐。看《贵阳府志》。

二十九日　看《贵阳府志》。张闻沧来一信。

三十日　寄一信覆张荃,内附致李培恩一纸,一信覆徐功懋。十二时向文学院新生训话。看《贵阳府志》。早邹质夫送所抄《张惕庵传》来。惕安,名甄陶,清初贵山书院山长,旧祀于魁星阁者也。

十 月

一日　看《贵阳府志》。楼特全来小坐。钱子厚信来,还所假一千元。

二日　早看宋子玉,同至楼特全寓,因留午饭。李独清、柴申荣_{晓莲}。来,未晤。

三日　楼特全邀在六朝居早点。至法院路五十号回看李独清。连日皆看《贵阳府志》耆旧传。傍晚至贵惠路十五号看陈湛铨。

四日　上午警报,与孙亢曾至师子山避之。看《雪鸿堂诗》。

五日　寄吴俊升一快信,为宋子玉留学事。徐美士、美才兄弟一信,兴和一信,萧一之一信,钱子厚一信。晚看《平黔纪略》。

六日　彭祖年来一信,言师院邀其任助教,就否未定。

七日 是日重九。看《皮鹿门年谱》，其孙名振所定也。谭戒甫到，王举廷邀同孙亢曾与予陪往燕市酒家午饭。饭后访江竹一，不在，与全克卿同至桂百铸处谈。晚归，便道看高承元。

八日 培孙、邱志州、吴仁荣、钟道铭并有信来。谭戒甫偕张西堂来。张立谈数语，未坐即去。观其貌，知非君子也。戒甫以川资不如意，辞教席不就，湘人鄙吝，于此益见。晚过林轶西，谈片时而归。

九日 寄彭祖年、托买各物带黔。邱志州、张文昌各一信，文昌信内附与颜克述一信，问薛国安踪迹。午十一时半历史社会学会开欢迎会，训话约半小时。

十日 是日国庆，又为蒋公就主席日。省立艺术馆开馆，有柬见招，午后因往观焉。所陈列书画颇多明人精品，惜人多又仓卒，不能细看，然巡览一周已极急矣。晚又同敬春至河滨公园看烟火。

十一日 早宋子玉、楼特全来，为之江工学院房屋事。午后遂同乘马车至花溪，时王举廷、孙亢曾亦到。闻贵州大学已允移交，宋、楼、王、孙遂回，余则至贵大访钱子厚、胡皖生。胡入城相左，因与子厚、何棣先同到正偓处。桐孙已七岁，颇知人事矣，见之甚喜。子厚邀往合作社晚饭，饭后回至正偓处宿。

十二日 早饭后与正偓同至花溪公园，登龟山中正堂，全园景物一一可数，大抵其胜在上游，以微雨不能尽其胜也。在正偓处午饭。皖生由城回，因赶来相晤。饭后即乘马车回，到校已四旬。钟琴友、蘅之、云从并有信来，云从与盛静霞已于九月十七日订婚矣。

十三日 发一信与家栋，附一信与星北，问其病。又发一信与吴子臧。王苏宇、成人美、龙女各有信来。晚，之江在楼特全家开校务行政会议，宋子玉请客，有烤鸭，有鱼，吾嫌其太费也。

十四日 覆苏宇一信，并附一信与李一平，为苏宇介。又寄一信与王子慧，附龙女一信。午后张汝舟信来，述师范事甚详，周哲准代授《四书》，可笑也。看《平黔纪略》。

十五日　寄钟道铭一信。看吴滋大《敝帚集》，并择其佳者录之。

十六日　中午在燕市酒家开校务行政会议并午饭。之江信来，索招考国文题，写"来百工则财用足"并"大匠诲人必以规矩，学者亦必以规矩"二题付之。第一次题为"工欲善其事，必先利其器"，皆切工院出题，惜应考者未能知此意耳。同楼特全出名写一信寄李培恩。师院国文科来信。

十七日　早宋子玉来馈白糖数斤，又约往聚兴园早点，有楼特全一家，旋邀至其家午饭。又与特全出名发一电与李培恩。回看《敝帚集》。

十八日　寄两绝句与蒋云从，贺其订婚。看《平黔纪略》。晚宋子玉邀在迎宾楼晚饭，以何学诗到也。《平黔纪略》卷十九云："新城地势如釜，三面环山，南面独缺，回贼据守十馀年。附城险要，石碉错列，互为犄角，碉外凿濠，往来辟枪炮，盖以碉卫城，以濠护碉。城上不见楼橹旗帜，夜亦无灯火。贼多伏碉中狙击，近者辄死。久则惟窥官弁始发，夜系犬濠中，闻声知警。凡初至者，见碉小而杂，若不相属，多易之。此创退，贼转以枪炮逼而前，数人负石随之，枪炮发，乘烟起，急垒石，三四发而一碉成矣。"此颇与今之战术相似，当时叛回中不乏人矣。

十九日　之江补考新生。晨九时至青年会阅卷，随到招待所午餐。回阅义宁徐家干《苗疆闻见录》，录数则。

古州厅，元古州八万洞长官司地，今为黎平同知分治之所。在府西南百八十里，古州镇、贵东道驻之。西南古州江，源出独山州，经三角屯，径都江厅，过城南，东合车江、溶江入广西境。即古豚水，一名牂牁江。由都匀而东，自三角屯舟行至厅约水程三日。汉武帝伐南越，发夜郎精兵，下牂牁江，同会番禺即此。

清水江，盘折苗疆，源出都匀马尾河，经凯里西北，会于重安江，径施洞口，过清江厅，出远口而入湖南。清深可通舟，实沅水之上流。《北史·郭荣传》"黔安首领田罗驹阻清江作乱"即此。

其自贵阳府治贵筑西南合龙里、贵定诸水北流入乌江者,亦曰清水江,则黔江之别派也。明天启初,安邦彦围贵阳,抚臣王三善分兵由清水江驰救是矣。

重安江,在黄平州南三十里,源出平越猪梁江,过重安驿而注清水江。两山夹岸,水深莫测,向日维舟为渡,咸丰间毁于苗。周君达武率川军援黔,修桥跨其上,两岸贯以铁索,上覆木板,行旅称便焉。

苗妇多事纺织,其最密致者曰斜纹布,又有曰洞锦者,出于永从"狪"苗者为最佳,以五色绒为之,土人呼为诸葛锦。曰洞被则以苎布用采线挑刺而成也。

苗有取水具名曰"连筒",以大竹为之,按笋斗合,随山势为高下吸取涧水,可逆流至数十丈。

剿办"苗匪"较他"匪"为更难,如"粤匪",如"捻匪",一战败退必奔数十里之外,"苗匪"之败如鸟兽窜,迨我收队又复漫山而来,截我后军,不步步为营,用"分番迭休法",未有不转而败者。

山溪深阻,路径纷歧,鸟道羊肠,盘纡险峭,赴警行师万不能以方阵进。从事苗疆者当以明沈希仪雕剿为法。如饥因敌粮,宿因敌垒,行不带锅帐,居不依城砦,军不时出,出不时反,是也。

地名四脚牛,初不知其何义,即执苗人问之。凡地方有事,须合众会议者,则屠牛分四脚传之以为之约,因即以四脚牛名。曰水口,曰南江,曰古邦,曰高岩,号称四脚首寨,馀各随所近者附之。主其寨者皆称曰"头公",而首寨头公尤见尊大。牛传毕至,相应如响,故一旦狡启,数千之众随时可集,其称伪王、将军、元帅、先锋、总理者,皆即此谓"头公"也。楚军至,踏平首寨,禽首要,馀悉不战降。毋亦牛盟无主,约散而胆落矣。

王举廷家送鸡一碗来。晚国文系在河滨公园开会,欢迎新到教授。

二十日　吴桂荣来一信。看《贵阳府志》《敝帚集》。覆一信与兰田师院国文研究会,并附一信与成人美。林轶西送和诗来。

二十一日　宋子玉偕何学诗来访。余文豪从田来,求托人写信觅车,留之午饭而去。午后三时开贷金委员会。看《敝帚集》《贵阳府志》。

二十二日　送一信与余文豪。王举廷为书致邮政局长王良骏,为其觅邮车者也。晚在青年会开之江校务行政会议。余文豪来,言明晨即行,求假一千元,乃向宋子玉假五百金与之。宗伯宣、徐作人来一信,言草堂情形甚详。看《敝帚集》。

二十三日　大夏送徽章来,为一百二十三号。杜蘅之自衡阳来,入蜀受训也。晚林轶西来谈。看《考工记》。

二十四日　卢寿楠邀在卡尔登午饭。宋子玉、何学诗来谈之江校舍事。晚在楼特全寓晚饭,座中宋、何外,有王某、聂某。聂为聂云台子,新自上海来者。

二十五日　钱子厚托人带一信来,为张汝舟女事。杜蘅之午后来坐。

二十六日　邀杜蘅之、楼特全、宋子玉在金龙酒家午饭,用二百三十元。买麻油一瓶,一百○四元。到女青年会看张叶芬,知已在土地登记处就一职员,旋至土地登记处视之,知尚好。晚彭祖年来谈,其妻亦随之赴滇,家中可相安矣。培孙信来,寄款二千,内一千五为教部奖金也。国文科、吴林伯亦各有信。是日领到之江十月薪水。

二十七日　天有晴意,盖至是阴雨者半月矣。看《敝帚集》。

二十八日　早起大雾,移时日出,人稍适矣。午后戴戎光来,彭祖年又来,遂同往聚丰园食面点,其妻与其戚并偕往,共用一百二十五元。看《敝帚集》。

二十九日　是日发薪。看《考工记》《敝帚集》。吴景贤宝宝有信来。

三十日　写一信回家,内附与孟宪承、吴林伯、李循范各一信。又寄教部学术审议会一信,缴还奖金收据。午后与许庄叔同游黔灵山,保安干训团蒋无识教育长不在,由其副官王炯熙招待。登藏经楼,管楼者名本端,言一辽宁僧圆正看《大毗婆沙论》,年六十馀矣,惜未见。方丈名仁参,亦未见。见知客性初,曾就学于北涪华藏教义院,未知如何也。寺后多松,登其西巅,坐崖上久之,归时已灯火满城矣。萧逸之、钟道铭有信来,萧信附寄面厂股据。

三十一日　星期。发一信与姚琴友,内附张汝舟一信并国文科学生一信,又附与高觉敷一信,又一信与萧一之,一信与吴紫佩。午后偕敬春游甲秀楼,顺道看赛马。李培恩来电,托向之江工学院新生开学致词。

十一月

一日　看《贵阳府志》。午后包晋笙医生来坐。晚之江开第六次行政会议,在迎宾楼吃饭。

二日　看《贵阳府志》。午后开教务会议。宋子玉来,又交三千元与之,共八千矣。晚易慈贞与其妹震晓来,和侄带来糖一包。王子羲来一信。寄一信与锐侄遵义,问绸价、肉价。

三日　看《敝帚集》。晚在楼家晚饭。宋子玉邀看电影,片为《人质》,述德在波兰暴行也。从林轶西处借得《隋书·经籍志》两本。周星北来一信。

四日　约宋子玉同至花溪之江新校。何学诗邀在经济食堂午饭,旋至正侄寓,未在。过朝阳村戴戎光寓小谈。刚伯附一书至,言应江苏学院之召,将至上饶矣。晚归后,又与宋、楼至王举廷家谈之江事甚久。颜克述、陈蕴武、夏朴山、钟公烈各有信来。

五日　天转热,将八十度矣,贵阳气候不测乃如此。午饭后至三友书店为学校购《骈文类编》,已为人订去,可惜,可惜!冯振心、唐季芳有信来。

六日　早起小雨。写一信覆吴景贤,一信与薛国安,一信与戴刚

21

伯。午后看《府志》。悌儿、邱志州、许时有、杜蘅之并有信来。校中送考期通知及教务会议纪录至。

七日 星期。早陈均谟、易瑶贞夫妇来,言慈贞已回晃县矣。午后卢寿枬与王某同来坐。

八日 发一信与东甫,问元放踪迹。看《贵阳府志》。

九日 是日骤冷。到青年会看子玉,又到护国路看卢寿枬。寄一信与悌儿。

十日 晴,稍暖矣。教部寄来沈颜闵《孝经讲疏》,嘱为审查。其中纰谬甚多,覆以不应奖励。因思近人书未读通便欲著书,如沈某者盖不少耳。午后至花溪,在戴戎光家晚饭,住之江工学院。

十一日 星期四,之江第一次上课。午后课毕,至贵州大学访胡、钱二君,胡皖生邀在经济食堂晚饭。仍回之江宿。

十二日 与正伣同至花溪,上游到石板哨止。在正伣处午饭,饭后与桐孙著象棋消遣。回之江途中遇戴氏夫妇并其子中一,复邀至其家晚饭,饭后并送予返校。是日孙中山生日,放假。

十三日 在之江上课。课毕与何学诗、楼特全至街午饭,饭后与楼同乘马车回城。马湛翁寄来《尔雅台答问续编》二册。蒋礼鸿、吴俊升、彭祖年并有信。彭仍留盘县,蒋寄夫妇合摄影一帧。

十四日 早在六朝居食点心,盖开销补考费也。俊升信有涉及之江及宋子玉留学事者,因过子玉寓,交其一阅。复过楼家午饭。送丝棉袍到一萧姓裁缝处换面子,工价三百八十元,下星期可成。在楼家坐一日。晚由宋子玉邀至乐园吃春卷与面。高训导长请晚饭,未能去,甚歉。

十五日 考"目录学"与"四书"。午后姚薇元来见,姚与钟道铭同学,相善也。看《敝帚集》。

十六日 寄一信与俊升,为售书事。一信与培儿,龙女信亦附去。教部寄《学记考释》《五经正伪》两书来审查。吴桂荣来一信,希划款。

郭晋希、季家骧亦各有信来。图书馆送所借《洵美堂集》《文体明辨》来。看《尔雅台答问》。

十七日　考"老庄"。锐侄来一信,寄绌样来。寄一信与仲、叔两兄,一信与吴桂荣,一信与王子羲、许时有、陈蕴武,内附与唐季芳一信。晚薛国安由坪石寄来一信,已由中大社会系矣。看《贵阳府志·文征》。

十八日　至之江上课。天寒甚,往来乘马车受风,人甚不适。唐子琨、刘寄尘各来一信。

十九日　看《敝帚集》完。李一平来一信。

二十日　之江补行开学典礼,代表李校长致词。十二时在花溪民乐园午饭,饭后乘防空学校冯处长汽车进城。宋锡人有信来,言于本月十八飞印转美,为中美洲牙买加(Jamaica)岛首邑京斯顿学习领事。又言周廷权派为驻千里达领事,千里达在南美西印度群岛东端。已于十六日飞印矣。是日《贵州日报》载龚志任普定县长,因玩忽粮政,记过一次。

二十一日　发一信与吴林伯,问其愿否就之大事。审查杜明通《学记考释》、王之平《五经正伪》竟,加考语寄回学术审议委员会。以三百八十金工资换丝棉袍面成。晚之大开校务行政会议,在金龙酒家晚饭。

二十二日　晨在纪念周讲"自强不息"。看《贵阳府志》。王苏宇来信,托为云南大学代作某人寿序。

二十三日　同人请王校长在杏花村午饭,饭后开校务会议。三时先退,见宋子玉,送还三千元。四时马元放来,谈被捕羁囚事甚详。又得闻京中各宅大略情形,既慰且叹。晚留元放在晚王村食炒面。李培恩、庄心田来一信。

二十四日　早寄八百元与锐侄买被面,又寄一信覆冯振心。

二十五日　至花溪上课。晚回后元放又来谈,代元放作《归来录》序一篇。又为之江事写一信与吴士选,并一信介与萧一之相见,皆由元放带去。

二十六日　寄一快信与王苏宇,代其作《赠杨天厚名颂》一篇。午后到新华洋旅舍看元放与王公屿、张百威,王赠《书目答问》《四库全书答问》《丛书集成初编目录》各一册。元放等明日午后赴渝,由其义弟王铸舜同回,将《吕注订补》稿带去,并写一信与蒋云从,托其缮正并圈点。

二十七日　至之江上课。马元放与王公屿到大夏讲演,匆匆一见。本日发薪,交三千五百元与戴戎光,托其营运。

二十八日　晨与何学诗、张某同至青岩,是日青岩场期也。购少物后乘气车回城,到大夏校门已五时多矣。张某后竟作贼,可异也。①

廿九日　萧逸之、王苏宇、张汝舟、刘友渔、学术审议会各来一函。还《文体明辨》《哀牢溪》两书图书馆,并催其觅《四库书目提要》。

三十日　写一信与唐子琨,四号信。挂号寄去,又寄一信与李培恩,内附与任心叔一信。午前宋子玉来谈。午后三时到王校长家开会。

十二月

一日　是日发薪,米贴未加,系主任办公费亦未送来。覆庄心田一信。又覆王子畏一信,渠信于八月中送来,在法商学院女助教手,耽搁三月始交到,可怪也。兴锐、家栋、林伯各来一信。覆兴锐一信。看《桐埜诗集》。

二日　到之江上课。程希圣来一信。许庄叔赠《桐埜诗集》两集。

三日　是日报载蒋主席与罗斯福总统、邱吉尔首相会晤于埃京开罗,已返渝都。寄萧一之一信、薛廓五一信。

四日　到之江上课。晚候汽车归,至六时半始到校。

五日　《题陈青萍修竹园诗》一律,用詹无厂韵:"不堪老眼人时人,把子诗吟气一申。语险真呕肝肾出,机张敢犯鬼神瞋。黎黄死后

---

①　张某……可异也:疑为后读日记时所补。

风流在,黔桂西来感慨频。大雅扶持须巨手,更翻朽腐出清新。"晚在楼特全家便饭。黎谓黎简,黄谓黄培芳也。

六日　李际间来一信,由蓝田转来者。_{要数学教员。}教部又寄李显相《先秦哲学》一书来审查。

七日　黄生麟佑送孔学会《孔学》创刊号来看,有李翙灼者作《孔子学说研究方法之商榷》一文,中有"误会孔子宗旨最甚之韩愈妄说、程朱陋解"等语。夫以韩愈为妄说犹之可也,以程朱为陋解,则其所谓孔子之宗旨殆可知矣。如此而欲发扬孔学,恐其祸又过于掊击孔孟者耳。可叹!可叹!龚志、王苏宇有信来。

八日　看《贵阳府志·文征》,潘士雅诗并全钞之。午后至花溪。

九日　午后课毕,由花溪回,又交戴戎光夫人五百元。廖茂如、诸君达、成人美、王子慧有信来。大夏是日开导师会议,未及去。

十日　寄培儿一信,内附覆诸君达信并与刘寄尘信。信刚发而鼎女信来,言培儿病又剧发,可虑也。是日补发米贴二百元。

十一日　至花溪领车马费四百八十元。午后课毕欲回,而戴戎光坚留,陪其同访正侄,为之计划农场事。在其家晚饭,仍回之江宿。

十二日　与宋子玉同回,邀在卡尔登午饭。庄心田有信,欲为其友人作保证,碍于情面,不得不应之,想可靠也。审议会有函,索填收据,而款未至。震夏交来寿伯一信。师院邀讲演,有信。

十三日　邀楼特全一家并宋子玉午饭。观电影《风月无边》片。午饭、晚饭皆在楼家。午后"四书"缺课。吴林伯电来,允就之江训育员。

十四日　覆师院国文学会信,订廿一日讲演。李显相《先秦哲学》审查毕,交邮寄还学术审议会,并覆一信。覆郭晋稀、程希圣、刘友渔、成人美各一信。三时后韩德勤来讲江苏现况,特到会一听。晚同敬春到中华戏院看电影。

十五日　覆廖茂如一信。寄钟曲园一信,吴林伯一信,内附致张汝舟一信、培儿一信。午后赴自强杂志社茶会。童鹰九来一信,陈孝

25

坤又交来王子羲一信，姚琴友来一挂号信，并附一信与袁啸声，当由敬春送去。

十六日　晨赴之江，晚回。鼎女、徐美士、锐侄及学术审议会并有信来。审议会者，寄李显相稿审查酬金收据也。收据来而款无消息，可笑。

十七日　邱志州来一信，言日内寒假，回柘溪矣。午后至花溪。

十八日　午后课毕，至贵州大学看钱子厚、胡皖生，途遇姚薇元，乘青岩车回。晚饭后又到师范学院看林轶西，遇朱亚杰，谈香港招回工人事甚详。姚琴友、倪东甫、张亦苏、顾哲民并有信来。姚信内附有袁父汇款收条。

十九日　午后到青年会看宋子玉，商张荃事。随应郑昌厚、孙守桂之邀到冠生园支店茶会，无谓之至。写一信与龙女。一信与鼎，附与姚公一信。

二十日　复性书院书寄来。晚到河滨公园国文学会欢送毕业同学会。林轶西来坐，言已为入股一千元于养鱼事矣。

二十一日　寄《山谷诗注订正》与童鹰九，内附与吴林伯一纸。午后三时半到师范学院讲演。又寄一信与俊升。教部寄八百元到。

二十二日　午后三时半出席教务会议，商议毕业及下学期课表事。本日发福利费六百元，二百元充合作社股本。

廿三日　到之江，午饭后回。宋子玉送来一千八百元，忽加办公费三百元，无名，未可受也。宋来尚未归，由敬春代收，迟日当退还之。毕范宇来一信，言不知葛兴踪迹。

廿四日　覆张荃一信。午后一时，至河滨公园合作堂赴历史社会系送别毕业同学会。毕业大考题拟就，亲交于孙教务长。

廿五日　午后与敬春循南明河至五眼桥而归。寄一信与顾哲民。晚应宋子玉请在卡尔登食圣诞大餐。

廿六日　早裕凯邀在金龙酒家食早点。随偕宋、曹、何等至青年会,拟考题交曹,并交宋子玉五百元,托寄蓝田吴林伯。午后孙教务长来谈会考事,当定廿九日九时半在校长会议室开会商决。晚至师范学院看陈均谟夫妇。

廿七日　苏宇来信,催杨某寿文。领到薪水一千一百元,寄四百元与和侄,并发一信,托代腌咸肉咸鱼。又交二千元与震夏汇永安买金指环,汇费一百二十四元。

廿八日　吴林伯、蒋礼鸿、薛廓五各来一信。又贺良璜_{敏生}自湖北宣恩寄一信并其《转蓬集》来,意欲到贵州大学任教。此人二十年不通音问,忽欲为之推毂,不知吾与贵大一无渊源,不能说话也。教书亦须人汲引,乃至汲引不得,可哀矣。

廿九日　晚六时圣约翰、沪江、东吴、金陵、之江五大学校友在招待所开联欢会。宋子玉来信,必要余出席报告之江近况及工院迁筑经过,至八时后始散。之江校友到会者除余与王裕凯外,有沈经农、吴志高、沈振仁、陈均谟及楼特全五人。

三十日　到花溪。午后回,候汽车不得,乃折回戴戎光家晚饭,复返之江宿。是日之江临时考试。

三十一日　教部六百元酬金到。余乘卡车赶回城,冷甚,然幸不误课。寄回教部审议会两收据。_{一沈颜闵《孝经讲疏》,一李显相《先秦诸子哲学》}。又发一信与彭祖年,由宋希濂转会计组,言昆明汇两万元来,即命敬春去取,大约为杨竹庵寿序酬金也。晚在王校长家晚饭,盖陪部督学许心武也。饭后复商校务数事而归。

一九四四年

一　月

　　一日　作杨竹庵寿序。晚陈均谟夫妇来谈，兴和需款甚亟，允寄与万元。

　　二日　早林轶西邀往南门外清镇路企业公司看吴希之，谈至午刻始回，在轶西处吃面。

　　三日　午在招待所午饭，之江请许督学，邀作陪也。晚在楼特全家吃便饭，宋子玉、曹敏永谈之江杂务事甚久。是日购米一斗二百五十元、炭八十斤三百六十八元。前二日买镦鸡一只二百十七元、鸡冠油半斤三十元、肉半斤二十五元。盖三日来所用已九百元矣，其馀零星之费尚未计也，可畏哉！

　　四日　写一信快信与王苏宇，寄杨君寿序也。陈均谟来，交与一万元嘱寄和侄，并附一信去。送统一国文考试题与教务处。吴希之来谈。晚"乾乾学会"在河滨堂开成立会，邀去出席。任心叔、彭祖年、王后知、王苏宇、庄心田有信。

五日 发一电与吴林伯。覆庄心田一信,告以保证书早寄去矣。杜蘅之由渝回,坐片刻即去。午后至花溪,在正俟处晚饭。得叔兄十月二十九日信。

六日 午后由花溪回,与柴作楫同车。

七日 命敬春再至新新文具店,回云袁某款于五日汇蓝田矣,当将其父字条交与并覆信与琴友。

八日 至花溪。课后到戴戎光家,当交与八千元,因渠造屋欲购地,款不足也。言假与一万,尚有二千,稍迟数日再送去。晚即在其家晚饭。回之江后开校务会议,至十时后方毕,是日大夏毕业生在河滨堂开留别会,未能去。

九日 午前回城。午后陈青萍来谈,并出其新作七古一首相示。是日教务处为考试事邀在六朝居茶叙,未能去。覆一信与贺敏生。

十日 自本日起大考。午后三时开第三次校务常会。寄礼鸿一信、兴锐一信。

十一日 早自到西门买菜。韭黄四十元一斤、面筋四十八元一斤、青菜一科十四元、肉四两十五元,盖各价又长矣。午后监考"四书"。

十二日 考"老庄"。晚写一信寄葛景仲。此信后退回。[①]

十三日 早赴花溪。又交二千元与戴戎光,共万四千元矣。晚宿戴家。

十四日 一日在戴家。

十五日 早九时至之江上课,午后乘汽车回。得汝舟一信、友渔一信,各附有诗词,又和侄一信。晚吴希之来谈,并出和愚《此道》一律及其《右文尊史斋旧稿》,又录《示马湛翁近寄二绝》一律。

十六日 晨八时在招待所开毕业学生话别会,是在大夏为第十九届矣。晚与震夏、敬春同在中华电影院看《玛德里未次车》。

---

① 此句应为后补。

十七日　会同看国文、英语统一考试卷,至午后四时许始毕。吴士选来一快信,言《吕注订补》已审查毕,给奖助金五千元。又言之江迁筑须再上一呈请求,并催开售书目录单。复性书院书款已收到,有覆信。

十八日　送"目录学"等分数与教务处宋人豪,指导单与训导处。午后看宋子玉,不遇。

十九日　午后至花溪,汽车近五点钟始开,到花溪已漆黑矣。

二十日　晚在戴家食羊肉,仍回之江宿。

二十一日　星期六课移在本日上毕。晚何学诗请食水饺子。

二十二日　早回城,过戴家为戎光所留。午饭后再至镇,则马车大敲竹杠,四人共花四百元始雇得一马车回。王苏宇、吴子臧、马元放并于二十日有信来。苏宇并附一信介绍金九如,金,省府秘书也。本月薪水已发,共二千八百元,内米贴则一千二百矣。

二十三日　早看楼特全夫人病,并买饼干一斤送其小孩,而特全午后反送盛礼来,意极不安。林轶西又来邀明日在其寓晚饭。覆苏宇一信,快信。并为杨君撰一寿联,上曰"迈万千人谓英俊",下曰"以五百岁为春秋"。薄暮看王举廷,送其小孩糖果一盒,归后举廷又遣其子成栋送礼来。

二十四日　是日旧历除夕。送鸭子一只、年糕二斤与戴戎光交蒋家,由马车夫带去。晚在林轶西处吃年饭。

二十五日　是日为旧历元旦,天有晴意,可喜也。晚赴女生同乐会,至十时方散。发一信与三兄,一信与李培恩。

二十六日　钱震夏请在巴西餐馆午餐,餐后与钱、与敬春在贵阳戏院看日本间谍影片《回归》。过次南轩,戴戎光夫人送年礼各包装一罐来,乃邀朱志桐、陈孝坤、李正光及震夏、敬春同吃糍团、年糕,以王举廷所送青梅酒下之。

二十七日　午后赴花溪。连日皆住戴家。戴刚伯有信,邀往崇安江苏学院任国文系主任。

二十八日　吴林伯到,带来希圣一信,知在附中任教矣。

二十九日　为戴中业事到清华中学会李宗瀛。

三十日

三十一日　与戎光及其戚蒋君同回贵阳,蒋君邀晚饭,因得会戴揭尘。光志。戎光晚来宿。教部审议会信来。

二　月

一日　彭祖年、钱子厚有信。又由陈孝坤转来王子羲一信,知汝舟幼子夭折,痛可知也,附家信写一信慰之。张祖尧来邀明日午饭。

二日　覆刚伯一信、祖年一信、子厚一信。得家信并吴忠匡一信。

三日　到花溪。写一信与鼎女、一信与培儿、一信与俤儿,为鼎女学医事也。晚宿戴家。

四日　在戴家。是日有晴意。

五日　到之江上课。学生小有风波,上课者甚少。邀郑国栋、高仲剑到戴家为其子中业补课,言明每人月送三百元。晚仍宿戴家。

六日　星期,回城。午后在青年会开之江校务会议,为处置学生退学及经费事,共发一电与李培恩催汇款。后在楼家晚饭。成人美、蒋礼鸿各于三日有信到。

七日　邀楼特全、宋子玉在院午饭,吃风鸡,宋子玉送咸肉点心不少。午后忽发微热,乃写一信至之江请假。李培恩来一信。

八日　早葛受元邀孙元曾来谈谭戒甫兼课事,婉辞谢之。此君唯利是视,鄙哉。陈光颖又来谈谢六逸开西洋文艺思潮课,嘱其先往探意。吴林伯自花溪来,与曹敏永不快,愤欲辞职,劝之责之,卒不释然。乃去看宋子玉,告以此事,宋允设法。且俟宋去后看如何,大约终不能

31

久也。午在招待所饭，王校长请梅贻琦、吴泽霖，约作陪也。饭后看陈均谟不遇，在谭植棠处小坐而回。晚林轶西来谈。又唐慕召、薛其昌、于宗谦、李善培诸生来乞援手，皆之江退学生也。

九日　陈均谟来，少坐即去。午后至花溪。成人美来一信。

十日　课毕在戴家午饭，饭后即回城。晚柴晓莲、杨葆昌、李独清请晚饭，席设柴宅。收到宋子玉、徐美士、谌超岑、吴希之各一信。希之信内附有《怀湛翁先生作》。

十一日　覆吴子臧一信、蒋云从一信。又写一信与培儿，属寄还云从《韩非子札记》稿，附致谌超岑一信。琴友来信，言款收到矣。教部款到。

十二日　早赴花溪，午后回。林伯已得十四中学聘书，明日赴南厂矣。晚尹石公、吴希之偕王凌云同来谈。王在复性书院曾住一年。

十三日　星期。早看王聘贤，送其祁门红茶一盒、云腿一罐。午后在校长家开校务行政会议。五时到青年会回看尹石老，即在金龙酒家晚饭，吴希之作东。饭后又到阳明路看平绍璜，至十时始散。与林轶西同回，时小雨，布履尽湿矣。

十四日　是日签课。朗兄、苏宇并有信来。朗兄信乃十二月二十七日发。

十五日　仍签课。敬春患痢甚重，或传烧皮蛋食之可止，食后胸中胀闷，为之忧疑不置。吴仁荣、卓效良及陈蕴武等各有信来。金兆均由渝回蓝田，过此来相访，谈一小时而去。

十六日　早至公园西路七十四号请包医生来看敬春病，回后陈均谟已买得 Sulfaguanidine 至，包医生先令服下药少许，嘱每四小时服 Sulfaguanidine 两粒而去。今日下痢少稀，热亦少退，当无大碍也。Sulfaguanidine 每粒六十元，十二粒共买七百二十元。第二次六粒，又打一九折，省去七十元。连日看邹南皋《太平山房奏稿》，其《理财末议》有云："战国富强，故孟氏以仁义为富强。今国家衰弱，又当以富强为仁义。"

此大儒通方之言,拘墟者万万不敢出诸口者也。然培克者得此又将多一口实,立言岂不难哉!午后五时到青年会看尹石公,便托宋子玉告假并交还吴林伯盘费一千元,随与宋同在迎宾楼晚饭。

十七日 本日大夏上课,然上课者竟无人。此间百事敷衍,提挈不起,可叹也!以敬春病,未赴花溪。敬春自后半夜起即止未下,为之稍慰。教部送马绍伯《孟子学说底新评价》一书来审定,本日审查毕寄回。又以六百八十元预定重庆地理研究所所出印度、泰越、缅甸、南洋四地图。又托陈均谟再买 Sulfaguanidine 六粒,计三百元,苦杏仁一两十元,冲糖四两三十六元。晚看《太平山房奏稿》,其《敬陈愚悃以一众志》一疏有云:"人生坠地,各留一影,暂居人间,甲不问乙,乙不问丙,流行坎止,原有定数。形骸尔我,自障障人,人臣之所耻,亦臣之所惧也。"又曰:"以言救党是抱薪救火也,以身植党是披襟受矢也,党人与党于人者,皆不自爱其身也。"其言真是发聋振聩。

十八日 本日有课,无上者。午李笃清来谈。教务处送毕业论文来看,看两本,误字累累,竟看不下去,乃分于刘持生、岑家梧先阅。晚浣笘与其五弟来坐谈买车轮事,言先付数千金与之。

十九日 同浣笘到湘雅村宫宅看轮胎,未定议,交五千金与浣笘,候戎光到再说。本日敬春已能起,痢止而热未退尽,或须再睡数日养息也。

二十日 早九时到迎宾楼,之江开校务会议。午宋子玉请吃饭。饭前又到宫家,戎光夫妇已先到。轮胎两对,言定五万五千元,当付定银五千。寄一快信与卓效良,托其代买皮箱一只。又写一信与萧一之,托筹措两万金。寄一信与二哥。皆发快信。晚看《太平山房奏疏》,有《陈腐见以备廷议万一》一疏中有云:"无行之徒,方困穷闾里,大言吊诡,不知者以为淮阴复出,即骤得高爵。既得高爵,复请饷数十万。年复一年,其奇只堪笑诧。此今日一大病痛。今愿帷幄长子,无听游谈,为市井所涸,宁功而后用,无试而阘功也。夫以游谈取士,于文官尚不可,况武臣寄以师旅之重任者乎。"即此一病,明之亡有余,言之可谓痛矣。

二十一日 由钱震夏向其戚方氏借法币三万元付车胎轮价,定明晨取货,馀款则戎光筹措也。晚张亦苏自赣州来一信。本日照常上课矣。

二十二日 午后至青年会看尹石公,拔牙后两颐并喉咙大肿,至饮食不能下咽,盖卧床三日矣。旋在宋子玉处小坐,其经理顾先生病已住热,得晤韩颂易,留其昆明地址而别。韩亦之江学生也。唐炳昌来一信。

二十三日 早戎光来,知车轮馀款尚未付也。教部审查书酬金五百元通知书到。晚阅《愿学集》,其《纪慈训》一诗有云:"扬善不扬恶,齿颊有馀芳。"余性隘不能容人恶,有恶则恒扬之,此语可当韦弦之佩也。

二十四日 寄苏宇一快信,附赠杨竹庵一诗。又覆王子羲及陈蕴武等各一信、徐美士一信。阅《愿学集》,《答陈心谷中丞书》有云:"迩年来始知,独非内也。心意知虑固独也,而鸢飞鱼跃亦独也;戒慎恐惧,慎也,而优游涵泳亦慎也。兀坐一室之内,慎独也;即兵戈抢攘,千万人吾往,亦此慎独也;而庶几孔门慎独之旨。"此言慎独,真可谓肫切矣。又《柬汪登原督学》曰:"孟轲氏曰:'反身而诚,乐莫大焉。'仁者以天地万物为一身,而曲儒则认一身为身,认检制防闲为反身,无惑乎其未能乐。"此语尤妙。然而实证得天地万物为一身,又岂易事。

廿五日 由震夏代向章君借法币一万元,随至花溪交与戎光备购马之用。晚宿之江。是日旧历二月二日,余生辰也。

廿六日 之江考试国文。代戎光向曹永敏借一万元,言明案月八分起息,当交与浣笡。随趁马车回城,见敬春全愈如常,心始安矣。苏宇来一信,寄杨竹庵先代事略也。写一信覆钱子厚。本日之江发薪。

廿七日 早戎光来,同至次南轩隔壁永祥厂谈打造车箱事,言定六千五百元,十日交货,先付定银一千元。午后到李笃清家借《荆公集》,并送《太平山房奏疏》两本,笃清向我借也。随访许庄叔、王梦淹,皆未遇。晚阅《愿学集》，《柬王塘南太常》云："徒向无志人说法，不肯有知人前斫头。"此语道得学人病痛，真切极矣。案此语出《五灯会元》。又《答李梦霖》云："得来教云，除去妄想，未几妄复萌焉。随而又著力拔除，又复萌焉。此自初学本等。足下志学有年矣，'苟志于仁矣，无恶也'，足下从恶处检点，不若从仁处默识。若从仁处默识，则始知此妄念皆自作自受。愿足下默默识此：妄从何处来，又从何处消。则中间本无妄消息，不烦人告语矣。"

廿八日　早与戎光到永祥厂，辞不允承造，以木价又上涨也。培儿、悌儿、和侄各来一信。寄和侄、吴仁荣、吴宗匡、唐炳昌、程希圣、邱志州各一信。晚偕敬春到明星戏院看《世界大战》影片。午后冯九如来相看，邀震夏到力行中学任课。九如为该校训导主任，实负行政责者也。

廿九日　覆任心叔一信，挂号寄去。又寄东甫、元放各一信。午饭后李恩良、宋子玉来，言李培恩来电，嘱将工学院结束。闻之骇异，乃拟一电责之。然此公本反覆刻薄，实不足责也。阅《愿学集》，《四书大全纂序》有云："世偶有管窥者，辄执紫阳格物穷理一言为疑城。物非在外，格物非逐物，紫阳岂不了了？且其释'明德'曰'虚灵不昧'，不昧者何物？释'时习'曰'明善复初'，何者为善，何者为初？如释'学思'曰：'劳心以必求，不如逊志而自得。'如释知性知天曰：'知性则物格之谓，尽心则致知之谓。'此岂从逐物上起者？有能悉心忘见，始知紫阳之学必不从注脚下盘旋。"此可以释疑朱子者之疑矣。晚震夏邀到大中华戏院看《马戏班》影片。萧一之汇二万二千元来。

三　月

一日　午后到青年会看尹石公，知前所和诗今日始由刘持生送去，异矣。四时在王校长家开校庆筹备会。会后与吴志高同行，吴邀至南横路廿六号家中晚饭。其夫人王姓,亦杭州人也。饭后又至青年会晤宋子玉,归途经师范学院看林轶西,返校已九时后矣。地理研究所寄缅甸图到。萧一之来一电。言二千元交效良。

二日 寄一信与伍寿卿,由冷御秋转。午后送两万五千元交吴志高夫人,托其运用周转。归途访宋子玉、楼特全,皆未遇。寄一快信与培儿,索寄赤山埠地契。

三日 寄一信与唐子琨,第四号信。一信与王苏宇。阅《愿学集》,《罗一峰集序》云:"世儒之所谓性也者,如以指标月;先生之所谓性也者,如以足履地。标月者指即有象,履地者身在忘言。"此喻极妙,可以药空谈心性者之病矣。又《胡庐山全归稿序》曰:"学以悟为入门,以修为实际。悟而不修,是为虚见;修而不悟,是为罔修。先生已洞然圣学之大而复与困学同功,兹所以全而归也。""与困学同功"一语极有味,然而难矣。胡嘉诚偕陈悦伦来相看。陈本校经济系学生,胡前江苏大学学生,毕业中央大学,江苏省政府秘书长,皆泗阳洋河人也。午胡四先生自花溪来,同至甲秀楼南明堂一游。归途访吴希之,知蠋叟有诗和愚《此道》韵,为王重生携去呈平绍璜阅。又有《和希之、硕公韵》《见怀》两诗并绝句二十一首,愚仅见绝句,以与皖生同行,匆匆亦未细读也。晚与皖生在聚兴园食汤团、烧饼、排骨面,到大中华影戏院看《松岭恩仇记》。

四日

五日 早林伯来。与林伯、震夏、敬春同到先坐馔,食破酥包子、原汤鸡面。随与林伯同至水口市回看胡嘉诚,未遇,留一名片与韩鹏飞女公子转交,乘车而归。过南横路,与吴志高夫人王瑞英接洽款事,取五千元回。过次南轩晤戎光,言车胎已补好,需款二千元。当拨与二千元,并将白布托带回花溪,倩其夫人裁缝裤子一条。胡四先生来,留晚饭。饭后同到贵州戏院看平剧,名《诗卫讽》,"讽"盖"风"字误也。饭前见石公,取蠋叟所寄诗归。其《答石公诗》曰:"不假菖蒲自引年,每看佳句总欣然。拈来百草都成药,吸尽西江莫道禅。般若无知安有说,辟支得果在观缘。乌尤只借他山住,多愧蓬茅迄未编。"

六日　早戎光来,今日归花溪矣。一之来一快信。彭祖年、蒋礼鸿、顾哲民并有信。午后陈均谟送和侄所寄腊肉至,被鼠蚀者大如碗。晚饭后与震夏、敬春同至中山路《大公报》分馆,以二百八金购得《唐会要》一部,计三册,商务印书馆国学丛书本也。

七日　早戎光又来,以次南轩有人承顶,故未归也。覆一之一信。宋子玉来,托写小屏,为吴志高长大同银行祝喜。午后与许庄叔同至阳明路看平绍璜,绍璜病,未敢多谈。旋至农民银行取教部所汇款五百元。四时开校务会议。晚看《愿学集》,《送玉槎先生典诠序》云:"默而识之,入性之门也。何有于我,知性之实地也。"此解与旧注并不同,然却甚好。明儒说理,实有过人处也。培儿寄《荀注订补补》到。李循范、薛廓五、张闻沧有信。寄收据与教部,用挂号寄去。

八日　王苏宇、任心叔、钱子厚各来一信。程景璋自吴希之处带来湛翁和希之诗,并希之寿湛翁诗稿,及石公改窜稿。午后浣箦来谈马车事。阅《曾文正公大事记》。

九日　寄后知一诗。上海和侄自晃县来,谈甚久,留午饭而去。晚与李恩良、宋子玉在聚丰园吃烧饼面。鼎女来一信,糊涂可叹。是日忽雪。

十日　写一信与鼎女。王□□来辞行,元放义父之子也。晚至举廷家小坐。

十一日　漱溟来信问一湖地址,覆之。大同银行开幕请茶点,十时与宋子玉同去一周旋。夜作二绝《怀江彤侯》寄屯溪转递,不知能到否也。在楼家晚饭。饭后到三友书店买得《邵亭诗钞》《邵亭遗文》各一本,八十元。此书本四本,尚有《邵亭遗诗》一本、《贞定先生遗集》一本。贞定先生者,友芝之父,犹人先生也。此二本不知何时可以补全。又鹿伯顺《无欲斋诗钞》一本、何根云《使粤吟》一本,各三十元。仿唐写本《说文解字木部笺异》一本，四十元。《珊瑚集》一部六本，九元，在今日书价中可谓极廉者矣。归途在柴晓莲、李独清家略谈。尧阶来一信，现住都邮街福利公寓一一九号。言途中曾邂逅葛兴。然则葛困在渝，而前寄枣树南桠信邮局竟退回，可怪也。

十二日　寄《答马湛翁见怀》一律，又《读近作奉寄》一绝。写信与尧阶，属探葛兴踪迹，并附一信去。连日夜雨昼晴，天气转暖。闻盐价涨至五十馀，菜油则且八十矣。吴希之来，与同至省立医院视尹石公疾，牙瘫已自溃矣。和希之《寿湛翁诗》一律。晚看《愿学集》，《慎独轩记》曰："邹轲氏曰'必有事焉而勿正，心勿忘勿助长'，斯慎独之旨也。"慎独集义，得此而通，非实有得者不能知、不能言也。《操存轩记》曰："所谓操存者，非有一物固而执之为己有也，在识其所以存者为何物耳。'维天之命，於穆不已'，不已者，天之操存也，而天固冲漠无朕尔。'於乎不显，文王之德之纯'，纯者，文王之操存也，而文王固不显，惟德耳。善法天者，莫如文王，《诗》咏之曰：'不显亦临，无斁亦保。'"其云所以存者为何物，盖即独也。故操存与慎独亦只是一事，二者得此亦通矣。

十三日　得戴刚伯、三元覆信，又唐季芳一信，之江开学一信。晚孙道昇与刘持生来谈。孙，河南武涉人，毕业清华大学学哲学者。看《愿学集》，《近溪罗先生墓碑》有云："尝论先生有目与人同，不见人过则与人异；有口与人同，乐道人善则与人异。心与人同而以众人心为心，身与人同而以众人身为身。"又曰："谓先生有见乎，则与愚夫愚妇同体，未尝有见也。上焉者得先生眉睫间，下焉者亦欣欣化育中以养以造。先生非吾党之元气耶？夫元气周流，布濩天壤间，不可得而见，惟观造物生者生，化者化，飞者飞，潜者潜，动植者动植，始知元气之功大。吾党自成者成，自道者道，得言者忘言，得意者忘意，得象者忘象，不事雕琢，浑然天成，始知先生之功大。"此可谓善言德行者矣。

十四日 寄伯沆、彤侯各诗二绝句,又和成人美《感怀》韵一首寄去。诗云:"圣人但得我心同,习坎心亨见圣功。禹稷颜回同此学,夷齐齐景孰为功。埋头好作千秋计,冷眼羞称一世雄。玉汝于成天意厚,乐天端在困衡中。"又复唐季芳、李循范各一信。于秘书室柜中见《洪琴西年谱》,携归阅之。午后戴戎光来。晚吴希之、林轶西来谈,并为希之改正所作《寿马湛翁用司马温公诗韵》七律一首。

十五日 填请求医药补助费表。连日睡眠皆不足,昨晚稍好,然起亦甚早。戎光本日回花溪。岑伯榘有信来,并附二诗,不通信者盖七年矣。次南轩承顶事作罢。①

十六日 晨自至西门买菜。回看《愿学集》,《白鹭会答问》有云:"除人与百姓别无己,除安人与安百姓别无敬。若拘拘然守着一腔光景为性为存为敬,于人漫不相涉,此后儒之失也。"又曰:"敬字还当体贴安字。安,彼此相安,相乐无怨无尤之义。能到处相安相乐,即谓之敬。切莫错认善俗媚世为安为乐。"此语极好。姚薇元与岑家吾来小坐。午后二时至市党部演讲,前日吴庆鹏来邀,不得不应之。吴,党部宣传科科长,本校毕业并曾任过助教。又《愿学集·乾城纪游引》云:"学问未知入处须知入处,既知入处须知出处,一知出处须知落处。"语尤精。是夜雷雨。

十七日 覆刚伯一信。午后至花溪。在戴家晚饭,至之江宿。

十八日 之江改星期一始上课。至贵大看胡四、钱子厚,子厚交四千元,预备由王苏宇汇京。在正侸处午饭,饭后回城。东甫来一快信,拟邀在女子师范任教。

十九日 星期,阴历二月廿五日。覆东甫一信、礼鸿一信。和侄来,约下星期五还款。午后看林轶西,说鱼塘事。又到医院看尹石公,石公言柳劬堂有诗,并出其和作相示。晚看温飞卿《乾𦠆子》,载房琯

---

① 此句前空行,疑为后补。

为弘农湖城令,移摄闵乡。会陆象先自江东征入,次闵乡,日中遇琯,至昏黑琯不敢言。象先忽谓琯曰:"携衾裯来,可以宵话。"琯从之,竟不交一言。到阙日,荐琯为监察御史。象先弟景融曰:"比年房琯在冯翊(象先尝为冯翊太守,琯为尉),兄全不知之。今别四五年,因途次会,不交一词,到阙荐为监察御史,何哉?"公曰:"汝自不解。房琯为人,百事不欠,只欠不言。今则不言矣,是以用之。"观此,知多言之人未有不浅者也。

二十日 午后至青年会看宋子玉,盖何学诗将归北涪,约本日进城,意约宋一饯之也。会顾卓人自赣县来,遂同至宴宾楼晚饭,谈邵武本校事甚悉。何定厚来一信。

二十一日 覆岑伯榘一信,并用其《癸未除夕》韵作诗一律寄之。午后王仲肃送代金子玉书篆字横披来。轶西送柳劬堂诗来。是日买糖一斤,价一百二十元矣。

二十二日 《次劬堂近作寄贡禾韵奉怀》一律曰:"六载兵戈泪不收,白头行在尚羁留。深怀自有诗能说,大节宁因老便偷。且喜身安辞药裹,却惭尾续比瓜投。黔阳一聚犹前日,每绎清言杂喜愁。"午后何学诗来辞行。钱履周自永安来,交还前寄金两千元,并言于桂林车中曾遇彭一湖。一湖盖应漱溟约到桂林也。交五千元还震夏,前托借章某一万元全偿清矣。罗振华又持钱安毅名刺来,谈党部约教国文事,允以明日再洽。钱,党部执行委员也。卓效良来信,言行期展缓,箱子托陈秉诏带来。

二十三日 早乘气车到花溪,将《曾文正大事记》送与戴中业。王正谊由重庆回浙过此,亦至花溪,宋子玉邀在经济食堂午饭。课后回城,至巴黎饭店看顾琢人。顾拟拍一电与李培恩,当允转交宋子玉拍发。李培恩亦有一快信来,邀我到邵武。此公圈套,岂可再上也。王苏宇亦来一信。之江本日发薪,又付两次车费三百元。是夜又雨。

二十四日 交震夏付其戚方氏上月二十一至本月二十一利一千二百元。午前至社会服务处看履周，未晤。途遇何学诗，以车坏尚未行也。发一信与俊升。李竟章来一信。是日旧历三月初一。

二十五日 晨至花溪，汽车刚出站门即不能动，不得已改乘马车，故到之江迟至十一时，缺课一小时。本日又补发津贴三百元，算还本月两次中饭，连本日在内，一次早粥，计七十五元。垫给曹敏永利八百元，课后至戴家告之。又至正俌处一走，匆匆乘马车回。到后大雨，幸未沾濡。颜克述、许时有各来一信。

二十六日 晨在迎宾楼开校务常会并请吃面点，至十一时许方散。晚与敬春同至飞山路西南公路局宿舍看和俌，未遇。

二十七日 晨纪念周请演讲，题为"义与利"，约讲四十分钟。彭祖年妹夫傅德民来，言在清镇翻车，渠与祖年之妇并受伤，而祖年妇尤重。午后课毕，乃邀镇夏同至国际饭店视之，并谋送入医院。伤在右眼角并右手腕骨，疑以断，且有娠已四月，大可虑也。镇夏至图云阁医院接洽，余则先归。晚镇夏回，言返旅舍已不在，大约为傅德民送入贵阳医学校附设医院矣。和俌送还借款四千元并利七百元，言一二日再缴一千元，可以先还半数矣，两金戒当即交其取去。戴戎光亦来谈。本日发薪，计三千三百八十元。

二十八日 晨升旗，邀讲话，以雨而罢。午后刘绍桢述尼来，刘在师范学院教教育，不知也，不见盖多年矣。到贵阳医学院附属医院看彭祖年之妇，久觅始得。其房间为头等二号，因书其本姓为朱福丽，故遍问看护皆不知其入附属医院，盖得文化驿站分站主任伍岳藩之力。伍字方伯，适在院内，因得见之。邀同到街上晚饭，辞之而回。萧一之来一快信。吴林伯来。本日以五千元存入大同银行。三哥来一信，并附与正俌一信。是夜睡眠不佳。

二十九日 青年节放假。寄萧一之、王苏宇各一信，又彭祖年一快信。午后与敬春到贵阳戏院看《民族万岁》影片，票市府所送也。又去看彭祖年妇,比昨日痛稍止矣。看尹石公,齿瘫亦愈。晚宋子玉请在迎宾楼吃饭。

三十日 到花溪,在戴家吃娃娃鱼,亦无异味也。培儿来一信,并寄杭州契到。

三十一日 午后到志高银行接洽卖地事,未成。旋转阳明路医院视彭妇,臂伤益有起色,甚慰。晚窦觉苍请吃饭,除陈闻达医师外,皆本校人也。顺道过城根乐群小学回看刘叔尼。和侄带其子来看,未遇。

四 月

一日 发一信覆张尧年。张有信,欲在之江任教,不知之江即须停办也。午后陈家兴、周汉雄来,陈移居文庙路七十八号。晚党部进修班开学。

二日 王子羲来一信。吴林伯送八百元来,还之江旅费,尚缺二百也。

三日 寄一信与培儿、一信与卓效良。卖地事由裕凯说项成功,在大同银行书契,成交价为一年之数,先付一半,馀为六月期。晚即在行中吃饭。陈家兴、周汉雄邀在冠生园,仅去一坐,与邢定氛、陆国梁见面,刑言明日赴桂林矣。

四日 由大同汇五万与萧一之,除还前所假外,馀托其存放。别寄一快信通知一之。又写一信与三哥。林轶西来坐,交与一千元,乃鱼塘增加股也。存七千入大同折,收回利息一千四百元。到省党部上课。

五日 偕敬春同至花溪,由四方河绕道而至中曹司,皆沿南明河行。至花溪后看钱子厚未遇,与胡四谈片刻,便道至鱼塘一看。敬春回,余则至之江宿。

六日 在之江上课。午子厚来,又交三千元,即在之江午饭。饭后回城到省党部，两日共说得《大学》序一篇。廖茂如来一挂号信。

七日　寄一信与二哥、一信与苏宇。并汇八千元与苏宇，托其转汇南京交二哥，为伯沆大事之需。晚到党部上课。

八日　到花溪，午后回。震夏又病，医云恐系伤寒，乃送入贵阳医学院附设病院。龙名登来，留一片而去。

九日　晨应尹石公招，偕谌湛诠同至金龙酒家吃早点。便道一看震夏，幸非伤寒，大约不数日可愈也。彭祖年之妇伤亦渐好。晚同敬春到明星戏院看电影片，甚不佳。林轶西送鱼塘加股收据来，未遇。

十日　星期一，李培恩寄聘约来。此公无信，事急则求人，事过则挥使去，何可再往哉。晚请宋子玉吃饭看戏。

十一日　昨夜睡眠不佳，早起即不适。补"老庄"一课后忽觉胃气上逆，似欲呕者。然乃未食午饭而睡，至四时始起，稍好矣。萧一之来一快信。晚至党部上课。

十二日　震夏已热止出院。何学诗来一信。教部寄《中庸今注》一书来审查。发医药费九百六十五元。孙铭之、程希贤来。

十三日　到花溪。寄一挂号信覆李培恩、一快信与任心叔。晚到党部。

十四日　寄一挂号信覆廖茂如，内附与王子羲、许时有各一信。吴林伯来，交五百元借与程希贤、孙铭之。晚到党部。林轶西来，嘱交二千元与正侄。

十五日　到花溪。晚公请王伯群。戴戎光来宿。马湛翁寄来二绝句。张汝舟亦有信，并寄近作来。李循范亦有一信。二千元已交正侄。

十六日　晨胡四来。尹石公托湛诠送来傅竹庄《读书拾遗》四本，欲先看过。傅名玉书，字素余，瓮安人，以孝廉宰江西之安福，归里后主讲正习书院。辑有《黔风录》二十四卷，又有《竹庄诗文集》。据序，《读书拾遗》六卷、《象数蠡测内外篇》四卷，似同时刻行。此仅《读书拾遗》，非全璧也。其说易略依《折中》，说《大学》则全依朱注，大约得力

43

如此而已。顾其语颇有切实警发处,在黔人士中为难得矣。午后卢寿楠来,并留与胡四同晚饭。饭后与胡四同到贵阳大戏院看戏,胡四请也。为胡四事写一快信与戴刚伯。

十七日 期中考试。寄还教部所托审查刘信敬《中庸今注》一书,书只得一半也。写一信与萧一之。午后到美术馆看故宫书画。任心叔、夏瞿禅寄一信来,邀往龙泉。

十八日 阅傅竹庄《读书拾遗》。读《易经》云:"乾坤,对待之本体;坎离,互根之妙用;咸恒,始经之正道;既济、未济,治乱之要机。"又云:"无思就寂然时言,无为就感通时言。有思则非寂然之本体,有为则非感通之自然。惟寂然不动,故感通者不劳;惟感而遂通,故寂然者不扰。此即阴阳不测之神,易道与人心一也。"又云:"有徇俗之行则不能遁世,有为名之念则必欲见,是圣人不然,所谓素位而行也。此固未尝有乐行之时,而言乐则行之明独善之中,即备兼善之量也。惟时不可行,故忧则违之。夫无闷何以忧,无闷者不愿乎外之心,而忧者万物一体之怀,并行不悖者也。"读《书经》云:"克己严于交物,故四勿先视听后言动,制外以养中也。践形本其得天,故五事先貌言后视听,先发而后收也。四者皆出于思,而思反列后者,始生之事未知有思也,知有思则为四者之至矣。四勿所以察其非礼而禁止之者,即五事之思也。"其言并皆有见。又其读《春秋》曰:"宋人杀其大夫。称国人以杀,而指其名罪在所杀者也,则人者,公词也。今杀者无可杀之罪,则人者,乱辞也。称大夫而著其字,死义也,孔父仇牧是也,则书爵予词也。今不著姓字,则大夫略词也。犹曰身为大夫,无故而为乱人杀也,而诸臣之与于乱者可概矣,其不与以乱者亦幸免矣,而其君之不君又不待言矣。"曰:"弑君之贼,固人人所得讨,而导君于淫以及于弑,亦有国所不容也。故先书楚人杀徵舒以著讨贼之为公,后书纳孔宁,仪行父于陈,以见其纵恶之不顺。夫楚子虽欲悬陈,听谏中止,则不书入陈可也。惟义主于利,外假讨徵舒之名,内实许孔、仪卖国之计,其入而不取,不过畏天下之议其后,而犹使二人制其国以属己也。然则书爵皆贬乎? 书楚子于诸侯之上,以中国不能讨贼,而予楚之为伯讨也。书楚子入陈,纳孔仪于陈,著楚之利人国而强纳其罪人也。事善则书爵为褒,事逆则目君为贬也。"曰:"晋厉虽非贤君,未尝有厚敛杀人之虐,其杀三却,虽有信嬖倖杀大臣之咎,然尝告于栾书,而书以为然矣。纵君之除己之忌,又归罪于君,可乎? 且胥童请杀书偃,而公不忍,使书偃复位而反忍于弑公,谓非其本意可乎? 若《春秋》以厉为国人所共怨,故称国以弑,何为杀胥童而不去其官,以杀胥童为国人之欲,则公与童杀三却何为不书? 晋侯杀而亦以国杀,是书晋者非举国之辞,而当国之词也。孰当国者,书首而偃从也。然则曷为不书偃,晋所不告,史所不书,无可据也。书以晋,而当国之臣可考而知矣。"亦得属辞比事之旨。地方行政干部训练团教务处处长杨敬藻来,邀星期一纪念周讲演,以是日课多,却之。晚到党部。

十九日 考"专家文"。吴希之来,示以湛翁近作二律并二五言古,又言其甥丁安期在黔,将来相看。午后阅傅竹庄《读书拾遗》。其读《诗经·齐风》曰:"于《鸡鸣》知图治之心,于《东方》知为政之体。"其读《大学》曰:"格物不分内外。内自性情形体,外至天地人物,其理同出一源。外者不格,则吾心之理虚而易蒙;内者不格,则天下之理泛而不切要,只是一本散为万殊。万者有所差昧则一者有所蔽亏,一者未至贯通则万者自多扞格。"又曰:"如恶恶臭,岂不忿懥? 如好好色,岂不好乐? 见善如不及,岂不忧患? 不善如探汤,岂不恐惧? 然心之全体万物皆备,却无一物可著。若事物未来而先为将迎,事物已往而尚为凝滞,则心有所偏著而不得其正矣。以善恶之分言,在致知诚意之后,虽有所偏著,亦非邪慝之情。以动静之常言,当静存立本之时,稍不宁谧,便失虚明之体。故诚意之功最为紧要,而正心之功尤为细密。"又曰:"人谓《大学》言心不言性,《中庸》言性不言心,非不言也,所以言者异耳。《中庸》已发未发中就喜怒哀乐言,何尝不言心,但就天

45

命率性说来,故谓之大本达道。《大学》明德便是心统性情,曷尝不言性,但将天命率性之理于格致上说了,故以下单就心说。先说已发只说好善恶恶之意,次说未发只说不可有忿懥四者之心。其实意诚便是用之行,心正便是体之立,心之全体大用便是明德,便是天命之性。率性之道于知至时已自湛然,至此乃发之无不实而用之无不直耳。意诚不言中节,以知既至则不患不中,惟患不实也。"读《论语》曰:"务本章即《大学》先明后新之理,巧全章即《大学》戒欺求慊之意。言学而继之以此记者,得先圣传心之要矣。曰学者若舍故求新有二病焉,一则以故为少而务多记览,便是学而不思则罔。一则以故为浅而凭空探索,便是思而不学则殆。温故知新正学思并进也。"又曰:"仁者必无内外,谢氏此语极不仁者。私欲在内反以仁为外铄,岂知利仁。利仁则知仁之为内,而外物之来不能不动,故须克己方能复礼。制外方可养中,仁者则心理浑然原无私欲。事物之至天则自呈,故无内外之间。曰不仁者不能好恶有二故,一则为私欲所蔽,遇当好者反见为可恶,当恶者反见为可好。一则为私欲所累,明见其可好而不能不恶,明见其可恶而不能不好。仁者无私,故好恶当于理。"又曰:"圣人于及门诸子,自颜子外皆未许其仁,盖必念念皆仁乃全心德之体,故抑而励之也。欲仁斯至则又以一念之仁亦心德所发,故引而进之也。程子有云,未尝言易以骄人之志,亦未尝言难以阻人之进,意正如此。"又曰:"民可使由不可使知,理势自如此,先儒言之详矣。但圣人所以言此,恐为上者先过恃民之能知而所以使由之者反疏,后复不念民之无可由而所以罪其不知者,过峻即孟之所谓罔民也。然则使由之道,制产、薄敛、道德、齐礼,缺一不可也。"又曰:"共学章句句著可与字,十五志学章专就己身说中人语,上章专就教人说,皆言为学次第,而此章实兼之。一以见学不躐等而进。己虽能学而教人不得不由共学适道以术至于立,而后俟其自化。一以见学不半途而废。人既可以共学,即不可不由适道以渐几可立与权也。"又曰:"圣人告颜子克己复礼,朱子言非至明不能察其几。从四非字看出非至健不能致其决,从四勿字看出礼与非礼之分即人心道心之辨,察其几以至于近似则惟精矣,致其决而无或游移则惟一矣。"凡此皆有得之言,故随录之。傍晚张幼笙来,后吴林伯来。

二十日　早到花溪,路遇戎光,匆匆一谈。归时马车甚慢,至校已逾六点。匆匆到党部,只过一刻也。东甫、苏宇、强天健、卓效良、钱子厚各来一信。卓又发旧疾,可虑也。

二十一日　覆苏宇一信。晚大同银行请在卡尔登大餐,盖酬客也。到大同前与石公、希之、湛诠在金龙酒家食点心,谈甚畅。萧一之、戴刚伯有信来。

二十二日　在大同银行取款二千,付吴家利息一千二百,由震夏转交吴即方氏也。彭祖年之妻已出医院,迁住万国旅社一百二十二号,与杨太太同房。前去看之,甚高兴,云出月即归湘矣。便道又过和侄处一晤。戴戎光来,言马车已租与王木匠,赶月出租金五千,自本日起算。戎光夜来宿。

二十三日　星期。邀石公、希之、轶西、湛诠午后三时在金龙酒家茶叙。石公谈及湘绮挽曾文正联,文云:"平生以霍子孟、张叔大自期,异代不同功,戡定仅传方面略;经术在纪河间、阮仪征之上,置[①]身何太早,龙蛇遗憾礼堂书。"石公博闻强记,道百年来掌故如数家珍,可佩也。正侄夫妇携桐孙来,留其母子午饭。和侄旋亦到,适予倦极思卧,未能多与之谈也。

二十四日　栋孙有信来,改就农林部病虫药械制造实验厂事。又接陈秉诏一信,言卓俞廷嘱带皮箱已在金城江被窃,未知信否。午后浣算来,言曹敏永借款拟迟至月底归还,当允转达。傍晚到李笃清家,借《黔书》《续黔书》四本。彭祖年来一电,着敬春送与其妻,电嘱缓归也。代王校长作一寿联送杨秋帆。杨本校校董,花溪学生宿舍即其捐

---

①　置:似应为"致"。

造。王与杨今年皆六十也。联云："寿考作人,岂止广厦万间之愿;趫轻胜我,如见率先百骑而驰。"杨曾领军,王则有足疾,故下联云然。

二十五日　余乃仁介王举廷来相看,并邀至其家午饭,谈至午后四时而回。余欲从余学,当告以先读《四书》,并看《通鉴》,并约定每星期二与星期日为之讲解。晚到党部。

二十六日　午后到花溪。胡、钱二公请在同兴楼吃面。林轶西以三千元嘱转交正侄。回之江宿。夜大雨。

二十七日　午饭后即回。吴希之送马湛翁和尹石老并答希之两律来,未遇。王苏宇又来一信。晚到党部。

二十八日　覆苏宇一快信。戎光来言,其嫂本日过此赴闽,匆匆去,然未及见也。旋归花溪矣。午后予过飞山路旧书铺,购得《宋名臣言行录》一部,版甚精,然缺二本,价二百十元。晚到党部。

二十九日　到花溪。之江本日发薪。归时过戴家,知戎光暂未能成行也。廖茂如寄聘书来,陈蕴武亦来一信。

卅日　本日星期,又为旧历四月八日,苗民向在铜象台跳舞。九时后即偕敬春去看。便道过万国旅社,问彭祖年妻子行期,言五月二日开车即行。到铜象台,看者甚多,而候至十二时,仅见苗妇三两成群,并不跳舞。乃至冠生园午饭,敬春先归。曹敏永夫妇进城,宋子玉约也,而竟由曹敏永会账。饭后到艺术馆看故宫画展,直至六时左右始草草看毕。复到青年会,邀宋子玉到金龙酒家吃河粉,宋子玉请在贵阳戏院看《赵五娘》戏。

五　月

一日　到银行取大夏所发薪,除扣请王校长账外,共发三千三百馀元。与尹石公、吴希之同到公园路、飞山路逛旧书铺,以一百十元购得《小学集解》一部、《黔诗纪略》四本,为五、六、七、八册,缺前四本,不知能补齐否也。晚过月宫饭店看和侄媳,未遇。再到师范学院见易亲家太太,谈及和侄近况,盖人太长厚,往往为人欺,故亏累甚多耳。

二日 十时后过西南公路局与和侄略谈,随即到北新区路余乃仁家,直谈至晚饭后始散。到党部上课。发一快信覆萧一之。

三日 寄一信与东甫。一挂号信与廖茂如,退还聘书。午后到尹石公处吃烧山芋,谈至六时后始回。送正侄收条与林轶西。写一信与栋孙。荣孙来,为请董麟佑教其补习英文。

四日 到花溪,在戴家午饭。送南京兑汇款与鱼塘股据与正侄。晚到党部。孟宪承、顾倬人、蒋礼鸿、萧一之、瑜媳有信。

五日 寄一信与徐美才衢州、一信与许诼生屯溪。陈廉贞与许庄叔来。

六日 萧一之汇与卓效良二千元本日转汇曲江,汇费二百二十七元,盖连日银根紧,故汇率加昂也。别去一信通知效良。到花溪,归时匆匆在车站见子厚,数语而别。晚偕敬春看戏,以连日豫中战讯甚恶,心中烦闷,思藉此以解之。

七日 星期。晨到迎宾楼开校务常会,过林轶西处吃黑糯米粥。劬堂有诗至,知病已痊矣。到石板坡余乃仁家讲书,盘桓一日,至晚饭后始归。

八日 午后至青年会剪发。在尹石公处小坐,并与尹暨、陈湛诠同至旧书铺一逛。

九日 至余乃仁家,便道过税务管理局回看丁安期。晚至党部。前夜大雨,今夜月色甚佳,已四月十七矣。吴俊升来一信,言奖助金一千五百元已发。

十日 午后许庄叔来约游打鱼寨,顺道至水口市兵工厂看卢寿枏。晚同到社会服务处听桂伯铸弹琴,至夜十一时始归。姚琴友、王子羲来一信。

十一日　到花溪。林轶西有信嘱交正侄,因于六时后即趁汽车去。晚到党部。彭祖年来一电与其妻,又来一信,电即送去。寄一信与何学诗。又一快信与任心叔、夏瞿禅。

十二日　早浣簨来送法币三百元,继又由田孟奎送来一千一百元,共一千四百元,乃车价也。午后到青年会与尹石公同吃面,后到党部。发一快信覆彭祖年,一快信顾琢人一信。①

十三日　到花溪,还曹敏永一千二百元,盖去年兑上海者也。晚吴希之邀在北平餐馆吃单饼与小刀面,同席者尹石公、丁安期。

十四日　星期。寄一快信覆姚琴友,内附孟宪承一信、张汝舟一信、陈蕴武一信。到余家,至晚饭后始回。

十五日　琴友又来一信。由震夏交来培儿一信。还震夏五百九十五元,盖蓝田补发六、七月米贴,尾数为家中扣去矣。

十六日　寄一挂号信与培儿、一信与蒋礼鸿。教部审查酬金五百元寄到,覆一挂信将收条寄去。吴桂荣来一信。到余家。晚到党部。

十七日　午后到白沙井十二号一看。萧一之来一快信。震夏又交来其老太爷一信。晚林轶西来谈。

十八日　未到花溪。到青年会看宋子玉,李恩良亦在,言其弟国良结婚矣。复看尹石公,石公旋乘车返惠水。午后到企业公司看吴希之,希之到大夏,相左未遇。晚到党部。戴戎光夫妇来。

十九日　报载中美军袭密支那,占其机场。连日豫中战事失利,此足以稍偿其失矣。以五千五百金购得《明史》一部。晚到党部。

二十日　到花溪。在戴家午饭,车价又缴二千元。归途车中认识大定王国梁,言有灵药可治创伤,特邀之同到华洋旅馆看彭祖年之妻,以有孕,恐药伤胎,乃止。又交傅德民一千元,共借四千元矣。连日看

---

① 一快信顾琢人一信:似有笔误,或当作"一快信与顾琢人"。

李岳瑞《春冰室野乘》。

二十一日　星期。发一信覆吴桂荣。到迎宾楼开校务常会,会后到余家。看《宋名臣言行录》。

二十二日　彭祖年有电来转与其妻,其妻急欲行,又筹借得五千元与之。向裕凯借二千,宋子玉又送来二千五百元。本日领到部发奖金一千五百元,还方家一万元,并付月息一千二百元。家栋来。有谳、彭祖年并有信来。吴俊升有一快信,言川大见邀,欲开示所任课程名目。晚与敬春看《大萝卜》。连二日便血,今日稍减。

二十三日　到余家。晚到党部。邱志州有信来。楼特全来,颇短宋子玉,可笑也。

二十四日　寄一快信覆吴俊升、一快信覆邱志州。今日便血又甚。下午开教务会议。晚候敬春不归,焦灼不可状,疑其被捉当兵去,吾将何以自聊乎。至夜深归后始寝。

二十五日　到花溪。下血稍好矣。晚到党部。戴刚伯来一快信,曹敏永款戴家已还,又了却一事矣。车费又交五百元。

二十六日　钱子厚来一信,附洪自明与彼一书,为教书事也。尹石公着人送《四家文》四本,并《指月录》四本来。《指月录》嘱转吴希之者。何学诗亦来一信。

二十七日　覆尹石公一信。到花溪,晚回。宋子玉邀到贵阳戏院看全本《甘露寺》,即在青年会住。曾宪镕、李树宣从干部学校来一信。新阵地图书社来一信索撰文。

二十八日　到余家,刘熙乙亦来听讲。午后到刘家,见其藏书有《颜山农遗集》,假之而归。此书咸丰中刻于泸州,不知外间何以绝少见也。

二十九日　尹石公命皮彦彪持函来取《南史》《辽金史》,共四十八本,当即交其带去。谢扶雅、徐美士各来一信。

三十日　到余家。晚到党部。由贵州大学转来张荃一信。戴克光又来一快信,促予赴闽。彭祖年来一电报,其妻子已行矣。

三十一日　发一信与朱有灏,并附培儿一信。又一信覆谢扶雅、一信覆徐美士。宋子玉来邀看马戏。晚大夏二十周年预祝,看戏至十二点方睡。

六　月

一日　大夏二十周年[①]校庆,早开会,午聚餐。午后自治会招待校友并欢送本届毕业同学,晚又看戏。本日未到之江,党部课亦请假。

二日　本日休息,放假一日。看罗台山《四书》文。晚到党部。连日湘北、鄂西战急,不胜忧虑。

三日　夜大雨。早起乘汽车到花溪。送戴家一横披,写仲长统《乐志论》,盖贺其入新宅也。午后回,看《轰炸东京》影片。晚之江开校务会议,未去。卓效良来一信,言款已收到矣。胡皖生亦有一信。一百五十元买牙刷一打。

四日　早吴林伯来。以九百元作皮鞋一双,其轮胎底则宋子玉所送也。到余家,晚饭后回。是日盟军入罗马。

五日　看《名臣言行录》,张忠献对高宗言:"杂听则易惑,多畏则易疑,以易惑之心行易疑之事,终归于无成而已。以陛下聪明,苟大义所在,断以力行,夫何往而不济。"此言可谓深切高宗之病,然又岂独高宗哉! 晚邀钱震夏二人看电影,片子名《家》,巴金所作也。

六日　戴刚伯有电来相促,随覆一电,又去一快信。又与任心叔一信,劝其往三元。宋子玉来,稍谈即到余家。晚到党部。号外传盟军在法国北部海岸登陆矣。吴志高妻处两万转托余乃仁存放。和侄

送罗衫一件,退还。

七日　吴子臧昨日来,未遇,午后又来,邀在冠生园晚饭。钱子厚、杨桥生、王子羲有信来。报载寇五路犯长沙,恐不能保矣,奈何!奈何!

八日　到花溪。晚廖成骏邀在新燕市酒家吃饭,饭后到党部。钱子厚又有一信来,言兼课事请作罢。报载寇军去长沙四十里。

九日　发一快信寄邱志州,言棠谷事,并附一信与培儿。又一信与卓效良。晚在和侄家吃晚饭,饭后到党部。

十日　到花溪。宋子玉邀在经济食堂吃午饭,回时同乘马车者有防空学校医官王一舟,亦南京人也。傍晚取皮鞋,太小不能着,乃更掉一稍大者。轮胎底不如自有者厚,遂扣一百元,付八百元了事。

十一日　早楼特全请在五羊酒家早点,勉强一去。遂过万国旅社看吴子臧,已于今早行矣。到余家。午后夏松亦到,谈及湖南战事,言益阳一路不可不防。其言正与余意合,且看下文也。晚到和侄处一谈。

十二日　阅报,知长沙虽坚守,寇已越城而西矣。廖茂如有电来,寄一快信覆之。又写一信与二哥、一信与萧一之。二哥与易氏媳书言大嫂病重,此时或已化去矣。自本日起毕业班加考,共三日。午后二时到试场一视。

十三日　到余家。晚到党部。宗子威忽来一信,劝回蓝田。刁则纯由零陵来信,欲到此转学。刁信嘱震夏覆之,言来此不如入桂林师范学院也。培儿亦来一信。

十四日　彭祖年由保山来信问其妻,当作一快函覆之。李笃清来还《愿学集》,值余上课,乃留书而去。所借《黔书》《续黔书》四册,则十二日午后送还之矣。马元放寄所作《羁囚录》来。张汝舟及向希任等又来书促驾。

十五日　到花溪。寄一书与钱子厚。晚到党部。

十六日 晚乾乾学社在河滨公园开会,党部未去。以九百元购得《周易折中》一部、《书经传说汇纂》一部。戴戎光来送车价一千元。

十七日 花溪未去,戴戎光来。午后毕业生在河滨堂开师生联欢会,至五时方散,遂至余家宿。乃仁言,星期四夜有寇机十五架入黔,拟炸贵阳,已至独山,遇大雨折回,险矣。陈蕴武来一信。

十八日 终日在余家。报载寇军已越株州,而东宁乡已在巷战。消息甚恶,为之闷闷。夜有警报,至十二时半方解除,遂亦不能熟睡矣。

十九日 本日大考。王校长来相看,并送四千元过节,俟问过裕凯后再定收否。发一快信与培儿,内附覆宗子威一信。向晚访尹石公、宋子玉,皆未晤。报载长沙已失守矣。

二十日 看《名臣言行录》。还方氏壹万元,另改新借据,尚欠壹万矣。候彭祖年所借九千到,即可清此债矣。石公来,稍谈即去。知吴希之眷属二十馀口已由长沙抵桂林,代为之慰。发一信与悌儿。晚在王校长家开会,并备有晚餐。大雷雨,水满街渠,幸敬春来接,与之同返。

二十一日 本校各考卷看完,即交成绩组。到余家。宋子玉送粽子、鸭蛋来。

二十二日 寄一快信与周伦生,一信与彭一湖,一信与王苏宇。孙亢曾来谈下学期各系人事。午后与其同到师范学院看罗志甫,盖罗介容肇祖来此也。萧一之、任心叔、钱子厚并有信来。晚到党部。

二十三日 发一挂号信与吴紫佩,谈划款事。又一信覆萧一之,一信覆马元放。

二十四日 本日国文会考,特到考场巡视。寄一快函覆任心叔。又发一快函与戴刚伯,荐徐声越。一信覆钱子厚。王裕凯送鸡、粽子来,皆节礼也,明日端午矣。到余家,晚即宿其处。张汝舟寄一诗来。

二十五日 早八时到招待所,本日校长招待毕业生也。午宋子玉请在岭南楼吃饭。宋子玉三十初度,晚共约在乐露春晚饭。便道过黄魁元家一谈。晚饭前和侄率小毛、湘湘来拜节,并送肉、面,收其一半。

二十六日　王苏宇、邱志州各来一信。连日战讯益恶,传闻寇兵已越衡阳而南侵至祁阳矣。本日会看国文统考卷。

二十七日　昨夜又有警报,乃送箱子两只至余家。发一快信与悌儿、一快信与钟协。晚从余家到党部。邀容肇祖,电发不出,乃罢。

二十八日　看曾圣提所作《我在甘地左右》一书。发一挂号信与邱志州,内附培儿一信,托和侄由晃县转去。之江分数、考卷并交与宋子玉。

二十九日　寄彭祖年一信。保山令敬春送五百元至贵阳中央日报社,以为慰劳湘北将士之用。看《名臣言行录》《续录》。晚到党部。

卅日　到余家。午后到吴志高处取赤山埠地价尾数,共六万,交余乃仁与永兴商行陈泽,余言其人诚实可靠也。旋为和侄事与乃仁同到高等法院看刘汉章。乃仁邀在新燕市酒家吃晚饭。饭后到党部,是为最后一课矣。

七　月

一日　发一信与悌儿,盖托余乃仁转托良丰汽车公司经理孙静波,拨一万与之,问其曾否收到也。又寄一挂号信覆张汝舟,并附杨桥一信,托其转寄。至向希任等来书,更不作覆,由汝舟转致意而已。午后与敬春二人同到惠罗拍卖行,以四千元买丝棉袍一件,又买格子布二丈二千四百元、蓝布一丈一千元、枕头席一方二千元。午后到余家。晚陈其仁邀到中缅公司吃晚饭。仍回余家宿。

二日　在余家。晚刘宏烈邀去看字画,并在杏花村晚饭,饭后与乃仁同回。

三日 在余家。是夜有警报。

四日 晚饭后回校。雨中便道过香炉桥一看董渭川,董来相看未遇也。钱子厚有两信。宋子玉两来看,皆未遇。闻吴希之亦来,并留马湛翁一诗而去。

五日 彭祖年汇五千元来还。学校又补发米贴一千二百元。宋子玉送六月份薪来。到企业公司看吴希之。覆一信与彭祖年。寄五千元与吴桂荣,托其划兑蓝田并寄一信去。萧一之来一快信。晚看吴作民,以戴元治邀人教历史也。又过林轶西、陈均谟处一谈。

六日 王苏宇来一信。到花溪,住戴家。晚正伾来一谈。寄一信与戴元志,荐吴作民。一信与王苏宇,一挂号信与培儿。

七日 早到贵州大学一晤钱子厚及胡皖生,仍回戴家住。向之江借桌一张。

八日 早回贵阳。戎光交款六千,四千为车价,二千则所还也,并云二三日内再送四千来。乘车径至余家,晚饭后回校。二哥来一信,盖五月十三日发,言大嫂已去世矣。宗伯宣、徐作人一信亦五月十三发,邮递稽延如此,可叹也!权甥、吴子臧并各来一信。先一日沈振仁来邀于十七日到西南运输局讲演,本日又来一信,俟与和伾商后再覆。

九日 覆吴子臧一快信,邀其来任讲席。又写一快信与吴俊升,问蓝田师院有否迁移。又一信覆权甥。到和伾处,留午饭。晚到余家宿。

十日 在余家。晚回校一行,接洽各事。蓝田、桂林仍无信。

十一日 在余家。早到二桥看沈振仁。

十二日 在余家。午后敬春送紫糯米与咸蛋来。连日报载我军克复醴陵、永丰,湘局或有转机耳。

十三日 连日在余家。带得《明史》一部。看太祖、闵帝两纪完。寄一信与二哥、一信与正伾。

十四日 回学校一看。吴家一万元交震夏送还,此债遂清矣。得义、弘两侄信,报大嫂逝世讯也。又吴景贤、吴桂荣各一信,马元放一信。

十五日 连日在余家看《明史》,成祖、仁宗、宣宗、英宗、景泰帝本纪完。

十六日 覆马元放一信,又覆李一平一信。一平托其友人端木仲勋持函来相接,湘局如此,如何可去也。看《明史》宪宗、孝宗、武宗、世宗本纪完。晚与乃仁同到铜象台理发。敬春送曹敏永信来,邀明日十一时在冠生园开会。

十七日 早应西南公路局邀在中山堂讲演,谢龙文副局长主席讲后以汽车送归大夏。吴希之寄马湛翁诗来。到冠生园,除裕凯、敏永外,马尔济亦到,然以恙,会无允电,一切不能议也。发一信与宋子玉、一信与阎任之。吴桂荣覆信来,言款已收到。邱志州由湖南省银行汇谷价两万九千来。张旭光来一信,并附梁漱溟介绍信,意在谋一教职也。又彭一湖亦来一信。前寄钟协信退回。

十八日 看《明史》穆宗、神宗、光宗本纪完。晚回学校一走。得陈孝坤自柳州来信,言自衡阳坚守后,柳桂间秩序已稍定矣。

十九日 再寄培儿一信,覆志州一信,皆挂号。覆义、宏两侄一信。晚在新燕市酒家开校务常会。志州所寄款并存入大同银行。

二十日 连日报载衡阳尚坚守,湘局或有转机也。回校看朱激,告以聘作史社系主任,朱惟允代理,俟聘书发去再说耳。寄一挂号信与培儿。在和侄处晚饭,便道回看端木仲勋。买蹄筋十二两三百五十元、糖一斤一百五十元。看《明史》熹宗、庄烈帝本纪、《天文志》完。

二十一日 敬春送面斤来,午饭后回。看《五行志》完。托林道生买炭百斤,七百元。

二十二日 敬春又来送彭平庄所寄五千元。原只欠尾数四千,多寄一千,不知何意也。敬春小不适,卧半日始去。看《历志》。发一快信与吴子臧,促其速来。

57

二十三日　陈朝龙由南岳来,言过金城江曾见悌儿,知已离桂林矣。是日敬春又来说钱震夏前晚酗酒事,为之不怿者久之。旋回校看孙亢曾,未见,与其夫人唠叨半时而归。看《历志》完。是日朱亚杰来。

二十四日　午后回看朱亚杰,未遇。买《文献通考正续合编》一部、朱注《四书》一部,共一千二百元。《四书》备送乃仁也。又看卢寿楠,亦未见,留一字邀其二十六日午饭。便道一过冯楠家。晚看《地理志》。

二十五日　本日考新生国文,六时即回校。得章伯寅一信,随覆之。又得胡皖生一信。孙亢曾夫妇来谈钱震夏事,彼此俱不欢,然思之正亦难怪耳。胸襟宽窄,岂可强哉。

二十六日　寄一信覆吴希之,言所荐人无可为谋。又寄子厚一信,言姚琴友事,并附一信覆皖生。又写一信与裕凯。寿楠、震夏、敬春皆来午饭。敬春言孙氏之妻又向裕凯啰唪,真可笑也。宋子玉、王苏宇、吴俊升并有信,吴信寄四川大学聘函也。看《地理志》。

二十七日　早小赵来,带一信与戎光。吴桂荣由平越来,留之午饭而去。午后学校口试。得邱志州、姚公书各一信,知老妻等已迁避新化矣。薄暮戎光亦来,允数日后还七千元,车价则云须稍迟也。

二十八日　寄姚琴友一快信,附培儿一纸,又附与邱志州一信。四川大学聘书挂号退回。看《明史·地理志》。冯楠来看,将茶叶带来。

二十九日　阅国文考卷,八十分以上者不过三数人,而劣卷则极多,难矣。敬春来,送到之江七月薪。又钱子厚两信、章祥贵一信、彭祖年一信。回城一看,林轶西、钱震夏来辞行。

三十日　早到青年会看卢寿楠,旋回校,同敬春返仁庐。买汗衫两件,一千二百四十元。覆钱子厚一信,附还张汝舟原书。又与戴戎光一信。覆彭祖年一信,寄还一千元。是日美机轰炸鞍山、沈阳、津沽。

三十一日　看《地理志》。午后陈朝龙来,言二日赴渝矣。

八 月

一日 寄五千元与悌儿。由陈碧潭转一万元寄新化交培儿。又发一信与张汝舟。晚回校一行。曹敏永来邀开会，未去。

二日 戴戎光送一万元来。发上月薪五千六百八十元。

三日 重庆寄贰万四千来，即令敬春函告子厚。本日得培儿一信。午后王举廷来谈，晚饭后始去。又寄五千元与培儿。

四日 得萧一之一快信、陈孝晖一信。覆梁漱溟一信，写三十日发。昨日已覆戴元志一信，皆为张旭光事也。吴桂荣来，留晚饭而去。

五日 胡四先生来，留午饭而去。写一信与吴俊升，为胡四、蒋礼鸿两人请求升格事也。又写一信与一之。陈孝晖信令敬春覆。看《礼志》。

六日 毛际云、章祥贵来一电，随覆之。又写一信与吴景贤、一快信与章祥贵，写三日发。看《乐志》。渝寄二万四千元，交胡四带与子厚。

七日 早王举廷来，言为悌儿谋得都匀省立师范学校教席，当发与一快信并嘱即去。师校校长名钱天章，举廷云金陵大学毕业者也。又写一信寄二哥，告以苏宇所汇款，并请转告伯沆夫人拨五千与钱子厚家。此事后日当告子厚也。看《仪卫》《舆服》二志完。午后戴刚伯有电来，当用快递寄胡皖生、钱子厚，并嘱令径覆矣。拨款事亦便告子厚。

八日 王校长有信相留。悌儿来一快信，又得章伯寅一信，当拍一电与悌儿。送黄麟佑《荀子》一部、朱子《小学》一部，盖酬其授荣孙英文之劳也。

九日 宋子玉来电，言车事已妥。戴戎光送车价三千七百元来。晚回校，过王裕凯一谈。连日看《选举志》完。

十日 晨见王校长，谈去留事。随开录取新生会议，之江亦开会于迎宾楼。午后回石板坡。又覆章祥贵、王际云一信,寄还回报费单。

十一日 终日未他出,盖自前日报载衡阳失守,心绪又大恶也。看《职官志》。

十二日 报载超级空中堡垒炸长埼,寇广播谓损失甚微,殆粉饰之词耳。看《职官志》完。

十三日 敬春来,言车胎损须修,补价四千,所收三千馀盖不足抵也。看《食货志》。吴希之寄马湛翁近作来。

十四日 看《食货志》。晚敬春来,言悌儿夫妇由金城江抵省,信、电与寄款皆舛错矣。孙亢曾来相看。

十五日 早回校一看,槿孙渐解语矣。归途遇林轶西,匆匆未多谈。晚悌儿与敬春来,带来钱震夏、陈朝龙信各一件。看《食货志》完。

十六十七两日 两日未出门。看《河渠志》。教务处办事人来一信。

十八日 回校一行。闻夏浮筠已于夜间病殁于医院,为之凄恻者久之。

十九日 悌儿来,并带来邱志州、毛际云、钱子厚、胡皖生信各一封。胡云将赴闽,然疑未能行也。王校长来相看。看《河渠志》完。

二十日 早裕凯来,继夏局长等来,未能看书。晚王校长邀在家中便饭,同席各院各系主任外,有校友十馀人,盖商量夏院长葬事并前匿名信件事也。夜十时后始归。是早悌儿夫妇赴都匀,与之一万金。

二十一日 看《兵志》。

二十二日 寄一信汝舟,说梅音事。一信培儿,一信章伯寅,一信一湖。送夏浮筠一挽对,云:"有火传薪,未信勤劳随物化;如鼎折足,纵强揩撑感类孤。"

二十三日 公祭夏浮筠。午在迎宾楼吃饭,之江开会也。看《兵志》完。

二十四日 敬春来。得姚琴友一信、阎任之一信。又陈碧潭托人代来前寄悌儿一万元,即令送两千元与和侄。付敬春一千六百元,除还欠伊二百馀外,嘱买铁锅、肥皂等。又交乃仁五千,前后共四万矣。看《刑法志》。本日报载法内地军已收复巴黎,贝当为德人捉去德国矣。

廿五日　看《刑法志》完。午后回校一行。覆姚琴友一快信,附毛际云一信。吴世昌来信,候明日当与聘书同作覆也。

廿六日　早在迎宾楼开校务会议。午后三时新生口试。写一信与吴世昌,交裕凯并聘书寄去。又看罗志甫,托其写信与容肇祖,邀之来此。瑜媳来一信,附琴友一信,随转与子厚阅看。连日微泻,向包医生讨得药少许服之,看明日如何也。看《艺文志》完。

廿七日　孔子诞辰,应图云阁各界邀去演讲,由刘达中陪同前去。演讲在军政部卫生人员训练所礼堂,由该所主任卢致德招待,讲约一时有半。回校一走,适唐长孺由花溪来相看,相差二十分钟,竟未遇。看《诸王世表》完。

廿八日　早陈均谟来。寄一信与苏宇,问画寄到未,并询宋子玉行踪。看《功臣表》《外戚恩泽侯表》完。

廿九日　看《宰辅年表》《七卿年表》《后妃列传》,兴宗、睿宗两传完。午敬春来。《颜山农遗集》已抄成。

卅日　报载新疆主席易吴忠信,盛世才调长农部,西域其将有变化欤。看《诸王列传》。敬春送来悌儿、宋子玉、李培恩、郭晋稀、钱子厚、吴桂荣信及江苏学院聘书。

三十一日　回校一行,缴还新生国文考卷。戴戎光夫妇来,未遇,言车胎又须修补,并二十馀日未开,为之一叹,托人事究不能如亲自做也。替王校长作六十寿序成。

九　月

初一日　又交四万元与乃仁。看《诸王传》完。

初二日 午之江在冠生园开会,会后回校开录取新生会议。瑜媳连有两信至,又得心叔一信。学校本日发八月薪,米贴未发。钱子厚、胡皖生聘函托曹敏永带去。晚又交二万元与乃仁,共十万元矣。大同银行尚存一万四千元。看《公主传》完。晚戴戎光来谈甚久。

初三日 修改寿序文。看郭子兴、韩林儿、陈友谅、张士诚、方国珍、明玉珍、扩廓帖木儿、陈友定、把匝剌瓦尔密传。晚敬春来,修改寿序交其带去。

初四日 看徐达、常遇春、李文忠、邓愈、汤和、沐英、李善长、汪广洋传。

初五日 早到大夏,为之江监考国文。午在金龙酒家吃河粉炒面,仍回大夏。得鼎女八月七日信,随作一长函覆之。战事已趋重,湘桂路蓝田当可暂安也。晚在广东茶社同敬春吃肉丝会饭,每客五十五元,以吃饭论,为最廉最省矣。王允中卖马车未成,反送他五百元,一笑。看刘基、朱濂、叶琛、章溢传。

初六日 看之江国文考卷。看冯胜、傅友德、廖永忠、杨璟、胡美传。晚敬春来,交与修马车费三千七百元。

初七日 看吴良、康茂才、丁德兴、耿炳文、郭英、华云龙、韩政、仇成、张龙、吴复、胡海、张赫、华高、张铨、何真十五人传。

初八日 与伍正谦一信、邱志州一信。午之江开录取新生会议,在迎宾楼吃饭。午敬春送王子慧、邱志州及鼎女、瑜媳等信来。看《明史》顾时、吴祯、薛显、郭兴、陈德、王志、梅思祖、金朝兴、唐胜宗、陆仲亨、费聚、陆聚、郑遇春、黄彬、叶昇十五人传。随寄新化一信。

初九日 看朱亮祖、周德兴、王弼、蓝玉、谢成、李新六人,廖永安、俞通海、胡大海、耿再成、张德胜、赵德胜、桑世杰、茅成、胡深、孙兴祖、曹良臣、濮英十二人列传。晚敬春送来王苏宇信一封。

初十日 看何文辉、叶旺、缪大亨、蔡迁、王铭、宁正、金兴旺、花茂、丁玉、郭云十人,陈遇、叶兑、范常、宋思颜、郭景祥、杨元杲、孔克仁七人,陶安、詹同、朱升、崔亮、陶凯、曾鲁、任昂、李原名、乐韶凤九人列传。连日报载祁阳、零陵皆失守,而政府文告犹口口声声曰胜利,在目前得非无耻之尤钦。

十一日　看刘三吾、安然、吴伯宗、吴沉桂、彦良、宋讷、赵俶、李叔正、刘崧、罗复仁十人,陈修、杨思义、周桢、杨靖、单安仁、薛祥、唐铎、开济八人列传。得毛际云、吴桂荣各一信。陈其仁来邀晚饭,未去。

十二日　早回大夏讲话。看钱唐、韩宜可、萧岐、冯坚、茹太素、李仕鲁、叶伯巨、郑士利、周敬心、王朴十人,魏观、陶垕仲、刘士貆、王宗显、王观、道同、卢熙、青文胜八人列传。《萧岐传》载:"教官给由至京,帝询民疾苦。岢岚吴从权,山阴张桓皆言:'臣职在训士,民事无所与。'帝怒曰:'宋胡瑗为苏、湖教授,其教兼经义治事;汉贾谊、董仲舒皆起田里,敷陈时务;唐马周不得亲见太宗,且教武臣言事。今既集朝堂,朕亲询问,俱无以对,志圣贤之道者固如是乎。'命窜之边方,且榜谕天下学校,使为鉴戒。"晚近乃有禁学校不得谈论国政者,其识何乃出明太下耶。

十三日　敬春送八月份米贴来,计四千八百元,然今日米价则老斗已两万矣。程希圣有信,并寄《理学大要》稿来。又张文和亦有一信。看齐泰、黄子澄、方孝孺、练子宁、茅大芳、卓敬、陈迪、景清、胡闰、王度十人,铁铉、暴昭、陈性善、张昺、宋忠、马宣、瞿能、张伦、颜伯玮、王省、姚善、陈彦回十二人列传。

十四日　回校讲话。得瑜媳、悌儿各一信。看王艮、廖升、程本立、黄观、王叔英、黄钺、王良、陈思贤、程通、高巍、高贤宁、王琎、周缙、牛景先十五人列传。谢六逸来看,未遇。

十五日　早到贵阳师范学院回看谢六逸。回看盛庸、平安、何福、顾成列传。

十六日　看姚广孝、张玉、朱能、邱福、谭渊、王真、陈亨七人传。午后入城,便看罗志甫,买杂物。谭戒甫来。

十七日 看张武、陈珪、孟善、郑亨、徐忠、郭亮、张信、徐祥、李濬、孙岩、陈旭、陈贤、张兴、陈志、王友十五人传。

十八日 看解缙、黄淮、胡广、金幼孜、胡俨五人,杨士奇、杨荣、杨溥三人传。吴世昌、鼎女、彭一湖有信来。覆新化一信。张幼铭自桂林入川,过此来一见。师范学院送聘书到。同敬春在普罗拍卖行以四千元买呢裤一条。路见曹敏永,匆匆一谈而别。

十九日 看蹇义、夏原吉传,又郁新、赵羾、金忠、李庆、师逵、古朴、陈寿、刘季篪、刘辰、杨砥、虞谦、汤宗十二人传。连日传桂林已失陷,苦不得真消息也。

二十日 看茹瑺、严震直、张紞、王钝、郑赐、郭资、吕震、李至刚、方宾、吴中、刘观十一人,董伦、仪智、邹济、周述、陈济、王英、钱习礼、周叙、柯潜、孔公恂十人传。

二十一日 回校签课。东甫有信来。谢六逸来相看,当将师院应聘书交其带去。

二十二日 仍回校签课。覆东甫一信。晚看宋礼、陈瑄、周忱传。

二十三日 之江续考新生。监考后随将考卷阅完,交马尔济带去。并写一信与曹敏永,辞国文教职,介谭戒甫、钱子厚为继。午后到南明路看吴希之。

二十四日 看张辅、黄福、刘俊、陈洽、李彬、柳升、梁铭、王通八人列传。是夜有警报,未能眠。

二十五日 早李笃清来看,盖为谭戒甫事也。本日大夏上课。以二百五十元买《文心雕龙》一部。

二十六日 早搬回大夏,房间让陈其仁养病。陈病伤寒已十馀日,因逃警报来,不能多动,故乃仁留之也。午后并同乃仁邀王聘贤来为之诊治。钱震夏有信与敬春。

二十七日 悌儿来信,言韵媳举一雄,当覆一信,取名家构。用构字者,以其生在都匀也。晚王校长谢客请吃饭。

二十八日　介张先雯在教务处充书记。张在第八中学毕业,徐心逸之门下也。钟道铭来一信。

二十九日　本日起到师范学院上课。写一信与苏宇,并先二日寄与图章三方。又写一信与宋子玉,不知已否起行,或在途中,则此信又空寄矣。

三十日　晚在三一拍卖行买绒衬衫一件,一千六百元。到白沙井,与孩子们二百元,盖明日中秋节也。

十　月

一日　与敬春在仁庐吃午饭。饭后到绸业公会,窦觉苍嫁女,假此处为礼堂也,即在其处晚饭。王以中送米一斗来。

二日　胡老四来信,退回之江聘书,以聘书写副教授,不能满其望也。当即转寄曹敏永,并问子玉消息。又吴士选覆一信,说及胡四及蒋云从升格事。

三日　令敬春写一信与蒋云从,告以俊升来书之意。又写一信寄彭祖年,问前八月寄款有否收到。午后至中央医院望尹石老病。张旭光来,未见。

四日　早张旭光来。午后开教务会议。张云谷来,匆匆一谈而去。曹敏永来一信。薛国光亦有信来,乃知其已由粤返湘,仍在益阳乡间也。

五日　复薛国光一信。到仁庐,晚饭后回。

六日　午后冒雨到测量学校看戴揭尘、张旭光,邀张兼课。

七日　得朗兄一信,任心叔一信。心叔信乃五月秒发,后一信由三元来者,已先到矣。午后课毕,搭车到花溪,住戴家。发一挂号信与唐鸣春。

八日 戎光付车价四千。瑟兮偶兮,可笑也。冒雨看钱子厚、胡四。在正侄处午饭,与桐孙一百元,饭后回。

九日 本日作文。杜蘅之自柳州来信,言不久可到筑。

十日 连日又雨,夜雨尤大,收成可惧也。寄一挂号信与二哥,一信与钱震夏。

十一日 教部寄李源澄《学术论著初编》来审。午后张旭光、孙道昇来。令敬春送二哥信与和侄看。

十二日 三哥来信,盖五月八日发也,内附与正侄一纸,当转寄花溪。寄还教部审查李某论著,又发一信与萧一之。到仁庐,晚饭后回。

十三日 午后课毕,又至仁庐,夜九时后始回,至校已十时半矣。本日报称桂将有大战。圣庙有函通知,午十时祭圣,以有课未能去。

十四日 鼎女自溆浦来信,言老妻偕梅英复返蓝田矣。不由新化回蓝田,必待至溆浦而后再折返,可谓糊涂已极。信系九月卅日发,不知回蓝田后又是何光景也。午后课毕,到中央医院看尹石公病,已好七八矣。

十五日 星期。到仁庐,陈其仁已病愈回其原寓矣,因留仁庐宿。早晨师院学生蒙昭、王忠慈、宋泽民、王钲来谈。

十六日 早回校。到陈其仁家午饭,因得见陈宗文。

十七日 午后到仁庐。偕邓介如在李文兴购金镯一只,重九钱六分。

十八日 在中缅公司晚饭,直至十时左右,与陈其仁同回仁庐寓。

十九日 乃仁邀蔡彬抡及钱逖先午饭。刘校长亦自外回。终日留仁庐未归。

二十日 早七时回校。得程希圣自永绥来一信,杜蘅之自重庆来信,又彭平庄自保山来信,皆快递也。本日报载美盟军于十七日起在菲律宾雷伊泰湾苏鲁安岛登陆。午饭时匡正德来谈车事,匡住香炉桥二号。午后瑜媳自溆浦又来一信。晚国文学会开会。

二十一日　覆瑜媳一信，邱志州一挂号信。曹敏永有信来。午后师院国文学会开会。会后到仁庐宿。

二十二日　在仁庐。午后夏庆余来。晚陈其仁夫妇来。

二十三日　早回大夏上课。午顾学曾来。许琢生来一信，六月中自屯溪发，用蓝墨水写，经雨湿模糊，不复可识矣。覆程希圣一信，挂号寄去。

二十四日　匡正德来，言车须大修，估价一万三千元，彼暂垫七千，馀当由我筹措，当允之。匡之为人或较可靠也。晚蒋五、戴元治来谈。陈孝坤来一信。

二十五日　托王裕凯汇三千元与悌儿，并发一信告之。又写一信与戴戎光，由其子中业转。一信与许琢生，寄下涯埠。下午回仁庐。又发一信与钟公烈。强天健来一信。吴希之寄《重九怀湛翁》诗来。

二十六日　留仁庐。右首犬齿忽动摇作痛，夜睡即不甚安矣。

二十七日　回师院上课，说话甚不自然，乃以六百元觅张舒麟牙医师拔去。午后到中央医院看尹石公，石公示近作绝句十二首，盖论清末及晚近诗人者也，取归录而存之。萧一之覆一信，再寄一信去催画。

二十八日　本日发薪，但兼任办公费及米贴未发，发福利费六百五十元。午后到仁庐，戴戎光送还米一斗。匡正德送租车据来。

二十九日　在仁庐。吴希之来相看，未遇。

三十日　回校。苏宇来一信。写一片交王允中到花溪取米。覆强天健一信、彭祖年一信。

三十一日　又得苏宇一信。此信乃十日发，昨信为十八日发，及到反在后。近来邮局之颠顿，可想见矣。又得东甫一信。教务处来信索教材纲要，限下月十五内缴。午后陈松观来相看。陈原名谋玠，之江学生，学化学，后留学德国，回国后代锡业管理处选炼厂长，今由桂林游而来此也，坐谈过去事许久始去。连日寻王允忠不得，不得已乃写一信与戎光，令其饬王允中前往取米，然逆料米必不在警局也。晚得马元放一信。

十一月

　　一日　午后到仁庐。

　　二日　张国瑞来谈，许久始去。晚饭后与周明安同行到威清门后，分手回校。

　　三日　发米贴计六千五百元，又领到兼任办公费津贴八百元。王允中送周明安欠还米二斗三升来。马元放寄《归汉录》两本来。

　　四日　王苏宇来信，言宋子玉已返筑矣。傍晚到仁庐。

　　五日　在仁庐。沙日昌到校相看，未遇。

　　六日　早回校。以一千三百元买绒棉鞋一双。

　　七日　刁则纯、悌儿各来一信。

　　八日　王子羲、吴世昌、吴桂荣有信来。世昌以乘车不著，乃溯柳江至三江转贵州之三合，大约今可到都匀也。午后到仁庐，过香炉桥寻匡正德一谈。

　　九日　在仁庐。晚回校，得顾哲民一信。邢定芬、沙日昌、方恩绪同来看，未遇。

　　十日　曹敏永信来，邀之江旧人在十二日午刻到招待所聚餐。午后访邢定芬、沙日昌，及至已改期矣。

　　十一日　汇吴桂荣四千元，汇费一百六十元。平越去贵阳近在咫尺，不可谓不巨矣。宋子玉送火腿一只、松子五十斤、大头菜两斤。人去花溪，未得见。午后到仁庐。

　　十二日　在仁庐看《明史》。晚回，得教部一信、彭祖年一信、王苏宇一信。苏宇寄"竹庄图"来，索诗也。

十三日　到青年会看尹石公。饭后又看宋子玉,旋同到聚丰园吃面。子玉□□□□校后始返。

十四日　写一信与王述曾,闻述曾已报名从军矣。得王大太太一信,乃旧历□□中发也。

十五日　得萧一之一快信。午邀尹石公、吴希之吃面。在白沙井吃晚饭,饭后到校长公馆开会,直至十一时始回。

十六日　到仁庐,晚饭后回。得王苏宇一信、之江校友会聚餐通知书。本日从匡正德处取车费五千元。

十七日　与萧一之一快信,嘱将画交刘熙乙带筑,刘即赴渝矣,又寄李卓然一信,托其照顾家中,并附一家信。寄悌儿一信,附王举廷与杨秋帆一书,嘱悌儿面达,并由举廷汇悌儿二千元。

十八日　寄一信与苏宇,附题"竹庄图"二绝。又寄钱子厚一信。本日午后有警报,避至松山。晚到青年会看石公,小雨,坐车回,车钱宋子玉付也。

十九日　之江校友在招待所聚餐,到者共三十馀人。吴希之邀到青年会一谈,旋到仁庐,晚饭后与蔡彬伦同回。教部又寄两稿来审查。

二十日　陈碧潭、悌儿并有信来。悌儿谓都匀难久居,欲在远处谋事。此时谋事,岂易耶?又岂有安乐土耶?由宋子玉处取七千五百元。

二十一日　由湖南省银行汇一万元与鼎女,嘱转汇五千元回蓝田,还鼎女三千、培儿二千。又寄一信去,并附悌儿信,嘱转寄蓝田一看。覆悌儿一信。又教部寄审查酬金七百元来,当将收据挂号寄还。晚正侄来谈。

廿二日　为教部审查徐复武进人所作《后读书杂志》,中有《管子·立政篇》"相高下,视肥墝,观地宜,明诏期先后,农夫以时均修焉,由田之事也"一条,谓"由田"为"申田"之误。据《晏子春秋·谏篇上》:"为田野之不辟,仓库之不实乎,则申田存矣。"申田齐官,晏子齐人,故说同也。《庄子·天道篇》老子曰"而口阚然"一条曰,阚当为凵之借字。

《说文》部首："凵,张口也。象形。口犯切。"古阚凵同韵。又凵声稍敛,则变为呿。《秋水篇》云"公孙龙口呿而不合"。司马云,"呿,开也。"其为张口之义亦同。郭象注,"阚然,虓豁之貌",当为引申之义。又《田子方篇》"䥇斛不敢入于四竟",《释文》䥇音庚。李云六斛四斗曰䥇。司马本作䥇斞,云䥇读曰钟,斞读曰臾。曰按司马本是也。䥇左旁蚤字,为釜之偏旁耳。《释文》音庚,音钟,皆非也。左氏昭公三年传杜注云:"四豆为区,区斗六升,四区为釜,釜六斗四升。"《说文》斗部"斞,量也"。亦通作庾。《小尔雅》"二釜有半曰庾",是釜庾二字连用之证。各说均失之。又《则阳篇》"卫灵公死,卜葬于沙丘,掘之数仞,得石椁焉,洗而视之,有铭焉。曰:'不冯其子,灵公夺而里之。'"曰景宋本《御览·文部》亦引《博物志》曰:"卫灵公葬,得石椁,铭曰:不逢箕子,灵公夺之我里(今本《博物志》无之字)。"《御览》作逢是也。其箕古通用。《书·洪范》云:"身其康强,子孙曰逢。"马融曰:"逢,大也。"此文作不逢其子,倒文以求叶韵,正谓其子不能昌大也。作冯者,盖以声近借用矣。《荀子·仲尼篇》"求善处大重,理任大事"一条曰,此疑本作"处重任,理大事"为二对句。上句大字,即涉下句大事而衍。又理任二字,写者误倒耳。下文云"处重擅权",处重即处重任之省文。《王霸篇》云:"故国者,重任也。"又重任连文之征矣。《正论篇》"故云鲁人以榶,卫人用柯,齐人用一革"条曰:绅绎上下文义,似本作"故鲁人以榶,卫人用柯,齐人用革,一也"。今本一革二字。误倒,又脱句末"也"字,遂昧其旨矣。《孟子·离娄篇》云,"晋之乘,楚之梼杌,鲁之春秋,一也"。又《淮南子·齐俗训》云,"故胡人弹骨,越人契臂,中国歃血也,所由各异,其于信一也"。古多有此句法,以是明之《大略篇》"学者非必为仕,而仕者必如学"曰如当为知字之误。此外可取者亦多。其人盖武进籍边疆学校之教师也。吴桂荣来信,属代觅车往渝,车子岂易觅耶。又王苏宇、顾寿白各来一信。傍晚薛攀星、孙荻奇来相看,孙并送笔一支、墨一锭。

二十三日　到仁庐,晚饭后回。戴元治、张旭光来谈。强天健来一信。

二十四日 本日师范学院考试。午后开会商量迁移之计，但无钱又如何迁耶？吴桂荣来信，言拟回湘，寄一快信覆之，并附与内子一函。本日师院发十月米贴六千五百。

二十五日 午后有警报。到中华基督教会参与孙扐与薛攀星婚礼，因便至仁庐。乃仁还银一万，外付二千三百元，厚矣。晚在王公馆开校务会议。

二十六日 早胡四来，为出国事。代写一信与俊升，并留之午饭。晚胡四邀在青年会晚饭，有宋子玉并敬春。饭后，子玉邀往贵州大戏院看电影。

二十七日 托裕凯汇两万元与悌儿，并令敬春写一信去。午后有警报。到仁庐，晚饭后回。

二十八日 早九时半即有警报，与宋子玉、窦觉苍同至南门外避之。刚解除，复发警报，以此未食午饭。张予若托陈被玉带来一信，欲借一万元，正不知何以应之。钱子厚亦有一信。

二十九日 悌儿来信，言杨秋帆允事急时携同下乡暂避，为之放心不少，杨真可谓任侠士矣。午后看沙日昌，未遇。晚饭后到仁庐。

三十日 写一信与悌儿，并汇四千元，嘱转颜伯存交张豫若。虽不能为张了愿，在我则可谓竭力矣。又寄一快信与萧一之，告以此间情形及去住为难之苦。午后到仁庐收拾箱子，晚饭后回。蔡彬抢与一吴姓者皆在，并同步回。本日发薪，共两千九百六十元。

十二月

一日 汇都匀款已不通，但将信寄去。午后顾文藻忽告云，校中已雇得汽车，可至遵义。乃匆匆到仁庐取行李与书，又到大同银行取款。

晚间乃仁、其仁来送。乃仁交款两万，又从匡正德处取得一万五千，合之银行存款，共约四万，勉强成行。一夜收拾行李，未能成眠。正侄来，云亦将去重庆。兴和侄夜间亦来送。

二日 到红边门外沙河上车，与黄良琼同行，时天初放明也。夜有雪，虽晴，寒甚，幸得张建琨、谢平章两生照料。过三桥亦未留难。晚宿息烽民众教育馆，张生志乡亦从三桥附载同行，更有照应矣。

三日 过乌江时忽遇正侄夫妇，知彼已由和侄谋得往重庆车矣。午后到桂花桥，将行李卸下，与建琨、志乡、平章同到遵义。得见锐侄夫妇及桢、䵍两孙，不见已七年矣。晚宿志乡家，夜忽发热，盖两日受风受寒加以饮食不调故也。黄良琼及馀人并住桂花桥小学。

四日 早勉强起床，与锐侄同看周仲琦、郦衡叔、王驾吾。周为处方配药，即回张家卧。晚谢平章来，言明日雇车赴鸭溪，嘱将行李同黄良琼先去，某则俟病愈再走。此行实得谢力不少也。

五日 热止，但仍不思饮食。浙江大学傅轶群、傅樾秋、周本厚、陈玮君、朱尚植、熊嘉骏、范培元七生来相看。昨日即持郦衡叔简来，正发汗，未见，今早复来。七人皆恂恂，抑可谓好善者矣。晚正侄到，因车坏，故迟两日也。至晚始食粥半碗、面包半个。

六日 师院学生李继超、曾仲康、谢纪能来看，并送蛋糕、饼干。三人皆本地人也，遵义人固多情哉。王驾吾来谈。发一信与乃仁，一信与敬春，一信与一之，一信与子玉，一信与苏宇。本日人较舒适，然仍觉不实在也。再寄悌儿一信，但恐未必能到矣。

七日 乘轿至鸭溪。鸭溪一名柴溪，绕道桂花桥，计程七十五里，轿金二千六百元。晚五时到，住中心小学。先来者皆未走也。

八日 良琼之弟良策与其同学方志良亦由贵阳赶来，并云已雇定滑竿，促即行。经白蜡坎、枫香坝，至长岗山宿。途中得诗一首："草草云山过眼休，胜情旅思两难谋。燕塘八里西来寺，留待承平仔细游。"燕塘八里水、西来寺，皆由桂花桥至柴溪途中所经也。过枫香坝后小雨,山顶皆积雪。将至长岗山,天已黑,摸索而行,幸未倾跌。亦住中心小学,校长名冯世隆,招待甚殷,可感也。

九日　由长岗山启行,经桑树湾,至坛厂午饭。饭后过怀阳洞至岩栈口,四圈皆削壁,颇似雁荡。两崖间一桥联镇下溪流,燕翦而过。云栈口下风景佳绝,此行途中所仅见也。晚至茅台镇,亦宿中心小学。校长由镇长王秉乾兼,内一教员严家□,湖北孝感人,加意招待。二人方报名从军,盖湖北临中毕业生也。由鸭溪至茅台,滑竿六千元,背子每名一千一百元,共雇四背子。茅台副镇长名杨剑侯,亦湖北人。补作《乌江诗》一绝:"上畏崩岩下迅湍,却从险绝得奇观。蛇盘鸟度乌江道,一日飚车几往还。"

十日　早上到马山坪船。发一快信与敬春,并留一片与谢平章。十时后船开到杨子岭午饭,经二合树至罐子口宿,计七十五里。栈名"裕生",湖南火铺类也。

十一日　初明,船发罐子口。行四十五里至马山坪午饭,中间以马岩滩最险。由马山坪以下,河窄滩险,且多礁石,阻碍不能通舟,乃改由陆行三十里至二郎滩,宿千秋客栈,离马山坪五里。过渡,渡口名蜈蚣岩,尤险。一路风景佳绝,不知视三峡奚若,若比之严陵,则过之多矣。轿钱六百五十元,行李则论斤,每斤一元,亦由背子背也。千秋栈一宿三餐共一百二十元,房间邻河,甚清洁,难得也。

十二日　早登舟,直放猿猴场。以载货太重,迟迟不发。直至午后将货卸下,一部舟始开,行三十里至鸡宝坎便歇。

十三日　黎明舟发鸡宝坎,三十里至太平渡早饭,又六十里至土城午饭。土城以下险滩最多,以落梅老滩、大洪滩、岩滩、黄泥滩尤险。至猿猴场已全黑矣。舟资每人二百元,另犒劳梢公一百元。

十四日　早换船北下,六十里至葫芦市午饭。饭后以避滩险,雇小舟至鸭里滩,计程五里,仍上原船。经丙湾,六十里至复兴场时已昏黑,改雇小船,三十里至赤水,微雨中时闻滩声,甚懔懔也。夜九时至西门，下船半里至永安桥黄家，燮臣、燮卿两先生招待甚殷。燮臣，良琼父；燮卿，良策父也。又燮卿长子名良鼎。

十五日 得见十日、十一日《大公报》，知八寨、独山已收复，贵阳渐安，吾心亦安矣。陈光颖来，并带来敬春两信、东甫一信、张先雯一信。于敬春信中得知悌儿夫妇已到贵阳，并拨于两万元，此后何之，听其自主之矣。寄都匀两万元未收到，见裕凯当令设法取回也。发一信与东甫，一信与萧一之。

十六日 至城内各处一看，在陈玉仓家午饭。玉仓，光颖父也。是日微雪，甚寒。

十七日 与黄燮臣昆季谈光颖、良琼事甚久，苦无两善之策。阅十二日《大公报》，言已收复六寨矣。光颖代借得《仁怀厅志》来，阅两册。夜大雪。转来苏宇一信。

十八日 天晴，寒亦稍减。发一挂号信与余乃仁，一挂号信覆苏宇，一信与张志乡，又一快信与敬春，由雷启光转。转来一之一信，礼鸿一信，薛国安一信。又张先雯来一信，十一日发也。遵义寄敬春一信亦退回。午陈玉仓请吃饭，至三时候始散。晚仅啜米汤一碗、馒首两个。盖便血刚止，不敢再贪食耳。

十九日 阅《仁怀志》，知乾隆中张广泗开赤水河，其次第皆本之吴登举。登举，米粮渡一渡夫也，于数百里水道险易，知之甚悉。当开河之始，刺指血书一家兄弟子侄十八人名，言所开河不如其言，愿一家连坐。事成，广泗欲官之，不受，乃书"忠耿过人"四字赠焉。如吴登举其人者，真堪百世祀之，非志书登载，名且湮没矣。得强天健一信。晚光颖送十三、十四两日报来，知南丹克复，我军已进迫车河。欧州则苏军已进入布达佩斯，正巷战中。又载方先觉已自衡阳逃回，亦一喜信也。

二十日 发一快信覆礼鸿，一挂号信与彭文朴。在裕凯家午饭，饭后与光颖同至马村一游。昨日则与良策到夹子口。一上一下，皆五里，然马村远矣。晚阅《厅志》，载清初吴三桂反时，有贼数百人将由遵义出合江,众汹惧。有量益者,诸生也,笑曰:"毋恐,第随我行,当令彼返走。"众咸以为妄。乃与一二奴子先行,村民从者仅数人。负米经逼贼,贼军有长身而髯者,伪将也,呼益曰:"秀才将何往?"对曰:"昨闻清兵已抵合江,村民暂入箐,为避兵计耳。"髯亟问曰:"此去合江路几许?"曰:"二十馀里,今尚欲至合江耶?"髯曰:"然。"益曰:"误误。清兵初来,势甚锐,环江内外,壁垒相望,诸军岂能飞渡耶?"髯曰:"奈何?"适旁有一人,为髯控马,益知其向导,且叱之曰:"若为向导,受重赏,顾引军入危地耶?"髯怒,鞭其人。益曰:"自此由间道通仁怀县,不过数十里,速行薄暮可至矣。"髯深然其言。益见贼部掠得近村牛七头,背载男女各一,皆约十馀岁,因说之曰:"兵从仁怀兼程至永宁需四日,骑步犹恐不相及,何事驱牛负子女从行? 不若弃之便。"髯曰:"秀才言是。"尽以付益,亟回骑去。益返村舍,访父母子女及牛之主还之。盖料贼从遵义来,必不知江上消息,故造此语绐贼官军,实未尝至合江也。若益者,可谓有胆智矣,而其后无闻焉。士之怀才而湮没者,曷胜道哉,用特录之。

二十一日　连日天晴。今早霜尤重,特寒,午后洗澡,幸未受寒。敬春十三日来一快信,知悌儿住和侄处,未下乡也。邱志州亦来一信,盖旧历九月二十日发。苏宇一挂号信则先前一信发而后到,异哉!

二十二日　发一快信与敬春,内附与悌儿一信,并一信由悌儿交宋子玉,由三民路一八一号雷启光转。陈湛诠等由茅台到,午在光颖家吃羊肉,盖为湛铨接风也。饭后至博文中学一看。晚饭黄家亦有羊肉,缘本日为旧历十一月初七冬至。冬至吃羊肉,仁怀厅习俗然也。

二十三日　发一信与鼎女。贵阳又转来东甫一信。萧一之寄证如诗来,殆证如意也。本日学生又有五六十人到,蔡仲武亦在内。午后与光颖至周氏墓祠陵,船中适与相值。重庆有电来与裕凯,言王校长病逝,闻之骇然,此后大夏正不知如何矣。

二十四日　午后敬春由邮局汇来两万元,当交与陈光颖存放。信中又言,大夏已照常办公,盖信为十八日发,时尚未得校长死耗也。连日皆天晴,甚暖。

二十五日　覆敬春一信,并附一信与乃仁,并嘱由夏庆馀转,同时问希之踪迹。又寄学术审议委员会一信。东甫覆信,到决明星白沙矣。午后发一信告知萧一之。晚黄燮臣兄弟饯行,多饮数杯,几于醉矣。

二十六日　天未明即起。黄燮臣、陈玉仓皆送至东门码头,光颖则送至合江。有严励精、严慕陵者,为踏看江中滩险作通行小轮地步。雇一小船至合江,船费三千五百元,因搭之,另出八百元与船夫为赏钱。在车辋嘴吃早饭,亦两严会账。严曾在民生公司任事,与一之认识,现办精勤机械造船厂。厂在重庆南岸,云与民生公司职员宿舍不远也。晚五时至醒觉溪上岸,住临江客寓。忽患腹泻,盖连日饮食不慎所致也。

二十七日　晨,光颖送至江边。因无汽轮,乃搭木船,船资二百元。一路甚冷,因早晨腹泻,仅食饼干几枚。至午后四时抵白沙。雇挑夫一人至新桥女师范学院教员宿舍,伕力一百四十元。三姊、姊丈皆七年馀未见,各谈别后情况,欣戚交半,至九时后始寝。剩有周仲琦所遗苏打炭粉两包,因服之。

二十八日　腹泻止。写一信与一之、一信与裕凯,皆用快递。午后与东甫上镇一看,回后看刘天予并天予之妻俞曙芳。天予原名铸良,南京高师学生,在此任教务主任,曙芳则大夏老校友也。午前曾与罗季琳晤谈。季琳,蓝田旧同事也。

二十九日　罗季琳、刘天予皆来回看。原议与权甥同游黑石山,以天雨而止。晚季琳与钱蓣同来坐。

三十日　早与东甫同至先修班,地名马项垭。盛葂青在彼教国文,因与之一见。黄俊崖之侄玉坤邀往吃包子、烧饼。归途又看熊心耕,已老矣。晚刘天予夫妇请吃晚饭。饭后涂适吾、沈思玙、姚奠中三人来谈多时始归,则高诒善候我久不回,去矣。

三十一日　无事。

一九四五年

一　月

一日　胡小石邀在南京食堂吃早点。中午罗季琳请吃饭。

二日　与刘天宇、可权同至黑石山看新本女学、聚奎中学。因天予言江彤侯之女纫芷在新本教书,特往看之,则以放假回江津矣,盖彤侯之婿邓季萱在江津银行任事也。天宇又言彤侯之子之蘩已去世,为之叹息不置。几年馀不得彤侯书,不知彤侯今日正何如也。聚奎为书院旧址,据碑,盖创始于清光绪六年。

三日　戴学炽请在南京食堂吃早点。戴,前南京第一中学学生,毕业中央大学,今在先修班教物理,亦南京人也。吃后到红豆树女师院附属中学一看。午后萧一之覆信到,言径到陕西路灯龙巷民生公司招待所寻罗子为,是其新屋果卖却矣。

四日　终日未出门一步,以雨中道路泥泞也。得杰甥信,元放赴渝,江津之行乃中止。

五日　发一快信与一之,言八日赴渝,嘱其到码头相接。又附东甫信写一纸与士选,为审查酬金事,托其代领。光颖来一信,内附敬春、培儿、苏宇、先雯各一信,王举廷亦有一信。

六日 覆苏宇一快信,请将卖画六万金寄重庆萧一之转。又与培儿一信。覆光颖一信,并附一纸谢其老翁玉仓先生。

七日 光颖转来敬春一信,附汇票一万元,仍寄回赤水托光颖代领。并覆敬春一信,但不知信到时离贵阳否耳。又转来一之一信。一之径寄此一信,嘱到重庆住陕西路二四四号协隆号内二楼,即太平门内重庆银行对面也。

八日 晨四时即起,由权甥送至江干,乘利湖轮赴渝。票价一百四十元,行李下舱、起舱每件各十元。午后二时抵埠,随唤挑夫至协隆商行。转到民生公司见萧一之,乃知五日所发快信尚未到,故未到埠相接。近来邮政败坏,真可骇也。与一之吃面后,即至仁岸三楼聚康银行总管理处见王举廷,谈学校事。随到大鸿酒楼吃饭,一鱼划水、一鸡油菜心、一雪冬汤,共一千四十元,可谓贵矣。晚住协隆。作王校长挽对一副,文曰:"平生几接贤豪人物冠黔中,自信私评亦公论;到死不忘献替公诚谋国事,但凭片语足千秋。"

九日 晨至林森路五七四号看马元放,元放缴到唐玉虬信一件,随发一信往白沙。元放邀往东华观鑫金酒家午饭。饭后到张家花园七十五号附三号看杏诚夫妇,即留宿其处。晚饭后元放回,托捎一信告知一之。

十日 报载美军在吕宋岛登陆。与杏城、星北同到下罗家湾四四号萱社看锦田夫妇,仲武正小病,因留午饭。乘便偕星北至上清寺交通部看徐养拙。养拙小余两岁,然头发皆白矣。午饭后又到枣子岚垭台湾调查会看钱履周,谈甚久。别后回陕西路,当将王校长挽对交与裕凯,裕凯邀同一之仍至大鸿楼晚饭。饭后至大梁子看李尧阶,又至新都招待所看陈证如,皆未见。本日接得聂敬春三快信,宋子玉两快信,余乃仁一信,悌儿一信,张先雯两信,蒋礼鸿一信,敬春信中并附有鼎女一信。悌儿夫妇及先雯不久皆将来渝。敬春与先雯皆被裁,当寄一快信与敬春,嘱其至赤水再转渝,因教部审查款敬春俱代收。又送一信通知吴士选,又写一信寄曹敏永,盖子玉信中有其地址也。

十一日 晨,张宗植、宗伯宣之外甥、李尧阶与其弟仲生、其侄克度来看,徐浩亦来。午与一之、拯流在会仙桥留俄同学会吃西餐。寄一快信与敬春,促其由赤水转渝一信。午后寄一快信与黄燮臣兄弟道谢。一快信与陈光颖,嘱将近寄万元转此应用,并附一快信与陈湛铨,托其代领十二月份薪津、办公费。晚马元放来,同吃饭后至曹家巷看陈证如,谈至深夜始回。

十二日 寄一快信与余乃仁、一挂号信与教部总务司。寄还梁牛峰、徐复、葛毅夫三人书籍酬金收据,因薛敬春已代为收领也。又寄一信与宋子玉,更附敬春一纸一信与伍寿卿,一信与伍正谦。早陈证如邀到广东酒家吃酒点。午与一之、张宗植在老乡亲吃羊肉火锅,随与一之到楼外楼洗澡。澡后同到四德里看蔡彬抡,遇于途中,随偕至寓中小坐。旋到仲武处,将扇面七页托其变卖。时天已将黑,乃应徐拯流之邀到美专校街拯流家中晚饭,饭后与一之沿南区马路而回。过元放寓所,因入而小憩。值元放赴宴,未及,得见王凌云、羊宗秀 名颖 与一庄姓者。羊、云从马湛翁学,庄则白沙先修班教历史教员也。

十三日 晨羊宗秀与王凌云同来,邀往道门口重庆牛乳场吃牛乳。回后家栋、曹敏永、李恩良俱来看,敏永邀至大鸿楼吃午饭,饭毕与三人同至林森路三德里大达公司看何亚谋。薄暮与一之同过南岸,至民生公司宿舍其寓中宿。是日悌儿由重庆来,一之为安置于唐家沱民生公司宿舍。寄一快信与余乃仁,嘱设法汇三五万元来。

十四日 早饭后拱稼生来,因同游老君洞至黄桶丫,稼生请在美津饭店吃西餐。餐后经清水溪至野猫溪江苏临时中学看黄汝楫,未遇,仍回一之家宿。与稼生谈甚久,大意劝其勿忘老家也。寄一信与王鸢飞、一信与葛兴成都、一信与吴祖坪广汉。

十五日 回重庆。乘公共汽车到沙坪坝看吴士选夫妇,亮甥则老矣。午后与士选同回重庆。权甥由白沙亦到沙坪坝。晚在星北家吃饭。饭后同至江苏职业教育舍看冷御秋,不意黄任之亦肇来,盖几二十馀年不见矣。回陕西路,东甫寄来两函,有陈光颖一信、宋子玉一信、悌儿寄赤水一信、张望杏一信、胡皖生一信。

十六日 早马元放、吴士选、黄汝楫、何亚谋次第来相看,与汝楫、亚谋、一之同至大鸿楼午饭。饭后到新都招待所访证如,与王劭深老居士相值,谈及绍安法师,并云南京净戒寺玉山柱禅师圆寂灵迹。又言颜料坊财神庙有印妙者,亦至难得,但不知存殁如何矣。晚在仲武处吃饭。访莽太龄未见,因发一信与之。午前王鸢飞来,未相值。

十七日 杏城来。上午未出门,看《延安一月》。发一信与黄燮臣,一信与陈湛铨,为托带衣箱事。一信与蒋云从。午后陈证如、罗子为与王劭深先后来访,与王谈《起信论》、《圆觉》《楞严》两经之不可诬,意甚合。晚间同至同兴楼吃家常饼,后同到银社听昆曲。

十八日 晨王鸢飞来,与同到江北过路井其寓中午饭,儿女已成行矣。午后四时同回。周凤五、何亚谋来。发一航空信与二、三两兄,一信与顾哲民。履周来一信。沙坪坝转来云从一信,又敬春由仁庐寄来一信。晚到江苏同乡会听郑曾祐、郑慧兄妹古琴、琵琶,票价每张五百元。

十九日 莽大龄来一信。寄乃仁一信,附敬春一信、陶秋佳一信。王鸢飞来。早点后与一之、鸢飞同至唐家沱民生公司油栈看悌儿夫妇,值悌儿过江未遇。在新村广福楼午饭。饭后乘木船渡江至南岸鸡冠石。沿江再至野猫溪看黄汝楫,遇之于途,托以悌儿之事,时天欲暮,遂乘轮渡回寓。晚与一之同看钱履周。

二十日 何亚谋邀游南温泉,以车坏未果。午与裕凯在上海食品社吃西餐,每品四十元,可谓廉矣。晚与一之到南岸。苏宇有信,发一航快覆之。

二十一日　报载寇图绍关。与一之、证如、拱稼生同游真武山,访王劭深未遇。在地藏殿午餐。殿,山之绝顶也。山即涂山。真武庙有岣嵝碑摹本,又有禹娶涂山呱呱泣处碑,足与子路负米处同供一噱矣。

二十二日　回重庆。从王举廷处取得寄都匀退回两万元。与一之同到中三路二四二号看莽大龄,即在其家午饭。其姐胡太太曾在贵阳师范学院见之,然不知为莽大龄之姊也,不然亦不须到处问大龄消息矣。饭后一之回重庆,我则乘车到沙坪坝住亮甥处。权甥尚未去白沙也。

二十三日　寄一信与云从,一信与逸之,内附与培儿一信并汇洋一万元。又与伯宣一信,托交拱稼生,并汇五千元由其分送王伯谦、丁孝宽、刘夔嫂、赵云楼并黄氏兄弟。俭侄来,以有课,匆匆即去。午后与百益同到中央大学柏树林教员宿舍看贺昌群,未遇。便道过黄玉珊家小坐,复同沿嘉陵江边寻汉墓遗迹。石上"永寿四年六月十七日盷作此冢"十三字尚在,前九字一行,后四字一行,石墓已辟作防空洞矣。晚昌群来,留谈至饭后始去。逸之转来陈光颖一信,汇款一万二千零四十元,外附吴桂荣一函。又王苏宇寄赤水一信,黄燮臣亦来一信。

二十四日　早云从来,与同至新桥看刘友渔。本拟至花岩寺访陈匪石,以昌群约晚饭,花岩路远,惧不及归,乃折回。友渔邀在松鹤楼午饭,并送至沙坪坝,同到汤家湾 73 号看向发英,随偕云从至昌群寓中晚饭。寄一挂号信与一之,托取赤水汇款。

二十五日　早饭后与云从同至柏溪,在大竹林午饭。二时后至中央大学分校,即住云从房中。对房为许明两,名绍光,宜兴人,为柳劬堂学生,在彼教历史。乃与蒋、许二人同访劬堂,留晚饭,谈至八时后始回房中睡。是日报载周恩来到重庆。

二十六日　早许明两请吃点心。回房后张近仁来,颇似其父望杏少时,对之甚欢。又值吴子臧,谈由柳州经榕江至三合转贵阳沿途逃难情形。午蒋云从请吃饭,柳老亦来,至午后三时始乘船回沙坪坝。

本日报载有《民主同盟宣言》。

二十七日 早微雨,到中央大学图书馆看冯范五,知姚文采仍在徽州办安徽公学。午后复到新桥,则向英发、伯寅已先在,又其同学章文斐字灿章亦同来。二人并好书法,谈论亦不俗,甚难得也。晚与二人同宿刘希亮寓中。希亮为炖一鸡、烧一豚蹄,饭啖而卧,亦喜希亮之未改于初也。

二十八日 章文斐回沙坪坝。与希亮、伯寅同到花岩寺访陈匪石。与匪石不见盖七年矣。匪石告余,周仲容居此亦不远,乃电召之来,皆皤然老翁矣。仲容六十七,匪石六十一。匪石留午饭。饭后与同游全寺,得见破山明与其徒圣可玉书迹,与黔灵山赤松和尚颇相似,犹是明人窠臼也。与匪石、仲容别后,复一游旧寺,双桂一蠹一斫,寺外树木亦日稀,惜哉!归新桥天已黑,仍住友渔处。

二十九日 与伯宣同返沙坪坝。过工业专科学校看俭侄,未遇。便访吴子臧夫妇,回吴士选家。午饭后即回城,则来书成叠矣。陈湛铨一封、吴希之一封并附有诗。伍寿卿一封,已移居成都外东河堡大观园四行新村农行宿舍。葛景仲一信,住盐道街四十九号。苏宇一信,言款已汇。又贵阳转来寿白一信,赤水转来徐百炼一信,又赤水发教务处一信。冷御秋、杜蘅之、徐功懋、张先雯并来看,留片而去。杜住国府路大溪别墅七号,徐住弹子石大有巷六号,张住张家花园52之二。归途访何公敢、钱履周。晚饭后与一之同看马元放、羊宗秀,并未遇。又陈证如送来一律,题为《对晓》。余乃仁寄二万元来而无书。敬春来一信,言不能来。

三十日 发一快信与裕凯,托其辞职,并附覆陈湛诠一书。又发一快信与陈光颖,嘱将教部送审稿件即寄来。又发一快信与葛景仲,一信与吴景贤。候元放不来,乃至张家花园看张先雯,未遇。又至航空委员会看杜蘅芝,至交通部看徐养秋。金陵文化研究所覆书至,事不谐矣。又看顾哲民、徐拯流,至周星北家晚饭。马元放、洪自明、孙为霆来访，皆留字而去。贺昌群来一书，言中央大学教授间相争事。

三十一日　元放请在白玫瑰吃枣糕，三百元一盘，可谓贵矣。晨张先雯来，午栋孙来。三时半偕萧佩礼同到唯一影戏场看《战斗家庭》影片，英人作也。师范学院寄开学并发十一、十二两月薪水加成通知来。作一偈答陈证如，曰：“人间扰扰一墟场，百岁何如过隙光。紧扎草鞋空卸担，认明来路早怀乡。”

二　月

一日　早张先雯偕王一亭来，继之羊宗秀又偕潘揖山来。发一快信与敬春，嘱代领十一、十二两月师院加成薪水，并附与乃仁一信言寄款已收到。又与子玉、冯枬各一信，又写一信与震夏界石，一信与士选夫妇，嘱向边疆学校为悌儿谋一教席。到星北家并与张云谷相晤，便道一看履周。吴祖坪字成平自成都下沙河堡来一快信，言不日来渝。徐养秋来访，未遇，留字而去。苏宇汇款七万九千四百元到。宋子玉亦来一信。发一信与悌儿，以子玉别有书寄之也。

二日　写一信与裕凯辞职，并附一信与湛铨。

三日　元放偕光玮、光忠、光孝来渝，同看《月宫宝盒》电影。晚在长安寺买《潜子》两册、《圣可禅师语录》四本。陈证如、何公敢来谈。

四日　之江开校友会，聚餐于留俄同学会。会后周凤五邀往石桥铺其家中晚饭，并留宿彼间。之江、之海皆长大矣。又晤倪孝本兄弟。孝本亦在中国银行，任科长间庶务也。

五日　晨凤五乘车送至海棠溪，朱学诚已先到，同往南温泉，昨日约定也。到小温泉，吴景贤已候于中央政校车站旅舍。徐著新来，同到冠生园午饭，饭后同到温泉洗浴。晚在吴景贤家吃饭，宿于中央政校。

六日 在朱学诚百川商店午饭。饭后与吴景贤同至界石边疆学校看王仲和与钱震夏，不意得见熟人不少。晚仲和请吃饭，即宿校中。夜忽落雪。是日报载美军克马尼剌。

七日 仲和邀对学生说话，话后即回南泉，震夏送至五里亭而别。在朱学诚处午饭，即与学诚同回城。来信如叠矣，覆苏宇一快信，寄黄燮丞一挂号信，又张望杏一信。晚与阎任之同吃面。任之新自汉中来也。留一字与一之，即到林森路元放处宿。

八日 晨三时半即起，乘船至江津，午后一时到。是日大雪未止。与元放同住者有郗粹哉，昔年同试生也，来话旧事，真如隔世矣。

九日 与元放同到法院看芮兰轩，回又到安南里看虞南声、李三无。

十日十一日 连三日皆在南声家斗牌。

十一日 是日阴历除夕，又飞雪。李三无偕汪鉴甫亲家来相看。元放小病未起。

十三日 元旦。看《第五纵队秘话》。又到县立图书馆一看。

十四日 元放病愈。与李三无同到江家公馆回看汪鉴甫。又到虞家斗牌。

十五日 午后到内学院看吕秋逸，并购《四谛论》《陈那四论》《显识转识论》《成唯识论枢要记》《大般若经第五分》《僧史略》六书而回，价三百五十馀元。

十六日 黄玉琨邀吃晚饭。饭前与元放、郗粹哉同到西门外看王寄沤。

十七日 与元放、三无同过江游圣泉寺，寺为明少保江渊读书处也。过盲哑学校，校长陈光熙，字育之，江宁人，亦前法政大学学生，因留在其家午饭。是日秋逸、寄沤同来过，未晤，寄沤并留一诗而去。

十八日 早回重庆，元放父子送至江边。上船后无意中乃遇裕凯，光颖并为余捎得两箱子来，然棉衣并不在其中。午在顾哲民家吃饭。

十九日　发一书覆欧愧庵,辞职。一书与徐养秋,告以无意在政治学校谋得教席。一书覆唐玉虬,寄成都青石桥南街廿五号。一书与王述曾。一书与吴祖坪,约与相见。又一书与王仲和,退还悌儿聘函,盖悌儿已应白庙子大雄学校教导主任之聘,先日携眷行矣。在离渝期间,除得上诸函已覆外,有葛兴一函,东甫转来朗兄一函。知伯沆已作古人,为之凄黯,更不知所遗一嫠一稚又如何矣。又敬春一信,徐百炼一信,胡四转来颜克述一信。晚阎任之来。

二十日　寄一快信与苏宇,附所作《狂叟石章铭》,文曰:"谓叟狂耶,叟也能为人医。谓叟不狂耶,叟乃屏人而乐与犬嬉。人讥叟贱人而贵犬,叟曰:'吾既狂矣,又恶知夫人犬之异而贵贱之为?'叟其终身与犬不离耶? 叟其终身以狂为疵耶? 虽然,服叟之医者有之矣,服叟之狂者谁耶?"注曰:"狂叟刻石章成,讱叟为之铭。"又寄一快信与陈玉仓,托其觅人将行李等件运渝。午后雷启光偕梁瓯第来,陈证如来,黄作舟来。看张宗植,宗植来回看。皆未遇。

二十一日　证如来,出示新作,即和一律为赠,曰:"飞雪迎新岁,回天应旧文。逆知爨改火,末用物占云。劫漫论增减,时当争寸分。前贤有榘矱,唯抱道为尊。"题则"乙酉新岁,用证如先生近作入市韵奉赠"也。为教部审查《大学要义解》一稿,即邮还。又有《大戴礼记曾子解》一稿,未由赤水转到,亦函告之。寄湛翁一快函、希之一函,并附和希之《长至日》,诗曰:"阳气初随斗柄回,寒炉犹拥夜来灰。惊心老病逢新节,触眼风光透小梅。去日谁怜龙战急,好吾且喜雁来书。频年不断峨嵋梦,春水相寻尔雅台。"又寄寿卿一信。夜星北夫妇来,因将旧藏扇面五页交其代售。

二十二日　早卢氏侄媳率桐孙来,言正侄已赴金堂矣。寄一信与张汝舟,告以冬饮翁死讯,并附挽诗。晚黄慕群来。

二十三日　寄一信与顾寿白、一信与钱子厚,亦附冬饮翁挽诗。又一信与敬春,一信与倪东甫。午后陈光颖、王裕凯来。到美专校街看徐拯流,其长女因痧疹于新年死去,余一儿两女亦病,正忙于请医也。

二十四日　寄柳劬《柏溪》一诗,由蒋礼鸿转。又发一信与宜宾李庄地理研究所,问地图事。又覆吴景贤一信。午后过南岸,稼生言款未寄,当再设法矣。

二十五日　在南岸,稼生、任之、慕群皆来。与一之盘桓竟日,忽又发便血病。

二十六日　晨回重庆,元放邀在滋美斋午饭。晚到星北家。又看冷御秋,九时后始回。陶秋佳为陈其仁事来,有一信。

二十七日　在星北处过元宵。便道至拯流处看其孩子,病全愈矣,为之一慰。又过蔡彬抢寓,未见,将陶秋佳信留下而回。朗若来,留一字去,言苏宇有信来,邀往昆明。信寄江津,不知何以未转来也。

二十八日　早起即看元放,嘱将寄江津信索回。苏宇又由宁永宾转来一信,当写一航空信覆之。黄汝揖来,孙于霆先亦来,未见。谢六逸来一信,催返贵阳。晚一之邀十八军副军长张世光在大鸿楼晚饭,饭后任之、尧阶来。

三　月

一日　早朱学诚、张先雯来。发一信与王伟侠,问范前沆踪迹。一快信与林轶西,寄永兴浙江大学陆缵何转。又一信寄璧山丁家坳交通大学吴紫佩。午后去凤凰场,趁车未上,折回,到教部招待所看廖茂如。晚与一之、证如、黄艮庸同在大鸿楼吃饭,雷启光等来。

二日　早发一快信与敬春,问其牙病并汇款事。到四德里看蔡彬抢,云已有一覆信寄谢隆乡张望杏转矣。归途遇徐功懋,住黄家垭,因同到其寓中小坐。又到莲花池后街三号宁永宾家。苏宇所汇款尚未到,言将送交一之,遂留一字与一之。午饭时尧阶送购得到北碚车票来,随偕来人至民国路乘国立国术体育师范学校车至凤凰场。车上拥挤不堪,凤凰场又不停。在小湾下车,离司法行政部甚迩,即到部内访强天健。天健已回家,又折返千子门其家中时,薄暮矣。其子小龙已六岁,言生于合川大轰炸时,难得也。夜即宿其家。

三日　早饭后与天健同到瓦窑湾吕家院子望杏寓处,约行十五六里。望杏夫妇尚不觉老,其次子辅仁则十三岁矣。午饭后天健回家,因与书琴侄女同去附近明志、力行两中学一看。

四日　早与辅仁同到佛宇寺兴隆场。午后望杏夫妇陪游梁滩桥。

五日　早十时礼侄自最高法院来,因与礼侄及望杏夫妇同到大磨滩看瀑布,往返约五十里。礼侄由大磨滩径归歇马场,我等回时已将暮矣。

六日　晨望杏夫妇送至小湾车站,候至一时无车,有美兵驾车过,乃趁之往北碚,天健已先一日步行至北碚相候。晚在马客谈家饭。其子世均,学农者,即将赴美学习。饭前到礼乐馆看卢冀野。夜宿师范学校王桂林房,王亦南京人也。

七日　与天健同游温泉。道经勉仁中学看熊十力,留午饭,并欲留宿,意可感也。温泉惟乳花洞为胜,馀亦无甚可留连处,因即乘舟归,但不知缙云山与黛湖如何耳。归后与天健看汉戏,无甚意味,非鄂人定不见赏。

八日　客谈邀至鸿运楼吃早点,惟糖藕尚可口。道遇杨仲子,实出意外。由马世均陪至编译馆看陆步青、高觉敷,觉敷留午饭,步青则邀晚饭。发一信与悌儿,言不能去戴家湾金剑山相看矣。晚悌儿忽来,可谓巧极,并与客谈相见,尤不用老夫代谋矣。

九日　早乘车回,先至歌乐山看黄良琼,给其儿五百元。便道过小龙坎南开中学看吴林伯、李平阶,不意周化行亦在彼,留晚饭、留宿。南开设备极佳,并得一浴,快极。

十日　由小龙坎乘驿车至化龙桥访张文约,而大中制造厂已归经济部收买,文约更不知何往。乃步行至牛角沱二十六号看吴祖坪、陈松观,吴进城开会,陈乃邀至岭南楼午饭。饭后回协隆行,则边疆学校送我父子两聘函来,_{由钱履周转。}真不知何以作覆也。又王苏宇三信,宋子玉一信,钱子厚、胡皖生各一信,马湛翁一信并有和诗,吴希之一信亦有诗。寿卿一信,彭祖年一信,陈湛铨一信,陈光颖一信,聂敬春一信并寄一万元,贵阳师范学院一信,培儿、鼎女二月二日一信,鼎女二十日一信。葛兴由成都来,数次相看。王伟侠亦来,各留信而去。王鸢飞来信,言丧一女,去信慰之。寄一快信与葛景仲成都,一航快信与苏宇昆明。拱稼生来,出示黄子元信,知伯沆殁于旧历八月初九日,而华钝安亦于是日死,可哀也!稼生邀在九华楼晚饭,罗吉人亦来,此外则阎任之、黄慕群,共费六千馀金,稼生亦豪哉。

十一日　寄一挂号信与王仲和,退还聘书。一快信与二哥,言伯沆身后并兑款事。又寄敬春一快信,并附与和侄一纸,拨款万元。一信覆谢六逸,令即送去。中午罗吉人请吃饭,给其孩子八百元。

十二日　由一之手取一万七千七百元,交锐侄五千,俭侄七千七百。并寄五千与和侄,此五千内有蒋峻斋送伯沆,三千由苏宇寄来者,馀二千则我所送。因俭侄来言和侄患病,故多给五千也。蒋礼鸿来一信。阎任之邀在长安寺吃素饺、素饭,价甚廉,一之、锐俭两侄共五人,不及千元也。午后曹敏永来。顾文藻有快信,寄到大夏十二月、一月薪水、米贴,除扣电费汇费外,共二万肆百捌十元。又聂敬春来两信,蒋礼鸿来一信。晚与任之同在观正兴吃菜饭。

十三日　发一航快信与苏宇,托为敬春谋事。发一快信与顾文藻,告知款到并附收据寄去,又附一信与陈光颖问寄款事。钱履周来谈边疆学校事。到考核委员会看王伟侠。晚履周邀在上海饮食店吃西餐。

十四日　寄一快信与钱子厚、胡皖生。发一信到复兴关中央训练团,告知王述曾约与相见。又寄一信与马客谈,一信与张望杏,一信与伍正谦。

十五日　到曹家巷证如寓所小坐,随与其同至长安寺看王劭深、宗镜和尚,留午饭并送《顿悟入道论》一本。龚星楼字子因亦在念佛社住,无意中遇之。星楼,铭三弟也。午后王仲和来谈边疆学校事,幸未强留。栋孙亦来,在新市场吃面。是日为旧历二月初二,余生辰也。唐炳昌来,并赠点心两盒。炳昌在民建中学教书。

十六日　寄一快信与彭祖年。赠任之一诗,曰:"曾约巴陵共卜居,谁知相见在巴渝。八年几度兵间过,尺版依然府里趋。劫火弥天方咄咄,书生报国亦区区。未来变幻知何似,再见应无失故吾。"云从有书来,附致劬堂和赠诗。

十七日　张先雯来谈。午后到星北处,晚饭菜甚丰,杏城侄女言为余补寿。大为外甥由交通大学回,因得一见,计不见十馀年矣。是晚俭侄、锦田侄女及王通外孙皆到。夜即宿星北处。交四十元与俭侄,嘱送张予若,并附一信去。

十八日　午饭后回。王汉曾、述曾兄弟来,在同庆园晚饭,谈甚久。告述曾三事曰:"勿懊丧,读史,留意人物。"覆云从一信。

十九日　覆林伯一信,因前日来相看,恳写信与马湛翁为介也。到江北,即宿鸢飞家,其弟天钺亦在。

二十日　晨回城,得葛兴一快函,言当晚可到。又大夏一函,索作文成绩。苏宇两航空信,林轶西一快信,培儿一信,颜克述一信并附与悌儿一信,望杏一信。又元利公司寄股票来,并附三十三年度利五百元。徐拯流来,午饭后同至米亭子旧书铺购得《峨嵋山志》两册五百元,又以四百元购得《徐霞客游记》两册。到外交部看蒋用庄,又同去看马元放。晚饭后葛兴来,何公敢、阎任之亦来。又接邱志州一信,徐百炼一信。

二十一日　发一航空信覆苏宇,一快信与敬春。早先雯来。又寄培儿一信,附覆克述一信。寄悌儿一信,将克述信附去。午后到太平门码头候行李,共六件,运至协隆行花二千五百元,骇人也。晚葛兴来。王伟侠请吃饭。

二十二日 检点行李。

二十三日 午后陈光颖夫妇来,交到教部寄审查金一千四百元。汇票仍交光颖代取,寄一之收。又与徐百炼一信、顾文藻一信,并各体文习作成绩,交天颖带去。寄收据两纸《曾子释义》《大学要义解》审查金与教部。晚葛兴来宿。

廿四日 早伍正诚来。交葛兴行李一包带成都,书籍一包带昆明。敬春寄来一信,并汇款一万元,以五千三百元买帽子一顶。覆敬春一快信,附与乃仁一信。又寄鼎女一信,附培儿一信。午后履周来,带来寿白一信。又杜蘅之来,月杪即赴美。晚与任之在林森路三六九吃饺子汤团。

廿五日 收拾行李。吴林伯、马元放、王伟侠来,以何根云《使粤草》赠伟侠,因伟侠亦在集杜也。

廿六日 早王劭深来相看,并为写一介绍信与许止烦。寄一快信与二哥,一挂号信与邱志州并附一信与吴仁荣。黄汝揖来谈大雄事,不安甚。

廿七日 早起稍不适。元放、可权来邀往冠生园吃点心,仅吃牛乳一杯、点心两个而已。午饭、晚饭皆未吃。景仲、正诚来,言车票二十九买,准三十日晨行矣。晚羊宗秀来谈复性书院事,甚悉。子厚、仲和并有信来。

廿八日 早起吃面包两块,似有微热,午饭亦未吃。张先雯来还二千元,给以一旧布衫、一双布鞋而去。晚吃牛乳一杯、面包一块。苏宇来一信。

廿九日 热止,因昨晚服额斯颇诺也。早证如来。发一航空信与苏宇并附道铭一信,一快信与敬春并附宋子玉一信,皆告以行期也。

又写一信与唐鸣春，挂号寄去。尧阶、慕群来。午后正诚来，言车票已购到，并约往七星岗荫庐住宿，以便明日上车较便。盖其戚陆叔言为旧幼幼学堂学生，谈及某，尚有恋恋故人之意，而其寡嫂乃张芗荪之女，其故兄仲轶亦幼幼学生也。因于晚饭后由一之陪往荫庐，与芗荪之女履贤话旧甚久。夜五时即起。

三十日 与正诚同乘车至青木关。正谦本约到站相晤，而车在路小修过时，正谦候车久不至，因回院。此行竟与正谦不得一见，亦憾事也。车到永川午饭，在内江住宿。同车者一秦一冯，皆正诚同学。内江宿中国旅行舍。买密饯四包四斤，共二千四百四十元。

三十一日 车到简阳午饭，五时到龙泉驿检查，六时后在沙河堡下车。寿卿方病起，既老且瘦，殊非昔年在杭州光景矣。夜谈至十时候始息。正诚两女，长名必云，次名必和。

四 月

一日 发一信与一之。是日寿卿夫人生日，其六子正谅在金陵大学补习班读书，因星期日，亦回家。

二日 连两日皆陪寿卿夫妇斗牌。是日报载美军在大琉球岛登陆。先是三月廿六日已占庆良间岛，大炮可及大琉球岛，故登陆时以大炮作掩护，损失甚微也。

三日 午后与正诚及秦仲方君进城，借宿华西公司。至盐道街葛兴家取得行李，又到南庆云街正谊家一走。秦仲方，山东日照人。

四日 早五时即起，乘公共汽车赴灌县，借住农民银行。其主任吴君伯黎，浙江吴兴人；与胡君训谊，江西奉新人，皆一力招待，胡君并请午饭。饭后与正诚至都江堰及离堆王庙、玉垒山二王庙一看。晚饭后胡君送来《灌县志》，为民国二十一年邑人罗骏声等修，因略翻阅，以便游青城有所本。

五日　看都江堰放水并祭二王庙,祭礼草率,可笑可叹。

六日　正诚同学郭君暄请吃晚饭,在城北大街,其父海封亦出陪相谈,颇洽。郭,河北项城人,在美八年,新自美国回。饭前一人独游城隍庙。

七日　都江堰工程处长张子聪沅请在青年食堂吃晚饭。张名沅,梓潼人,日本东北大学学生也。是日与陆润民同游文庙山。又至南门外买白毛线绳十五两,花一千二百元。陆浦东人,兴义侄工业专门学校同学也。报载日本小矶国昭内阁辞职,由铃木贯太郎继任,苏俄废止苏日中立条约。

八日　与伍、秦二人同回成都,三时下车,到上草市街宝侄寓宿。宗氏名瑾如侄媳随招锦文侄女来。本意在游青城,而连日天雨,致不能成游,可谓败兴而返矣。

九日　上午到青石桥南街二十五号看唐玉虬,留午饭。饭后到华西坝看马尔济与王守伟,马君邀十一日晚饭。四时回至九龙巷志正职业补习学校,与宗氏侄媳、锦文侄女同至荔枝巷食水饺子。

十日　早邀宗氏侄媳、锦文侄女与秦仲方至忠烈祠西街食珍珠圆子,并介秦君与锦文侄女相见。食后又至补习学校小坐,随与仲方同到农民银行看伍正诚,即同到少城公园对面邱佛子食豆花饭。发一航快信与一之,一航快信与苏宇,一航快信与敬春,又一快信与顾寿白。到葛景仲家借得帐子一顶,景仲之妇与谈家事甚久,即在其家食面。知景仲近数年光景甚不好,其妇支持亦苦矣。

十一日　早至华西坝,与锦文侄女同到四川大学庶务室访沈超。随到望江楼薛涛井一游,以一百元买得薛涛画像一帧,回至坝上 tip top 食午饭。饭后到新医院五大学健康服务所看葛兴之弟葛昌,再到金大校长室看王守伟,同访李小缘。小缘陪至钱宾四处一谈,又到其寓所食力村小坐。小缘赠《中国文化研究汇刊》三、四两卷各一册。至六时即赴马尔济之约,途遇应连耕,现在金大农学院任课。马家同席者有 Andrew,Green 及一庞先生,又一梅县邱姓医师,则亦客也。

十二日　与秦仲方同游青羊宫看花会,并顺到草堂寺工部祠一游。晚在总府街克食食雪豆炖肘,锦文侄女亦在座。本日寄一快信与汪北平。

十三日　晨到文殊院一游,在唐玉虬处午饭。饭后出南门过万里桥谒昭烈庙、武侯祠。庙两庑为石室中学所占,其附祀诸臣像无从一一拜谒,但见装塑甚精而已。仍折回玉虬家晚饭。后同至文庙南街访邵潭秋,谈峨嵋之游甚详,并允为我函各寺招待。是日电传罗斯福中风逝世。发东甫、元放、尹石公、王裕凯各一信。

十四日　邀秦仲方在家午饭,四时回沙河堡农行宿舍。报载罗斯福于十二日午后四时三十分逝世,副总统杜鲁门即于当晚宣誓就正总统职,发一函与马尔济唁之。又寄一信与熊十力。得一之转来敬春三月廿八、四月一日两信,和侄妇一信,俭侄一信,苏宇、豫若、林伯、百炼、皖生、子羲各一信。又陈其仁之妻一信。又薛攀星、孙扐一信,言在泸州军事委员会工程委员会第四十三工程处工务课设计股任职,其地在蓝田坝,其宿舍隔壁有招待所,到泸州可住也。又得宋子玉一快信,苏宇一航空挂号信,张先雯一快信。

十五日　寄敬春、一之、苏宇各一航空快信,薛攀星夫妇一快信,兴和侄一信。寄一之信,为余乃仁汇款事也。沈伯勋来相看,寿卿留其午饭而去。

十六日　顾寿白覆信到,言不日迁蓉,决不去眉山矣。苏宇又来一航挂信,言竹庵已将敬春插入卫生材料所,可感也!午后葛兴女人来,并捎得王守伟一信,订二十二日由校友分会在静宁饭店欢宴,当覆一信托其带去。

十七日　晚有雷雨。此间正苦旱,得此,喜可知也。

十八日　雨至十点钟始止。覆苏宇一信,并发一信告敬春,言可由昆明寄盘川万元,皆由航快寄去。又与寿白一信,言决在成都相候。

十九日 午后与寿卿同进城,盖应彭笑潮之邀也。晚即住祠堂街公平拍卖行。杨广荫请吃晚饭。

二十日 早到桂花巷看许止烦,未晤,乃留一名片并王劭深所作介绍函而回,且约明日再来。晚仍宿公平行。

二十一日 早见许止烦,邀与同至长发街看王旭东。旭东,劭深之族人也,时大慈寺住持常恩及监院亦在。止烦、旭东约于廿四日同游昭觉寺。午后与寿卿回沙河埠。得敬春、裕凯、光颖、陈其仁信各一封。

二十二日 星期,进城赴之江校友会之约,到者仅六人,王守伟、应连耕、沈超、徐泽南、邱仁滋、刁开仁。饭后独游皇城,除清时贡院一牌坊外,皆瓦砾堆矣。过驴马市街吃厨子抄手,亦平平耳。

二十三日 过西顺城街顺成园吃汤圆。晚赴庆云南街寿卿之约。是日报载柏林联军已合围。晚大雨。

二十四日 十时至桂花巷约许止烦同到昭觉寺,王旭东因事须迟一二日,别有一张云浦同行。乘车出北门,至驷马桥换坐鸡公车,约里许便至。方丈定慧因就医进城,由衣钵智法、知客演密招待。午后四时,许、张二君各回,余独留。晚有圣崐、常修二师来陪谈,并假得《昭觉志》读之。丈雪通醉、佛冤彻纲两行实颇有激发处。丈雪又有《东西铭》,《东铭》曰:"一瓦一椽,一粥一饭,檀信脂膏,行人血汗。尔戒不持,尔事不办,可惧可忧,可嗟可叹。"《西铭》曰:"一时一日,一月一年,流光易度,幻形非坚。凡心未尽,圣果未图,可惊可怖,可悲可怜。"又第五代守仁际定有《示先山禅人》一条云:"欲求实悟,必须从戒定慧三学中修。心不自欺,即戒也;一切无心,即定也。绝后再苏,豁然会得古人立地处,即慧也。到这里始不为梦幻空花之所碍,有何长短高下之足述乎。当初只谓茅长短,烧之方知地不平。"第六代道魁了元示众引正宗和尚云:"人人尽道学参禅,空口谈玄枉费言。实际工夫无半点,虚浮习气总难迁。六年饥馁方成佛,一臂全抛始证仙。不吃这番酸涩苦,如何得透祖师禅。"语皆恳切,因录存之。

廿五日　到经房购破山、丈雪字各一幅二百二十元,《圆悟心要》两本八百元,《四十二章经解》一本一百五十元。管经房者名普钦,河北人也。又佛学院教国文者,名隆戒,亦旧住宝光,似皆朴厚可谈。午后方丈定慧回。

廿六日　看《圆悟心要》。午饭后定慧与谈捉壮丁事,令人骇异,不知今之高居民上,心肝是何物事做也。

廿七日　午后有一清定师自净慧寺来,盖修密者,来即闭户摇铃持咒,故未与之语。

廿八日　天无晴意,欲往宝光寺,颇为踌躇。午斋后忽放晴,而许止烦、王旭东亦来,乃回至驷马桥雇车,经天回镇、三河镇,过毗河入新都界。再过天缘镇同善桥,至县城北辉光门外即宝光寺。寺有宝光塔,隋时一律师智诜经始。方丈妙轮去汉州,因往谒退居贯一名圆性老和尚,由雨堃相陪。雨堃,泾县人,佛学院教务长也。贯一能文字,亦健谈,盖僧伽中少见者。留斋,直谈至晚八时始散。

廿九日　早斋后随许、王两君同至南门外太平寺访超一法师。法师修密教者,引观大殿,殿塑宗喀巴像,藏密其入蜀乎。归途过桂湘小坐。回宝光,贯一赠《护法论》一册。午斋后复谒退居无穷老和尚于念佛堂,虽已失音,而精神与贯一老和尚不相让,皆六十八老人也。宝光开山为啸宗印密禅师,亦出破山名下,恢大之者则道咸中妙胜觉贤和尚。五百罗汉堂罗汉堂咸丰初年始成及藏经楼皆妙胜和尚所建,罗汉塑像出于周某之手,精绝,以吾观之,灵隐、金山皆不如也。妙胜到北京请藏经,其资财出于一千总李通会,经楼尚存其像,亦一公案也。由贯一大和尚率领各处瞻仰,毕即与王旭东同到念佛堂随众念佛。晚贯老和尚复为设斋。许止烦则于午前先归矣。

三十日　回成都,赋一律赠贯老,曰:"蜀中老宿几人存,犹见弥天释道安。长我十年兄不啻,得君一夕话应难。书斋草堂浑馀事,诗人寒山火耐看。投契岂论方内外,可知性与海同宽。"行时,贯老与雨堃等并送至寺门外。又有一客师号戒龙,来自新繁龙藏寺,亦相送并邀至龙兴寺一游,惜时促不之能矣。来时车资一千元,回时则拖至北门车站仅八百元。送昭觉、宝光两处常住各二千元。过志正学校,得有十力、元放各一信。以八千四百四十元买粗呢一丈三尺,借锦文侄女二千元始付清,此后真穿衣穿不起矣。寿卿进城,不在家。

五 月

一日　寿卿来电话,催进城住祠堂街。彭笑潮后日行矣。接得余乃仁寄汇三次款,共十五万元。敬春一航快信,东甫一信,一之一快信,苏宇一航信,鼎女两信,任之一信。应连耕寄来介绍信两封。输去二千元,冤哉!

二日　与寿卿到中央银行寻王仲瑚,取得乃仁寄款两笔,十三万。乃寄十万五千与苏宇,由农行寄去,托购黄金储券三万,即写一航快信去。乃与寿卿同回沙河堡。又接任之一信,敬春一信。覆乃仁一信,寄还借据并附敬春一信。

三日　寄鼎女一信,王守伟一信,托讨燕大等处研究所章程也。

四日　正谦自渝回。寄一信与地理研究所,北碚状元碑蔡家湾。一信与张先雯,一信与吴林伯,一信与王子义。报载希特勒已战死,柏林入苏军手,德人投降,墨索里利则先为意游击军所杀。欧州二魔王俱就天诛,战局结束一半矣。

五日　张先雯来一信。

六日　星期。报载德国战事即将结束。到中行宿舍看王仲瑚,旋来回看。

七日　早与寿卿父子同进城,到中国银行取得乃仁别寄款两万元。旋与寿卿至总府街赖汤圆吃汤圆。到长发街访王旭东,谈甚恳切。又访许止烦,未遇。乃独至大慈恩寺见圣钦老和尚,叩以参禅之要,答云:"不着一切即禅。"可谓简要之至矣。晚留宿,不期与李宏惠相遇。宏惠,清道人之堂弟也。在志正学校锦文侄女处得王守伟、尹石公各一信,还她两千元。

八日　早斋后到文庙西街看邵潭秋,潭秋赠《峨眉游草》一册,并为写介绍信两封与峨山诸寺。又因其门下钦本立吴兴人之介,同往斧头巷十九号访程安宅。程,万县人,亦欲游峨嵋,希与结伴行也。程留午饭。饭后与潭秋同过唐玉虬小坐,旋回大慈恩寺。以蚊多,复折返上草市街宿焉。

九日　发一信与陈光颖,并王守伟原信寄去,又附一信与徐百炼。到四川大学访何士芳,先晤潭秋,同至望江楼午饭。饭后川大师范学院国文系诸生亦至,邀余讲演,为略谈"好善及骄吝之害"而罢。随返沙河堡。一之寄款两万元到。

十日　苏宇来一信,言敬春事并询行期。鼎女来一信,言溆浦不宁,将迁乡,培儿等则走沅陵矣。报载德军投降协定已于九日签字,欧战已全结束,且定十三日为感恩日。而中国敌寇乃狼奔豕突,攻豫西未已又攻湘西,我则节节败退,数年来所云整饬兵备者安在耶?覆苏宇一信,并问款到未。又覆一之一信与寿白一信。

十一日　报载湘西战局有转机,溆浦当可免矣。

十二日　鼎女又来一信,随寄一快信覆之。

十三日　午后收拾行李。

十四日　早随农行车进城,正诚亦同行,挈眷,将至灌县住。午时寿卿送代取一之汇款两万元,交十一侄媳。午饭、晚饭皆在玉虬家食。晚饭后至盐道街三十九号看葛兴之妇,又过青年里看锦文侄女。归北草市街时,新月在天,盖旧历四月初三矣。

十五日 到志正学校寻王文尉问船事,当交于二千元托代订船,言十七、十九可行矣。晚在玉虬家吃饭。

十六日 以二千八百元买羊皮小提箱一只。在志正学校吃午饭。晚饭则到华兴街吴抄手吃抄手鸡面、点心、包子,尚佳,共花三百元。归后玉虬来访。

十七日 晚唐玉虬来,送点心两盒。王文尉言船定十九日早开行。

十八日 在玉虬处午饭。饭后到文庙后街看王守伟,见其妻。又看邵潭秋夫妇,俱不在家。与玉虬外孙与侄儿一千元。寿卿转来一之、苏宇各一信。

十九日 上船。先到珠市街寻魏姓船经纪,送至郭家桥。船主严姓,同船者有峨山管理局职员彭、骆、周诸人。船因事未开,王文尉直留至午时始去。夜大雨,被褥半沾湿。

二十日 直至午后船始开,夜宿中兴场。

二十一日 经彭山至王渡宿。王渡属眉山,距城才数里。因夜晚,未及过访顾寿白。

二十二日 经青神中岩,本拟停泊板桥溪宿,以搭客多主赶进城,乃复开行。抵城已暮,泊于城外。复趁小舟至福泉门,雇车到兴发街厚侄寓则十时后矣。与三嫂等谈至夜深始寝。

二十三日 阅报,知马元放当选中央执行委员。与五侄媳及飞孙见面钱一千元。午后到内地会看何翘森,其妻即俭侄新订婚蓝氏之姊。翘森数年不见,已有子女三人矣。

二十四日 寄一之、苏宇各一航快信,元放、寿卿、薛攀星夫妇、瑾如侄媳、锦文侄女各一快信。元放信内并附与王伟侠一函,托探听秦仲方为人。

二十五日 寄三兄一快信,内附与二兄一信。寄三兄信为锦文侄女婚事也。寄秦仲方、周星北、唐玉虬各一快信。午后与厚侄到乌尤寺看马湛翁，不见八年矣。张立民、王星贤亦渐有老趣。湛翁住濠上草堂，在寺后，地名麻濠之上。其外甥丁安期所生子名慰长，则十八岁矣，女名静涵。谈至薄暮，湛翁直送至小河岸始归。

二十六日　寄一快信与吴林伯，盖湛翁已允其来，并可予以抄书之职，生事可无忧矣。又写一信与鼎女，问培儿等是否回溆。又写一信与陈其仁，寄贵阳汉相路三十七号。买果酱两罐、点心两盒，共二千元，并所带沙丁鱼送湛翁。以一万元买摹本缎一丈一尺五寸、二千一百元买洋缎六尺。晚厚倧邀看川戏，无意中乃与王宏实相值。宏实任乐昌公司经理，公司在察院街。晚宿陕西街二十三号。

二十七日　检理行李，迁住濠上草堂，由张立民、王星贤派船相接。过江与湛翁谈甚欢，湛翁并为置酒，然以便血，不敢饮也。

二十八日　张、王二君与杨士青并来坐。杨，奉贤人。午后詹允明亦来。詹，开化人。得邵潭秋书并附赠词一阕。由此转寄成都敬春两函并湛翁附寄一诗俱退回。又得徐百炼寄来一信。

廿九日　午后王星贤来，陪同到乌尤寺一游，住持遍能赠《乌尤寺诗》一册，盖其师传度所辑也。

卅日　午后立民、星贤来谈。王宏实令人送一信来，言陪客游峨嵋，四五日回再来相看。

三十一日　湛翁出示《童蒙箴》《拟寒山子诗》及各年所作。央杨士青代录《童蒙》诗一份。

六　月

一日　立民、星贤请在新滋美吃饭。与湛翁等先到演武街看张真如，号丹崖。武汉大学教务主任而教哲学者也。饭后又同至陵云寺一游。晚间谈楚权沧岩禅师参金陵、赤山法忍与绍安禅师从慧明得悟及大修坐化事,皆前所未闻者。敬春转来悌儿致渠一信,言得鼎女书,培儿等已在入川途中矣。

二日 寄敬春一信,覆潭秋一信,又与百炼一信。午后应南高、东大、中大同学会之邀进城,在全家福吃晚饭,饭后即宿城内。

三日 汪静斋夫妇及张达如夫人邀在徐家边其家中午饭,并先在小上海吃烧饼,三嫂及厚侄夫妇皆去。饭后直至三时后始回草堂。发一信与云从,欲其代索中央大学研究院章则径寄光颖。汪静斋近颇好儒、佛两家书,难得也。

四日 与湛翁各谈生平得力处。湛翁谓少时亦泛滥而鲜归宿,自戊申年一变,始专力于先儒之学。又言嘉兴姚镜潭《竹素轩稿》,时文为龚定庵所折服,其人亦讲理学,所得全在其稿,云《制艺丛话》曾载其"君子矜而不争群而不党"一文。午后王宏实来看。章太炎《重订三字经》,成都茹古山房发卖。

五日 湛翁出示《诸子会归总目》并《序例》,盖庚戌年所定,嘱为斟酌。此稿本后有《与蒋再唐名麟振论儒佛义》一文,为戊午正月作。其以六艺摄群言、以五教判六艺,正今时所常谈,乃知其发端已久矣。因谈蒋再唐,更及金甸伯、名蓉镜。张树滋、川人,著有《君子》一书。刘松君、青田人,后发狂。陆辅平、湛翁看医书由此人。杭辛斋诸人。金亦写香严,浙人。初学诗于王湘绮,后又从沈乙盦学,有《澹湖遗老集》,日后归江南当求之也。

六日 连日望雨无雨,有旱象,可虑。湛翁谈及蜀中各学神仙之学者,如胡朗和、杨樵谷诸人,谓到峨山萝峰庵,可一访钱泗州名柏心。也。

七日 宏实有书来,邀九日在乐昌大厦午饭。午后厚侄来,捎得一之一函,并寄款两万元。又星北一函。一之函内附有志州一书,五月六日发。并各地民生公司介绍信。

八日 寄志州一信、强天健一信,皆快递。湛翁以弘一昙昉。著

《四分律比丘戒相表记》出示，为弘一手写印行，可宝也。又谈嵩明李星槎，名文汉。其人曾住杭州三年，为蔡松坡门下，曾作《松坡年谱》，到昆明时可访之。午后张、王、杨三人来谈。

九日 与湛翁同进城，王、张、杨诸人并来送，行李则由湛翁之仆秉元送过江。午赴王宏实宴，同席除湛翁外，有戴、朱、叶、伊、李等人。得林伯信，言于七月中来嘉。又悌儿一信，皆寄书院者。成都转来培儿一信、彭祖年一信、苏宇一信。又苏宇径寄此一信，玉虬一信。寿卿转来鼎女三信，自附一信。据鼎女信，瑜媳等已回溆浦，培儿信则云尚滞辰溪。一在十六发，一在十七发，亦仅差一日也。又伍正谅来一信，汪静斋交来两介绍信。

十日 寄一之、悌儿，附一信与履周。祖年各一快信、苏宇一航快信、林伯一信。晚何翘森来相看。

十一日 何翘森又来，邀吃晚饭，与厚侄同去，晚八时始归。发一快信与培儿、鼎女。本日本拟去峨嵋，为雨阻未果。然连夜得透雨，旱象可免，亦足喜也。

十二日 赴峨嵋，厚侄送至汽车站。以到太早，懒于候车，车九时开。改乘人力车，行价一千六百元。又至徐灏过渡一百元，实较汽车贵七百元。直至一时左右始到城，又较汽车慢四小时。然沿途可饱览景物，不似汽车一瞥便过，亦未为不值也。到城后再换人力车至峨山麓报国寺，管理局亦在此。彭伯熙局长适进城，遇于途中，乃访课长彭伯堃诸人。彭与周君陪余同游龙门洞，往返约十里。僧演观大谈其建设生产，可怪也。归后方丈常体来相看，并介粤东陈冰谷来谈。彭伯熙旋亦回。常体才年二十馀，尚无俗僧习气。陈则住此，拟有所撰述。以晚餐又稍疲，不能多谈也。龙门洞略似天台之龙游涧，但稍深阔耳。

十三日 由管理局庶务彭君代雇滑竿，言定每日一千六百元。出寺右行，首至伏虎寺，境之幽静，实过报国，然太阴湿，恐不易人居也。经雷音寺、华严寺，皆渐败圮，纯阳殿稍修整，然与《志》所云重楼瑰玮者迥殊矣。再进慧灯寺,可遥望金顶、华严顶、大坪、洪椿坪诸胜。前即龙门洞,隐隐犹闻水声,旧有一亭,今废矣。过中峰寺后径趋大峨寺,饮于圣水阁,知客僧粤人也。会腹饥,即出面包、蛋糕啖之,以当午餐。大峨寺形势开豁,背则宝掌峰,诸山绕其三面,略似黄山之光孝寺。山中道场足备,规模者当推此为第一,惜布置未当。一老松大可数围,穿普贤殿屋瓦而出,于殿于松皆碍,而普贤像尤劣,知此寺无人也。上龙升岗,下坡至清音阁双飞桥,黑白二水交会阁下。湘人蒋女士跨涧筑一图书馆,在馆看两水竞流最佳,此当为山中第一胜景耳。由寺右下至洞中,经黑龙江上洪椿坪,可十五里。溪水不得有江名,疑本为黑龙洞,音讹为江,修志者不察,遂沿呼至今。洞当两削壁下,架桥以度,长约三四丈,日光之所不及,阴寒逼人,尤胜龙门洞也。晚宿洪椿坪寺,名千佛,林故主席筑有数椽于此,甚佳精致,他处所未有也。夜大雨。

十四日 晨雨止。潭秋尝为余言大坪之胜,乃折回,经蛇倒退,十里至净土禅院。院踞坪顶,四围皆巨杉,旧云多古松,今才存二三耳。下猴子坡至会佛寺,再下至牛心寺,从别道回洪椿坪饭,已午后二时矣。大坪至会佛寺五里,会佛回至洪椿坪二十里。饭后过扁担崖至寿星桥,上九十九倒拐至九老洞宿,共三十里。近九老洞,山多老枫,又有一大树可七八围,枝多下垂,叶作肾形,舆夫告余是为金钱树,余生平未睹,殆《山志》所谓椰瓢树欤。沿途闻水声淙淙,以林木茂密又雨岩直下,不见溪流,惟九老洞侧有瀑如线,从岩端下坠,舆行数折皆仰见之。山中瀑流此当称首,而《志》既不及,游人亦鲜道之,何也?蛇倒退、猴子坡、九十九倒拐并险峭,半下舆步行,甚倦。然因险得奇,从扁担崖至九老洞一路尤胜,固足以相偿也。本日为端午节,以游山过节,可谓胜缘矣。九老洞寺名仙峰,在九岭岗右侧,洞去寺尚里许,洞下轩皇台亦百馀步。

十五日 晨起观舍利塔。塔为铜铸饯金,高及一丈,亦山中宝物也。洞黝黑不可入，即倒回过仙峰石渡桥，沿九岭岗行经观音岩下，瀑流三折，亦可观。若大雨后，则瀑自观音岩直泻，必更雄壮。过长寿桥上坡十里，穿遇仙寺而过，又十里莲华石，复上坡，所谓鹁鸽钻天也。十里至洗象池寺，旧名妙象，今榜曰“飞花禅院”。池已填作屋基，升象石亦不见，但寺前冷杉数十株，苍翠欲滴，势若飞骞，绝可爱，因即在寺午饭。饭后复上行五里，经大乘寺，旧云“木皮殿”。又五里，经阎王扁至白云寺，时忽雾起，从岩隙下窥，滃然一白儿，疑在岛上行矣。过雷洞坪，坐岩边石上小憩，雾亦霁，共八里，至接引殿宿焉。自九老洞以上，冷杉特多，近白云寺上下则蔚染成林，与大坪之杉殊不相类，叶细横枝，远引望之如重盖。余意峨嵋之杉足与黄山之松媲美矣。晚知客僧演彻来谈，出身佛学院，能举经论诸名，异时或能为佛法宏扬也。夜雨，知佛灯不可得睹矣。

十六日　晨雨止，遂上金顶。过太子坪、万行庵、永庆寺、天门寺，皆未停留。《志》云：“天门石三折始通山径，境极幽峭。”今寺屋直逼石侧，更无曲折，俗僧但知刻缘簿、接香客，宜其不解风景为何物也。七天桥、仙女桥并仅存其名，和尚塔亦未见。遂经卧云庵至祖殿光相寺访果琳和尚，转致潭秋所赠《渡江云词》，有数字窜易。遂与同造金殿观铜塔、铜碑，旧时铜殿尚存窗槅一扇与铜碑两记，集王、褚字，皆雕刻极工整。卧云庵浮海罗汉塑像亦栩栩有生气。询之寺僧，乃清同治中物，此皆当善为保存者也。千佛顶、万佛顶以雾盛，行至半途折归，仍返接引殿午饭，计往返二十四里。饭后下山至莲华石下，始分路趋华严顶宿。

十七日　离莲华石下上天梯，经初殿上骆驼岭至长老坪，求所为蒲氏村者，已不可指。下放光坡至息心所，未入。过大小鹅岭出鬼门关，下观心坡至观心庵。庵前多古木，老桑一株高数十丈，大数围，尤他处所无。在庵小憩。此一路皆由山脊行，两旁巨壑莫见其底，以有树木遮拦，故忘其险。再下即万年寺、古泉普贤寺也，旧为一寺，今分为三,上曰新殿,中曰砖殿,下曰毗卢殿,皆用万年寺额。砖殿有铜铸普贤像,坐于象上,像高丈六,象大亦与真象等。《志》云宋太宗时制,殿则明时所造,螺旋结顶,并伟观也。寺僧又出佛牙相示,光泽烂然,大约巨鱼之齿,加以佛名,褻矣。佛亦人耳,安得有一尺许长之牙哉。毗卢殿佛像亦铜制,又有铜钟、铜炉,盖皆明时物。铜钟钟铜而钮铁,嵌合之迹显然,悬已多年而竟不脱,异矣。在此午斋,住持果航出相陪,于诸寺宗派言之历历,谓峨山惟此为十方丛林,馀皆子孙相传。又云观心庵出沩仰宗,沩仰宗已绝,此犹有其一线。又盛道遐龄和尚道行之高而尚出虚云上。此僧颇能谈,但谓三身佛像系唐时铸,疑出夸张,未敢信也。毗卢殿下极乐寺有接引佛像,亦铜制,高丈六,砖殿接引佛像,视此小多矣。《志》载为四会亭,不知何时改称为寺。一万年寺瓜分为四,俨然割据,可怪也。出大峨楼经金龙寺,穿别传所植古德林,林相已不多,合抱者才数株,当出补植。再过清音阁,坐惠民图书馆楼下听水者久之。绕龙门洞而归报国寺,已薄暮矣。住持常体来谈,与订明日同访钱泗洲。

十八日 常体以事进城,遣常毅师兼邀陈冰谷陪往,同至伏虎寺。过虎溪桥绕出寺后,约二里乃抵钱氏所筑庵。钱年七十九,须尽白而颜色犹红润。以耳重听,不能多谈,但嘱静坐,并出成都所印李二曲《改过自新说》《学髓》,《传心》《反身》二录,名为《道学正宗》者相赠。指《学髓》载一日坐三炷香,以证儒宗亦非静坐不能入。又云与二曲同时相识,四川有杨愧庵者,胡朗和曾将其集印行,可往求一阅也。钱善医,因求其诊脉,又告以便血,乃为开一方而别。再登蒋虎臣萝峰庵旧址,木屋数楹,杳无一人,遂下山归寺与冰谷同进午斋。是日早午斋皆有鸡卵,殆出常体和尚意,可感也。斋后小睡,即至管理局与彭伯堃等闲话。晚陈冰谷来谈,并为作书与昆明月溪法师,为游鸡足道地,又托带一书与汤锡予。

十九日 早餐后即有滑竿进城。经宝积寺,看铜塔、铜钟。塔十四层,镌华严数会之像,又刻全经文于上,此物后不可再得已。入城雇车,回嘉定,过东门大佛寺,复一看千手观音铜像。像虽高,然殊不精。以来时未经苏稽,又绕道一游,殊无意味。计此游前后八日,在各寺一宿三餐给千五百元,滑竿每日一千六百元,共用三万以上,故与一之书有"穷奢极欲游峨嵋"语,非虚也。回嘉定已午后五时,来书盈寸。有子厚寄来伯沆行述,并欲乞湛翁为文传之。马元放寄来东培所画梅花,王星贤送来湛翁赠诗。又苏宇一信,薛攀星一信,和平路二十八号党政考核会王伟侠一信,陈光颖一信,鼎女一信。

二十日　寄苏宇一航快信,言改计由蓉飞昆。寄一之一快信,嘱汇款两万至蓉。又寄寿卿一快信,嘱令正训代设法机票,并附照相两帧。又寄锦文侄女一信,秦仲方一信,并快递。

二十一日　两次欲渡河访湛翁,以铜河涨水恶,未敢渡。既闻有覆舟者,溺死十数人,险矣。过乐昌公司见王宏实,托其留意往成都汽车。

二十二日　水稍稳,乃渡江至濠上草堂,会有李贞白等自叙府来访湛翁,移时始去。为替伯沆作传事与湛翁言之再三,始见允。五时后由书院船送至大石桥,步行至大佛寺前雇舟,由迎春门渡河而归。

二十三日　再写一信与寿卿,言候机票有着再往成都。午后王宏实来过。

二十四日　晨湛翁书来,邀往牛华溪访胡道人,并赠玉蜀黍三十枚,当约定明日午后过河,后日同去,因乞湛翁为冬饮撰文事发一快信覆钱子厚。苏宇又来一信促我行。

二十五日　理发用二百元,视在贵阳直加四倍矣。又覆一信与薛攀星,告以改计由蓉飞昆,不经泸州矣。午后渡河,宿濠上草堂。

二十六日　晨七时陪同湛翁与张立民到牛华溪王家祠道院访胡朗和,未遇,盖三月中已往成都矣。由朗和之子觉生陪往晏公祠一游,随到厂商办事处。由觉生备午饭,鱼甚美。是日朗晴,甚热,直至四时后始回。便到盐井一看,向用牛力,今改用电力矣。回后湛翁仍留一宿,来往洋车各六七百元,亦湛翁所付。

二十七日　早饭后回城。一之寄二万元到。

二十八日　连日朗晴,午后热甚。

二十九日　厚倂午前自外返,言金价涨至每两十四万。购灰色大绸一丈九尺,用一万六千一百五十元,备作换丝棉袍面之用,盖迟则恐价亦长也。

三十日　王星贤来相看。寄一诗与潭秋,曰:"山僧犹说旧游踪,咏遍峨嵋一一峰。晚我独来揽高秀,愧无佳句步从容。雷声二水争趋壑,寒谷千章尽长拟。北望江楼渺天末,宿云知隔几多重。"盖峨山所作,今始寄之。

七　月

一日

二日　薄暮何翘森来。

三日　湛翁有书来,并附沈敬仲回电,又《盐井诗》二绝,外附胡觉生送来《愧庵集》五本。当覆一书去,言滇行当以飞机票有无为决,此时不敢遽定也。午后寿卿覆书亦到,言票已嘱正训力办矣。

四日　看《愧安集》。愧安,名甲仁,字乃所,其学盖出于刘丽虚、杨耻庵。愧安射洪贡生,其书称丽虚、耻庵不及其名,但云楚南人。首卷《北游日录》起康熙乙亥二月,终丙戌三月,见李二曲则乙亥四月二十五日,而别在十月初二日,盖居鳌屋者五月馀。其门下傅良辰、张存达尝从二曲游。愧庵在鳌屋与二曲参证外,告二曲门下王心敬、尔绪。温仲芬、张择善三人者亦多。首刻其书者为关中张补山鹏翂,四川候补直隶州州判也。《北游日录》有云:"记人之过即是我之过,记人之恶即是我之恶。此际极能昏迷真性，阴流密布，令人不觉可畏可畏。"又曰："象奴调象，不知为象所调。回子舞狮，不知为狮所舞。旷达底人玩弄天地，直是玩弄了自己，古人式怒蛙，虽微物，不可亵玩。"又曰："此道不是装模作样学得来底，要从性天流出，自然充塞无间，方是真规矩。略著一毫人为，便不是天则。"又曰："康节、白沙也近乎化，但带玩弄意。只一玩弄，便不能化。此理见透，越要小心。直一个老老实实便无纤毫走作，稍涉玩弄反亵了天理。"又曰："吕文简谓明道化之七，横渠化之三，开后人未有之见。"又曰："予甚爱龙溪，养深则迹自化，机忘则用自神。又甚爱念庵'半惺微觉有身浮'之句。"又曰："白沙曰，自家真乐如无地，问柳寻花也属疑。白沙只得是那样说，真乐实实无地，若有地则滞方所矣。须善会。"又曰："塞上塞下无一处不是道，所以要博学。昼夜死生那一处不是学，所以要博学。"又曰："一过之后就无事，性体如是。尧舜性之是这样，所以舜在井中出来，就在床琴，看见象说那般话，就曰'惟兹臣庶，汝其于予治'。文王蒙难而演《易》，夫子被围而歌诗，都是一样。"二卷《忧患日录》有云："离却修德别无处忧患之道。"又云："人性本静，但不可专在静中觅静。静中觅静，便耽在静边，有选境厌事之弊。惟在纷纭杂沓中气不乱而神不惊，方是真须息。"又云："文清曰胸中无一物，其大浩然无涯。仁谓大，诚大矣，然而有大底意思在。到此更要钻峰透顶急忙赶上，做得山穷水尽无处挂搭，方有大歇场。"又云："反之反的是甚么，反其性之之性也。勉之勉的是甚么，勉其安之之性也。诚之虽是人道，亦是天道。若认不得诚者天之道，这诚之者工夫又著在甚么处。"又云："思量过去，盘算未来，耽搁现在，再无出头日子。"又云："一真贯注，何分动静。"又云："要把一切偷心斩去，老老实实承当。稍涉安排支撑，是欺哄自己。安排支撑是偷心。"又云："造诣不到化处，一切功能俱有退坏之时，化则无有坏者。此学之必以神化为极也。"又云："不化与理二。"又云："朋来是时习之一体相通处，不愠是时习之不二到底处。此之谓心学，此之谓性学。"又云:"初学于此下手,神圣于此造极,有安勉生熟之分,无本体工夫之异。"又云:"人心一邪,气便乱用,以是信得离了持志更无无暴无方。"又云:"圣人忘道忘境,贤人乐道忘境,凡人背道执境。"又云:"助道因缘,予昔亦信之,今知未也。盖此道无对,成是自成,坏是自坏,是什么助得底。"又云:"靠因缘助道便不是为仁由己。"又云:"神自能驭气,要以神驭气便非自然。白沙障于玉蝉之说,所以终有败缺。"三卷《下学芙城录》有云:"不被意识簸弄便是圣人。"又云:"良知本寂,无用归寂,归寂即是病。"又云:"见得真时即心即性,无用摄心归性。"又云:"不见而章,不动而变,无为而成,是性体上之功用。见而章,动而变,为而成,是意识上之功用。"又云:"开口缴绕底人,一肚皮落索吐不尽,难与他商量此学。"又云:"诚意毋意原是一片,意不诚是着了意,怎能毋意。不能毋意,则息之萌芽发动都是私窠子,岂能诚意。"又云:"圣人无知,空空如,不留丝毫在自己胸中作障,叩两端而竭,亦不留丝毫在鄙夫心中作障,才是善与人同。"又云:"自己灵气为功用所逼,则膏火蒸腾,与金木水火土之精交变,故现种种异样,非实地也。念有所著则入于妖妄。"又云:"正才起本体就丢在一边,全不照管,怎得不忘。既忘了,必分外做些工夫,岂不是助长。"又云:"只见自己底是便是功夫败坏处,实在工夫未到。只见我不如人,实在功夫既到,益见我不如人。"又云:"圣人说何有、说未得、说未能,只见有、见得、见能,则有己时也。不见有与得与能,则无己时也。此所以纯亦不已。"又云:"此理只在当下。当下不体贴参证,却去选一般高远广大底话来泛滥杂问,岂不错过。"又云:"今人把行字只看作在外了,说个躬行是心心念念有个笃实践履,丝毫不放空处。"又云:"朱文公曰,今人只知知之未尝复行为难,殊不知有不善未尝不知是难处。不行正是知处,若知而复行,端的不叫作知,只重知。晦庵此言,深得知行合一之旨。若以此解'格物''道问学',又有何病。"又云:"教子张做言行功夫而说参倚衡之间,是要他从本体上流出来,才不是临时做作,才无间断。"又云:"须要认万古不死之性真,方能显千圣同游之手眼。"大抵其旨主在识取本体,即在本体上起工夫。故谓学知利行,用知勉行,与生知安行,工夫无别,但有生熟之异。实出于心斋、龙溪一派云。

五日 和湛翁《盐井诗》二绝曰:"海王不守守山王,输挽频劳仗孔桑。漫道榷盐胜搜粟,一时灶户有流亡。凿井翻同煮海勤,煤烟卤气满江滨。谁知咫尺湘黔路,山谷犹多淡食民。"又发一信与寿卿,一信与锦文。续看《愧庵集》。四卷为《下学录》,有云:"文清曰,须看无物之先,其理何如。此与看未发前气象是一样,乃真见原头语。禅家云本来无一物,又教人参父母未生前面目,文清不避嫌疑,直要证性之真,那管言句之同。"又云:"晦庵曰,明道说话超迈,不如伊川的确。甲明谓明道超迈之言俱句句的确,特学者不实实体上身,则以为超迈不是的确。晦庵又曰,性即理也一语,真自孔子后惟伊川说得尽。此是具眼之语,伊川有功于圣学在此一语,又在天即理也一语。"又云:"明道曰,敬义夹持,直上达天德,自此。直上者,无许多人欲牵惹也。山农体仁,亦从此悟入。孔门克己为仁之旨,原是如此。"又曰:"下学而上达,不分事理。下学是于人事中服习此天理,上达是于人事中融彻此天理。"又曰:"以性验学,万不失一。以学验学,都成剿袭。"又云:"当盛怒时,一念忽然打转,如离猛犬而得清凉,此大勇也。然是治于己,发养于未发之先,则其发也必不至于过盛。"又曰:"中字李子之子伯敏谓傅良辰曰,要吃铁的人才学得家父。嗟乎,圣贤之道本是中庸人之可为,然而动心忍性,任重道远,信非一刀两段吃铁的汉子不能。李子尝谓良辰曰,我生平受了许多人拜,然竟无一个实心学道者。程伯子曰,我于天壤之间真自孤立,信然信然。"又曰:"格物是诚意内面实实下手工夫,致知格物只完得诚意的事。说到正心诚意,已到尽处。致知格物又究所以得诚之故,就中抽出言之,使学中下手以诚之耳,非诚意外别有一段致知格物工夫,非致知格物外别有一段诚意工夫也。圣经昭然,后人要于条目上帮补工夫,安得不支离。"又云:"格物致知是一眼觑得,一脚踏着,斩关直入,不劳而定。齐治平只要时时处处提掇此格致去作用。"又曰:"见得本原透彻,躬行自不歇手,故圣之事亦只是智之事。"又曰:"晦翁答何叔京曰,李先生教人,大抵令于静中体认未发时气象分明,即应事接物自然中节,此乃龟山门下相传指诀。然某当时亲炙贪听讲论,又窃好章句训诂之习,不得尽心于此,至今若存若亡,无一的实见处,辜负教育之意。每一念及,未尝不愧汗沾衣也。文公深愧早年用功之错,象山欲人先得此心然后理会事物,正与延平同旨。"又曰:"一息不格物便一息昏塞了明德至善之本体,一时不格物便一时昏塞了明德至善之本体。这工夫只在这本体上用,这本体离不得这工夫。"又曰:"格致乃明之之功,格而致明德即得其止。"又曰:"念有所动,总是藏之不密,循理虽动而不动。盖此心原是活底,不动则死,乱动亦死。发而中节仍是不动,依然未发。"又曰:"人一息不于改便觉身心无着落处。"又曰:"晦翁以即物穷理为格物,失其主脑。阳明以为善去恶为格物,涉乎对治。盖圣门格物是格其明德至善之物,教人直认着性体去做,从本体下工夫、用工夫、复本体。既得主脑,又非对治,故一了百当。"又曰:"知到意到心到,全无等待。知上斩绝则意上斩绝,心上斩绝。知上才觉即消,带伤浅,起于意则带伤深,着起于心则更深。起于意之一二念,带伤犹浅,盘旋不已则深矣。除不开是为鬼窟,是为禽兽,即错即知,即知即转,转得快是贤者,转得迟是凡夫,不知不转是下愚。"又曰:"要使意随知,不要使知随意。"又曰:"人之作善作恶全是知。知止在善上,意善心善身善家国天下处处俱善,知不止在善上,意恶心恶身恶家国天下处处俱恶。"又曰:"良知本一,恶知便杂。"又曰:"《大学或问》:介然之顷一有觉焉,则其本体已洞然矣。须是就这些觉处便知充扩将去。朱子曰然,为击石之火,只是些子才引著便可以燎原。此介然之顷,一日之间其发也无时无数,只要人识认得,操持充养将去。这段朱子说得极精致,知格物从此做去,又有何病。"又曰:"只求之性情便是格一物而万理通。明道曰,古之学者惟务养性情，其他则不学。真得孔门格物之宗。"又曰："晦翁云，所谓性者，无一理之不具，故所谓道者，不待外求而无所不备；所谓性者，无一物之不得，故所谓道者，不假人为而无所不周。此数句论性道甚精，若悟此，去格物致知、博文约礼、尊德性道问学，又有何病。"又曰："贪莫贪于无实行，贱莫贱于不闻道。"又曰："去恶如避仇，然非对治也。本性之善作主，恶自去了。"又曰："毋意必固我，方是浩浩其天的天。体是谓达，天是谓化神。"又曰："只隐隐底有个意思在心中，则不善莫大乎是，乃知善必化，不化则必不善。人只知恶累心，不知不化之善更累心。"又曰："当下无沾滞，前后断绝。"又曰："顺逆之遭，神明要定，人身中只有这一脉不可断绝。"又曰："一切善恶境界都是自家底神变化，所以要藏神于寂，心体湛然，内境不生，外境自静。"又曰："真性用事全不动气，非圣人不能。大贤虽有微动处，即觉即消。其次不能应手消煞，必俟观理之久方得平复。其下触之即动，纷纭缪辖。"又曰："触之即动，总是养之不深，养深则定。"又曰："正忘助相因而生，而正则病源也。除得正病，忘与助长当下消灭，忘助起于正，即为固我起于意。"又曰："性体原是不睹不闻，一着睹闻，皆是气体。然不睹不闻不是落空；惟不睹不闻作主。故当千睹千闻，毫无沾滞。若失了不睹不闻的本体，凡所睹闻，无不是病。得了这不睹不闻的本体，凡有睹闻，不能作障，虽提刀上阵，但是性体流行。"又曰："无沾染底是天理，有沾染底是人欲。只在心上勘验，不在事上分别。"又曰："息息还其虚虚之体，便息息化神。"又曰："苏季明问，静时谓之无物则不可，然自有知觉处。程子谓，既有知觉却是动也，怎生言静。朱子云，至静之时但有能知能觉者，而未有所知觉也。故以为静中有物则可，而便以才思即是已发为比则未可。甲仁谓，至静之时不著一物，连能知觉者亦无着处。若觉静中有物，觉有能知觉者，即是有所知觉，岂俟有物来感方是有所知觉耶。此处细入无垠，程子之说至矣。"此卷说《大学》格致义最多。

六日　续看《愧庵集》。《下学录》曰："耻翁气象清明深静,有濂洛风规,其守几熟矣,但犹有界限。若丽虚刘子则浑浑融融矣。"又云:"杨耻庵曰,不动太极毫芒安。问混沌开辟不动二句,丽溪刘子实实如此。"其服膺丽虚也至矣。韦润珊来看。

七日　看《愧庵集》。第五卷《自验录》曰："二十年前以书解书,书书作障。近二十年来以心解心,书颇会通。"又曰:"本体恰好处就是工夫,工夫恰好处就是本体。"又曰:"欲立立人,欲达达人。人都有此本体本用,只为有物作障,便不贯通。若不贯通,纵施济都是假事;驰心浩大,与仁有何交涉。"又曰:"致中和天地位则是天之命我者转而命天矣,此之谓长与乾坤作主人也。"又曰:"性有善无恶,气有善有恶。治其气之不善以复乎气之善,方全乎性之善。程子说二之则不是。总见得有性就有气,有气就有性。非离乎性别有一气,非离了气别有一性,原是分开不得底。但性不离乎气而实不杂乎气,分之使人不任乎气之不善而累及乎性之本善。"又曰:"太极生阴生阳,天地立焉,太极便是生生之理。可见此理在天地之先,此性即是此理。此性原是天地主宰,原能命天,天命谓性,据有生后说尔。论天地性命之宗,以夫子为极,故曰易有太极,是生两仪,说《易》书之易。乾坤之生即是说造化之易,天地之生。又曰天命之性至善,这善便包括了信美大化神。信即善之无虚妄也,美即善之无亏欠也,大即善之无限量也,化即善之无痕迹也,神即善之无方所也。止于至善则不必言信美大化神,而信美大化神自在其中矣,是故不信不可以为善也,不美不可以为善也,不大不可以为善也,不化不神不可以为善也。"又曰:"于不动心见孟子学圣之功夫,于性善见孟子学圣之宗源,于称乐克见孟子圣学之全,于集义生气见孟子圣学之细。"又曰:"凡夫背乎生生之理,故形存已死。圣人全乎生生之理,故形化常生。"又曰:"此事真无你用工夫处。工夫二字是圣人万不得已对人失后坏后说。若一朝亲见本面,现之成之,在这里无工夫可做,真真莫大工夫。"又曰:"予以逆境为师,予学由逆境而进。"又曰："神运气，气运形，形藏气，气藏神。"又曰："性定则神定，神定则心定，心定则气定，气定则形定。养性以养神，养神以养心，养心以养气，养气以养形，又养形以养气，养气以养心，养心以养神，养神以养性。养性养德交相为养，二事只是一事。"又曰："分朱分陆分王，聚讼纷纭，是斯道之一厄。吾人只要性地明了，于三家所言是者取之，非者舍之，千古以前之圣贤既往，千古以后之圣贤未来，惟有当下一点真性贯通天地，权衡古今。若自己不得宗源，只因人言起倒，安足以绝往开来乎。"是日早与厚侄同到玉堂街回看韦润珊。

八日 续看《愧庵集》。《自验录》有云："吾性复旧，天地之性就复旧，女娲补天不过只以此而已。所谓炼石，炼性也。苏两之来，曰，着意助长，不着意便忘，奈何？曰：着意不着意，俱莫站脚，便是天然矩则。其实人无有不着意时，果不着意，天体呈露，还怕甚忘？又凡夫昏沉中全是着意，有所昏自是着意。若不着意，怎得昏？文清曰，如末旦将早作，而中夜屡寐屡寤，警惕不安者，心之神明使然也。下学曰：此是妄情所使，若真正警惕，不是这样。"又曰："义理昭著则神气凝定，神气凝定则义理昭著。一是先天摄后天，一是后天养先天。虽然，也难分先后。"又曰："阴界虽创自佛氏，然实为世人之痼病，非圣人不能出。佛氏谈阴界，圣人毋意必固我，吾人息息是意必固我，则息息不能出阴界。"又曰："实实见得，讲明、践履又只是一事。不讲明固无以为践履，不践履便不算得讲明。又学人去妄，都是扬汤止沸，不肯去薪。这机括要自悟。"又曰："明太祖曰，为善未必得善果，然理无不可为之善；为恶未必得恶报，然理无可为之恶。至哉言乎。"又曰："放过头一念起第二念，是性体毒药。"又曰："此事专看入手，入手不真，讲甚工夫成甚究竟。又看转手，转手不真，永无究竟。"又曰："不怨天不怨人，只怨己不闻道，昼夜以此自验。"又曰："歇得心即是歇场。"又曰："说个思则得之，也是没奈何。对后起失后下药，其时有个不思而得者，必要寻着无思源头，那思才不害事。"又曰："朱文公解'存心养性'而曰，气不逐物，一动不静,守其至正。解得甚精,但实实到此地万难。人那一息不在逐物？梦寐之间与之打成一片且不能舍,何况白日。"又曰:"吴怀野云,忽然遇着不隔丝毫,如或沉吟,咫尺千里。又李礼山<small>河南襄县孝廉。</small>曰,白沙云'风霆示教皆吾性,汗马收功正此心',劳于存心,逸于复性,正是此诗注脚。涵养省察是一串事,却是两个境界。下学曰:见透了只是一个境界。"又曰:"须信劳处正是逸处,兢业乾惕止行所无事,己百己千不犯手脚做作。又礼山曰,终日乾乾,安有闲居之时。又曰,一念之邪,足以杀身。甲仁曰:此是昼夜极严密工夫,防意者息息防此。"又曰:"《诚书》云,<small>《诚书》,孝感杨耻庵作。</small>本末之物通,而知好知恶之知至,非一贯乎。戒惧之功至,而中和位育之体全,非神化乎。"又曰:"邹文庄曰,天下尽变,我辈固当如此做。"又曰:"绪山云,无欲非理,此言实有所悟,非混理欲为一也。欲念沸腾时,理即在中,不以有欲而灭息。欲正发作,一念打转,理即在是,岂向别处寻个理来。故曰无欲非理。"《愧庵集》共五种,而其书中每曰《下学录》上卷、《下学录》下卷。又答曾济苍书有"《下学》三册"语。今《下学录》题曰卷之一,无卷之二,则是不全也。又《射洪县志》称其著有《易学验来录》,赵燮元所为《愧庵传》亦及此书,今集中无有,岂《易学验来录》固别行耶。然燮元作《刘执庵考订愧庵集后叙》,谓及门于靖安馆于盐商胡氏,得《愧庵集初稿》八卷,为其子刑部员外郎秉乾所订,于生袖其集归诸元。此云八卷,似《易学验来录》即在集中。盖此一卷,《下学录》二卷、《忧患录》一卷、《自验录》一卷、《北游日录》一卷、《下学芙城录》一卷。再合之县志所著录《与李中孚游城北录》一卷,正合八卷之数也。今集后有谈应讷跋,言书旧有板存蓬溪蓬莱镇祠中,惜不能求得其全帙读之也。

九日 再审《愧庵集》。愧庵年十八见刘丽虚于荆南,其书盛道丽虚。有曰:"丽虚刘子,后世神化一人。濂溪、明道,颜子后二人。象山,孟子后一人。白沙,明道后一人。阳明,象山后一人。心斋、龙溪,阳明后二人。近溪,心斋后一人。耻庵,白沙后一人。中孚,近溪后一人。"又曰:"孟子之闻见知无人千四百年,濂溪、明道以闻知即见知,见知即闻知者续之。又百年而有象山、晦庵,又三百年而有文清、白沙、文成,又二百年而有刘子、耻庵、中孚。"又曰:"刘子之造诣,吾见其五十而化也。"又曰:"敛之又敛,密之又密,无纤毫声臭,方是太极本体,生平惟见丽虚刘子如此。"又曰:"一过之后就无事,性体如是。生平惟见丽虚刘子为然。"又曰:"丽虚刘子发扬处就是收敛,收敛处就是发扬,无起无止,无头无尾,浑浑穆穆。"其言之最详者,则《北游日录》与二曲言:"丽虚刘子不沾沾讲学,他底身子浑是真诚,不见矜持。从辰巳坐至鸡鸣,视听言貌不增减纤毫,非同系执,随感随应。予一日见刘子乘马而过,着绛桃缎衣,戴缀结旧帽,浑浑噩噩,一元密运,万化平铺,收敛处就铺舒,铺舒处即收敛。"又曰:"甲仁与朱茜庵、徐季方、程天衣侍饮,刘子醉矣,揖让俯仰,转折周旋,愈舒畅愈钦翼,愈钦翼愈浑穆。"又《自验录》岁寒居曰:"身隐者无浊名,神隐者无清名,下学曰,是丽虚刘子。然刘子神隐非有心也,亦不自知。古今抱道神隐者,未免自家犹知。得刘子不绝境以神隐,亦不自知为神隐。甲仁每见,留饮达旦,酒只顾吃,话只顾说,也猜枚也吃烟,吃烟便到不可为处,真令人学不来。微吸一二口,若吞非吞,若吐非吐,若有若无,不留不拒,从容中节,万化平满,真是寂然不动,陶情即是尽性。岁暮春初出王游衍,也看打拳者,也看耍法者,也听说唱书者,也登眺山川,也流览寺观。一日甲仁入护国寺,刘子在东楹正坐,见甲仁来,命从者安椅。甲仁侍坐少顷,郑镇一内亲来,气焰矜张。刘子与之语,平平常常,其人敬应,不敢仰视。如是顿饭间,鞠恭辞去。甲仁窥刘子气象,始终不添减一毫。"反复此数段文字,恍然如当时侍坐海陵气象。二曲称愧庵为善言德行,诚然哉。愧庵言见丽虚不过十数次,其见时丽虚年五十二,后不见者二十年,又由山东再至楚,则丽虚亡已九年矣,年六十六。故其告二曲门人王尔缉曰:"某见时夫子已五十二矣,彼时不知不觉,历十七年始信夫子之入化。"又曰:"予时年少梦之,然不知此事为何事,但每见夫子后觉得身心轻安,有手舞足蹈不能言之妙。见三年后,于顺治十六年己亥归蜀,虽在尘俗扰攘中,偶然念及,此机又复恍恍萌动,但易得间断。又越十五年,癸丑寓南阳镇平训蒙摄静,昼夜体验,将及三载,一日涣然无疑。默自证曰,刘夫子十八年前已入化矣,何元神元理彻首彻尾如斯也。于是每遇杂念妄想发作时,直一提起,便就正念炯炯,群邪销亡。此夫子入我之深者。平日不见他讲学,或是无人问着他,遂不露,亦未可知。然只见夫子浑浑沦沦气象,便令人神游于邃古淳庞之界,相忘于沕穆函盖之中。"丽虚,洧川人,集不及其名,如得《洧川志》,当可检而得之也。本日发一快信与何亚谋,并附子玉一书,去问敬春有否离黔。午后潭秋寄和诗来,言已辞川大师范学院聘,不知何故,来书亦未详也。又锦文侄女亦有一信。

十日　愧庵称杨耻庵气象清明,深静有濂洛丰规,然未尝见其人,意得之于其书也。耻庵所著曰《诚书》,又有《语录》,又有《圣学歧路》《九思三关》,皆见于集中者。愧庵识张约庵,约庵,耻庵友也。又识任傅如、张子义二人者,耻庵门人也。愧庵《送王天全游河东序》尝及耻庵,曰:"殚四十年之坚功,集诸儒之统会,始终不二,一代之真儒也。"又尝以耻庵与李中孚并举。然中孚世知之,耻庵则鲜知者,岂其《诚书》与《语录》皆不传乎。愧庵于中孚处得知洪洞范鄗鼎、襄县李礼山。丁亥正月寄傅良辰书,言将有贵阳之行,寻阳明龙场之遗迹,游东粤与礼山会证其所学。《自验录》颇载礼山语。礼山所著曰《达天录》,其名亦见于集中。又《送天全游河东序》云:"金陵赵客庵少时上河汾之策,及其未遇而闭户著书,恬然高尚。书曰《定志》,非蹊径之学也,第不免有老庄康节之意焉。"客庵,金陵人,《江宁府志》当有其传,但书亦必不存矣。寄一快信与一之。

十一日　看徐霞客《滇游日记》。连日夜大雨。

十二日　看《滇游日记》。天放晴。夜何翘森来,言铁门坎屋可借住。又雨矣。

116

十三日　一夜雨未止,晨起犹霏霏也。阅《滇游日记》。

十四日　过河至麻濠看湛翁。湛翁又苦留,劝勿赴滇。然董事会迄今无聘电来,欲即移住乌尤寺,实未便也。归时星贤送至篦子街渡口,城内已上灯矣。

十五日　发一快信与李平阶、周化行,问吴林伯行止,以湛翁昨日又问及也。伍寿卿覆书到,并附其子正训一纸及购机票保证书等。又钱履周一信。

十六日　寄湛翁一书,允就书院分纂,暂不赴昆。值路遇詹允明,即交其携去。访何翘森,未遇。午后锦文侄女连来两快函,一十三日发,一十四日发,并附苏宇一信、张先雯一信,又高岭梅一片。高为国际公司总经理,住成都春熙路西段七号,盖因杨竹庵嘱为我办飞机票,特来相看也。与寄湛翁信相差只半日,一行一止,信有定数哉!

十七日　湛翁又有书来,促移住山中,当覆以董会电未到,终于名未正,请稍迟。汝舟来一信,忽以夫子相称,读之骇惧。阅《徐霞客传》与墓志铭,传为钱牧斋笔,胜陈木叔也。

十八日　寄熊十力、高岭梅、伍寿卿、锦文侄女各一快信。是日厚侄请客晚饭,汪静斋、何翘森皆在座。

十九日　复看杨乃所《自验录》。有说善人不践迹一段,文字甚好,曰:"践迹是循涂守辙,照依成法,矫其气质,才不为恶,终属强制。一朝萌动习气,熟境又复依然历历现前。盖不曾彻底亲见一番,斩断根株,拚死去做,只挨靠着古人语言旧套行走,所以终日讲学做工夫,随着意识簸弄,向外驰求,养成一个青郁郁底棘刺蓬,逢明眼点着则护痛讳疾,纵自觉得,又粘滞胶漆,不能断割。所以做来做去,时光虚掷,精神消耗,无有成就,不过将平日所张皇底名义、沉溺的知解结裹一生而已,古今来不知放倒多少人。此事原不是倚傍外面做得来底,莫只在迹上比拟仿像、步步趋趋,纵丝毫不差,亦只是个死底,于我了无干涉。良以吾人都有一个通天彻地底大本领,都有一个亘古亘今底真血

117

脉,在圣不增,在凡不减,只要每日应事接物之间自家识取,不假安排,不究造化,当恻隐就恻隐,有何恻隐之迹可涉;当羞恶就羞恶,有何羞恶之迹可践;当辞让就辞让,有何辞让之迹可涉;当是非就是非,有何是非之迹可践。这就是天性之发现,这就是吾人真面目,经纶参赞皆本于此。善人直心直意,率真而动,不用矫揉制伏,就是这个真消息。但他任其姿质之美处作用,不能煅炼销镕,尽量充满,致其细微,造于神妙。犹有所滞,尚涉声臭,终是形骸边事,所以不入于室。"又《北游日录》说子夏之门人小子一段,亦好,曰:"明道云,洒扫应对,便是精义入神,可见有始即有卒。子夏见不到,乃归之圣人。后世学术支离,俱是此等见解障蔽性光,诬己诬人。孰先传孰后倦,说得甚好,至说草木区别,则有弊。草木虽有区别,都是由根木达之枝叶。人之资禀虽有上中下之不同,都是由本体形之功用。故洒扫应对,末也,即本也,末是本之末,本是末之本。非离乎本别有个末,非离乎末别有个本,本末原是一致底。子游说本之则无,是看成两个了。子夏区前分个始卒,要挨次做去,亦是看成两个了。不知这个物事合下即是,本在此,末亦在此;末在此,本即在此。上根圣人与下根凡夫同此一个本体,同此一个工夫,成人与小子亦同此一个本体,同此一个工夫,形上形下是一事也。今人见子夏这样说,把有始有卒话推在圣人身上,教小子起手处做得割裂支离,所以始不成始,卒不成卒。古人云,万里之行,始于足下,足下头一步已错了,还讲甚万里。"

二十日　发一航快信与苏宇,告以湛翁见留情形。又寄一快信与鼎女,内附覆汝舟一函。午后子厚信来,催伯沆传文,并附有胡皖生一信,言即到重庆矣。本日看《自验录》,有曰:"扬子云云,昼人之祸少,夜人之祸多。从来学道者,夜间工夫更难于日间,盖日间阳明用事,犹易作主,夜间阴浊用事,最难作主。函沉恍惚,起灭颠倒,惟此时为甚。故孔孟之旨,必极之通乎昼夜,存乎夜气也。"此语殆为前贤所未发。

二十一日　晨湛翁偕星贤过江枉顾,以董会聘电未到,深致歉意,并恳候至七月底勿行。是日大热，湛翁冒暑而来，极为不安。厚侄欲留湛翁午饭，以天热，亦不敢坚留也。作《伯沆传》，粗为布局，未能成。

二十二日　热如故。傍晚得雨，稍凉。补作《武侯祠诗》二首，曰："三顾情何切，三分势已成。空怀兴汉策，何术与天争。呜咽江流石，凄凉星坠营。驰驱终一死，亦作报平生。""汉贼良非类，君臣有至交。试观鱼得水，何似马同槽。一体治宫府，诸军禀节旄。自非诚见信，疑谤岂能逃。"

二十三日　作《题刘先主庙诗》一绝，曰："漫道兴王自有真，微时好学亦殊伦。若非陈郑周旋久，争识庞公床下人。"

二十四日　书院送葛兴之妇一函来，言肺尖有疾，须入医院调治，求函马尔济送其女儿入托儿所，俾便专心养病。当覆一信，并附于马一信。寄葛兴一信，并邮递锦文侄女，令其送至盐道街四十九号，更拨一万元与之。作《伯沆传》，殊不惬意，当更修改。

二十五日　修改《伯沆传》，略可观，然终嫌叙次不能整饬也。一之来一快信。午后王星贤送董会聘电来，约定月杪月初移住乌尤寺。

二十六日　复看《下学芙城录》。天气又转热矣。

二十七日　发一之一快信，内附悌儿、张先雯各一信。又发锦文侄女一快信，鼎女一快信，唐子琨、徐美士、邱志州、彭一湖各一快信。与一之信嘱带衣被帐子，与锦文信则托汇一万元与鼎女也。以九百五十元买白糖一斤。又买瓦罐两个，共二百二十元，战前在江南五六铜板耳。看《下学芙城录》，有曰："无知空空如性体，如是叩两端而竭，亦教他还其性体如是。圣人之告鄙夫也，只要鄙夫知性。这书从来错会，大失尼山宗旨，鄙夫来问便有一肚皮填塞底古董要向圣人搬弄，圣人以无知空空如之性体应之，断不自用一毫识情意见，只发动他底两端，不使他留丝毫滞在心中，直与一刀斩断，彻底折翻，是之谓竭。他能见性，我复何言。当时识此者惟颜氏子，故竭才而叹莫由。"此论虽与注背，亦自俊快而喜。

二十八日 寄希之、云从、希圣、皖生、薛廓五、钟公烈各一快信。早吴林伯来,昨日已到书院见过湛翁矣。

二十九日 早过韦润珊、何翘森,告以明日移居乌尤寺。访王弘实,尚在成都未回。无意中遇湘乡李文修,原蓝田选修班学生,今夏在武汉大学毕业,任职于乐昌公司不久也,因留一片令其转交弘实。王星贤送一信来,告以明日来迓,内附奉子羲一信,似汝舟已去师院而就贵州大学矣。晚润珊邀看夏声剧校演剧,票价每位八百元。

卅日 早何翘森来看,旋星贤来,即同渡河移住书院。中午饭后到濠上看湛翁,谈至薄暮始与星贤同回。先一日立民、士青亦由安谷来。立民抄《子由诗传》、士青抄《皇极经世索隐》《观物外篇衍义》已成矣。

三十一日 发一快邮代电,由沈敬仲转覆董会诸公。湛翁来看,并借《白沙集》《罗念庵集》《蔡氏九儒书》《薛文清集》《金华四先生集》,不全者与阅定。发一快信与唐玉虹,问邵潭秋事如何矣。午后由图书馆借到颜习斋《朱子语类评》一本阅之,一味攻击朱子,攻击宋儒,不独气不平,亦且与宋人之学未窥见分毫,徒以尧舜三事、周孔三物压人瞒人,如何令后人心服乎。朱子谓:"吕氏言用夏之忠,却不合黄屋左纛,不知汉高即用夏时,乘商辂,亦只是这汉高也。骨子不曾改变,盖本原处不在此。"如此语有何过? 乃强说如朱子之言,夫子论为邦,何必行夏时、乘商辂。横一肚皮意见,而以意见斥朱子,真风汉也。

八 月

一日 张立民、杨士青同回安谷,送至门内。看《唐确慎集》,录其《惩忿箴》曰:"乾称父也,坤称母也,而于我何负耶。民吾同胞,物吾与也,而于我何侮耶。无端而怨天,无端而尤人,反而求之,吾实不仁。

气之悖也，色之厉也，言之恚也，手足之肆也，意态之恣也，皆由于心之戾也。纵能自饰，不形于色，憧憧往来，何时可释。况乃不知，已出于辞，纷纷辨争，以是为非，岂不知祸福，而乃悔而不复。岂不知重轻，而乃激而不平。忘其身矣，及其亲矣。大圣有言，夫何不书之于绅。"

二日　发一快信与高觉敷问疾，一快信与顾寿白问移居。又一快信寄作人、伯宣上海，但此信不知能达否也。

三日　寄一航快信与苏宇，一快信与东甫。阅《白沙子集》，录其论诗之语曰："作诗当雅健第一，忌俗与弱。予尝爱看子美、后山等诗，盖喜其雅健也。若论道理，随人深浅，但须笔下发得精神，可一唱三叹，闻者便自鼓舞，方是到也。须将道理就自己性情上发出，不可作议论说去。离了诗之本体，便是宋头巾也。大概如此，中间句格声律更一一洗涤平日习气，焕然一新。所谓濯去旧见以来新意，作诗亦正用得着也。"又曰："诗贵平易洞达，自然含蓄不露，不以用意装缀，藏形伏影，如世间一种商度隐语，使人不可模索为工。欲学古人诗，先理会古人性情是如何，有此性情方有此声口。只看程明道、邵康节诗，真天生温厚和乐，一种好性情也。"曰雅健，曰平易洞达，迹是相反，而实相同，故一推本与性情。知此可以读白沙之诗矣。又其《示学者帖》曰："诸君或闻外人执异论非毁之言，请勿相闻。若事不得已，言之亦须隐其姓名可也。人气禀习尚不同，好恶亦随而异，是其是，非其非，使其见得是处，决不至以是为非而毁他人。此得失恒在毁人者之身，而不在所毁之人，言之何益。且安知己之所执以为是者，非出于气禀习尚之偏，亦如彼之所执以议我者乎。苟未能如颜子之无我，未免是己而非人，则其失均矣。况自古不能无毁，盛德者犹不免焉。今区区以不完之行而冒过情之誉，毁固其所也。此宜笃于自修以求无毁之实，不必以为异而欲闻之也。昔吕蒙正拜副相，一朝士指之曰：'此子亦参政乎？'同列欲询其名，遽止之曰：'知当终身不忘，不如勿闻。'贤者所存，固异于人也。诸君亦宜念之。"如此文，真所谓温厚和乐，虽当诗读可也。

四日 发一快信与俤儿，并附一信与客谈，又附一信嘱寄与敬春，令其将铝壶之类带至重庆。午后十力来一信，盖覆前月所寄书也。看《白沙子集》各书。

五日 看《李二曲全集》，有答王尔缉书曰："学须剥皮见骨，剥骨见髓，洞本彻源，直透性灵，脱脱洒洒，作世间快活大自在人，方一了百了。若不窥性灵，自成自证，徒摹仿成迹，依样画葫芦，饰圣贤皮肤，为名教优孟，后世有述焉，吾弗为之矣。"其言警策爽快，若并州剪，令人直无躲闪处，特录以备不时省览。写一信与李一平，航快寄。覆履周一信，寄三哥一信，皆快递，明日发矣。

六日 作《杨愧庵粹语序》。午后过濠上草堂看马湛翁，星贤亦在。值大雨，至暮始与星贤同回。张先雯来一信，欲寄五千元与我，如何可受也。

七日 覆先雯一信。又寄一信与阎任之，并将《题昭烈庙》一诗附去。

八日 《愧安粹语序》由林伯缮写清楚，特送湛翁阅正。翻《四库简明目录》，于明朱右撰《白云稿》下云："右尝录韩愈、柳宗元、欧阳修、苏洵、苏轼、苏辙、曾巩、王安石文，为八先生集。唐宋八家之目，实源于是。"右，临海人，字伯贤，一作序贤。自号邹阳子，累官晋府右长史。星贤转来沈敬仲一信，又得寿卿一信、王光熹一信。

九日 翻《明儒学案·诸儒学案》。曹月川、黄南山润玉。两案有二语甚精。月川之言曰："孔颜之乐者仁也，非是乐这仁，仁中自有其乐耳。且孔子安仁而乐在其中，颜子不违仁而不改其乐。安仁者，天然自有之仁；而乐在其中者，天然自有之乐也。不违仁者，守之之仁；而不改其乐者，守之之乐也。《语》曰，仁者不忧，不忧非乐而何。周、程、朱子不直说破，欲学者自得之。"南山之言曰："《大学》之道，问学之宏规；《论语》之言，践履之实理；《孟子》七篇，扩充之全功；《中庸》一书,感化之大义。"又曰:"《大学》一书,六经之名例也;《中庸》一书,六经之渊源也。"午后唐长孺来相看。得蒋礼鸿一信,锦文侄女一信,内附苏宇寄来一信。晚看刘若愚《酌中志》。张先雯寄来五千元,托允明告银行退回。

十日　连日雨不止,夜雨尤大,江水大涨,对岸已成泽国。早稻正当收获,雨潦如此,可忧也。覆敬仲一信,寄锦文侄女一信,又币千元,为汇淑浦款汇水也。寄礼鸿一信,又二千元为其新婚贺礼。张先雯一信,告以款已退回。又寄王光熹一信。午后湛翁送《秋涨》一诗索和。看《酌中志》。傍晚天忽放晴,斜日射窗,为之欢忭。是日报载苏俄对日宣战。

十一日　和湛翁《秋涨》一律,曰:"一生居住近江边,惯听江声掩户眠。此地更怜山似岛,下秋忽讶水连天。谁将星好占风雨,却信时移有海田。偶裂浮云见斜日,已闻深树动鸣蝉。"报来,言日本广播已允无条件投降,重庆各地鸣爆竹狂欢,故末联云云。

十二日　天晴,晒被。查《四库简明目录》明儒书可刊刻者。

十三日　偶翻《胡敬斋集》,其寄于先生书引程子之言,谓一于恭敬,聪明睿智皆由此出。又引朱子之言,谓敬则聪明。因思近来多遗忘,费思索,病皆由于不敬。盖不敬则志虑纷扰,血气昏惰,安得不遗忘思虑,又安得不费力哉。

十四日　小飞飞周岁,特进城为三嫂贺喜,即在兴发街午饭。饭后四时后与厚侄同至公园看广播消息,日本覆牒尚未至也,随回院中。又上午进城时曾过湛翁濠上草堂,问菜之病况,肋痛虽止而根已深,一时正不易痊耳。又曾到月洱塘一访唐长孺。晚星贤送董会聘书来。

十五日　詹允明送八月薪水来,共四万五千元。寄一信与王子慧。

十六日　汇一万元与锦田侄女,济其被火也。昆明转来敬春一信,内附徐百炼与渠一信,当覆一信,将百炼信附回。又寄一信与马元放,报载其出任南京市副市长,故托其入京后关顾伯沆家属。晚星贤又交到敬春直寄此一信,又胡四一信。

十七日 阅张伯行《养正类编》,中有宋程若庸勿斋《性理字训》,欲读《近思录》者,宜先读此也。又《学海津梁》不知何人作,中"读经史"一条引袁了凡之言曰:"通于《书》其文必实,通于《易》其文必深,通于《诗》其文必逸,通于《春秋》其文必断制,通于《礼记》《周礼》其文必典确。昆湖之文从三百篇来,故温厚和平;鹤滩静台从典谟中来,故贯串而切实。独荆川公有易之深、书之实,盖兼五经而成一家者也,故称大家。此特言八股文耳,而亦必由六经出,况为古文者乎。"翻《四库书目》杂家存目,顾应祥有《惜阴录》十二卷,薛蕙有《西原遗书》二卷、《约言》无卷数,唐枢有《宋学商求》一卷、《附录》一卷、《疑谊偶述》一卷、《一庵杂问录》一卷、《嘉禾问录》一卷、《辖圜窝杂著》一卷、《酬物难》一卷、《咨言》一卷、《景行馆论》一卷、《积承录》一卷、《一庵语录》一卷、《因领录》一卷、又《唐辑集要》四卷,罗洪先有《冬游记》一卷,罗汝芳有《一贯编》四卷、《近溪子明道录》八卷、《会语续录》二卷、《识仁编》二卷,杨起元有《证学编》四卷、附《证学编策》一卷,焦竑《支谈》三卷、《焦弱侯问答》一卷,曹于汴《共发编》四卷。并以其出于姚江,援释入儒,不入四库,惜哉!

十八日 查《四库书目》集部存目。有《王端毅文集》九卷,谢复《西山类稿》一卷,《陈剩夫集》四卷、《张东所文集》十三卷、《李大厓集》二十卷、《杨月湖集》四十八卷、《湛甘泉》三十二卷、《吕泾野集》三十六卷、《邹东廓集》十二卷、《马溪田文集》十一卷、《补遗》一卷、《李谷平文集》五卷、《陈明水文集》十四卷、《黄洛村集》二卷、《双江文集》十四卷、《欧阳南野集》三十卷、《南野文选》四卷、《程松溪集》十卷。又《程文恭遗稿》三十二卷,孙应奎《燕诒录》十三卷,黄省曾《五岳山人集》三十八卷、《蔡汝滨集》十卷、《附录》二卷,祝世禄《環碧斋诗集》三卷、《尺牍》

三卷,董燧《蓉山集》十六卷,《蒋道林文粹》九卷,吕怀巾《石遗编》一卷,蔡汝楠《自知堂集》二十四卷,《龙溪全集》二十卷,《龙溪语录》八卷,《赵文肃集》二十三集,《薛方山文录》二十二卷,《王敬所文集》三十卷,卢宁五《鹊别集》二卷,王时槐《友庆堂合稿》七卷,宋仪堂《华阳馆文集》十七卷、《续集》二卷,《史惺堂文集》十四卷,《姜凤阿文集》三十八集,郭汝霖《名泉山房集》十卷,《罗近溪文集》五卷,邓元锡《潜学稿》十二卷,《耿天台文集》二十卷,李材《观我堂摘稿》十二卷,许孚远《敬和堂集》八卷,王时乔《端洁集》无卷数,《王东厓遗集》二卷,张元忭《不二斋文选》七卷,邓以讚《文洁集》四卷,《邹聚新文集》六卷、《外集》一卷,吕坤《去伪斋文集》十卷,《周海门先生集》十二卷、又《东越证学录》十六卷,《杨文懿集》十二卷,《孟云浦集》八卷、《年谱》一卷、《附录》一卷,曾维伦《来复堂集》二十五卷,史孟麟《亦为堂集》四卷,《李湘洲集》十卷、《补遗》一卷。此皆明儒说理之书,而一概屏之,仅著于存目,当时馆臣之无学,诚不足怪。然使后世竟不能得其书,无以考见明儒之大体,亦重可叹乎!

十九日 寄一信与吴景贤,内附与养秋一信,朱学诚、徐著新一信,又一信与刘江。

二十日 寄一信与尧阶、一信与鸢飞,又一信与唐季芳零陵,但零陵信到否未可知。晚湛翁送《罢战时》来。

二十一日 连日雨不止,闷损,编目尚未成。

二十二日 早湛翁送《寇退口号》六绝来。午后唐玉虬来一信。又大雨。

二十三日 晴又转热。作绝句十四首写送湛翁。彭祖年来一信。锦文来一信,内附苏宇一信,而寄苏宇航快信已先发矣。又寄一之一信。午后到湛翁处,谈片时。

廿四日 与星贤同至城内武汉大学阅书。厚侄过江来看,未遇,又趁回。在厚侄处午饭,为我置鸡、鱼,馔甚腆。傍晚返书院。以二千四百元购缎鞋一双。得苏宇一信,内附鼎女两信,又宋子玉一信,皆寄厚侄转者。鼎女信附有照片。

廿五日　寄苏宇一信,嘱汇万元至溆浦交鼎女,因敬春所寄款来信已代收也。又发一信告知鼎女,一信告知敬春。书发不久,敬春又有信来。张先雯也来一信。彭祖年寄纸来,欲索湛翁书,可谓不解事也。下午湛翁有书至,并附所作《云起》诗。夜又大雨。

廿六日　晨写所作二绝寄湛翁,曰:"已缺金瓯岂复全,版图休说共和年。榻旁但使无鼾睡,玉斧何辞六诏捐。籍人力合报人恩,郭李功名未易言。我诵木瓜多感慨,不教指斥到花门。"盖为外蒙、香港事发也。寄一航快信与二哥、三哥。午后湛翁来一信,言昨劳于发药,知其甥妇病又转剧矣。高觉敷、阎任之各有覆到。

廿七日　晨寄一快信与作人、伯宣,一快信与徐百炼。立民、士青由安谷回。

廿八日　寄一快信与戴刚伯,一信与徐拯流。作《闻芷江受降》,成五律一首,曰:"上将多威重,降夷敢狡欺。江山辉草木,坛坫肃旌旗。人喜收京急,功成扫穴奇。十年深耻雪,天意有支持。"盖屈指何应钦自北平逃归已十年矣。书送湛翁阅,傍晚即有和诗,并云余诗近雅,和诗则近风也。

廿九日　拟续提书目共七种,又须检查书共八种,午后函致湛翁商酌。遍能和尚送《紫柏大师集》来。晚湛翁又开书目四种,并覆函来。

卅日　决用湛翁所开四种。加入《徐养斋读书札记》《考古文集》《医闾集》《翠渠摘稿》四种,又待查书四种,交立民备函,并覆函湛翁。又将分配四人所抄各书开一单,交林伯而呈湛翁酌定。看《紫柏大师集》,颇能以儒语入佛说。如云:"夫理,性之通也;情,性之塞也。然理与情并属心统之,故曰心统性情。即此观之,心乃独处于性情之间者也。故心悟则情可化而为理,心迷则理变而为情矣。若夫心之前者,

126

则谓之性。性能应物,则谓之心。应物而无累,则谓之理,应物而有累者,始谓之情也。故曰,无我而通者,理也;有我而塞者,情也。而通塞之势,自然不得不相反者也。如曰'性相近也,习相远也',相近则不远复之谓也,相远则不知复之谓也。不远复根于心之悟也,不知复根于心之迷也。故通塞远近悟迷,初皆无常者也。心悟则无塞而不通,心迷则无近而不远也。呜呼,心果何物乎,能使人为圣人,又能使人为众人。圣人与众人亦皆无常者也,顾我善用心、不善用心何如耳。"又云:"先以空观破见思惑,次以假观破尘沙惑,末后以中观破根本无明。见思破则获般若德,尘沙破则获解脱德,根本无明破则获法身德。此三德者,天然之性德也,在凡不少,在圣不多,故曰性相近也。自性变而为情,则粗顺之门开矣。粗顺之门开,则近者习远矣。习远而不返,则沦堕受苦无修歇矣,故曰习相远也。于是先觉者忧之,务使远者习近,即于粗顺门中始开逆门。逆也者,盖溯而上之之谓也。上而底极,所谓圣人与众人无多少者,我得全之矣。我全而人不全,圣人则又不忍,故乘其全遍游于万化之中,开物成务,俾未识全者皆得其全,故逆门之后有妙顺焉。然妙顺惟别教菩萨与圆教菩萨有之,声闻与缘觉则有逆而无妙顺矣,盖其阙四弘誓,不发同体之悲故也。"又云:"性如水,情如冰,冰有质碍而水融通。融通则本无能所,质碍则根尘宛然。此义有知有觉,知则意虽了然,触事仍迷;觉则触事会理,情尘自空。迷则情之累也,觉则性之契也。累则二,契则一。二则有待,一则无生。无生乃性之常也,有待乃性之变也。常则无我而灵,变则有情而昧。故昧中之知,知不胜昧,所以道不敌习。灵则习不胜觉,所以不假修持而坐进菩提。反是,虽舍身命等如恒沙,只增有为业耳。良以觉近现量,知近比量,是以觉之与知,成功殊也。"又云:"圣人以为书不尽言,言不尽意,故设象以寓其意,使学者玩象积久,智讫情枯,意得而象忘,则书与言不能尽者我得之矣。一得永得,千古无疑。死生迭更,是非交错,而我所得者光洁坚固，了无污染损坏也。所谓象者，如龙象乾，马象坤，如大鹏象止观，如童男童女表真谛，如长者优婆夷表俗谛，故表即象也，象即表也。象则托物寓意，表则借事显理，故意得则无象非意，理显则无事非理。无象非意，我不欲忘象而象自忘；无事非理，我无心会理而理自冥。象忘则意难独存，理冥岂事能碍者乎。夫事不能碍理，则观精而止深；观精而止深，则意不存而象无待。无待则无外，所以天地虽大，万物虽众，虚空虽无边畔，然皆不能逃我无外之用者也。是故我欲天地万物作虚空，我欲虚空作天地万物。譬如一指屈信，我欲信即信，我欲屈即屈，我欲不屈不信即不屈不信，我欲即信即屈即屈即信，而信屈不相遇，信屈即不相遇。至于千变万化，卷虚空入万物，粉万物为虚空，如已指屈信，初无难也。"如此等语，不读儒书之释子能解之耶。故吾常谓，儒不通释不足为大儒，释不通儒亦不足为宗师。发一信与履周，为敬春事托其写信与税局长吴某，并发一信覆敬春。悌儿来一信。厚侄信来，言三嫂患疟已止。

三十一日　湛翁拟一电致董会，嘱附名，盖为迁移事也。士青、林伯、知白赴安吉，立民则以卧病，未同行。看《紫柏集》，有极精语，录之曰："修行易而悟心难，悟心易而治心难，治心易而无他心难，无心易而用心难。"曰："审名以精义，精义以入神，入神以致用。"曰："《华严》大典，虽文丰义博，实雄他经。然其大义，不过四分四法界而已。一念不生谓之理法界；一念既生谓之事法界；未生不碍已生，已生不碍未生，谓之事理无碍法界；如拈来便用，不涉性解，当处现成，不可以理求之，亦不可以事尽之，权谓之事事无碍法界。行者能信此、解此、行此、证此，总谓之四分也。"曰："名者义之荃也。义者鱼也，义有众多，会而通之之谓理，理而行之之谓道，行而功忘之谓德。"曰："夫疑情纵想，则情愈滞而惑愈深。系意念明，则澄鉴朗照而造极弥密。心如水火，拥之聚之则其用弥全，决之散之则其势弥薄。故论云，质微则势重，质重则势微，如地质重故势不如水，水性重故力不如火。火不如风，风不如心。心无形故力无上。神通变化入不思议，心之力也。心力既全，乃能转昏入明。明虽愈于不明，而明未全也，明全在于忘照。照忘然后无明非明，无非明耳，乃几乎息矣。几乎息者，慧之功也。故经云，无禅不智，无智不禅。然则禅非智不照，照非禅不成。大哉禅智之业，可不务乎。"曰："饥火所烧，可以食救。欲火所烧，难以色拔。良以食饱则不饥，色无饱理故也。"曰："夫梧叶落而知秋，葭灰动而知春。梧叶葭灰，非可见者乎；春与秋，非不可见者乎。然微可见之物，则不可见者，终不见之矣。苟圣人不以可见之情见不可见之性，则性终不可得见也。夫性不可见，则我固有之全失，固有之全失，则我欲立于大全之中而运其末，亦终不可得，而易之道亦几乎息矣。易息而谓天地万物存，则天地万物皆易外有也，虽至愚不信。予以是知性有性之体，性有性之用，性有性之相。何谓体，用所从出也；何谓用，相所从出也；何谓相，昭然而可接者也。如善恶苦乐之情，此相也。苦乐之情未接，虚然而不昧者，此用也。外相与用，而昭然与灵然者，皆无所自矣，此体也。昔人以性无善恶，情有善恶，殊不知性无性而具善恶之用，用无性而着善恶之相。若赤子堕井而不忍之心生，此善之情也。此情将生未生之间，非吉凶有无可能仿佛者，乃不知其为心，而遂认心以为性，所以性命之学于是乎晦而不明也。即易之卦爻，有谓卦寓性、爻寓情，此亦认心为性者也。夫卦六十有四，而吉凶之情具而未著也，具故非无也，未著故非有也，非无故则不可谓之性，非有故则不可谓之情。既不可谓之性与情，谓之心非乎。故六十四卦，心之所寓也；三百八十四爻，情之唐肆也。故内外之情、吉凶之机，虽错变无常，然不出乎卦之内外、爻之奇偶也。内近亲，外近疏，吉近善，凶近恶。亲疏具而无我，心也；善恶具而有状，情也。夫心与情，易之道穷于是矣。而心之前有所谓性者，则非卦爻所能仿佛者也。然离卦爻而求之，则又离波求水也。然则如之何，曰非予所知也，知之者非知之者也。是何故，良以性不知性，如眼不见眼故也。"

九 月

初一 昨夜又大雨,彻夜不息,不能不为收割忧也。看《紫柏集》,诠天台六即甚明,曰:"六即者,理即,名字即,观行即,相似即,分证即,究竟即是也。夫理即也者,谓圣凡共有也。名字即,谓其闻名知义也。观行即,为其能依解起行也。相似即,谓其依行得相似理水也。分证即,谓其能入初住,得与真法流水即也。自是由等觉而成妙觉,谓之究竟即也。"午后湛翁举室移住山上濠上草堂。室内水深尺许,闻较前年水尤大也,幸午前即放晴,不然殆矣。

二日 再发一快信与一之,由先雯转。又发一信与裕凯。阅《紫柏集》,有曰:"闲居斗室,一言不祥则千里应之。好恶积意至公,斯蔽矣。芸芸万物,虽贵贱有序,巨细弗伦,而所谓生者未尝不均也。然则固情谨声,以严尊生,则为君子;如纵情肆声,不宝所生,则为小人矣。夫宝生者,贵乎重身,重身者贵乎制情慎言。此三者惟君子能之。"曰:"性变而为情,情变而为物,有能溯而上之,何物非性。五行相生,复能相克,天下好生而恶克,殊不知外生无克,外克无生,故达者知生生克,闻死不惑;知克生生,闻生不盈。"曰:"学所以破愚也。今有人于此,不以学破愚,而以学周欲。即此而观,则圣人设教,本在药众人之病,今药生病,则圣人之技穷矣,故曰醍醐成毒药也。"曰:"吾读庄子,乃知周非老氏之徒也。吾读孟子,乃知轲非仲尼之徒也。夫何故?老氏不辩,周善辩;仲尼言性活,轲言性死。辩则失真,死则不灵,失真不灵,贤者之大疵也。"曰:"俭可以积福,亦可以积祸。吾同众人之俭,俭非吾俭,福必积矣。如俭人而不俭己,祸必积焉。故曰同人之俭者,人虽饿死而不怨;俭人而不俭己者,虽温饱而不怀也。"曰:"孟轲言性善,荀况言性恶,扬雄言性善恶混。夫言善言恶者,是析一而为二也;言善恶混者,是并二而为一也。噫,性也者非一非二,而一而二,孰能析之,孰能并之。吾以是知析之者,并之者,皆画蛇添足者也。"曰:"善不藉恶,则为善无资矣。恶不藉善,则为善无师矣。今有人于此,必欲逐尽小人然后天下始可治者,岂圣人之心也耶。"曰:"孟轲见王公大人则藐之,藐之也者,有心乎? 无心乎? 如有心,非能藐人,乃自藐也。如我无心,奚用藐为? 彼王公大人一触无心之人,将忘势之不暇,何待藐之然后使之服耶。故曰飘瓦扑人人不怒,虚舟触人人亦不怒,知其无心故也。君子怀道而游于诸侯之门,苟不以虚心应之,则无所不至矣。"
自二条以下,皆《长松茹退》中语。曰:"身在心里,所以运得身动;心在身里,便运不动矣。何以故? 如风筝在风里,所以风吹得风筝起;如风在风筝里,则筝大风小,小不能吹大也。心是个非里非外的,所以能里能外。他若是有里外,与里外何异。既与里外无异,自然里外不能运里外。如里外能运里外,金可博金,水可洗水矣。"曰:"大丈夫常要胸中无物,眼前无欲。胸中无物则心可以包太虚,眼前无欲则眼可以穷象先。"二条《义井笔录》。曰:"或曰,民性多暴,圣人道之以其仁;民性多逆,圣人道之以其义;民性多纵,圣人道之以其礼;民性多愚,圣人道之以其智;民性多妄,圣人道之以其信。殊不知民性非暴,可以道之于仁;民性非逆,可以道之于义;民性非纵,可以道之于礼;民性非愚,可以道之于智;民性非妄,可以道之于信。若然者,暴而道之以仁,逆而道之以义,纵而道之以礼,愚而道之以智,妄而道之以信,皆治之也,非道之也。治之如鲧治水,道之如禹道水,故逆其性者功弗置,顺其性者绩乃成。若性本暴而道之以仁,吾知圣人复生,其道难行矣。大都习可以治,性可以道,故暴者习也,非性也。"曰:"凡为之于未有,一为而万成,万成而一不损。损,则万亦何益? 以其不损,谓之益矣。"曰:"或曰,人有圣贤之异,道无圣贤之异。我则曰,人无圣贤之异,道有圣贤之异,故曰一切圣贤皆以无为法有差别也。"曰:"吾赋性刚褊,人少有逆之,则勃然不悦,然而事过即忘之矣。噫,吾虽忘之,受吾触者安能忘之哉。若然者,我忘而人不忘,未忘也。须人我俱忘,始忘也。"《墨香庵常言》。曰:"至显而不可见者,情也,故深情厚貌之人,父子不相测。至隐而不难见者,性也,故见性之人,圣人众人,无相疑也。今天下恣情而忽性,父生子而疑于子,子生于父而疑父,盖恣情即习相远也。如伏羲氏生千古之上,而文王、仲尼生千古之下,仲尼不疑文王,文王不疑伏羲。盖不忽性,即性相近也。故曰,凡百众人,以交神之道见之,则于开物成务之际不生心而仁普,不裁制而义当,不威仪而礼明,不变通而智不惑,不盟约而信不爽。此无他,盖率性而然也。"若此等语置之儒者书中,谁复识其出自缁流哉!

三日 报载降约已在东京签字,重庆定自本日起庆祝三日,书院惟悬旗而已。看《紫柏集》。午后东甫来一信。

四日 看《紫柏集》。发一信问三嫂病。

五日 又小雨。午前过湛翁谈,午后看《紫柏集》。

六日 进城看三嫂病,午后即回山。仍看《紫柏集》。

七日 看《明史》卷一百四十三高巍传。载巍自拔南归,至临邑,遇参政铁铉,相持痛哭。奔济南,誓死拒守,屡败燕兵。及京城破,巍自经死驿舍。其事甚明,而赞者曰:"高巍一介布衣,慷慨上书,请归藩服。其持论甚伟,又能超然远引,晦迹自全,可谓奇士。"显与巍传抵牾,殊不可解。考巍传附载韩郁,言燕师渡江,郁弃官遁去,不知所终。超然远引当指韩郁而言,或以此致讹。然郁官御史,弃官逃死,失为人臣之义,何得以奇士加之。此非文字小失也,当时修明史诸臣号称谨严,而竟有此舛失,异矣。

八日 厚侄信来,言三嫂病已能起坐,但胃仍时痛耳。看《紫柏集》,解《易》谓:"予观《易》至泰卦,不觉掩卷长叹久之。夫大壮之与夬卦,当是时也,小人愈衰而君子愈盛矣。然而圣人独安夫泰者,以为世之小人不可胜尽,必欲迫而逐之使其穷而无归,其势必至于争,争则胜负之势未有决焉,不若独安乎泰,使君子常居中而制其命,而小人在外不为无措，然后君子之患无由而起。噫，圣人之见远矣。后世君子不体圣人之意，一得其位必欲尽逐小人，饱快所怀，殊不知君子小人邪正不同，固虽天渊，然而共以天地为父母。天地之于子也，贤不肖岂不自知哉，知而容之，以为既生之矣，以其不肖而逐之，则父母之心亦有所不忍也。但当使贤者制其命，不肖者听其令，则君子不失包荒之度，而小人亦得以遂其所生。若必欲尽逐小人而都用君子，虽圣人复生，不能行也。知不能行而强行之，谓之悖天之民，苟使其人得其位而行其志，而国家元气不至大坏，苍生不受其荼毒，未之有也。"惜乎东林诸君子不闻是言也，然而大师所照远矣。寄一信与张望杏夫妇，并附一信与强天健。

九日　阅《明史》一百四十九卷夏原吉传，言："原吉有雅量，人莫能测其际。同列有善，即采纳之。或有小过，必为之掩覆。吏污所服金织赐衣，原吉曰：'勿怖，污可浣也。'又有污精微文书者，吏叩头请死。原吉不问，自入朝引咎，帝命易之。吕震尝倾原吉，震为子乞官，原吉以震在靖难时有守城功，为之请。平江伯陈瑄初亦恶原吉，原吉顾时时称瑄才。或问原吉：'量可学乎？'曰：'吾幼时，有犯未尝不怒。始忍于色，中忍于心，久则无可忍矣。'"原吉之量，吾当学之。又一百五十二卷陈济传言："成祖诏修《永乐大典》，用大臣荐，以布衣召为都总裁，修撰曾棨等为之副，词臣纂修者及太学儒生数千人，翻秘库书数百万卷，浩无端倪。济与少师姚广孝等数人，发凡起例，区分钩考，秩然有法。执笔者有所疑，辄就济质问，应口辨析无滞。书成，授右赞善。"济之博学，吾所佩仰，然而年力所限，不可学也。湛翁送其从前与人书牍来阅。

十日　报载中国日军降约于昨九日上午九时在南京签字。看《紫柏别集》，有与冯开之数书，直下樋锤，毫无情面。古德为人之切，真可念也。

十一日　写一航快信寄马元放，并嘱垫付二兄两万元、三兄一万元、又伯沆夫人一万元,伯沆夫人一万元许即汇还沧舲,馀则候覆信到再汇。附与伯沆夫人一信,二、三两兄一信,并托元放转致。连日夜皆与星贤谈甚久,且甚切。

十二日 阅《紫柏集》毕。《别集》中《义井语录》有云:"《易》显道神德行。道至微者也,德行至粗者也,如能通《易》,则至微者我可以显之,至粗者我可以神之。《易》岂可不读乎。不读《易》,则学问不通方。"故顾仲恭跋尊者全集谓:"其可敬者,不以释迦压孔老,不以内典废子史。于佛法中不以宗压教,不以性废相,不以贤首废天台,盖其见地朗融,圆摄万法,故横口所说,无挂碍,无偏党。"此为真能知尊者也。

十三日 看《明史》一百五十九卷杨继宗传,谓:"河间获盗,遣里民张文、郭礼送京师。盗逸,文谓礼曰:'吾二人并当死。汝母老,鲜兄弟,以我代盗,庶全汝母子命。'礼泣谢,从之。文桎梏诣部,继宗察非盗,竟辨出之。"继宗固明察,然如张文者,亦难能矣。又继宗为嘉兴知府,大兴社学。民间子弟八岁不就学者,罚其父兄;遇学官以宾礼。师儒竞劝,文教大兴。今之言普及教育者,于罚事或知之,若宾礼学官,则未梦见在。以刑法之术而求教化之行,因南辕而北辙也。发一快信寄一之。本日刷工刘知常、刻工吴光华三人藉端聚众要挟,与湛翁定议,将三人革除。其中刘某滋事非一次,去此人或可暂安耳。

十四日 发一快信与倪杰,告以汇款一万元,由元放拨交王伯沆家。得敬春两信,一信内附有徐百炼与渠一书,问余踪迹。看邵伯温《皇极经世系述》曰:"至大之谓皇,至中之谓极,至正之谓经,至变之谓世。大中至正,应变无方之谓道。以道明道,道非可明,以物明道,道斯见矣。物者,道之形体也,生于道而道之所成也。道变而为物,物化而为道,由是知道亦物也,物亦道也,孰知其辨哉。故善观道者必以物,善观物者必以道,谓得道而忘物则可矣,必欲远物而求道,不亦妄乎。"曰:"时有消长盈虚,物有动植飞走。消长盈虚者,时之变也;动植飞走者,物之类也。时以变起,物以类应,时之与物,有数存焉。数者何也,道之运也,理之会也,阴阳之度也,万物之纪也。定于幽而验于明,藏于微而显于著,所以成变化而行鬼神者也。道生一,一为太极;一生二,二为两仪;二生四,四为四象;四生八,八为八卦;八卦生六十四,六十四具而后天地万物之道备矣。天地万物莫不以一为本原,于一而衍之以为万,穷天下之数而复归于一。一者何也,天地之心也,造化之源也。"曰:"本数者,数之始也;体数者,数之成也;用数者,数之变也。致用则体数退矣,体数退则本数藏矣。体退而本藏,则变化见矣。"曰:"有数则有物,数尽则物穷矣。有物则有数,物穷则数尽矣。然数无终尽,数尽则复;物无终穷,物穷则变。变故能通,复故能久。"曰:"人之有类,亦由物之有类也。人类之数,亦由物类之数也。备天地、兼万物而合德于太极者,其唯人乎。日用而不知者,百姓也;反身而诚之者,君子也;因性而由之者,圣人也。故圣人以天地为一体,万物为一人,善救而不弃,曲成而不遗,以成能其中焉。"曰:"大哉时之与事乎,圣人所以极深而研几也。时者天也,事者人也,时动而事起,天运而人从,犹形行而影会,声发而响应欤。时行而不留,天运而不停,违之则害,逆之则凶,故圣人与天并行而不逆,与时俱逝而不违,是以自天祐之,吉无不利。时不能违天,物不能违时,圣人不能违物。时不能违天,故天运而必变;物不能违时,故时变而必化;圣人不能违物,故物化而必顺。圣人唯不能违物,故天亦不能违圣人,是以先天而天弗违,后天而奉天时。天之时由人之事乎,人之事由天之时乎。故天有是时则人有是事,人有是事则天有是时。与事而应时者,其唯人乎。有其时而无其人,则时不足以应;有其人而无其时,则事不足以兴。有其人而无其时则有之矣,有其时而无其人盖未之有也。故消息盈虚者,天之时也;治乱兴废者,人之事也。有消长盈虚而后有春夏秋冬,有治乱兴废而后有皇帝王霸。唐虞者其中天而兴乎,尧舜者其应运而生乎,何天时人事之相验欤。先之者则未之或至,后之者则无以尚之,其犹复之将至日之向中乎。故圣人删书,断自唐虞,时之盛也;修经始于周平,道之衰也。故圣人惧之以二百四十二年之事,系之以万世之法。法者何也,君臣父子夫妇,人道之大伦也。性之者,圣人也;诚之者,君子也;违之者,小人也;亡之者,禽兽也。兴之则为治,废之则为乱,用之则为中国,舍之则为夷狄。五伯去王也远矣,不犹愈于敌乎。当时之诸侯去伯也远矣,邻与狄也不亦近乎。微圣人之生,《春秋》之作,则天下后世之人其被发左衽矣。《春秋》有天道焉,有地道焉,有人道焉,王者举而用之。则帝王之功岂难致哉。"《经世》一书,其大旨尽于此文矣。晚在湛翁处谈。董会九月四日议事录寄到。

十五日 允明送本月薪金来,托汇万元与倪沧舲。得一之、元放、鸢飞、景贤、尹石公、锦田、双、鼎各一信,又由昆明转到徐百炼五信、陈光颖两信、彭祖年两信、陆步青一信、邱志州一信、蒋礼鸿一信、强天健一信,又顾寿白从成都寄来一信。星贤交来希之一信。陈、徐两生信内各附照片一帧。又寄尧阶一信退回。午后湛翁来谈,并出示董会敬仲来信。

十六日 覆陆步青一信、陈光颖一信,又寄一信与一之,嘱将被褥托人带乐。看《明史》一百六十四卷,赞曰:"明自太祖开基,广辟言路。中外臣僚,建言不拘所职,草野微贱奏章咸得上闻。沿及宣、英,流风未替,虽升平日久,堂陛深严,而逢掖布衣、刀笔掾史、抱关之冗吏、荷戈之戍卒,朝陈封事,夕达帝阍。采纳者荣显其身,报罢者亦不之罪。若仁宗之复弋谦朝参,引咎自责,即悬鞀设铎,复何以加。以此为招,宜乎慷慨发愤之徒扼腕而谈世务也。"中有天顺三年秋建安老人贺炀上书论时事,言:"朝廷建学立师,将以陶镕士类。而师儒鲜积学,草野小夫夤缘津要,初解兔园之册,已厕鹗荐之群。及受职泮林,猥琐贪饕,要求百故;而授业解惑,莫措一词。生徒亦往往玩愒岁月,佻达城阙,待次循资,滥升太学。侵寻老耋,幸博一官。但厪身家之谋,无复功名之念。及今不严甄选,人材日陋,士习日非矣。"观此可以见明代学校之废,自英宗朝始。虽曰帝善其言,下所司行之,所司未必应也。

又有虎臣者，麟游人，成化中贡入太学。孝宗践祚，将建棕棚万岁山，备登眺。臣抗疏切谏。祭酒费訚惧祸及，银铛絷臣堂树下。俄官校宣臣至左顺门，传旨慰谕曰："若言是，棕棚已毁矣。"訚大惭，臣名遂闻都下。顷之，命授七品官。祭酒，师儒之首，而以费訚者鄙夫处之，人才安得不日衰，士习安得不日下乎。豆浆自本日起。

十七日 与湛翁同进城。湛翁寻医，余则视三嫂病，已起矣。在滋美同食面点即回山。得子厚、友渔、王举廷、钱履周、彭一湖、顾寿白及王光熹、鼎女各一信。鼎女信则寄城内者也，内附有王子惠寄淑浦信，言已迁回棉湖。又致一信与彭祖年壁山。

十八日 寄一快信与敬春，附转余乃仁一信。午后湛翁来谈书院东迁事，并出与敬仲书相示，欲董会推余先往杭州接洽布置。余意能与朱蕙清同行最好，盖蕙清为基金保管委员，且与浙主席黄季宽识，原浙省府驻渝办事处处长也，今派充浙江邮政汇业局长。董会本托其至浙接洽院址，与之同行，便利多矣。

十九日 覆钱子厚一信。得蒋礼鸿信，前寄贺礼收到矣。立民等自安谷回。林伯、士翼、知白、迩言、士青《石鼓论语答问》皆抄成，立民《榕坛问业》亦抄一半。

二十日 是日中秋，湛翁邀午饭在旷怡亭，吴曼全适来，亦与席。席后谈甚久，湛翁之意殊切，不能无感也。得苏宇八月廿三日信，附有鼎女一信，又敬春一平信。晚与湛翁诸友玩月，甚乐。

二十一日 夜间得一律，正欲写呈湛翁，而湛翁诗已来，因托士青持去，即以当报奉矣。诗曰："兵戈久矣感离群，何幸从容展旧闻。万古江河知不改，一亭风月许平分。唱予鲜力犹堪和，道不徒行亦藉文。薪火相传期日远，后来正复赖诸君。"覆一信与寿白，一信与石公。

二十二日 敬春寄一万元到，即托允明转汇与王光熹，并寄一快信去。又覆一航空信与苏宇。星贤送宋黄天叟本名仲兄，字善甫，入元后改名渊《四如集》来看。集为元板，文字学《檀弓》《穀梁》，而时杂于语录中

137

语,殊不称。如《半山精舍记》有曰:"精舍之名,昉于何时? 曰汉仲承、刘仲承。文有、檀敷。子良、包咸。诸儒以之讲授,蜀元直徐庶以之听习,魏谯东、曹操。宋石壁谢灵运有石壁精舍以之读书。逮晋武帝奉佛,引沙门内殿,武帝立精舍于内殿,引沙门居之。名义胥失之。"此言精舍之名所由起,可谓详确。而又曰:"予闻诸管仲父曰,定心在中,耳目聪明,四支坚固,可以为精舍。"此云精舍乃精神之舍,与彼为比,岂非不伦? 即此以观,其文可知,故集久失传,有因也。午后得鼎女两信,言锦文寄款已到,梅孙患伤寒尚未全好。又苏宇一信,谓湘汇不通,怪甚。

廿三日 再发一信覆苏宇,告湘汇果不通,即寄此。早湛翁来,出办事处规则三条相示,并嘱转告星贤照行。《明史》一百七十七卷年富传:"性好疑,尤恶干请。属吏黠者,故反其意尝之。欲事行,故言不可;即不行,故言可。富辄为所卖"云。此与包孝肃事大相类,然后知非诚不明,一不诚即偏,偏即有所蔽矣。又王竑传:"初,竑号其室曰'戆庵',既归,改'休庵'。杜门谢客,乡人希得见。时李秉亦罢归,日出入里闬,与故旧谈笑游燕。竑闻之,曰:'大臣何可不养重自爱?'秉闻之,亦笑曰:'所谓大臣,岂以立异乡曲、尚矫激为贤哉。'时两称之。"此又见人之德性不齐,未可以一格衡量其长短也。是日秋分。

廿四日 发一信与邱志州。又覆敬春一信,告款收到。午后杨万兴回,得邱志州、唐炳昌、徐百炼各一信。与志州信若迟一日发,便省再覆矣。看《明史》卷一百八十一刘健传,言东阳以诗文引后进,海内士皆抵掌谈文学,健若不闻,独教人治经穷理。其事业光明俊伟,明世辅臣鲜有比者云云。健与同邑阎禹锡、白良辅游,得河津之传,自非茶陵所能及耳。又卷一百八十二刘大夏传,言其被逮时,方锄菜园中,入室携数百钱,跨小驴就道。赦归,有门下生为巡抚者,枉百里谒之。道遇扶犁者,问孰为尚书家,引之登堂,即大夏也。名臣风度,亦自不易几及。本日王羽翔、屠公弼到院。

廿五日 湛翁午前来谈,派定王、屠二人所办事。言及吴、张二人津贴不可少于屠公粥,即允,自本月起照加,当即转知星贤。钱履周、聂敬春各有信,敬春言一铝壶、一钉锤已带重庆。薄暮湛翁送《致蒋公书》来商榷,盖惧董会迁迟,故不得不自动笔、自出手也。

廿六日 晨湛翁又送致敬仲信来看,《上蒋公书》即付去,由陈布雷转递。张真如、朱懋实来,同在旷怡亭午饭。阅蔡伯静集注《大学》"知止而后有定"节云:"静谓存养之密能安,安其所止;虑谓省察之精能得,得其所止也。"注《论语》"吾未见刚者"章云:"某闻之呵曰,刚者外虽退然自守,而其中不讪于怨。悻悻者外虽有崛强之貌,而其中实有计较胜负之意,即此便是怨。圣人观人,直从里面观出,见得他中无所主,只是色庄,便是欲了。"注《易》河洛图数云:"河图数偶,偶者静,静以动为用,故河图之行合皆奇,一合六,二合七,三合八,四合九,五合十。是故《易》之吉凶生乎动,盖静者必动而后生也。洛书数奇,奇者动,动以静为用,故洛书之位合皆偶,一合九,二合八,三合七,四合六。是故《范》之吉凶见乎静。盖动者必静而后成也。"注谦彖云:"亏盈益谦以气言,日月阴阳是也。变盈流谦以形言,山谷川泽是也。害盈福谦以理言,灾祥祸福是也。恶盈好谦以情言,予夺进退是也。"注剥大象云:"卦以下剥上为义,乃小人剥君子也。象以上厚下取义,乃人君厚生民也。下剥上者成剥之义,上附下者治剥之道也。"注大壮九三曰:"用壮,无礼之勇也;用罔,不虑之决也。"注解卦曰:"坎难震动,动则离乎难解之义也。利西南者,坎震东北之卦也,难解于东北,至西南则无不利矣。无所往,其来复吉,往,进也;来复,退归也。谓二难既解,则居中以复其安静也,主内象言。有攸往,夙吉,夙,早也。难有未解,当急往而解之,不可久扰也,主外象言。"注益九五曰:"上以有字而顺下之心,即《洪范》所谓皇建有极,用敷锡厥庶民者也。下亦以有字而顺上之德,即《洪范》所谓锡汝保极者是也。"付豆腐钱三百元。

廿七日 与湛翁同进城看张真如、朱孟实,皆未遇。归时遇张于途。湛翁访董医生，即回山，余则过厚侄寓午饭。买里绸一丈二尺，每尺二百元，作丝棉袍里。到乐昌公司看王宏实，四时后始返寺中。得伍寿卿、张汝舟、张先雯、尹石公各一信。寿卿、汝舟信乃寄由厚侄转交者。《明史》一百八十六卷陈寿字本仁，新淦人，官至刑部尚书传言寿为给事中，言时政无隐，独不喜劾人，曰："吾父戒吾勿作刑官，易枉人。言官枉人尤甚，吾不敢妄言也。"又言寿廉，历官四十年，无家可归。寓南京，所居不蔽风雨。其卒也，尚书李充嗣、府尹寇天叙为之敛。又数年，亲旧赙助，始得归葬新淦。吾以为其廉犹可为也，其不喜劾人，则直可谓长者，明人所仅见也。

廿八日 覆一信与寿卿。看《明史》卷一百八十八陆崑字如玉，归安人传。崑为南京御史，武宗即位，疏陈重风纪八事："一，奖直言。古者，臣下不匡，其刑墨。宋制，御史入台，逾十旬无言，有辱台之罚。今郎署建言，如李梦阳、杨子器辈，当加旌擢，而言官考绩，宜以章疏多寡及当否为殿最。二，复面劾。旧制，御史上殿，被劾者趋出待罪，即唐人对仗读弹文遗意。近率封章奏闻，批答未行，弥缝先入。乞遵旧典面奏，立取睿裁。"此二条不独不揣虚谏掌故，亦今日议会制榜样也。又许天锡字启东，闽县人传："十二年，建安书林火。天锡言：'去岁阙里孔庙灾，今兹建安又火，古今书版荡为灰烬。阙里，道所从出；书林，文章所萃聚也。《春秋》书宣榭火，说者曰："榭所以藏乐器也。天意若曰，不能行政令，何以礼乐为？礼乐不行，天故火其藏以戒也。"顷师儒失职，正教不修。上之所尚者浮华，下之所习者枝叶。此番灾变，似欲为儒林一扫积垢。宜因此遣官临视，刊定经史有益之书。其馀晚宋陈言，如论范、论草、策略、策海、文衡、文髓、主意、讲章之类，悉行禁刻。其于培养人才，实非浅鲜。'所司议从其言，就令提学官校勘。"

廿九日 昨晚湛翁送《巢居杂感》诗来，因次其韵，云："虚言鸿羽可为仪，乌鹊南飞何处枝。衰世事功徒潦草，老来形德两支离。太平梦想衣裳会，得失权衡风雅知。却笑神仙桥中叟，机心犹自未忘棋。"

得一之、东甫、望杏各一信。午后四时,湛翁来。读王心湛自沪来书,有书覆之。略予笺稿已录底,可索一阅也。

卅日 星贤送湛翁与王心湛、王伯尹两书稿来阅。发一快信寄一之。得王大太太、强天健、邱志州各一信。王太太信内附惠斋之子荣鋿一信,发于十四日,半月而到,虽由航空,在近来书件中此为最快矣。《明史》一百八十九卷孙磐传,附载刑部典史徐珪以满仓儿事劾中官杨鹏疏云:"臣在刑部三年,见鞫问盗贼,多东厂镇抚司缉获,有称校尉诬陷者,有称校尉为人报仇者,有称校尉受首恶赃而以为从、令旁人抵罪者。刑官洞见其性,无敢擅更一字。上干天和,灾异迭见。臣愿陛下革去东厂,戮鹏叔侄。"珪以此赎徒,发为民。以一吏而敢劾及中官,此足与张肇之雪陈选冤者并传不朽矣。又何遵传云:"嘉靖初,主事仵瑜上疏曰:'正德间,给事、御史挟势凌人,趋权择便,凡朝廷大阙失,群臣大奸恶,缄口不言。一时犯颜敢诤,视死如归,或拷死阙廷,或流窜边塞,皆郎中、员外、主事、评事、行人、照磨、庶吉士,非有言责者。张英本一武夫,抗言就死,行道悲伤。今幸圣皇御极,褒恤忠良,诸给事、御史更何颜复立清明之朝? 请示黜罚,以示惩创。'"云云。后人盛称谏院之制,何不考此乎?

十 月

一日 寄一航快信与马元放,嘱其为杨碧天谋事。一信覆东甫,一信寄敬春并将履周信附去。又将东甫寄厚侄信送去。湛翁来谈,并出示《收潦》五律一首,《尔雅台偶成》五绝一首。

二日 赴安谷查书,由大石桥雇滑竿绕城内过渡去,滑竿钱二千五百元,实则不及十五里路,亦骇人矣。到安谷适午饭。饭后即查赵扢谦《考古文集》、《医闾集》、周翠渠《摘稿》三种。翠渠于义理无多发明,决不收入《儒林典要》,此嘱士青不用抄矣。

三日 仍留安谷。查岳正《类博稿》、张吉《古城集》、陈谟《海桑集》,亦三种。《类博稿》《海桑集》文颇简雅,然亦不足入《儒林》。《古城集》第二卷《陆学订疑》一卷,语极精,足捄陆学之失,即不全收,此卷不可遗也。俟归后与湛翁再商定。

四日 留安谷。阅邵国贤《容春堂集》,共三十二册。国贤,明史入儒林,与当时名儒如章枫山,陈白沙、罗一峰、庄定山、贺医闾并有往来。集中记、序、杂著诸文皆精粹温雅,极有益于学者。且东林书院之启,实自二泉肇之,《儒林典要》自当收入。惟集有正、续、后、别,而诗居大半,应酬之作亦不尠,似当删而存之。集中有数文,随手摘录于此,以见一斑。《白鹿洞谕来学》文曰:"谨案:南开府白鹿洞书院,实据匡庐彭蠡之胜,宋儒周、朱二先生尝寓游焉。其秀自天,可以资静修之趣;其重在人,可以兴景仰之思。士惟无志,苟志欲上师圣贤,进德修业,期有益于天下者,闻兹洞院,皆当负笈裹粮从事于斯。况有舍以居,有田以赡,有书以观,如今日者,而可不游乎。但学者立心之始,几莫大于诚伪,辨莫先于义利,此之不审,皆苟而已。今学校遍天下,立贡设科,教且用之,具有成法。若舍彼就此,徒欲自异于众,而所习者仍与众同,则于立身经世之道既皆有所妨夺,而群居之诮、捷径之讥或未能免焉,吾亦岂敢轻举以误诸英俊哉。学校诸生暨山林儒士有清修慎独,欲暂辍进取而志于前所谓学者,许各府州县起送前来。某虽寡陋,敬遵先儒旧规,斟酌程课,近临几席,远寓笔札,相与讲明焉。如其师道,以俟君子。此实区区奉诏崇正求真之分也。所谓暂辍进取,或五六年,或七八年,必待学成然后出用。不惟其言,惟其事实,斯为有志之士。如或立志未定,请勿轻至。其四方学者闻而来游,当异馆待之。某不佞,敢以诚告。"《学古斋记》曰:"人有恒言,皆曰古今异,宜古之道不能行于今,犹今之道不能行于古也。罍尊难以常饮,笾豆难以常食,弁冕难以常服,书模篆籀则难与识文,拟盘诰则难于喻,故居今反古，君子有戒焉，此之谓也。今有人焉，能以古之道自居，则人皆目之曰此君子也，学古者也，抑又何耶。古今所异者世，所同者道，道之不同，非道之失也，人失之耳。惩其所失，返其所同，此天地之义而吾人之彝训也。然则众人视之，则曰古之道如此哉，虽口称之，貌敬之，而实恶其弗己同也。一齐众楚，其将若之何。于是有以古始以今终者，其亦难矣。虽然，古之道有本有末，同其本不同其末，无害于古。苟惟末之同而本则舍焉，此群议之所由起而古道之所以不复也。故善学者得饮之正，虽不罍尊，未害乎古之饮也。得食之正，虽不笾豆，未害乎古之食也。得衣之正，虽不弁冕，未害乎古之服也。得书与文之正，虽不篆籀盘诰，不害乎古之书与文也。此善学古者也。壮以是始，老以是终，孰其议之哉。冯君忠卿以学古名斋，请记于贤，贤观君之为诸生，为国子，为邑博士，循循然无忤于俗，而处己诲人，皆无戾于道。今之道犹古之道也。其于名斋之义，可以无愧矣。于是乎记。"《论性杂说》曰："性之理一而所以为性者五，一气而五行故也。性之异，其在五者之偏胜乎。胜之至者，炽一而灭一。炽于义者灭仁，其所谓义非义也，刻也，忍也，暴也。炽于智者灭礼，其所谓智非智也，诈也，谲也，奸也。此所谓下愚也。介胜而能反者为中人，故曰中人以上可以语上也，中人以下不可以语上也，一偏胜之间而性之品存焉。是故兼五而论气，而后气之说全。不兼五而论性，可以为性乎？既兼五矣，虽谓不杂五气，吾不信也。虽然，原诸其初，犹愈于睹论其末者也。睹诸其末而论性，非论性也。是故论性者，孔子至矣，孟子深矣，韩子其庶几乎。"《对问性者》曰："性犹水也，水未出山为云，出山而成形始命曰水，论水者其于是，斯得水之实矣。前乎此者是以云论水也，后乎是者是以涧溪江河海论水也。涧溪江河海独非水乎，杂于泥沙而非水之本也。以云论水则迂，以涧溪江河海论水则陋，由君子观之，宁迂无陋。知此，可以论性矣。"《读周子书杂解》十二首之七曰："孟子、程叔子以命言性，性之原也。孔子、程伯子以性言性，性之实也。荀、韩、杨诸子以气言性,性之末流也,而荀子甚矣。"又《钟馗画赞》二首一曰:"睢阳报国之心誓而为厉,终南爱君之志梦而为傩。厉出一时之愤,傩成千古之诙,是故一言而乱贼惧。厉之为功多矣。鬼兮鬼兮,傩其如之何哉!"其二曰:"对扬之才负于尔生,辟除之力效于尔没,万古乾坤何方有物,白日青天如闻咄咄。"

五日 由安谷乘舟回。午后士青、林伯送至河干,船资一百元。到水西门换车至嘉乐门,则三嫂等方早饭也。呢袍已作成,工资二千三百元,已付。丝棉袍则须四千,棉裤须一千三,交四千元与厚侄,容再算。安谷来回路费及午餐一次、赏工人等,共三千八百三十元,由书院付。馀午、晚二餐,因张立民回,即填其空,故未出钱。午后四时回山,得悌儿一信、和侄一信、王光熹一信,又伯沉夫人一航快信,皆二日到。和侄信内附有朗兄一信,则去岁十月中书也。东甫一信、尹石公一信、唐玉虬一信皆本日到。到湛翁处,略谈安谷抄书事,湛翁出示谢无量函及近作。又沈敬仲先后来函。敬仲方去江津,十一月准来山也。湛翁又道及胡朗和已逝。

六日 发一信与锦文侄女、一信附与正侄,三嫂所嘱也。得一之一信,言一箱、一铺盖已由轮船带此。钟协一信,现任扶南县矣。又望杏一信,言南京事,闻之大不怿。午后与立民谈,颇加箴规,微窥之,似尚能受,但不知能改否耳。傍晚湛翁来谈。又有信与敬仲。

七日 交杨万兴带一信至民生公司徐博渊,问行李带到否。又发一信与星北、杏城,问兴厚上海寓所,并嘱即转告一之,盖尚有行李带至上海,须交人照管也。午后杨力回,言行李尚未到,不知如何矣,改日当自进城问之。《儒林典要》明儒书目拟就,约六十馀部,即交湛翁酌定。阅《明史》一百九十四卷林俊传及一百九十八卷杨一清传,得一事一语,特记之。成化中,俊上书请斩妖僧继晓并罪中贵梁芳等,帝大怒,下诏狱考讯。后府经历张黻救之,并下狱。太监怀恩力救,俊得谪姚州判官,黻师宗知州。时言路久塞,两人直声震都下,为之语曰:"御

史在刑曹，黄门出后府。"以此益见明时台谏未为于国有大贡献也。一
清总制陕西三边军务，时帅诸将肄习行阵。尝曰："无事时当如有事隄
防，有事时当如无事镇静。"此名语，施之一切皆可，不独军旅也。

八日　发一快信通知一之，又一信与悌儿。倪沧舲覆到，言万元
照收，并驰函告知元放矣。阅《明史》一百九十九卷胡世宁传，世宁闻
廷臣伏阙争大礼，有杖死者。时免丧家居，驰疏言："臣向以仁、明、武
三言进，然尤以仁为本。仁，生成之德；明，日月之临，皆不可一日无。
武则雷霆之威，但可一震而已。今廷臣忤旨，陛下赫然示威，辱以箠
楚，体羸弱者辄毙。传之天下，书之史册，谓鞭挞行殿陛，刑辱及士夫，
非所以光圣德。新进一言偶合，后难保必当；旧德老成，一事偶忤，后
未必皆非。望陛下以三无私之心，照临于上，无先存适莫于中。"世宁
议礼，本主张璁，而持论之平如此。史称其与李承箕、魏校余、祐善时
称南都四君子，_{此官南刑部郎时语}。意其得讲学之力也。又世宁次子继
幼不慧，不为世宁知。世宁在江西，_{官副使}。出讨贼，部将入见继，继为
指阵法，进退离合甚详，凡三日。世宁归阅，大异之。知其故，叹曰：
"吾有子不自识，何也？"自是击贼，辄令继从，与策方略。世宁十不失
三，继十不失一。世宁方草疏论宸濠，继请曰："是且重得祸。"世宁曰：
"吾已许国，遑恤其他。"及世宁下狱，继念其父，病死。读此，不得不为
继叹而为世宁惜也。

九日　覆唐玉虬一信，唐炳昌一信。寿卿有一信来，属介与一之
相见。阅《明史》卷二百一方良永_{字寿卿，莆田人}传。良永素善王守仁，而
论学与之异。尝语人曰："近世专言心学，自谓超悟独到，推其说以自
附于象山，而上达于孔子。目贤圣教人次第为小子无用之学，程、朱而
下无不受摈，而不知其入于妄。"又张邦奇_{字常甫，鄞人}传。邦奇之学以
程、朱为宗，与王守仁友善，而语每不合。此以见学之难归于一是，而
不同亦未必有害于其为人也。又吴廷举传。_{其先嘉鱼人，后家梧州}。廷举
面如削瓜，衣敝带穿，不事藻饰。言行必自信，人莫能夺。在太学时，

兄事罗玘。玘病痢，仆死，自煮药饮之。负以如厕，一昼夜数十反。玘尝语人曰："献臣生我。"廷举好薛瑄、胡居仁学，尊事陈献章。居湫隘，亡郭外田，有书万卷。及卒，总督姚镆庀其丧。即其廉而爱友，庶几不负所学者矣。又二百二卷李默传附万镗传。字士鸣，进贤人。世宗时官南京右都御史，彗星见，应诏陈八事，中言："人邪正相悬，而形迹易混。其大较有四：人主所取于下者，曰任怨，曰任事，曰恭顺，曰无私；而邪臣之恣强戾、好纷更、巧逢迎、肆攻讦者，其迹似之。人主所恶于下者，曰避事，曰沽名，曰朋党，曰矫激；而正臣之守成法、恤公议、体群情、规君失者，其迹似之。察之不精，则邪正倒置，而国是乱矣。此不可不慎也。治天下贵实不贵文。今陛下议礼制度考文，至明备矣，而于理财用人安民讲武之道，或有缺焉。愿辍声容之繁饰，略太平之美观，而专从事于实用，斯治天下之道得矣。"可谓深切世宗之病，而竟以此废锢。刚愎之主，真难与言治矣。午后湛翁来谈，并出致敬仲函相示。举书院今后困难者七端，然要之不出经费一端而已。星贤自五洞桥购盐回，代从竹根滩将一之托带行李取来。当写一信与徐博渊，明早交杨万兴带城。

十日 二哥来一航空信，前月卅日发也，心为稍慰，当写一信寄元放，催将款送去。又写一信与王大太太，并附与二哥一函，并皆飞递。赴安谷一律改成，写呈湛翁。阅《明史》二百三李中传。中旨谪广东通衢驿丞。王守仁抚赣州，檄中参其军事。后迁广西提学副使，以身为教。择诸生高等聚五经书院，五日一登堂讲难。自广西归，欲饭客，贷米邻家。米至，又乏薪，将以浴器爨。会日已暮，竟不及饭而别。少学于同里杨珠，既而扩充之，沉潜邃密，学者称谷平先生。门人罗洪先、王龟年、周子恭，皆能传其学。四库集部存目有《谷平集》五卷，乃念庵所编，而云集中多讲学之文。夫以其多讲学而即屏之存目，当时馆臣可谓有眼乎？

十一日 发鼎女、一之各一快信。托允明由农行汇万元与鼎女。

湛翁因余《赴安谷道中作》首句云"瘦鹤身躯称两竿",谓颇得滑竿之神,因作《滑竿》一律相示。午后又送《答客语》一律来。晚至湛翁处谈。

十二日　李先春忽不告而去。早至湛翁处,则《答客语》一诗改易多字,因恳其别写。阅《四川省立图书馆图书集刊》,第六期中有华忱之校录《蒋山镛残稿》并附《熹庙谅阴记事》,乃刘叔雅抄自日本大阪府立图书馆者。《谅阴记事》载工科给事中孙国桢一疏,言:"先帝宾天,不幸有此宫闱之变。人臣事主,不过存此忠荩之心,愿皇上慎勿归臣下以功。此之功,臣子不敢居之功也。尤愿皇上复勿疑外廷以党。此党之名,国家不可有之名也。居不可居之功,所系犹小;建不可有之名,恐初缘于一事,后遂曲借之以张罗;明兆于一言,或即阴操之以为阱。爱憎之变,翻覆因之,而祸且中于国矣。"其后三案之争,以讫明社之屋始止,国桢之疏如见之矣。又有《肤浅小书》一条,谓:"韩非所言三墨,以《庄子》称邓陵为南方之墨推之,则《吕览》所谓东方之墨、秦之墨,合之庄子所言,则三墨也。即谈辩说、书从事为三派。惟于相里、伯夫二家未定孰为东墨,孰为秦墨。今以庄、韩二书究之,庄视韩有相里无伯夫,庄不应遗东墨不论,则相里为东墨,西伯夫为秦墨也。盖伯夫为从事一派,不重理论,不在诵《墨经》而倍谲不同之列,故庄书遗之,而韩则备详此别,故著之。或秦墨之起稍后,非庄子所知,韩非较晚,乃言近之耳。"所见似可存,故并录之。

十三日　晨湛翁送代改诗稿及《答客语》改稿来,为《安谷捡书》诗改约十馀字,可感,而语极逊,尤可佩也。与星贤同进城,在厚侄家午饭。饭后星贤复来,遂与同回。本日天晴而暖,遂烧水洗浴。傍晚与湛翁共订续提抄写书四种:一、《泾野子内篇》,子部儒家。二、《洹词》,三、《小辨斋偶存》,四、《虚斋集》。并集部别集。阅《明史》卷二百六张逵传。字懋登,馀姚人,官刑科给事中。嘉靖四年十一月上疏曰:"近廷臣所上封事,陛下批答必曰'已有旨处置',是已行者不可言也。曰'尚议处未定',是未行者不可言也。二者不言,则是终无可言也。且今日言官,已非陛下初政时比矣。初年,事之大者,既会疏公言之,又各疏独言之。一不得行,则相聚环视,以不得其言为愧。近者不然,会疏则删削忌讳以避祸,独疏则毛举纤微以塞责。一不蒙谴,则交相庆贺,以苟免为幸。消谠直之气,长循默之风,甚非朝廷福也。"卷二百七杨思忠传,言世宗晚年,进言者多得重谴。观逮疏,岂必晚年哉。世宗悻悻,拒谏自是,盖自登极初年便如是矣。又萧鸣凤传。字子斷,浙江山阴人。督南畿学政,诸生以比前御史陈选。曰:"陈,泰山;萧,北斗。"此亦一故实也,并记之。王羽翔有一律见赠。得溆浦罗冠金信,寄来千元,托买院中所刻书。

十四日 发一信覆伍寿卿,一信与尹石公。是日重九,湛翁有七律一首,由王羽翔抄稿送来。余亦得一绝,曰:"夏时周正犹殊俗,临水登高况异乡。未用茱萸与黄菊,都忘今日是重阳。"送湛翁阅后,湛翁亦和一绝,并送敬仲四日来信并覆信与阅,知前与蒋书已到重庆矣。得希圣一信,苏宇一信,徐百炼一信。阅《明史卷》二百八余珊传。字德辉,桐城人,官四川副使。于嘉靖四年二月应诏陈十渐,略谓:纪纲之颓,其渐一。风俗之坏,其渐二。国势之衰,其渐三。外裔之强,其渐四。邦本之摇,其渐五。人才之凋,其渐六。言路之塞,其渐七。邪正之淆,其渐八。君臣之睽,其渐九。灾异之臻,其渐十。先是,有御史汪珊字德声,贵池人。于嘉靖元年七月亦有疏陈十渐,故史附汪于余传也。

十五日 发一信与张望杏,言京事,属与法官中相识者从容为地。萧一之、李一平各来一信,一平有来乐山意。午后厚侄偕卓然来访。卓在液体燃料委员会,因收购汽油由成都来也。阅《明史》卷二百十赵锦传。字元朴,徐姚人。官南京御史。清军云南,嘉靖三十二年元旦,日食,以为权奸乱政之应,疏劾严嵩,云:"太祖高皇帝罢丞相,散其权于诸司,为后世虑至深远。今之内阁无宰相之名而有其实,非高皇帝本意。顷夏言以贪暴之资恣睢其间,今大学士嵩又以佞奸之雄继之(中略)。言诛,而嵩得播恶者,言刚暴而疏浅,恶易见,嵩柔佞而机深,恶难知也。嵩窥伺逢迎之巧,似乎忠勤,谄谀侧媚之态,似乎恭顺。引植私人,布列要地,伺诸臣之动静而先发以制之,故败露者少。厚赂左右亲信之人,凡陛下动静意向,无不先得,故称旨者多。或伺圣意所注,因而行之,以成其私;或乘事机所会,从而鼓之,以肆其毒。使陛下思之,则其端本发于朝廷;使天下指之,则其事不由于政府。幸而洞察于圣心,则诸司代嵩受其罚;不幸而遂传于后世,则陛下代嵩受其愆。"此疏真可谓能言小人之情伪者矣。

十六日 发一快信与一之,嘱寄一万元与一湖。昨书院送修金,交允明二万五百元,托由农行寄江津倪沧舲甥女,亦于本日汇出。与湛翁、菜之一家、星贤同进城,在新滋美午饭,湛翁作东。便到兴发街一看,三时回山。阅《明史》卷二百十二戚继光传。隆庆二年五月,以都督同知总理蓟州、昌平、保定三镇练兵事,上疏言:"蓟门之兵,虽多亦少。其原有七营军,不习戎事而好末技。壮者役将门,老弱仅充伍,一也。边塞逶迤,绝鲜邮置,使客络绎,日事将迎,参游为驿使,营垒皆传舍,二也。寇至,则调遣无法,远道赴期,卒毙马僵,三也。守塞之卒,约束不明,行伍不整,四也。临阵,马军不用马,而反用步,五也。家丁盛而军心离,六也。乘障卒不择冲缓,备多力分,七也。七害不除,边备曷修?而又有士卒不练之失六,虽练无益之弊四。何为不练?夫边所藉惟兵,兵所藉惟将。今恩威号令不足服其心,分数形名不足齐其力,缓急难使,一也。有火器不能用,二也。弃土著不练,三也。诸镇入卫之兵,嫌非统属,漫无纪律,四也。班军民兵数盈四万,人各一心,五也。练兵之要,在先练将。今注意武科,多方保举,似矣。但此选将之事,非练兵之道,六也。何谓虽练无益?今一营之卒,为炮手者常十也。不知兵法,五兵迭用,当长以卫短,短以救长,一也。三军之士,各专其艺,金鼓旗帜,何所不蓄?今皆置不用,二也。弓矢之力,不强于寇,而欲藉以制胜,三也。教练之法,自有正门。美观则不实用,实用则不美观,而今悉无其实,四也。臣又闻兵形象水,水因地而制流,兵因地而制胜。蓟之地有三,平原广陌,内地百里以南之形也;半险半易,近边之形也;山谷仄隘,林薄翁翳,边外之形也。寇入平原,利车战。在近边,利马战。在边外,利步战。三者迭用,乃可制胜。今边兵惟习马耳,未娴山战、林战、谷战之道也。"此疏于兵要可谓详哉言之矣。而"美观则不实用,实用则不美观"二语,尤为扼要之谈。然又不独兵事,凡政皆然也。

十七日　早湛翁送《舟中近事》一绝来,答之曰:"风来蓬底乱秋蝇,懊恼扁舟傍市行。不若归来岩下坐,高楠乱竹对新晴。"发一快信与沧舲,答以汇款事。发一航快信与苏宇,言皮袍可卖,书不必寄。阅《明史》卷二百十四葛守礼传。字与立,德平人。隆庆元年,起户部尚书,奏言:"畿辅、山东流移日众,以有司变法乱常,起科太重,征派不均。且河南北,山东西土地硗瘠,正供尚不能给,复重之徭役。工匠及富商大贾,皆以无田免役,而农夫独受其困,此所谓舛也。乞正田赋之规,罢科差之法。又国初征粮,户部定仓库名目及石数价值,通行所司,分派小民,随仓上纳,完欠之数了然可稽。近乃定为一条鞭法,计亩征粮,不论仓口,不问石数。吏书夤缘为奸,增减洒派,弊端百出。至于收解,乃又变为一串铃法,谓之夥收分解。收者不解,解者不收,收者获积馀之赀,解者任赔补之累。夫钱谷必分数明而后稽核审,今混而为一,是为那移者地也。"此可为今之主粮政者鉴也。晚饭前在湛翁处谈人、法二空,义甚彻。

十八日　寄一信与和侔,一信与徐百炼。张立民来谈,片刻去。阅《明史》二百十五骆问礼传。诸暨人。官南京刑科给事中,穆宗初纳言官请,将令诸政务悉面奏于便殿,问礼遂条上面奏事宜。一言:"陛下躬揽万几,宜酌用群言,不执己见,使可否予夺皆合天道,则有独断之美,无自用之失。"二言:"陛下宜日居便殿,使侍从官常在左右,非向晦不入宫闱,则涵养薰陶,自多裨益。"三言:"内阁政事根本,宜参用诸司,无拘翰林,则讲明义理,通达政事,皆得其人。"四言:"诏旨必由六科,诸司始得奉行,脱有未当,许封还执奏。如六科不封驳,诸司失检察者,许御史纠弹。"五言:"顷诏书两下,皆许诸人直言。然所采纳者,除言官与一二大臣外,尽付所司而已。宜益广言路,凡臣民章奏,不惟其人惟其言,令匹夫皆得自效。"六言:"陛下临朝决事,凡给事左右,如传旨、接章奏之类,宜用文武侍从,毋使中官参与,则窥窃之渐,无自而生。"七言:"士习倾危,稍或异同,辄加排陷。自今凡议国事,惟论是非,不徇好恶。众人言未必得,一人言未必非,则公论日明,士气可振。"八言:"政令之出,宜在必行。今所司题覆,已报可者未见修举,因循玩愒,习为故常。陛下当明作于上,勅诸臣奋励于下,以挽颓惰之风。"九言:"面奏之仪,宜略去繁文,务求实用,俾诸臣入而敷奏,退而治事,无或两妨,斯上下之交可久。"十言:"修撰、编检诸臣,宜令更番入直,密迩乘舆,一切言动,执简侍书。其耳目所不及者,诸司或以月报,或以季报,令得随事纂缉,以垂劝戒。"又汪文辉传 字德充,婺源人。隆庆四年,改御史。高拱以内阁掌吏部,权势烜赫。其门生韩楫、宋之韩、程文、涂梦桂并居言路,日夜走其门,专务搏击。文辉亦拱门生,心独非之。明年二月,疏陈四事,专责言官。其略曰:"先帝末年所任大臣,本协恭济务,无少龃龉。始于一二言官,见庙堂议论稍殊,遂潜察低昂、窥所向而攻其所忌。致颠倒是非,荧惑圣听,伤国家大体。苟踵承前弊,交煽并构,使正人不安其位,恐宋元祐之祸复见于今,是为倾陷。祖宗立法,至精密矣。而卒有不行者,非法敝也,不得其人耳。今言官条奏,率锐意更张。部臣重违言官,轻变祖制,迁就一时,苟且允覆。及法立弊起,又议复旧。政非通变之宜,民无画一之守,是为纷更。古大臣坐事退者,必为微其词,所以养廉耻,存国体。今或掇其已往,揣彼未形,逐景循声,争相诟病,若市井喧哄然。至方面重臣,苟非甚奸慝,亦宜弃短录长,为人才惜。今或搜抉小疵,指为大蠹,极言丑诋,使决引去。以此求人,国家安得全才而用之? 是为苛刻。言官能规切人主,纠弹大臣,至言路之短,谁为指之者? 今言事论人或不当,部臣不为奏覆,即愤然不平,虽同列明知其然,亦莫与辨,以为体貌当如是。夫臣子且不肯一言受过,何以责难君父哉? 是为求胜。此四弊者,今日所当深戒。然其要在大臣取鉴前失,勿用希指生事之人。希指生事之人进,则忠直贞谅之士远,而颂成功、誉盛德者日至于前。大臣任己专断,即有厥失,孰从闻之? 盖宰相之职,不当以救时自足,当以格心为本。愿陛下明饬中外,消朋比之私,还淳厚之俗,天下幸甚。"有明一代盛衰兴废之迹,即此二疏可大略见之矣。履周来书,言即日渡台,寄书可由空递台北行政长官公署转。又正侄与锦文侄女亦各覆来一信。前假湛翁书稿及图书季刊等,并送还。

十九日 阅《明史》卷二百十六冯琦传。字用韫,临朐人,谥文敏。由礼部右侍郎改吏部。万历二十七年九月,太白、太阴同见于午;又狄道山崩,平地涌大小山五。琦草疏,偕尚书李戴上言:"比来天下赋额,视二十年以前,十增其四,而民户殷足者,则十减其五。东征西讨,萧然苦兵。自矿税使出,而民间之苦更甚。加以水旱蝗灾,流离载道。畿辅近地,盗贼公行。此非细故也。诸中使衔命而出,所随奸徒,动以千百。陛下欲通商,而彼专困商;陛下欲爱民,而彼专害民。盖近日神奸有二:其一工伺上意,具有成奏,假武弁上之;其一务剥小民,画有成谋,假中官行之。运机如鬼蜮,取财尽锱铢。远近同嗟,贫富交困。贫者家无储蓄,惟恃经营。但夺其数钱之利,已绝其一日之生。至于富民,更蒙毒害。或陷以漏税窃矿,或诬之贩盐盗木。布成诡计,声势赫然。及其得财,寂然无事。小民累足屏息,无地得容。利归群奸,怨萃朝宁。夫以刺骨之穷,抱伤心之痛,一呼则易动,一动则难安。今日犹承平,民以汹汹,脱有风尘之警,天下谁可保信者? 夫哮拜诛,关白死,此皆募民丁以为兵,用民财以为饷。若一方穷民倡乱而四面应之,于何征兵,于何取饷哉?"观此疏,知流寇之祸已种于是时矣。又王图传。

字则之,耀州人,谥文肃。吏部右侍郎,掌翰林院。兄国方巡抚保定,廷臣附东林及李三才者,往往推毂图兄弟。会孙丕扬起掌吏部,孙玮以尚书督仓场,皆陕西人。诸不悦图者,目为秦党。而是时郭正域、刘曰宁并有相望。正域逐去,曰宁卒,时论益归图。叶向高独相久,图且夕且入阁,忌者益众。适将京察,恶东林及李三才、王元翰者,设词惑丕扬,令发单咨是非,将阴为钩党计。图急言于丕扬,止之,群小大恨。初,图典庚戌会试,分校官汤宾尹欲私韩敬,与知贡举吴道南相诟谇。比出闱,道南欲劾宾尹,以图沮而止。王绍徽者,图同郡人,宾尹门生也,极誉宾尹于图,而言道南党欲倾宾尹并及图,宜善为计。图正色却之,绍徽怫然去。时宾尹已为祭酒。其先历翰林京察,当图注考,思先发倾之。乃与绍徽计,令御史金明时劾图子宝坻知县淑抆赃私巨万,且谓国素疾李三才,图为求解,国怒詈之,图遂欲以拾遗去国。图兄弟抗章力辨,忌者复伪为淑抆劾国疏,播之邸抄。图上疏言状,帝乃下诏购捕,乃已。及考察,卒注宾尹不谨,褫其官,明时亦被黜,由是其党大噪。秦聚奎、朱一桂、郑继芳、徐兆魁、高节、王万祚、曾陈易辈,连章力攻图。图亦连章求去,出郊待命。温诏屡慰留,坚卧不起,九阅月始予告归。国亦乞休去,未几卒。四十五年京察,当事者多宾尹、绍徽党,以拾遗落图职。天启三年,召起故官。进礼部尚书,协理詹事府。明年,魏忠贤党刘弘先劾图,遂削藉。此传于党争始末叙之甚详,而小人奸诡情状亦毕著无遗矣。培儿、鼎女、顾哲民各来一信。二兄又有一航快信,所言与前信略同,乃十月九日发也。牛乳自本月起。

二十日 阅《明史》卷二百十八方从哲传,有云:"向高秉政时,党论鼎沸,言路交通铨部,指清流为东林,逐之殆尽。及从哲秉政,言路已无正人,党论渐息。丁巳京察,尽斥东林,且及林居者。齐、楚、浙三党鼎立,务搏击清流。齐人亓诗教,从哲门生,势尤张。从哲昵群小,而帝怠荒亦益甚。畿辅、山东、山西、河南、江西及大江南北相继告灾,疏皆不发。旧制,给事中五十馀员,御史百馀员。至是六科止四人,而五科印无所属；十三道止五人，一人领数职。在外巡按率不得代。六部堂上官仅四五人，都御史数年空署，督抚监司亦屡缺不补。文武大选、急选官及四方教职，积数千人，以吏、兵二科缺掌印不画凭，久滞都下，时攀执政舆哀诉。诏狱因以理刑无人不决遣，家属聚号长安门。职业尽弛，上下解体。"论者谓，明之亡，神宗实基之，而从哲其罪首，岂不信哉！卷二百二十李世达传。字子成，泾阳人，谥敏肃。为刑部尚书，浙江饥，或请令罪人出粟除罪。世达言："法不可废，宁赦毋赎。赦则恩出于上，法犹存。赎则力出于下，人滋玩。"亦持法之名言也。卷二百二十一张孟男传。字元嗣，中牟人。拜南京工部尚书，就改户部。时留都储峙耗竭，孟男受事，粟仅支二年，不再岁，遂有七年之蓄。水衡修仓，发公羡二千金助之。或谓奈何耘人田，孟男曰："公家事，乃画区畔耶？"公家事语，真可为私小者发聋振聩。昨夜风雷旋霁，晨有云海。湛翁有诗令敬涵送阅，言云海倏忽即灭，故未能与共观。余居室去江远，亦不知有此。昔登黄山，今年登峨嵋，皆未见云海，故当自求之胸中耳。周星北有覆信，言即将赴台，并告义侄住上海常德路 853C 号恒新公司。本日张知白返其家，唐长孺、梁园东及程家植来访。

  二十一日 读蔡复斋《春秋五论》。其一曰："《春秋》者，扶天理、遏人欲之书也。人心之动，始于恻隐而终于是非。恻隐发于吾心，而是非公乎天下。世之盛也，天理素明，人心素正，则天下之人以是非为荣辱。世之衰也，天理不明，人心不正，则天下之人以荣辱为是非。"其三曰："《春秋》之义，大旨有五：一曰明分义。二曰正名实。三曰著几微。其四曰读《春秋》者，先明大义，次观世变。明大义以究通理之精微，观世变以稽时事之得失。其五曰左氏熟于事，公、榖深于理。左氏虽曰备事，而间有不得其事之实。公、榖虽曰言理，而间有害于理之正。"复斋得其父西山《春秋》之传，五论虽略，然《春秋》经旨备著矣。《通志堂经解》收此书，以为吕圭叔著，盖据吕氏门人何梦申所作《春秋或问跋》。言诸士有以《春秋》请问者，先生出《五论》示之，咸骇，未闻，因并未全稿云云。然复斋作《春秋五论》，见于徐梦发所为墓志，而真西山有跋。复之《春秋大义》一文，考其所说，实即指此五论。其曰大义，或当时别有是名耳。圭叔必不冒蔡书以为己有，特何梦申未加深考而纳兰容若亦即本之以作序，固已舛失。《四库提要》又未能加以辨明，遂使蔡氏之学湮没不彰，可慨也。幸犹有蔡氏九儒书在，吾犹得以据而订之。然吕氏所传与蔡氏家刻，其文间有详略异同，是则无所质正，亦择其善者而从之耳。得三哥一信，宗伯宣、徐作人一信，皆空递者。又钱子厚一信。阅《明史》卷二百二十二赞，以谭纶、王崇古之功归之张叔大，固然。然张学颜传字子愚，肥乡人。称，隆庆五年二月，辽抚李秋免，大学士高拱，欲用学颜。或疑之，拱曰："张生卓荦倜傥，人未之识也，置诸盘错，利器当见。"侍郎魏学曾后至，拱迎，问曰："辽抚谁可者？"学曾思良久，曰："张学颜可。"拱喜曰："得之矣。"遂以其名上。殷正茂传：字养实，歙人。"初征古田，大学士高拱曰：'吾捐百万金予正茂，纵干没者半，然事可立办。'时以拱为善用人。"则拱亦自未可没耳。

二十二日　寄一信与作人、伯宣。得《山斋》一绝，曰："夜雨霏微欲作霜，高林风华晓飞黄。山斋未觉秋萧索，一树芙蓉开墙过。"看吕大圭《春秋或问》一、二、三卷。阅《明史》卷二百二十四严清传。字公直，云南后卫人，谥恭肃。初拜尚书，不能具服色，束素犀带以朝。或嘲之曰："公释褐时，七品玳瑁带犹在耶？"清笑而已。宋纁传。字伯敬，商邱人，谥庄敬。中外陈奏，帝多不省。或直言指斥，辄曰"此沽名耳"，不罪。于慎行称帝宽大，纁愀然曰："言官极论得失，要使人主动心；纵罪及言官，上意犹有所儆省。概置勿问，则如痿痹不可疗矣。"后果如其言。陈有年字登之，馀姚人，谥恭介。予告乘传归，归装，书一箧、衣一笥而已。杨时乔字宜迁，上饶人，谥端洁。卒，箧仅一敝裘，同列赙襚以殓。一清操，一远识，不可已。又孙丕扬传载当时党争事甚详，爱录之以备查："先是，南北言官群击李三才、王元翰，连及里居顾宪成，谓之东林党。

而祭酒汤宾尹、谕德顾天埈各收召朋徒，干预时政，谓之宣党、崑党，以宾尹宣城人，天埈崑山人也。御史徐兆魁、乔应甲、刘国缙、郑继芳、刘光复、房壮丽，给事中王绍徽、朱一桂、姚宗文、徐绍吉、周永春辈，则力排东林，与宾尹、天埈声势相倚，大臣多畏避之。至是，继芳巡按浙江，有伪为其书抵绍徽、国缙者。中云：'欲去福清，先去富平；欲去富平，先去耀州兄弟。'又言：'秦脉斩断，吾辈可以得志。'福清谓叶向高，耀州谓王国、王图，富平即丕扬也。国时巡抚保定，图以吏部侍郎掌翰林院，与丕扬皆秦人，故曰'秦脉'。盖小人设为挑激语，以害继芳辈，而其书乃达之丕扬所。丕扬不为意。会御史金明时居官不职，虑京察见斥，先上疏力攻图，并诋御史史记事、徐缙芳，谓为图心腹。及图、缙芳疏辩，明时再劾之，因及继芳伪书事。国缙疑书出缙芳及李邦华、李炳恭、徐良彦、周起元手，因目为'五鬼'。五人皆选授御史，候命未下者也。当是时，诸人日事攻击，议论纷呶，帝一无所问，则益植党求胜，朝端哄然。及明年万历三十九年三月，大计京官。丕扬与侍郎萧云举、副都御史许弘纲领其事，考功郎中王宗贤、吏科都给事中曹于汴、河南道御史汤兆京、协理御史乔允升佐之。故御史康丕扬、徐大化，故给事中钟兆斗、陈治则、宋一韩、姚文蔚，主事郑振先、张嘉言及宾尹、天埈、国缙咸被察，又以年例出绍徽、应甲于外。群情翕服，而诸不得志者深衔之。当计典之初举也，兆京谓明时将出疏要挟，以激丕扬。丕扬果怒，先期止明时过部考察，特疏劾之。旨下议罪，而明时辩疏复犯御讳。帝怒，褫其职。其党大哗，谓明时未尝要挟兆京，只以劾图一疏实之，为图报复。于是刑部主事秦聚奎力攻丕扬，为宾尹、大化、国缙、绍徽、应甲、嘉言辨。时部院察疏犹未下，丕扬奏趣之，因发聚奎前知绩溪、吴江时贪虐状。帝方向丕扬，亦褫聚奎职。由是党人益愤，谓丕扬果以伪书故斥绍徽、国缙，且二人与应甲尝攻三才、元翰，故代为修隙，议论汹汹。弘纲闻而畏之，累请发察疏，亦若以丕扬为过当者。党人藉其言，益思撼丕扬。礼部主事丁元荐甫入朝，虑察疏终寝，抗章责弘纲,因尽发崑、宣党构谋状。于是一桂、继芳、永春、兆魁、宗文争击元荐,为明时等讼冤。赖向高调获,至五月察疏乃下。给事中彭惟成、南京给事中高节,御史王万祚、曾成易犹攻讦不已。"党之为祸,亦可戒已。湛翁有诗和予《山斋》之作,午后并来谈编目之事,谓须仿《四库简明目录》例,每书下加以案语,使购读者有所抉择,并以示之途经云。付豆浆钱六百元,扣至廿一日止。

廿三日 覆一信与三哥并函厚侄,令即寄书往京。阅《明史》卷二百二十五王国光传。字汝观,阳城人。官南京户部尚书。万历元年,奏言:"国初,天下州县存留夏税秋粮可一千二百万石。其时议主宽大,岁用外,计赢银百万有馀。使有司岁征无缺,则州县积贮自丰,水旱盗贼不能为灾患。今一遭兵荒,辄留京储,发内帑。由有司视存留甚缓,苟事催科,则谓扰民,弊遂至此。请行天下抚按官,督所司具报出入、存留、逋负之数,臣部得通融会计,以其馀济边。催征不力者,悉以新令从事。"此计臣知综核者也。赵焕传。字文光,掖县人。万历四十年二月,孙丕扬去,改署吏部。时神宗怠于政事,曹署多空。内阁惟叶向高,杜门者已三月。六卿止一焕在,又兼署吏部,吏部无复堂上官。兵部尚书李化龙卒,召王象乾未至,亦不除侍郎。户、礼、工三部,各止一侍郎而已。都察院自温纯罢去,八年无正官。故事,给事中五十人,御史一百十人,至是皆不过十人。焕累疏乞除补,帝皆不报。其年八月,遂用焕为吏部尚书,诸部亦除侍郎四人。既而考选命下,补给事中十七人,御史五十人,言路称盛。然是时朋党已成,中朝议论角立。焕素有清望,骤起田间,于朝臣本无所左右,顾雅不善东林。诸攻东林者乘间入之,所举措往往不协清议,先后为御史李若星、给事中孙振基所劾,帝皆优诏慰留。已,兵部主事卜履吉为署部事都御史孙玮所论,焕以履吉罪轻,拟夺俸三月。给事中赵兴邦劾焕徇私,焕疏辨,再乞罢。向高言:"今国事艰难,人才日寡。在野者既赐环无期,在朝者复晨星无几,乃大小臣工,日寻水火,甚非国家福也。臣愿自今已后,共捐成心，忧国事，议论听之言官，主张听之当事，使大臣得展布而毋苦言官之掣肘，言官得发舒而毋患当事之摧残，天下事尚可为也。"因请谕焕起视事，焕乃出。若向高之言，可谓识相体矣。又郑继之传。字伯孝，襄阳人。东征师罢，吏部尚书李戴议留戍兵万五千，令朝鲜供亿。继之曰："既留兵，自当转饷，奈何疲弊属国。"议者韪之。继之时官大理乡，是又以见中国之于藩属，与今之所谓殖民国家者，真天壤之别矣。一之来一快信，苏宇寄还聂敬春所寄一万元到。

廿四日 写一信与王子慧。阅《明史》二百二十六邱橓传。字茂实，诸城人，谥简肃。万历十一年擢左副都御史，以一柴军车就道。既入朝，陈吏治积弊八事：一考绩之弊，二请托之弊，三访察之弊，四举劾之弊，五提问之弊，六资格之弊，七处佐贰教职之弊，八馈遗之弊。其言举劾之弊曰："贪墨成风，生民涂炭，而所劾罢者大都单寒软弱之流。苟百足之虫，傅翼之虎，即赃秽狼藉，还登荐剡。严小吏而宽大吏，详去任而略见任。"言提问之弊曰："惩贪之法在提问。乃豺狼见遗，狐狸是问，徒有其名。或阴纵之使去，或累逮而不行，或批驳以相延，或朦胧以幸免。即或终竟其事，亦必博长厚之名，而以尽法自嫌。苞苴或累万金，而赃只坐之铢黍。草菅或数十命，而罚不伤其毫厘。"言馈遗之弊曰："巡按，举劾其职也。乃劾者不任其怨，举者独冒为恩。尊之为举主，而以门生自居，筐篚问遗，终身不废。假明扬之典，开贿赂之门，无惑乎清白之吏不概见于天下也。方今国与民俱贫，而官独富。既以官而得富，还以富而市官。"此其所言，不啻为今时写照，乃知古今真一丘之貉也。吴林伯回，住一日而去。

廿五日 阅《明史》卷二百二十七萧彦传。字思学，泾县人，从同县查铎子警学。铎讲王畿、钱德洪之学。彦以兵部右侍郎总制两广军务。日本蹿朝鲜。会暹罗入贡，其使请勤王，尚书石星因令发兵捣日本。彦言暹罗处极西，去日本万里，安能飞越大海，请罢其议。星执不从。既而暹罗兵卒不出。当时如石星者，全盲于外事，直为暹罗笑耳。又谢杰传。

杰字汉甫,长乐人。以副都御史巡抚南、赣,属吏被荐者以贿谢。杰曰:"贿而后荐,干戈之盗。荐而后贿,衣冠之盗。"人以为名言。因思,今上不为干戈之盗,下不为衣冠之盗者,盖亦鲜矣。而求如杰之为人,几何哉?取孙觉《春秋经解》、吕本中《春秋集解》、叶梦得《春秋传》、胡安国《春秋传》、陈傅良《春秋后传》、黄仲炎《春秋通说》,与《春秋或问》合看。吕氏《集解》于隐二年夏五月"莒人入向"下引伊川之说谓:"春秋之时,诸侯擅相侵伐,兴兵以侵伐人,其罪著矣。《春秋》直书其事,而责常在被侵伐者,盖彼加兵与己,则当引咎或自辨,谕之以礼义。不得免焉,则固其封疆,告于天子方伯。若忿而与之战,则以与战者为主,处己绝乱之道也。"窃谓固其封疆言则是矣,若曰《春秋》书侵伐责常在被侵伐者,则以纪侯之贤,而齐灭之。书曰:"纪侯大去其国。"责岂在纪哉?大抵北宋之人,鉴于辽夏之强,畏言兵事,故其论如此。夫大敌当前,岂辨说之所可解,礼义之所能喻。后人每斥宋儒之懦,若此者,诚有以来人之讥评,吾亦不能为伊川讳且辨也。午后与星贤同由后山至大佛寺,一登东坡楼。

廿六日 看《春秋》隐四年、五年。午后湛翁偕寂云法师来谈。法师台人,谢氏子,曾习法律于日本,后出家,结茅终南山者五年。寇扰秦,乃入川,住德阳太平寺。新由德庆来,假住乌尤寺。其人殆六十馀,与谈本分修行事,谓当自止观入。又言,每一念起,无间善恶无记,皆当受报,无记受报于梦可见之。但有戒定而无慧,不能出离生死。语皆入微。旧住杭州城隍山准提阁。一同伴曰真定,则住般若精舍。本欲回杭,闻道路尚阻,故暂憩于此耳。晚阅《明史》卷二百二十九赵用贤字汝师,常熟人传。居正死之明年,用贤复故官,检讨。进右赞善。江东之、李植辈争向之,物望皆属焉。而用贤性刚,负气傲物,数訾议大臣得失,申时行、许国等忌之。会植、东之攻时行,国遂力诋植、东之,而阴斥用贤、中行,谓:"昔之专恣在权贵,今乃在下僚。昔颠倒是非在小人,今乃在君子。意气感激,偶成一二事,遂自负不世之节,号召浮薄喜事之人,党同伐异,罔上行私,其风不可长。"于是用贤抗辨求去,极言朋党之说,小人以之去君子、空人国,词甚激愤。帝不听其去。党论之兴,自此始。国之诋斥用贤、中行,虽有惭于休休之度,若其所言,则未为尽非也。盖凡党祸,自小人成之,未始不由君子兆之。意气所激,是非有时而昧,即不昧亦不能无偏,于是小人乃得以抵其隙而攻其瑕,君子固不能不尸其责也已。呜呼,兹可以为戒矣。

廿七日 梁园东、唐长孺有信来,邀三十一日午饭。看《春秋》隐六年至八年。《明史》钱一本传附其子春^{字若木}传。叶向高致政去,方从哲为首辅。春抗疏言,今天下人材则朝虚野实,货财则野虚朝实云云。夫人材在野固非国家之福,然野之实,朝之虚有时而可望不虚也。若今日朝野俱虚,真不知何以为国矣。又薛敷教传。敷教上言,左都御史吴时来壅遏言路。许国以敷教其门生而疏语侵己,尤愤,自请罢斥。因言:"迩来建言成风,可要名,可躐秩,又可掩过,故人竞趋之为捷径。此风既成,莫可救止。方今京师讹言东南赤旱,臣未为忧,而独忧此区区者,彼止一时之灾,此则世道之虑也。"国言悖悖,自是出于私意。而当时言路哗沓,逞气要名,即亦未尝不中其隐。《春秋》之义,要不得不交讥之也。午饭后与湛翁同访寂云法师于念佛堂,此为乌尤寺最高处也。

廿八日 看《春秋》隐九年至十一年。阅《明史》卷二百卅二余懋衡传。^{字持国,婺源人。}张讷丑诋讲学诸臣,以懋衡、冯从吾及孙慎行为首,遂削夺。此与二百三十一卷顾宪成传徐兆魁腾疏攻宪成,恣意诬诋,盖出一辙。小人伎俩,诋诬二字尽之矣。赞曰:"朋党之成也,始于矜名,而成于恶异。名盛则附之者众,附者众则不必皆贤而胥引之,乐其与己同也。名高则毁之者亦众,毁者不必不贤而怒而斥之,恶其与己异也。同异之见歧于中,而附者毁者争胜而不已,则党日重而为祸炽矣。魏允贞、王国、余懋衡皆以卓荦闳伟之概,为众望所归。李三才英迈豪隽,倾动士大夫,皆负重名。当世党论之盛,数人者实为之魁,则好同恶异之心胜也。《易》曰：'涣其群，元吉。'知此者，其惟圣人乎。"此论未尝不高，然于君子小人之辨则惜其忽而未论也。吾观允贞、三才以至宪成诸人之攻执政，激则有之，诬诋未之有也。以此辨君子小人，可矣。本日牛乳未送。敬春寄照片来。

廿九日 写一信与梁园东、唐长孺，谢其召并辞以雨。看《春秋》桓元年、二年。阅《明史》卷二百三十三谢廷赞传，附其兄廷谅，字友可。授南京刑部主事。帝命李廷机入阁，又召王锡爵。廷谅言："廷机才弱而暗，锡爵气高而扬，均不宜用。"又曰："储君之立为王也，自锡爵始；举人之有考察也，自廷机始；巡按之久任也，自赵世卿始；章疏之留中也，自申时行时始；年例之不举，考察之不下也，自沈一贯始。此皆乱人国者也。"其论可谓至切。又何选传。御史许闻造上言："陛下顷岁以来，谓公忠为比周，谓论谏为激扰；诎诠衡之所贤，挠刑官之执。光禄太仆之帑，括取几空；中外大小之官，县缺不补。敲扑遍于宫闱，桁杨接于道路。论救忠良，则愈甚其罪；谏止贡献，则愈增其额。奏牍沉阁而莫稽，奄寺纵横而无忌。今欲摘陈一事，则虑陛下益甚其事；欲摘救一人，则虑陛下益罪其人。陛下执此以拒建言之臣，诸臣因此而塞进言之路。迩年以来，诸臣謇谔之风，视昔大沮矣。"观此，知神宗拒谏之巧，未尝不自以为得。然而于宗社乃何如哉。此所谓人皆曰予知，驱而纳诸罟擭陷阱之中者也。卷二百三十四李懋桧。字克苍，安溪人。为刑部员外郎。万历十四年，懋桧及部郎刘复初等争言皇贵妃及恭妃册封事。上怒，阁臣请帝诏诸曹建言止及所司职掌，且不得专达。明年，给事中邵庶因论诚意伯刘世延，刺及建言诸臣。懋桧上言："庶因世延条奏，波及言者，欲概绝之。防人之口，甚于防川，庶岂不闻斯语哉？夫在廷之臣，其为言官者十仅二三。言官不必皆智，不为言官者不必皆愚。无论往事，即如迩岁冯保、张居正交通乱政，其连章保留，颂功诩德，若陈三谟、曾是楚者，并出台垣，而请剑引裾杖谪以去者，非庶僚则新进书生也。果若庶言，天下幸无事则可，脱有不虞之变，陛下何从而知？庶复以堂上官禁止司属为得计，伏睹《大明律》，百工技艺之人，若有可言之事，直至御前奏闻，但有阻遏者斩。《大明会典》及皇祖《卧碑》亦屡言之。百工技艺之人，有言尚不敢阻，况诸司百执事乎？庶言一出，志士解体，善言日壅，主上不得闻其过，群下无所献其忠，祸天下必自庶始。陛下必欲重百官越职之禁，不若严言官失职之罚。当言不言，坐以负君误国之罪。轻则记过，重则褫官。科道当迁，一视其章奏多寡得失为殿最，则言官无不直言，庶官无事可言，出位之禁无庸，太平之效自致矣。"懋桧此疏，视雒于仁、马经纶辈诋讥谯让绞讦无礼，盖天壤矣。而援引律文会典，直可为百世之式者也。苏宇来信，言皮袍、书籍已托黄秀峰交中央银行运钞车带至重庆，交存宁永实处。

卅日 覆一信与苏宇。发一信与杏城并附与宁永实一纸，属将皮袍、书籍代为取回，书籍交一之运沪。看《春秋》桓三、四、五、六、七年。义侄自沪来一信。阅《明史》卷二百三十六李植传。字汝培，江都人。万历二十六年以右佥都御史巡抚辽东，垦土积粟，得田四万亩，岁获粮万石。户部推其法九边。以倭寇退，请因师旋，选主、客锐卒，驱除宿寇，恢复旧辽阳。诏下总督诸臣详议，不果行。植此一策使得行，东事当改观，而惜乎当时诸臣庸懦，未有能主张之者也。王元翰传。字伯举，云南宁州人。官工科右给事中，上疏陈时事，言可痛哭者八。寻因灾异，乞亟罢朱赓、萧大亨、詹沂，且言："近更有二大变。大小臣工志期得官，不顾嗤笑，此一变也。陛下不恤人言，甚至天地谴告亦悍然弗顾，此又一变也。有君心之变，然后臣工之变因之。在今日，挽天地洪水寇贼之变易，挽君心与臣工之变难。"又言："陛下三十年培养之人才，半扫除于申时行、王锡爵，半禁锢于沈一贯、朱赓。"会有御史郑继芳劾元翰盗库金，克商人赀，奸赃数十万，其党刘文炳、王绍徽、刘国缙等继之。元翰乃尽出其箧笥，舁置国门，纵吏士简括，恸哭辞朝而去。元翰锐意搏击，虽失之过，然小人至以赃盗诬之，大臣莫有为之理者，时事抑可知已。沈敬仲有一信自江津寄湛翁，因在湛翁处略谈书院后日应商榷之事。敬仲来尚在二十日后也。

　　三十一日　付吴妈洗衣钱八百元。看《春秋》桓八年、九年。伊川解九年春纪季姜归于京师云："王国之事，不可用无王之月，故书时而已。或曰：借如正月日食，则为何书之？曰：书春日食，则其义尤明也。"夫纪季姜归书时，岂关无王。此自以时书，不必以月也，若夫日食则岂有书时之理。曰春日食，其为一月乎，二月乎，三月乎？是惑乱也。君子于《春秋》，无所苟而已，而谓有此书法乎？此自泥于桓无王去王以诛桓之说，处处遂生滞碍。不图伊川亦有此失也。二哥来一信言元放拨款收到，信十九发也。又徐百炼一信，梁园东、唐长孺各一信。再看《春秋》桓十、十一、十二、十三年。《明史》卷二百卅六丁元荐传有云，元荐官礼部主事，以争京察事，不安其位而去。其后邪党愈炽，正人屏斥殆尽，至有以"六经乱天下"语入乡试策问者。元荐家居不胜愤，复驰疏厥下，极诋乱政之叛高皇、邪说之叛孔子者。此云邪党，皆攻东林者，然则猖狂无忌惮之言，不必出于讲学之徒也，而专以猖狂罪讲学，何为哉！

十一月

　　一日　寄一信与倪亮，盖二哥书中曾夹有俊升表兄一札问俊升踪迹，故令倪亮答之也。阅《明史》卷二百卅七田大益_{字博真，四川定远人。}传。官户科给事中，极陈矿税六害言："内臣务为劫夺，以应上求。矿不必穴，而税不必商，民间丘陇阡陌，皆矿也；官吏农工，皆入税之人也。公私骚然，脂膏殚竭。向所谓军国正供，反致缺损。即令有司威以刀锯，只足驱民而速之乱耳。此所谓敛巧必蹶也。陛下尝以矿税之役为裕国爱民，然内库日进不已，未尝少佐军国之需。四海之人方反唇切齿，而冀以计智甘言掩天下耳目，其可得乎。此所谓名伪必败也。

财积而不用，祟将随之。脱巾不已，至于揭竿，适为奸雄睥睨之资。此时虽家给人予，亦且蹴之覆之而不可及矣。此所谓贿聚必散也。夫众心不可伤也。今天下上自簪缨，下至耕夫贩妇，茹苦含辛、撠擘侧目而无所控诉者，盖已久矣。一旦土崩势成，家为仇，人为敌，众心齐倡，而海内因以大溃。此所谓怨极必乱也。国家全盛二百三十馀年，已属阳九，而东征西讨以求快意。上之荡主心，下之耗国脉，二竖固而良医走，死气索而大命倾。此所谓祸迟必大也。陛下矜奋自贤，沉迷不返，以豪珰奸牟为腹心，以金钱珠宝为命脉，药石之言褢如充耳，即令逢、干剖心，皋夔进谏，亦安能解其惑哉。此所谓意迷难救也。此六者，今之大患。臣畏死不言则负陛下，陛下拒谏不纳则危宗社，愿深察而力反之。"不报。此疏虽切至，而恺恻之意流露于字里行间，以视当时悻悻然以绞直自见者，贤多矣。看《春秋》桓十四、十五、十六年。晚在湛翁处谈。

二日 寄一信与尹石公。阅《明史》二百三十九萧如薰传，末云："自隆庆后，款市既成，烽燧少警，辇下视镇帅为外府。山人杂流，乞朝士尺牍往者，无不餍所欲。蓟镇戚继光有能诗名，尤好延文士，倾赀结纳，取足军府。如薰亦能诗，士趋之若骛，宾座常满。妻杨氏、继妻南氏皆贵家女，至脱簪珥供客犹不给。军中患苦之，如薰莫能却也。一时风会所尚，诸边物力为耗，识者叹焉。"以此知边费之巨，盖非止一端矣。看《春秋》桓十七、十八年、庄元年。傍晚在湛翁处谈石头《参同契》。

三日 寄一信与兴义上海。覆一信与敬春，告以相片收到。看《春秋》庄二、三、四、五、六年。《明史》卷二百四十刘一燝传。字季晦，南昌人，谥文端。一燝尝言："任天下事者惟六官，言路张则六官无实政。善治天下者，俾六官任事，言路得绳其愆，言路陈事，政府得裁其是，则天下治。"于是一切条奏悉下部议，有不经者，诏格之。如一燝者，可谓知为相之道矣。卷二百四十三邹元标传。光宗立，召拜大理卿。未至，进刑部右侍郎。天启元年四月还朝，首进和衷说，言："今日国事，皆二十年诸臣酝酿所成。往者不以进贤让能为事，日锢贤逐能，而言事者又不降心平气，专务分门立户。臣谓今日急务，惟朝臣和衷而已。向之论人论事者，如怀偏见，偏生迷，迷生执，执而为我，不复知有人，祸且移于国。今与诸臣约，论一人当惟公惟平，毋轻摇笔端；论一事当惩前虑后，毋轻试耳食。以天下万世之心，衡天下万世之人与事，则议论公，而国家自享安静和平之福。”初，元标立朝以方严见惮，晚节务为和易。或议其逊初任时，元标笑曰：“大臣与言官异。风裁踔绝，言官事也。大臣非大利害，即当护持国体，可如少年悻动耶?”时朋党方盛，元标思矫其弊，故其所荐引，不专一途。尝欲举用李三才，因言路不与，元标即中止。王德完讥其首鼠，元标亦不较。南京御史王允成等以两人不和，请帝谕解。元标言：“臣与德完初无纤芥，此必有人交构其间。臣尝语朝士曰：‘方今上在冲岁，敌在门庭，只有同心共济。倘复党同伐异，在国则不忠，在家则不孝。世自有无偏无党之路，奈何从室内起戈矛耶?’”如元标者，可谓知大臣之体矣。

四日 覆一信与顾哲民。进城回看唐长孺、梁园东，顺道一看何翘森。在厚侔处午饭。饭后与翘森同看徐哲东、刘弘度。弘度不在，归后遇于途，此足了人事矣。薄暮还山。阅《明史》卷二百四十四左光斗传。授御史，出理屯田，言：“北人不知水利，一年而地荒，二年而民徙，三年而地与民尽矣。今欲使旱不为灾，涝不为害，惟有兴水利一法。”因条上三因十四议，其法犁然具备，诏悉允行，水利大兴。以御史而经理屯务，兴水利以益民者，尚有董应举左事，在万历三十五年后。董事在天启二年，以太仆卿兼河南道御史，经理天津至山海屯务。乃分处辽人万三千馀户于顺天、永平、河间、保定。遂用公帑六千买民田十二万馀亩，合闲田凡十八万亩，广募耕者，畀工廪、田器、牛种，浚渠筑防，教之艺稻。农舍、仓廪、场圃、舟车毕具，费二万六千，而所收黍麦谷五万五千馀石。进右副都御史。天津葛沽故有水陆兵二千，应举奏令屯田，以所入充岁饷，屯利益兴。见卷二百四十二。光斗被逮入狱,坐赃二万。孙奇逢、鹿正以其有德于畿辅,倡议醵金代输。应举后海滨人亦祠祀之,可见为民兴利,民未有不知感者也。

五日 汇三千元与汪静斋,由杏城侄女转并寄杏城一信。盖昨闻厚侄言,静斋夫人逝于重庆,故以是赙之。阅《明史》卷〔二百〕四十五周宗建传。<small>字季侯,吴江人,谥忠毅。</small>上疏攻郭巩有云:"先朝汪直、刘瑾,虽皆枭獍,幸言路清明,臣僚隔绝,故非久即败。今权珰报复,反借言官以伸;言官声势,反借权珰以重。内外交通,驱除善类,天下事尚忍言哉!"此以见权邪非爪牙不能为恶,故爪牙之罪宜加于魁。率而不得,有主从之分,又以见明代言路末途之芜杂,其为世诟病之已久也。李应升传。<small>字仲达,江阴人,谥忠毅。</small>陈时政,略曰:"今天下敝坏极矣,在君臣奋兴而力图之。陛下振纪纲,则片纸若霆;大臣捐私曲,则千里运掌;台谏任纠弹,则百司饮冰。今动议增官,为人营窟,纷纭迁徙,名实乖张。自登、莱增巡抚,而侵冒百馀万;增招练监军,而侵冒又十馀万。边关内地,将领如蚁,剥军侵饷,又不知几十万。增置总督,何补塞垣;增置京堂,何裨政事。枢贰添注矣,孰慷慨以行边;司空添注矣,孰拮据以储备;大将添注矣,只工媒孽而纵逋逃;礼、兵司属添注二三十人矣,谁储边才而精典礼。滥开边俸,捷径燃灰,则吏治日坏;白衣攘臂,邪人入幕,则奸牟充斥。请断自圣心,一切报罢。"此言冗官之害,足为后世殷鉴。黄尊素传。<small>字真长。</small>尊素謇谔敢言,尤有深识远虑。初入台,邹元标实援之,即进规曰:"都门非讲学地,徐文贞已丛议于前矣。"元标不能用。杨涟将击忠贤,魏大中以告,尊素曰:"除君侧者,必有内援。杨公有之乎?一不中,吾侪无噍类矣。"万燝死,尊素讽涟去,涟不从,卒及于祸。大中将劾魏广微,尊素曰:"广微,小人之包羞者也,攻之急,则铤而走险矣。"大中不从,广微益合于忠贤,以兴大难。是时东林盈朝,自以乡里分朋党。江西章允儒、陈良训与大中有隙,而大中欲驳尚书南师仲恤典,秦人亦多不悦。尊素急言于大中,止之。最后,山西尹同皋、潘云翼欲用其座主郭尚友为山西巡抚,大中以尚友数问遗朝贵,执不可。尊素引杜征南数遗洛中贵要为言,大中卒不可,议用谢应祥,难端遂作。又卷二百四十四魏大中传。是时抵排东林者多屏废,方恨南星辈次骨。东林中又各以地分左右。大中尝驳苏松巡抚王象恒恤典,山东人居言路者咸怒。及驳浙江巡抚刘一焜,江西人亦大怒。给事中章允儒,江西人也,性尤忮,嗾其同官傅櫆假汪文言发难。文言狱方急,御史黄尊素语镇抚刘侨曰:"文言无足恤,不可使搢绅祸由此起。"侨颔之,狱辞无所连。文言廷杖褫职,牵及者获免。迹尊素之言与其所为,与徐文贞、叶文忠颇相似。使尊素得行其言,而诸人者不操切以从事,珰或可谋。即不可谋,祸亦不至如是之酷。然后知国家有十百敢言之士,不如得一二深谋远识之人,为能消祸患于无形也。看《春秋》庄七年、八年。徐拯流有信来。

六日 寄一快信与程希圣,并附一诗,曰:"六经束阁学无根,枝叶徒伤议论繁。谁识人天存眼目,尚思伊洛有儿孙。十年易传书方出,一月春风坐有温。规范俨然应未替,好教鄙薄化宽敦。"看《春秋》庄九年至十五年。《明史》卷二百四十六王允成传附李希孔传。字子铸,三水人。天启三年上《折邪议》,以定两朝实录。疏于梃击、红丸、移宫三案本末言之甚悉,以文长不得录也。午后程千帆来谒。程名会昌,原金陵大学学生,今任教于武汉大学。明史卷二百四十八梅之焕传。字彬父,麻城人。官吏科给事中,上言:"今天下民穷饷匮,寇横兵疲。言官舍国事争时局,部曹舍职掌建空言,天下尽为虚文所束缚。"时朝臣部党角立,之焕廉觚自胜,尝言:"附小人者必小人,附君子者未必君子。蝇之附骥,即千里犹蝇耳。"李继贞传。字微尹,太仓州人。初,延绥盗起,继贞请发帑金,用董搏霄人运法,籴米输军前。且令四方赎锾及捐纳事例者,输粟于边,以抚饥民。又言:"兵法抚、剿并用,非抚贼也,抚饥民之从贼者耳。今斗米四钱,已从贼者犹少,未从贼而势必从贼也无穷。请如神庙特遣御史振济故事,备三十万石以往,安辑饥民,使不为贼,以孤贼势。"帝感其言,遣御史吴甡以十万金往。继贞少之,帝不听,后贼果日炽。继贞时官职方郎也。若之焕、继贞，当时能用之，尽其才事，岂不可为耶。又耿如杞传。字楚材，馆陶人。方如杞之为职方郎也，与主事鹿善继党张鹤鸣，排熊廷弼而庇王化贞，疆事由是大坏云云。以此见党争之祸，贤者当分其咎。颜继祖传。漳州人。迁吏科都给事中，疏陈时事十大弊，忧归。八年起故官，上言："六部之政笔于尚书，诸司之务握之正郎，而侍郎及副郎、主事止陪列画题，政事安得不废？督抚诸臣获罪者接踵，初皆由会推。然会推但六科掌篆者为主，卿贰、台臣罕至。且九卿、台谏止选郎传语，有唯诺，无翻异，何名会推？"以此又见把持之局成，托美名以自掩，千古正一辙也。

七日 看《春秋》庄十六年至二十年。吕大圭《或问》于齐人伐戎条，下云："读春秋至庄僖之编，当知圣人有惓惓桓公、管仲之意，毋徒概以伯图而绝之。"又曰："齐桓未伯之初，灭谭、灭遂，犹恃力以逞。自盟柯之后，而《春秋》书齐之事，与灭谭、灭遂者异矣。意者，管仲得志，当在盟柯以后乎。"其言与余意极合，胜胡传等远矣。吴林伯遭母丧，自安谷回。晚，阅蔡复斋，推详《复卦大要》篇。引克己复礼为说，曰善乎先师之言。曰非明不能察其几，以四非字言此，知之复也。非至健不能致其决，以四勿字言此，行之复也。然则于勿字上用功，不如于非字上用功，为能抱其几也。因复斋之言，而悟不远之复，其要乃在知义。

八日 写一快信覆与徐振流，并附一信与元放托其转致。看《春秋》庄二十一年至二十五年。阅《明史》王三善传附朱家民传，知盘江铁桥乃家民仿澜沧江桥而作。家民初官贵阳知府，后至贵州左布政使。致仕归，卒。曲靖人。得宗伯宣信，云所带书箱等已到。林轶西亦来一信。

九日 林伯动身回宜都，赆以四千金。得王大太太一信，又苏宇一信、薛廓五一信。阅《明史》卷二百五十孙承宗传。承宗言："将吏匿关内，无能转其畏敌之心以畏法，化其谋利之智以谋敌，此臣与经臣罪也。"此言可谓痛切,然岂独将吏哉?当时文官不谋利者有几人哉?读明至明季,真不能不三太息也。看《春秋》庄二十六年至三十年。又看蔡素轩格所作讲明儒释之分篇,其分疏孟子尽心、知性极为明晰,可为朱子《孟子集注》之疏也。午后湛翁来谈。

十日　覆一信与薛廓五,廓五转入复旦大学矣。阅《明史》卷二百五十一文震孟传。故事,讲筵不列《春秋》。帝以有裨治乱,今择人进讲。震孟,《春秋》名家,为温体仁者所忌,隐不举。次辅钱士升指及之,体仁佯惊曰:"几失此人!"遂以其名上。震孟既入阁预政,体仁每拟旨必商之,有所改必从,喜谓人曰:"温公虚怀,何云奸也?"同官何吾驺曰:"此人机深,讵可轻信?"越十馀日,体仁窥其疏,所拟不当,辄令改,不从,则径抹去。震孟大愠,以诸疏掷体仁前,体仁亦不顾。夫体仁之奸,固不待言,而文起乍喜乍愠,亦何其浅哉。文起尝上疏曰:"天下有无才误事之君子,必无怀忠报国之小人。"言诚是矣。然君子而无才误事,则亦何贵于君子哉!又徐光启传附郑以伟传。_{字子器,上饶人,谥文恪。}以伟修洁自好,书过目不忘,文章奥博,而票拟非其所长。尝曰:"吾富于万卷,窘于数行,乃为后进所藐。"章疏中有"何况"二字,误以为人名也,拟旨提问,帝驳改始悟。自是词臣为帝轻,遂有馆员须历推知之谕,而阁臣不专用翰林矣。如以伟者,不得不谓之无才误国也。卷二百五十二杨嗣昌传。嗣昌虽有才,然好自用,躬亲簿书,过于繁碎。军行必自裁进止,千里待报,坐失机会。王鳌永尝谏之,不纳。及鳌永罢官,上书于朝曰:"嗣昌用师一年,荡平未奏。此非谋虑之不长,正由操心之太苦也。天下事,总挈大纲则易,独周万目则难。况贼情瞬息更变,今举数千里征伐机宜,尽出嗣昌一人,文牒往返,动逾旬月,坐失事机,无怪乎经年之不战也。其间能自出奇者,惟玛瑙山一役。若必遵督辅号令,良玉当退守兴安,无此捷矣。臣以为陛下之任嗣昌,不必令其与诸将同功罪,但责其提衡诸将之功罪。嗣昌之驭诸将,不必人人授以机宜,但核其机宜之当否,则嗣昌心有馀闲,自能决奇制胜,何至久延岁月,老师糜饷为哉?"此又以见有才者之不能善用其才,而率以才偾事,惜哉哀矣。元放自渝来一信。《春秋》看至僖元年。

十一日 寄一快信与钱子厚,将伯沆夫人信附去。又寄一快信与陈光颖,并附与陈湛铨一信。阅《明史》卷二百五十五刘宗周传。崇祯元年以顺天府尹召入都,上疏有云:"陛下求治之心操之太急,酝酿而为功利。功利不已,转为刑名;刑名不已,流为猜忌;猜忌不已,积为壅蔽。正人心之危,所潜滋暗长而不自知者。"黄道周传。官右中允,降调。崇祯五年方候补,遘疾求去。濒行,上疏有云:"陛下欲整顿纪纲,攘斥外患,诸臣用之以滋章法令,摧折缙绅;陛下欲剔弊防奸,惩一警百,诸臣用之以借题修隙,敛怨市权。且外廷诸臣敢诳陛下者,必不在拘挛守文之士,而在权力谬巧之人;内廷诸臣敢诳陛下者,必不在锥刀帛布之微,而在阿柄神丛之大。自古迄今,决无数米量薪可成远大之猷,吹毛数睫可奏三五之治者。彼小人见事,智每短于事前,言每多于事后。不救凌围而谓凌城必不可筑,不理岛民而谓岛众必不可用,兵逃于久顿而谓乱生于无兵,饷糜于漏邑而谓功销于无饷。乱视荧听,浸淫相欺,驯至极坏,不可复挽。臣窃危之。自二年以来,以察去弊而弊愈多,以威创顽而威滋玩。是亦反申、商以归周、孔,捐苛细以崇惇大之时矣。"二疏语皆切中思宗之病,当时诸臣未有能言之如此恳至者也。又卷二百五十四乔允升传末:"谓帝在位十七年,刑部易尚书十七人。薛贞以奄党抵死,苏茂相半岁而罢,王在晋未任改兵部去,允升遣戍,韩继思坐议狱除名,胡应台独得善去,冯英被劾遣戍,郑三俊坐议狱逮系。刘之凤坐议狱论绞,瘐死狱中。甄淑坐纳贿下诏狱,改系刑部,瘐死。李觉斯坐议狱,削籍去。刘泽深卒于位。郑三俊再为尚书,改吏部。范景文未任,改工部。徐石麒坐议狱,落职闲住。胡应台再召不赴,继其后者张忻,贼陷京师,与子庶吉士端并降。"卷二百五十六刘之凤传末亦有此一段文字,相去才数卷,不知当时与纂修之役者何以不加检点,以致犯此重复,殊不可解。《春秋》看至僖三年。苏宇又来一信,为其京中住宅事,嘱写信与元放。

十二日 覆苏宇一航快信,内附与元放一信。寄一快信与一之,嘱为谋归计。明人有极可笑事。郑以伟好书,过目不忘,文章奥博而票拟非其所长。尝曰:"吾富于万卷,窘于数行,乃为后进所藐。"此犹可说也。而章疏中有"何况"二字,误以为人名也。拟旨提问,帝驳改始悟,则真匪夷所思矣。_{郑字子器,上饶人,附卷二百五十一徐光启传。}贼之犯江北也,给事中桐城孙晋以乡里为忧,张凤翼曰:"公南人,何忧贼?贼起西北,不食稻米,贼马不饲江南草。"此与"何不食肉糜"之论奚异?_{张,代州人,传在卷二百五十七。}以内阁本兵之重而付之是人,天下有不乱,国有不亡者哉!一之来信,言不日飞沪,就善后救济上海分署储远组副主任,信寄广东路二十号民生公司转。张先雯亦来一信,言入白沙大学先修班矣。付豆浆钱四百元。《春秋》看至僖九年。

十三日 寄一快信与悌儿,并将地理研究所东亚地图售单附去。又覆林轶西一信。寄一航空信与元放。早湛翁来谈,棻之又病矣。熹宗时,司业朱之俊议建魏忠贤祠国学旁,下教有"功不在禹下"语,置籍,责诸生捐助。及帝即位,委过诸生陆万龄、曹代何以自解,首辅韩爌以同乡庇之,漏逆案。及迁侍讲,魏呈润发其奸,请与万龄弃西市,之俊由是废。_{见卷二百五十八呈润传。}如之俊者,真有觍面目者也。又山阳武举陈启新者,崇祯九年诣阙上书,言:"天下三大病。士子作文,高谈孝悌仁义。及服官,恣行奸慝。此科目之病也。国初典史授都御史,贡士授布政,秀才授尚书,嘉靖时犹三途并用,今惟一途。举贡不得至显官,一举进士,横行放诞。此资格之病也。旧制,给事、御史,教官得为之,其后途稍隘,而举人、推官、知县犹与其列,今惟以进士选。彼受任时,先以给事、御史自待,监司、郡守承奉不暇,剥下虐民,恣其所为。此行取考选之病也。请停科目以绌虚文,举孝廉以荣实行,罢行取考选以除积横之习,蠲灾伤田赋以苏民困,专拜大将以节制有司便宜行事。"帝立擢启新吏科给事中。虽其后无所表白,然其疏之言则未尝非也。至刘宗周、詹尔选等先后劾其奸诈,请托受赇,骄横,疑仍不免资格门户之见。观其国变后竟为僧,以卒胜当时甲科出身觍颜事虏者,不且过之万倍哉。《春秋》看至僖十五年。本日敬仲有信与湛翁。

十四日 阅《明史》卷二百六十熊文灿传。代王家祯总理南畿、河南、山西、陕西、湖广、四川军务。请左良玉所将六千人为己军,而大募粤人及乌蛮精火器者一二千人以自护,弓刀甲胄甚整。次庐山,谒所善僧空隐。僧迎,谓曰:"公误矣。"文灿屏人问故,僧曰:"公自度所将兵足制贼死命乎?"曰:"不能。"曰:"诸将有可属大事、当一面、不烦指挥而定者乎?"曰:"未知何如也。"曰:"二者既不能当贼,上特以名使公,厚责望,一不效,诛矣。"文灿却立良久,曰:"抚之何如?"僧曰:"吾料公必抚。然流寇非海寇比,公其慎之。"空隐不知何如人,何其熟于当时贼势而料之准乎。又张任学传。安岳人。马进忠寇开封,至瓦子坡。参将罗岱奋击,贼尽弃辎重,遁入大隗山。其冬,京师戒严,任学入卫,道谒文灿,言:"张献忠狼子野心,终为国患。我以勤王为名,出其不意,可立缚也。"时在崇祯十一年。此亦一奇策,惜熊文灿不能用也。《春秋》看至僖二十年。牛乳钱付清,二千一百元。

十五日 寄一航快信与钱履周。午前到瓦场坝理发,回后已十一时矣。午后徐哲东偕梁东来,四时始去。阅《明史》卷二百六十四贺逢圣传。字克繇,谥文忠。称逢圣与熊廷弼少同里闬,而不相能。为诸生,同受知于督学熊尚文。尚文并奇二生,曰:"熊生,干将、莫邪也;贺生,夏瑚、商琏也。"天启间,逢圣为洗马。当是时,熊廷弼已再起经略辽东矣。广宁之败,同乡官将揭白廷弼之冤,意逢圣且沮之。逢圣作色曰:"此乃国家大事,吾安敢小嫌介介!"不以明即具草上之。此难能也。当时为廷弼讼冤之疏,莫平于工部主事徐尔一之言,以谓廷弼罪无足据,而劳有足矜。然已在崇祯元年,去廷弼死且三年矣。疏又云:"乃其所由必死,则有故矣。其才既笼盖一时,其气又陵厉一世,揭辩纷纷,致撄众怒,共起杀机。是则所由必杀其躯之道耳。"观逢圣廉静忠贞,而廷弼乃与之龃龉,尔一所谓其气陵厉一世,信非虚诳矣。惜哉!<small>尔一疏见廷弼传。</small>同卷宋师襄传。<small>耀州人。</small>天启四年,巡抚河南。陛辞,言:"今之言者,皆曰治平要务,乃终日筹边事、商国计、饬吏治、计民生、弭盗贼,而漫无实效。所以然者,台谏以进言为责,条奏一入,即云尽职,言之行否,置弗问矣。六曹以题覆为责,题覆一上,即云毕事,事之行否,置弗问矣。内阁以票拟为责,票拟一定,即为明纶,旨之行否,置弗问矣。上谩下欺,酿成大患。今人怨已极,天怒已甚,灾害并至,民不聊生,相聚思乱,十而八九。臣恐今日之患,不在辽左、黔、蜀,而在数百年休养之赤子也。"其言可云有前识矣。又卷二百六十三龙文光传。<small>马平人①。</small>崇祯七年进士,授行人,擢御史。上节财六议,中云:"诸镇兵马时败溃而饷额不减,虚伍必多,可节省者三。军前监纪、监事、赞画之官,不可胜纪,平时则以一人而糜千百人之饷,临敌又以千百人而卫一人之身,耗食兼耗兵,可节省者六。"此可见当时军事不振之由。又疏陈东厂三弊,言:"东厂司缉访,而内五城,外巡按,以及刑部、大理皆不能举其职,此不便于官守。奸民千里首告,假捏姓名,一纸株连,万金立罄,此不便于民生。子弟讦父兄,奴仆讦家主,部民讦官长,东厂皆乐闻,此不便于国体。"其言亦明切。林伯有信来,已搭船赴宜宾矣。又一之来信,言一湖已到渝,款一万元已面交。王大伯伯亦来一信,则覆我前书者也。

十六日 寄一万元与倪沧舲,并寄一挂号信告之元放,垫款抵清矣。阅《明史》卷二百六十五范景文传。<small>字梦章,吴桥人,谥文贞。</small>天启五年起文选郎。魏忠贤及魏广微中外用事,景文同乡,不一诣其门,亦不附东林,孤立行意而已。尝言:"天地人才,当为天地惜之。朝廷名器,当为朝廷守之。天下万世是非公论,当与天下万世共之。"时以为名

---

① 此处应为"刘之勃传(字安侯,凤翔人)。"

言,洵名言也。李邦华自缢于文信国祠,有诗曰:"堂堂丈夫兮圣贤为徒,忠孝大节兮誓死靡渝,临危授命兮吾无愧吾。"刘理顺字复礼,杞县人,谥文正。亦自缢于家,大书曰:"成仁取义,孔孟所传。文信践之,吾何不然。"见卷二百六十六。二人真可为信国之徒矣。《春秋》看至僖二十五年。培儿、鼎女各来一快信,培儿信内并附来梅孙三人照片一帧。午后四时,寂云法师以其《山居诗》质于湛翁,在旷怡亭共谈时许去。

十七日 晨从寂云法师处借得《庞居士诗》,爱者便抄之,共廿首。"无有报庞大,空空无处坐。家内空空空,空空无有货。日在空里行,日没空里卧。空坐空吟诗,诗空空相和。莫怪纯用空,空是诸佛座。世人不别宝,空即是实货。若嫌无有空,自是诸佛过。"(一)"如来大慈悲,广演波罗密。了知三界苦,殷勤劝君出。得之不肯修,实是顽皮物。他是已成佛,汝是当成佛。当成自不成,是谁之过失。已后累劫苦,莫尤过去佛。"(二)"世人皮上黠,心里没头痴。贪他目前利,焉知已后非。谩胡欺得汉,夸道手脚迟。走向见阎老,倒拖研米槌。恐君不觉悟,今日报君知。"(三)"中人乐寂静,下士好威仪。菩萨心无碍,同凡凡不知。佛是无相体,何须有相持。但令心了事,遮莫外人疑。为人渴饮水,冷暖心自知。"(四)"欲得真成佛,无心于万物。心如镜亦如,真智从如出。定慧等庄严,广演波罗密。流通十方界,诸有不能疾。报汝学道人,只么便成佛。"(五)"读经须解义,解义始修行。若能依义学,即入涅槃城。读经不解义,多见不如盲。缘文广占地,心中不肯耕。田田总是草,稻从何处生。"(六)"人有一卷经,无相亦无名。无人能转读,有我不能听。如能转读得,入理契无生。非论菩萨道,佛亦不劳成。"(八)"入理如箭射,寻文转始背。直道不肯行,识路成迷退。心王不了事,公臣生执碍。为此一群贼,生死如踏碓。"(九)"仰手是天堂,覆手是地狱。地狱与天堂,我心都不属。化城犹不止,岂况诸天福。一切都不求,旷然无所得。"(十)"白衣不执相,真理从空生。只为心无碍,智慧出纵横。唯论狮子吼,不许野干鸣。菩提称最妙,犹呵是假名。"(十一)"从根诛则绝,从根修则灭。若能双株断,三乘尽超越。此非凡夫言,妙吉分明说。如来所疗治,一差不复发。"(十二)"端坐不求法,如法转相违。抛法无心取,始自却来归。无求出三界,有念则成痴。求佛觅解脱,不是丈夫儿。"(十三)"有人嫌庞老,庞老不嫌他。开门待知识,知识不来过。心如具三学,尘识不相和。一丸疗万病,不假药方多。"(十四)"睡来展脚睡,悟理起题诗。诗中无别意,惟劝破贪痴。贪瞋痴若尽,便是世尊儿。无烦问师匠,心王应自知。"(十五)"心如即是坐,境如即是禅。如如都不动,大道无中边。若能如是达,所谓火中莲。"(十六)"极目观前境,寂寥无一人。回头看后底,影也不随身。贪瞋不肯舍,徒劳读释经。看方不服药,病从何处轻。"(十七)"真为家贫无一物,此语总是空里出。出语还须归本源,不敢违他过去佛。"(十八)"但自无心于万物,何妨万物常围绕。铁牛不怕狮子吼,恰似木人见花鸟。木人本体自无情,花鸟逢人亦不惊。心境如如只个是,何虑菩提道不成。"(十九)"迷时爱欲心如火,心开悟理火成灰。灰火本来同一体,当知妄尽即如来。"(二十)邓南屏来相看,得星北、宜之自沪来书,知杏城已于十月三十一日登民族轮赴沪矣。午后在湛翁处谈。寿卿亦来一信。

十八日 寄一快信与宁永实,言衣、书候日后自往取。又寄培儿、鼎女一信,钟公烈一信。《明史》卷二百六十六吴甘来传。字和受,江西新昌人,谥忠节。官户科都给事中,荆、襄数郡,贼未至而抚道诸臣率称护藩以去。甘来乃上疏曰:"天子众建亲亲,将使屏藩帝室,故曰'宗子维城'。乃烽火才传,一朝委去以为民望,而诸臣犹哓哓以拥卫为功,掩其失地之罪。是维城为可留可去之人,名都为可守可弃之土,抚道为可有可无之官。功罪不明,赏罚不著,莫此为甚。"一日,帝诘户部尚书倪元璐饷额,甘来曰:"臣科与户曹表里,饷可按籍稽。臣所虑者,兵闻贼而逃,民见贼而喜,恐非无饷之患,而无民之患。宜急轻赋税,收人心。"陈纯德传。字静生,零陵人,谥端愍。以御史巡按山西,上疏陈抽练之弊,言:"兵抽则人失故居,无父母妻子之依,田园邱垅之恋,思归则逃,逢敌则溃。抽馀者即以饷薄而安于无用,抽去者又以远调而不乐为用。伍虚而饷仍在,不归主帅则归偏裨,乐其逃而利其饷,凡藉以营求迁秩,皆是物也。精神不以束伍,而以侵饷;厚饷不以养士,而以求官。伍虚则无人,安望其练;饷糜则愈缺,安望其充。此今日行间大弊也。"卷二百六十九艾万年传。米脂人。崇祯八年二月上疏,有云:"灭贼之法,不外剿抚。夫剿贼不患贼多,患贼走。盖叠嶂重峦,皆其渊薮,兵未至而贼先逃,所以难灭,其故则兵寡也。当事非不知兵寡,因糗粮不足,为苟且计,日引月长,以至于今,虽多措饷,多设兵,而已不可救矣。宜合计贼众多寡,用兵若干,饷若干,度其足用,然后审查地利,用正用奇,用伏用间,或击首尾,或冲左右,有不即时殄灭者,臣不信也。"此其所言,盖皆足为今日之鉴。看《春秋》僖二十六、七、八年。湛翁今日小极,未至尔雅台谈。

十九日 寄一航空信与王大太太,一信与王光熹。一信与兴礼侄,告以一之来信,款已汇兴悌转交矣。阅《明史》卷二百七十张可大传。字观甫,应天人,谥庄节。分守瓜州,税监鲁保死,淮抚李三才令可大录其赀。保家馈重贿,却不受。叶向高赴召过仪,见而异之,曰:"此不特良将,且良吏也。"可大好学能诗,敦节行,有儒将风云云。惜死于孔有德之叛。卷二百七十一满桂传附孙祖寿传。字必之,昌平人。为大帅,部将以五百金遗其子于家,却不受。他日来省,赐之卮酒曰:"却金一事,善体吾心,否则法不汝宥也。"亦惜死于永定门之役。明季将兵者多贪,此二人可以训矣。卷二百七十二刘肇基传附乙邦才传,言时有张衡者,亦以骁敢名。贼围六安急,总督马士英救之。甫至,斥其左右副将,而号于军中曰:"孰为乙邦才、张衡者?"两人入谒,即牒补副将,以其兵授之曰:"为我入六安,取知州状来报。"两人出,即简精骑二百,夜冲贼阵而入,绕城大呼曰:"大军至矣,固守勿懈!"城中人喜,守益坚。而两人促知州署状,复夺围出,不损一人。士英虽奸臣,然如此拔用乙、张二校事,自可喜也。《春秋》看至僖三十一年。午后与星贤同至大佛寺回看邓南屏,绕道吴家嘴而归。

　　二十日　覆张先雯一信。得二哥一信。杏城一信则到上海矣。又羊宗秀亦来一信,附在与立民信中。《明史》卷二百七十四史可法传附何刚传。字悫人,上海人。崇祯十七年正月,入都上书言:"国家设制科,立资格,约束天下豪杰。此所以弭乱,非所以戡乱也。今日救生民,匡君国,莫急于治兵。陛下诚简强壮英敏之士,命知兵大臣教习之,讲韬钤,练筋骨,拓胆智,时召而试之。学成优其秩,寄以兵柄,必能建奇功。"此其非议制科,与崇祯九年武举陈启新诣阙上书所言正同。当时进士不理于人口,可知矣。宏光立,刚上疏言:"臣请陛下三年之内,宫室不必修,百官礼乐不必备,惟日求天下才。智者决策,廉者理财,勇者御敌。爵赏无出此三者,则国富兵强,大敌可服。若以骄悍之将驭无制之兵,空言恢复,是却行而求前也。优游岁月,润色偏安,锢豪杰于草间,迫枭雄为盗贼,是株守以待尽也。惟庙堂不以浮文取士,而以实绩课人,则真才皆为国用,而议论亦省矣。分遣使者罗草泽英豪,得才多者受上赏,则枭雄皆毕命封疆,而盗魁亦少矣。东南人满,徙之江北,或赐爵,或赎罪,则豪右皆尽力南亩,而军饷亦充矣。"观刚此奏,可谓忠义豪杰之士矣,宜其与可法相得而且随之俱死也。看《春秋》僖卅二年、卅三年,文元年、二年。午后在湛翁处小谈东归后择地事。

　　廿一日　发一航空信与二哥,一航空信与杏城。蔡九峰注《论语》"我未见好仁者"章云:"论资质则恶不仁者不如好仁者之浑然,论工夫则好仁者不如恶不仁者之有力。"注《孟子》"智之实"节云:"既曰知斯二者又曰弗去者,《易》曰'贞固足以干事',贞固二字云知正之所在而固守之,所谓知而弗去是也。体仁、嘉会、利物皆一意,而贞固独有二字,意贞则知之真,固则守之固。盖万物之成始而成终,所以为贞也。恻隐、羞恶、辞逊皆是一面道理,而是非独有两面,则智之为二可知矣。

177

又推之,凡属北方者皆有二。如五行,水土俱旺于子;五藏,心肝脾肺皆一而肾独二;四方,青龙朱雀白虎皆一,而玄武独二。造化之妙,莫不皆然。此贞之所以成终而作始,智之所以知之而又弗去也。"此两注并好,不独《皇极内篇》精妙也。《明史》卷二百七十五解学龙传。字石帆,扬州兴化人。为刑科给事中时,上言:"辽左额兵旧九万四千有奇,岁饷四十馀万。今关上兵止十馀万,月饷乃二十三万。辽兵尽溃,关门宜募新兵。蓟镇旧有额兵,乃亦给厚糈召募。旧兵以其饷厚,悉窜入新营,而旧额又如故,漏卮可胜言。国初,文职五千四百有奇,武职二万八千有奇。神祖时,文增至一万六千馀,武增至八万二千馀矣。今不知又增几倍。诚度冗者汰之,岁可得饷数十万。裁冗吏,核旷卒,俾卫所应袭子弟袭职而不给俸,又可得数十万。京边米一石,民输则非一石也。以民之费与国之收衷之,国之一,民之三,关饷一斛银四钱,以易钱则好米值钱百,恶米止三四十钱,又其下腐臭不可食。以国之费与兵之食衷之,兵之一,国之三。总计之,民费其六,而兵食其一。况小民作奸欺漕卒,漕卒欺官司,官司欺天子,展转相欺,米已化为糠秕沙土;兼湿热蒸变,食不可咽,是又化有用之六为无用之一矣。臣以为莫如修屯政,屯政修则地辟而民有乐土,粟积而人有固志。昔吴璘守天水,纵横凿渠,绵亘不绝,名曰'地网',敌骑不能逞。今仿其制,沟涂之界,各树土所宜木,小可获薪果之饶,大可得抗扼之利,敌虽强,何施乎。"其筹兵食之计甚切,而惜其中格不行也。祁彪佳传。字宏吉,浙江山阴人,唐王赐谥忠敏。崇祯四年为御史,上言:"九列之长,诘责时闻,四朝遗老,或蒙重遣。诸臣怵严威,竞迎合以保名位。臣所虑于大臣者,此也。方伯或一二考,台员或十馀载,竟不得迁除,监司守令多贬秩停俸。臣子精神才具无馀地,展布曷由,急功赴名之民不胜其掩罪匿瑕。臣所虑于小臣者,此也。国家闻鼙鼓思将帅,苟得其人,推毂筑坛,礼亦宜之。若必依序循资,冒滥之窦虽可清,奖拔之术或未进。臣所虑于武臣者,此也。抚按则使中官监视会同,隙开水火,其忠显;潜

178

通交结，其患深。臣所虑于内臣者，此也。"指陈时弊，可谓无隐矣，而竟蒙谯责。思宗之愎、政府之刻深，其可与言哉。卷二百七十六曾樱传。字仲含，峡江人。云："山东初被兵，巡抚王永吉所部济、兖、东三府州县尽失，匿不以闻。兵退，以恢复报。而樱所部青、登、莱三府樱以山东右布政使分守东莱失州县无几，尽以实奏。及论罪，永吉反擢总督，而樱夺官，逮下刑部狱。"观此，欲人无欺，罔得乎！王瑞栴传。字圣木，永嘉人。十一年春，张献忠据谷城乞抚，总理熊文灿许之。栴以为非计，谋于巡按林铭球、总兵官左良玉，将俟其至，执之。文灿固执，以为不可。瑞栴言："贼以计愚我，我不可为所愚。今良玉及诸将贾一选、周仕凤之兵俱在近境，诚合而击之，何患不捷。"文灿怒，责挠抚局。瑞栴曰："贼未创而遽抚，彼将无所惧。惟示以必剿之势，乃心折不敢贰。非相挠，实相成也。"文灿不从。瑞栴乃列上从征、归农、解散三策，文灿亦不用。瑞栴自为檄谕献忠，献忠恃文灿庇己，不听。明年，献忠叛，瑞栴先已丁忧归。献忠留书于壁，言己之叛，总理使然。具列上官姓名及取贿月日，而题其末曰："不纳我金者，王兵备一人耳。"瑞栴以湘广兵备金事驻襄阳。观此，知当时主抚盖别有故，文灿之罪真不容诛矣。看《春秋》至文七年。敬仲有电至，言回宥，二日启行来乐山。苏宇亦来一信。

　　廿二日　林伯信来，已到泸州矣。《春秋》看至文十三年。《明史》卷二百七十七邱祖德传附载，福王时，东平伯刘泽清、御史王燮，张乐大宴于睢宁。有邳州王台辅者，衰绖直入，责之曰："国破君亡，此公等卧薪尝胆、食不下咽时，顾置酒大会耶？"左右欲鞭之，燮曰："狂生也。"命引去。及南京覆，台辅视其廪曰："此吾所树，尽此死。"明年粟尽，北面再拜，自缢死。今日恨不多得数狂生，以遍责夫如刘泽清其人者。又观马士英沮陈潜夫给河南诸寨，刘洪起、萧应训图北进事，真不得不令人丧气。读史至此，欲掩卷矣。潜夫字元倩，钱塘人。付豆浆五百元，上月清。

廿三日 张立民回。《春秋》看至文公毕。晨在湛翁处谈中西医理，各有长短。午后与星贤同到戴家院白云庵一看。看《明史》卷二百七十八万元吉传。字吉人，南昌人。南都时以太仆少卿监视江北军务，上言："先帝天资英武，锐意明作，而祸乱益滋。宽严之用偶偏，仁议之途太畸也。先帝初惩逆珰用事，委任臣工，力行宽大。诸臣狃之，争意见之异同，略绸缪之桑土，敌入郊圻，束手无策。先帝震怒，宵小乘间，中以用严。于是廷杖告密，加派抽练，使在朝者不暇救过，在野者无复聊生，庙堂号振作，而敌强如故，寇盗弥张。十馀年来，小人用严之效如是。先帝亦悔，更从宽大，悉反前规，天下以为太平可致。诸臣复竟贿赂，肆欺蒙，每趋愈下，再撄先帝之怒，诛杀方兴，宗社继殒。盖诸臣之孽，每承于先帝之宽；而先帝之严，亦每激于诸臣之玩。臣所谓宽严之用偶偏者，此也。国步艰难，于今已极。乃议者求胜于理，即不审势之重轻；好伸其言，多不顾事之损益。殿上之彼己日争，阃外之从违遥制，一人任事，众口议之。如孙传庭守关中，识者俱谓不宜轻出，而已有以逗挠议之者矣。贼既渡河，臣语史可法、姜曰广急撤关、宁吴三桂兵，随枢辅迎击。先帝召对时，群臣亦曾及此，而已有以蹙地议之者矣。及贼势燎原，廷臣或劝南幸，或劝皇储监国南都，皆权宜善计，而已有以邪妄议之者矣。由事而后观，咸进恨议者之误国。倘事幸不败，必共服议者之守经。大抵天下事，无全害亦无全利，当事者非朴诚通达，谁敢违众独行；旁持者竞意气笔锋，必欲强人从我。臣所谓任议之途太畸者，此也。乞究前事之失，为后事之师，以宽为体，以严为用。盖崇简易、推真诚之谓宽，而滥赏纵罪者非宽；辨邪正、综名实之谓严，而钩距索隐者非严。宽严得济，任议乃合。仍请于任事之人，严核始进，宽期后效，无令行间再蹈藏垢，边才久借燃灰，收之以严，然后可任之以宽也。"此疏于十七年间之得失以及覆亡之故，言之无馀蕴矣。又郭维经传。字六修，江西龙泉人。崇祯六年秋，温体仁代周延儒辅政，维经言："执政不患无才，患有才而用之排正人，不用之筹国事。国事日非，则委曰我不知，坐视盗贼日猖，边警日急，止与二三小臣争口舌，角是非。平章之地几成聚讼，可谓有才耶？"福王立，进应天府丞，仍兼御史，上言："圣明御极将二旬，一切雪耻除凶、收拾人心之事，丝毫未举。今伪官纵横于凤、泗，悍卒抢攘于瓜、仪，焚戮剽掠之惨，渐逼江南，而廊庙之上不闻动色相戒，惟以慢不切要之务，盈廷而议。乞令内外文武诸臣洗涤肺肠，尽去刻薄偏私及恩怨报复故习，一以办贼复仇为事。"是亦当时暮鼓晨钟也，而如其充耳不闻何哉！

廿四日 寄一快信与元放，问寄江津款有无收到。阅《明史》卷二百八十一《循吏传》。史诚祖，解州人，为汶上知县，后擢济宁知州，仍视汶上县事，阅二十九年卒于任。蠡县吴祥，永乐时知嵩县，至宣德中，阅三十二年卒于任。临汾李信，永乐时由国子生授遵化知县，至宣德中，阅二十七年始擢无为知州。洧县房岩，宣德间为邹县知县，至中统中，阅二十余年卒于任。并见史诚祖传。李信圭，字君信，泰和人。洪熙时举贤良，授清河知县。在任二十二年，以尚书金濂荐，擢处州知府。赵豫，字定素，安肃人。宣德五年，简廷臣九人为知府，豫得松江，在任十五年。湖州知府祥符赵登，自宣德至正统，先后在官十七年。徽州知府孙遇，先后在官十八年。并见赵豫传。范希正，字以贞，吴县人。宣德三年举贤良方正，授曹县知县。正统十年，山东饥。惟曹以希正先积粟，得无患。大理寺丞张骥振山东，闻之，因请升曹县为州，而以希正为知州。治曹二十三年，历知州，再考乃致仕。兴宁州知州刘纲，字之纪，禹州人。建文二年进士。由府谷知县迁是职。莅州三十四年，正统中，请老去。亦见范希正传。是数人者固循良，然非久任，亦不能见其治绩也。翟溥福，字本德，东莞人。永乐二年进士。为南康知府，倡众兴复白鹿书院，朔望躬诣讲授。以年老乞归，后配享白鹿书院之三贤祠。陈钢，字坚远，应天人。举成化元年乡试。由黔阳知县迁长沙通判，监修吉王府第。工成，王赐之金帛，不受，请王故殿材修岳麓书院，王许之。弘治元年丁母忧归。卒，黔阳、长沙并祠祀之。此二人者，能以兴复书院为治，则尤难能也。至方克勤<small>字去矜，方正学之父。</small>之在济宁，民歌之曰："孰罢我役，使君之力。孰活我黍，使君之雨。使君勿去，我民父母。"叶宗人<small>字宗行，松江华亭人</small>之在钱塘时，呼为"钱塘一叶清"。其碑在人口，真不愧古之循吏者矣。

廿五日　寄一信与锦文。一之来一信，言于十七日飞沪。《明史》卷二百八十二儒林蔡清传，称清门人陈琛、王宣、易时中、林同、赵逯、蔡烈并有名。烈字文继，龙溪人。弱冠为诸生，受知于清及莆田陈茂烈。隐居鹤鸣山之白云洞，不复应试。嘉靖十二年诏举遗佚，知府陆金以烈应，以母老辞。巡按李元阳檄郡邑建书院，亦固辞。主簿詹道尝请论心，烈曰："宜论事。孔门求仁，未尝出事外也。尧、舜之道，孝弟而已。夫子之道，忠恕而已。"学士丰熙戍镇海，见烈，叹曰："先生不言躬行，熙已心醉矣。"以吾观之，清之门人当以文继为首。本日进城，在厚侄处午饭，三时许还山。薛瑄传附薛敬之，谓其门人吕楠最著。楠传称受业渭南薛敬之。门人受业，其薛一也。而瑄传段坚，瑄门人也。循吏传坚传则云坚之学私淑河东薛瑄。私淑则非门人矣，二者必有一误。

廿六日　寄一航快信与一之。一信与一湖，由罗吉人转。《春秋》看宣元年至六年。《明史》儒林魏校传。唐顺之、王应电、王敬臣皆其弟子。应电，字昭明，昆山人。笃好《周礼》，谓《周礼》自宋以后，胡宏、季本各著书，指摘其瑕衅至数十万言。而余寿翁、吴澄则以为《冬官》未尝亡，杂见于五官中，而更次之。近世何乔新、陈凤梧、舒芬亦各以己意更定。然此皆诸儒之《周礼》也。覃研十数载，先求圣人之心，溯斯礼之源；次考天象之文，原设官之意，推五官离合之故，见纲维统体之极。因显以探微，因细而绎大，成《周礼传诂》数十卷。以为百世继周而治，必出于此。嘉靖中，家毁于兵燹，流寓江西泰和。以其书就正罗洪先，大服。翰林陈昌积以师礼事之。胡松抚江西，刊行于世。王敬臣，字以道，长洲人。受校默成之旨，尝言议论不如著述，著述不如躬行，故居常杜口不谈。自见耿定向，语以圣贤无独成之学，由是多所诱掖，弟子从游者至四百馀人。其学以慎独为先，而指亲长之际、衽席之间为慎独之本，尤以标立门户为戒。乡人尊为少湖先生。卷二百八十三娄谅传。门人夏尚朴，字敦夫，广信永丰人。早年师谅，传主敬之学，常言"才提起，便是天理；才放下，便是人欲"。魏校亟称之。湛若水传。宜兴周冲，字道通，游王、湛之门。由举人授高安训导，至唐府纪善。尝曰："湛之体认天理，即王之致良知也。"与蒋信集师说为《新泉问辨录》。两家门人各相非笑，冲为疏通其旨焉。何廷仁传附魏良政，字师伊。王守仁抚江西，与兄良弼、弟良器、良贵，咸学焉。提学副使邵锐、巡按御史唐龙，持论与守仁异，戒诸生勿往谒。良政兄弟独不顾。良政孝友敦朴，燕居无惰容，尝曰："不尤人，何人不可处；不累事，何事不可为。"举乡试第一而卒。孟化鲤传附孟秋。字子成，茌平人。以职方员外郎督视山海关。关政久弛，奸人出入自擅，秋禁之严。中流言，万历九年京察坐贬。归途与妻孥共驾一牛车，道旁观者咸叹息。许孚远尝过张秋，造其庐，见茅屋数椽，书史狼藉其中，叹曰："孟我疆风味，大江以南未有也。"我疆者，秋别号也。张先雯有一快信来。午后四点钟与星贤同至凉桥候敬仲、石公，车未到。

廿七日 早湛翁来小坐。王光熹、聂敬春及星北、义侄各有信来。《春秋》看至宣九年。《明史》卷二百八十五文苑赵埙传。字伯友，新喻人。洪武二年诏修《元史》，命左丞相李善长为监修官，前起居注宋濂、漳州府通判王祎为总裁官，征山林遗佚之士汪克宽、胡翰、宋僖、陶凯、陈基、曾鲁、高启、赵汸、张文海、徐尊生、黄篪、傅恕、王锜、傅著、谢徽为纂修官，而埙与焉。以是年二月，开局天界寺，取元《经世大典》诸书，用资参考。至八月成，诸儒并赐赍遣归。而顺帝一朝，史犹未备，乃命儒士欧阳佑等往北平采遗事。明年二月还朝，重开史局，仍以宋濂、王祎为总裁，征四方文学士朱右、贝琼、朱廉、王彝、张孟兼、高逊志、李懋、李汶、张宣、张简、杜寅、殷弼、俞寅及埙为纂修官。前后纂修三十人,两局并与者,埙一人而已。阅六月,书成,诸儒多授官,惟埙及朱右、朱廉不受归。此载修《元史》事甚备,前后两修皆为期六月,亦云促矣。徐一夔传。字大章,天台人。续修《元史》,祎方为总裁官,以一夔荐。一夔遗书曰:"近世论史者,莫过于日历。日历者,史之根柢也。自唐长寿中,史官姚璹奏请撰时政记;元和中,韦执谊又奏撰日历。日历以事系日,以日系月,以月系时,以时系年,犹有《春秋》遗意。至于起居注之说,亦专以甲子起例,盖纪事之法无逾此也。往宋极重史事,日历之修,诸司必关白。如诏诰则三省必书,兵机边务则枢司必报,百官之进退,刑赏之予夺,台谏之论列,给舍之缴驳,经筵之论答,臣僚之转对,侍从之直前启事,中外之囊封匦奏,下至钱谷、甲兵、狱讼、造作,凡有关政体者,无不随日以录。犹患其出于吏牍,或有讹失。故欧阳修奏请宰相监修者,于岁终检点修撰官日所录事,有失职者罚之。如此,则日历不至讹失,他时会要之修取于此,实录之修报于此,百年之后纪、志、列传取于此,此宋氏之史所以为精确也。元朝则不然,不置日历,不置起居注,独中书置时政科,遣一文学椽掌之,以事付史馆。及一帝崩,则国史院据所付修实录而已。其于史事,固甚疏略。幸而天历间虞集仿六典法,纂《经世大典》,一代典章文物粗备。是以前局之史,既有十三朝实录,又有此书可以参稽,而一时纂修诸公,如胡仲申、陶中立、赵伯友、赵子常、徐大年辈,皆有史才史学,廑而成书。至若顺帝三十六年之事,既无实录可据,又无参稽之书,惟凭采访以足成之,窃恐事未必核也,言未必驯也,首尾未必穿贯也。而向之数公,或受官,或还山,复各散去。乃欲以不材多病如仆者承之于后,仆虽欲仰副执事之望,曷以哉!"观此,则《元史》之芜略,又非纂修诸臣咎矣。午后四时又至凉桥候敬仲等,未到。

廿八日 悌儿、鼎女、柟孙及彭祖年各来一信。《春秋》看至宣十五年。《明史》卷二百八十六储巏传。字静夫,泰州人,谥文懿。由南京考功主事进郎中,尚书耿裕知其贤,调北部,考注臧否,一出至公。尝核实一官，裕欲改其评，巏正色曰："公所执，何异王介甫！"群僚咸在侧，裕大惭，徐曰："郎中言是，然非我莫能容也。"传称其淳行清修，介然自守，观此一事，真可谓介然矣。又进士顾璘尝谒尚书邵宝，宝语曰："子立身，当以柴墟为法。"柴墟，巏别号。国贤不称其文而称其立身，则如巏者似当独立一传，未宜以文苑没之也。

廿九日　陈光颖来一信。《春秋》看至宣公完。阅《明史》卷二百八十七《文苑传》三柯维骐传。字奇纯，莆田人。云门人先后四百馀人，维骐引掖靡倦。慨近世学者乐径易而惮积累，窃二氏之说以文其固陋也，作左右二铭，训学者务实。以辨心术、端去向为实志，以存敬畏、密操履为实功，而其极则以宰理人物、成能天地为实用，作讲义二卷。《宋史》与《辽》《金》二史，旧分三书，维骐合之为一，以辽、金附之，而列二王于本纪。褒贬去取，义例严整，阅二十年而始成，名之曰《宋史新编》。又著《史记考要》《续莆阳文献志》，及所作诗文集并行于世。案维骐与卷二百八十五之赵扪谦，同卷之黄佐、蔡汝楠，下卷之焦竑，并可入儒林。盖儒林与文苑难分者，固有其人，若如《汉书》之互见，则无憾矣。午后候敬仲、石公，仍未到。

卅日　发一信与彭祖年，并代求湛翁字寄去。又附一信与鼎女，润笔四千金即令交鼎女转给梆、梅两孙各一千元。宁永实信来，昆明所带衣物尚未到。苏宇亦来一信。《春秋》看至成四年。《明史》卷二百八十八文苑四王志坚传。字弱生，昆山人。通籍后，卜居吴门古南园，杜门却扫，肆志读书，先经后史，先子后集。其读经，先笺疏而后辨论。读史，先证据而后发明。读子，则谓唐、宋而后无子，当取小说家之有裨经史者补之。读集，则定秦、汉以后古文为五编，考核唐、宋碑志，援史传，捃杂说，以参核其事之同异、文之纯驳。此可为读书之法。较之谢茂秦之论学诗，谓取李杜十四家最胜者，熟读之以会神气，歌咏之以求声调，玩味之以衷精华，得此之要，则浩乎浑沦，不必塑谪仙而画少陵也，窃以为有博雅浅陋之判矣。又王惟俭传。字损仲，祥符人。万历、天启间,世所称博物君子,惟俭与董其昌并,而嘉兴李日华亚之。日华,字君实,嘉兴人。万历二十年进士,官至太仆少卿。既曰嘉兴李日华,又曰日华嘉兴人,此虽小疵,然撰此文者亦太不经意矣。

十二月

一日 《春秋》看至成八年。吕氏《春秋集解》,《宋志》有二,一十二卷,署本中名,一三十卷,署祖谦名。赵希牟《郡斋读书附志》列三十卷,谓为东莱先生所著,而不举其名。陈振孙《书录解题》则列十二卷,指明吕本中撰。朱彝尊据此二书,以为吕氏自右丞好问三世皆有东莱先生之号,断赵希牟所称东莱先生即本中,而二书实系一书,然终以卷帙多寡为疑。至清时,四库馆臣为《书目提要》,则更据彝尊之说,谓卷帙分合古今每异,当系宋末刻本析其原卷,改题祖谦,故相沿讹异,史亦因之重出。祖谦年谱备载所著诸书,而《春秋集解》独不载,固其确证,不必更以他说致疑于是。直署三十卷者为吕本中撰,而曰旧刻题曰吕祖谦误也。然考陈氏《书录解题》,吕本中《春秋集解》十二卷,自三传而下集诸家之说,各记其名氏,不过陆氏及两孙氏、两刘氏、苏氏、程氏、许崧老、胡文定数家而已,大略如杜谔《会义》,而所择颇精,却无自己议论。而观今书,则往往于诸家说后别有吕氏曰或东莱吕氏曰云云。吕大圭《春秋或问》于成公三年郑伐许条引本中之言,甚称其善,今书即昭十二年晋伐鲜虞之文,则与陈氏所谓却无自己议论者不合矣。窃疑无自己议论者,本中原著故仅十二卷,至祖谦则取本中各说附入,以文字增多,釐为三十卷。而年谱以本非祖谦自著之书,故不载其目,至当时刊行之书,自有两本。是元人修《宋史》于《艺文志》仍备列二书之名,于三十卷之本则归之祖谦。此准事度理,可推而知之者也。彝尊与四库馆臣皆知依《书录解题》为说,而于"却无自己议论"一语漫不经意,乃云以今本考之良合。岂于全书固未加检阅耶。《通志堂经解》刻本三十卷仍署祖谦名,纳兰成德为之序曰,或居仁草创而成公增益之,不知成公增益者即居仁之说也。盖不读全书即未易轻为考订。考订尚然,况加之褒贬耶。阅《明史》卷二百八十九、卷二百九十《忠义传》。有易绍宗,攸人。洪武时,从军有功,授象山县钱仓所千户。建文三年,倭登岸剽掠。绍宗大书于壁曰:"设将御敌,设军卫民。纵敌不忠,弃民不仁。不忠不仁,何以为臣!为臣不职,何以为人!"书毕,命妻李具牲酒生奠之,诀而出,密令游兵间道焚贼舟。贼惊救,绍宗格战,追至海岸,陷淖中,手刃数十贼,遂被害。又有孙镗,莒州人。商贩吴越。倭扰松江,谒郡守,自请输赀佐军。守荐之参政翁大立,试以双刀,若飞,录为士兵。击走倭,出参政任环围中。遣人还莒,括家赀,悉召里儿为爪牙,吴中倚镗若长城。倭舟度泖淀,镗突出,酣战竟日,援兵不至,还至石湖桥,半渡,伏大起,镗堕水,中刃死。赠光禄丞,录一子。此二人,镗本无职,而输财佐军,且力战以死,尤难得矣。钱子厚、唐炳昌各来一信。

二日 寄一信与敬春。《春秋》理至成十四年。《明史》卷二百九十一《忠义传》三张铨传。字宇衡,沁水人。起按江西。时辽东总兵官张承荫败殁,而经略杨镐方议四道出师。铨驰奏言:"敌山川险易,我未能悉知,悬军深入,保无抄绝?且突骑野城,敌所长,我所短。以短击长,以劳赴逸,以客当主,非计也。昔胪朐河之战,五将不还,奈何轻出塞。为今计,不必征兵四方,但当就近调募,屯集要害以固吾圉,厚抚北关以树其敌,多行间谍以携其党,然后伺隙而动。若加赋选丁,骚扰天下,恐识者之忧不在辽东。"铨所策辽事甚密,使从其言,可无丧师之祸。高邦佐传。字以道,襄陵人。天启元年,辽阳破,起参政,分守广宁。熊廷弼、王化贞构隙,邦佐知辽事必败,累乞归。方报允,而化贞弃广宁逃。夜作书诀母,策骑趋右屯谒廷弼,言:"城中虽乱,敌尚未知。亟提兵入城,斩一二人,人心自定。公即不行,请授邦佐兵赴难。"廷弼不纳。如邦佐策，广宁虽未必保，然廷弼可不死。东事之坏，或当稍愈。惜其皆不见用，徒以一死报国，不得不为人才叹也。又邓藩锡传。字晋伯，金坛人。崇祯十五年迁兖州知府，甫抵任，已闻大清兵入塞，亟缮守具。未几，四万骑薄城下，藩锡走告鲁王曰："郡有吏，国有王，犹同舟也。列城失守，皆由贵家惜金钱，而令婆人、饿夫列陴捍御。夫城郭者，我之命也。财贿者，人之命也。我不能畀彼以命，而望彼畀我以命乎？王诚散积储以鼓士气，城犹可存。不然，大事已去，悔无及矣。"王不能从。此云"不能畀彼以命即不能望彼畀我以命"，语极切至，而亦极平常，而人每思虑不及，此所以天下多乱也。午后沈敬仲到，言石公后至，且当俟之。

三日　发一航空信寄王苏宇。阅《明史》卷二百九十二《忠义传》四阮之钿传。字实甫，桐城人。以诸生保举人才，授谷城知县。崇祯十一年正月，之钿未至，张献忠袭陷其城，据以求抚。总理熊文灿许之，处其众数万于四郊，居民汹汹欲窜。之钿至，尽心调剂，民稍安，乃上疏言："献忠虎踞邑城，其谋叵测。所要求之地，实兵饷取道咽喉，秦、蜀交会脉络，今皆为所据。奸民甘心效用，善良悉为迫胁。臣守土牧民之官，至无土可守，无民可牧。库藏殚虚，民产被夺，无赋可征。名虽县令，实赘员尔。乃庙堂之上专主抚议，臣愚妄，谓抚剿二策可合言，未可分言，致损国威而挫士气。"张克俭传。字型屯，禹留人。崇祯十二年擢湖广佥事，监郧、襄诸军。杨嗣昌镇襄阳，深倚仗之。张献忠、罗汝才之败也，小秦王、浑世王、过天星等皆降，嗣昌处之房、竹山中，命克俭安辑。而诸贼得免死牌，莫肯散，自择便地，连营数百里。时河南、北大饥，流民就食襄、汉者日数万，降卒多阑入流民中。克俭深忧之，上书嗣昌曰："襄阳自古要区，本朝管钥献陵，视昔尤重。近两河饥民云集，新旧降丁逼处其间，一夫叫呼，即足致乱。况秦兵以长、武之变，西归郧、房。军府粗立，降营棋置，奚啻放虎自卫。紫、汉、西、兴，初无重门之备，何恃不恐。"此一疏一书，皆关当时全局安危，而皆不见省。

嗣昌且报书克俭曰："昔高仁厚六日降贼百万,迄擒阡能,监军何怯耶?"不知事势有不同,且史多夸词,岂可尽信也。卒之二臣皆死监军。佥事张大经奉文灿令镇抚谷城,竟降于贼。襄阳知府王承曾竟以遁免。贤愚杂用,邪正混淆,则宜其丧乱也。梁志仁传。南京人。万历末年举于乡。崇祯六年授衡阳知县,调罗田。贼大扰湖广,志仁日夕儆备。罗汝才谓左右曰:"罗田城小易克,然梁君长者,吾不忍加兵。俟其去,当取之。"会邑豪江犹龙与贼通,志仁捕下狱。犹龙知必死,潜导汝才别校来攻。八年二月猝攻城。城陷,志仁持长矛巷战,杀六贼,力屈被絷,贼碎其支体,焚之。妻唐亦被害。汝才在英山,闻之,驰至罗田,斩其别校,曰:"奈何擅害长者!"以锦绣敛其夫妇尸。汝才绰号曹操,此举绝类阿瞒所为,然亦可见恻隐是非之心,虽恶人,不能尽泯灭也。志仁守罗田,以内贼陷,与郝景春字和满,江都人。守房县,因指挥张三锡启北门纳汝才兵而不守正同。汝才之降,实由景春之与之歃血盟矣。乃汝才不忍于志仁而忍于景春,且杀其子鸣銮,恶人所为,信难理测哉!

四日 发一信与悌儿。《春秋》看至成十六年。《明史》卷二百九十三李贞佐字无欲,安邑人守郏县死,鲁世任字愧尹,垣曲人。守郑州死,皆出曹于汴之门。世任又交绛州辛全,辛复元之名,于此一见。以崇祯十年来知州事,建天中书院,集士子讲肄其中,远近从学者千人。十三年秋,给事中范士髦荐世任及临城诸生乔己百、内邱太原通判乔中和于朝,称为德行醇儒,堪继薛瑄、陈献章之后。乞召试平台,置左右备顾问。世任尚见于《忠义传》,而己百、中和皆湮没不闻于世,惜夫。冯云路,字渐卿,黄冈人。年三十即弃诸生,从贺逢圣讲学,寓居武昌,著书数百卷。贼将渡江,贻书逢圣曰:"在内,以宁湖为止水;在外,以汉江为汨罗。"宁湖者,云路谈经处也。城既陷,乘桴入宁湖。贼遣使来聘,遥应曰:"我平生只读忠孝书,未尝读降贼书也。"遂投湖死。其同邑熊寔,字渭公,亦移居武昌。喜邵子《皇极书》,颇言未来事。十六年元旦,尽以所撰《性理格言》《图书悬象》《大易参》诸书付其季弟,曰:"善藏之。"城破前一日,贻书云路言:"明日当觅我某树下。"及期,行树傍,贼追至,跃入荷池以死。祝万龄咸宁人师乡人冯从吾,举万历四十四年进士。累官保定知府。天启六年,魏忠贤尽毁天下书院,万龄愤。逆党李鲁生遂劾万龄倡讹言,谓天变、地震、物怪、人妖,悉由毁书院所致,非圣诬天实甚。遂落职。崇祯初,用荐起黄州知府,集诸生定惠书院,迪以正学。居三年,迁河南副使,监军磁州。以平回贼功加右参政。已,坐失事,削籍归。西安陷,万龄深衣大带,趣至关中书院,哭拜先圣,投缳死。是皆儒者之列,而不幸仅以忠义显者也。宝丰之陷也,举人李得箬短衣杂众中,为所执。贼谋主牛金星者,故举人也,劝贼重用举人,贼所至获举人,即授以官。得箬终不自言,贼莫知其为举人也,役使之,不肯。伺贼寐,将刺之,贼觉,被杀。或告贼曰:"此举人也。"贼惧,弃其尸去。见李贞佐传。知有薛闻礼者,武进人。由府吏官黄陂典史。岁歉,民逋漕粟。闻礼奉使过汉口,贷于所知得千金,以代民逋。十六年,张献忠陷黄陂,爱闻礼才,挟与俱去,暮即亡归。会贼所设伪官为士民杀死,闻礼曰"祸大矣",令士民远避,而己独留以当之。俄贼至,将屠城。闻礼挺身曰:"杀伪官者,我也。"贼欲活之,詈不止,乃见杀。见夏统春传。陈万策,江陵人,天启中,与同邑李开先先后举于乡,并有时名。崇祯十六年正月,李自成据襄阳,设伪官。其吏政府侍郎石首喻上猷,先为御史,降贼,荐两人贤可用。自成遣使具书币征之。万策隐龙湾市,贼使至,叹曰:"我为名误,既不能奋身灭贼,尚可惜顶踵耶?"夜自经。贼使至开先家,开先瞋目大骂,头触墙死。此数人者固难得,然亦见流贼尚知尊重学行之士,以视今之倡乱者,尚在其上也。

五日 连日天晴,阳光满室,为之一振。午后偕敬仲同至湛翁处,谈书院规制及将来计划甚悉,当推某起草。《明史》卷二百九十五《忠义传》汤文琼传。字兆鳌,石埭人。授徒京师,京师陷,慨然语其友曰:"吾虽布衣,独非大明臣子耶? 安忍见贼逆君篡国。"乃书其衣衿曰:"位非文丞相之位,心存文丞相之心。"投缳而卒。福王时,给事中熊汝霖上疏曰:"北都之变,臣传询南来者,确知魏藻德为报名入朝之首,梁兆阳、杨观光、何瑞徵为从逆献谋之首,其他皆稽首贼庭,乞怜恐后。而文琼以闾阎匹夫,乃能抗志捐生,争光日月。贼闻其衣带中语,以责陈演,即斩演于市。文琼布衣死节,贼犹重之,不亟表章,何以慰忠魂、励臣节。"乃赠中书舍人。吾向谓,是非之心,虽恶人不尽泯灭,于此益信矣。耿廷箓传<small>临安河西人。</small>知耀州,有能声。十五年夏,疏陈时政,言:"将多不若将良,兵多不若兵练,饷多不若饷核。"又言:"诸臣恩怨当忘,廉耻当励。小怨必报,何不大用于断头饮血之元凶;私恩必酬,何不广用于鹄面鸠形之赤子。"此言至可玩味。王乔栋传。<small>雄县人。</small>官朝邑知县。县人王之寀为魏忠贤所恶,坐以赃,下乔栋严征。乔栋不忍,封印于库而去。而其事亦难能也。又卷二百九十三鲁世任传末云,河南凡八郡,三在河北,自六年蹂躏后,贼未再犯。其南五郡十一州七十三县,靡不残破,有再破三破者。城郭丘墟,人民百不存一,朝廷亦不复设官。间有设者,不敢至其地,遥寄治他所。其遗黎仅存者,率集山寨自保,多者数千人,少者数百。最大者,洛阳则李际遇,汝宁则沈万登,南阳则刘洪起兄弟,各拥众数万,而诸小寨悉归之。或附贼,或受朝命,阴阳观望。独洪起尝官副总兵,颇恭顺。其后诸人自相吞并,中原祸乱于是为极。此述乱后事,又可为后世鉴戒也。

六日　敬仲邀在新滋美午饭,除书院同人外,惟张真如而已。便到兴发街一看,午后四时始回山。得唐鸣春十月十九日严州来信。寄一航快信与一之、一快信与振流,告以十五前后赴渝。《明史》卷二百九十六《孝义传》一。麹祥,字景德,永平人。永乐中,父亮为金山卫百户。祥年十四,被倭掠。国王知为中国人,召侍左右,改名元贵,遂仕其国,有妻子,然心未尝一日忘中国也,屡讽王入贡。宣德中,与使臣偕来,上疏言:"臣凤遭俘掠,抱衅痛心,流离困顿,艰苦万状。今获生还中国,夫岂由人。伏乞赐归侍养,不胜至愿。"天子方怀柔远人,不从其请,但许给驿暂归,仍还本国。祥抵家,独其母在,不能识,曰:"果吾儿,则耳阴有赤痣。"验之信,抱持痛哭。未几别去,至日本,启以帝意。国王允之,仍令入贡。祥乃复申前请,诏许袭职归养。母子相失二十年,又有华夷之限,竟得遂其初志,闻者异之。又曾鼎,字元友,泰和人。祖怀可,父思立,并有学行。元末,鼎奉母避贼。母被执,鼎跪而泣请代。贼怒,将杀母,鼎号呼以身翼蔽,伤顶肩及足,控母不舍。贼魁继至,悯之,携其母子入营疗治,获愈。行省闻其贤,辟为濂溪书院山长。洪武三年,知县郝思让辟教设学。鼎好学能诗,兼工八分及邵子数学。此二人,一事异,一学著,故特录之。

　　七日　属稿书院章程粗定。晚在湛翁处谈某归浙准备,定与敬仲同行,到渝候船再说。倪沧舲有信来,前后款皆收到。王后知、十二月一日发。王子羲、十一月十六日发。礼侄、鸢飞亦各来一信。鸢飞即将还京矣。

　　八日　早起至乌牛尾散步,忽见云海甚奇,真得之意外也。覆鸢飞一快信。为书院拟定学规。晚在湛翁处稍有商略,未竣事。

　　九日　入城看厚侄病,告以宜服白合清肺热。午后回山。《明史》卷二百九十七《孝义传》二,如杨成章、丘绪寻母,王原之寻父,黄玺之寻兄,几经曲折而复归于合,真若有鬼神助之者,可作传奇读也。吏如何麟,奴如阿寄,其事亦卓卓。夏子孝字以忠,桐城人九岁割股疗父疾,里老以闻于官,督学御史胡植即令入学为诸生,月廪之。知府胡麟复属贡士赵简授之经。嘉靖末,父卒,庐墓,独居荒山,身无完衣。后历事王畿、罗汝芳、史桂芳、耿定向,获闻圣贤之学。定向为督学御史,将疏闻于朝,固辞曰:"不肖不忍以亡亲贾名。"乃止。由孝子而为醇儒,尤难能矣。寄一挂号信与钱子厚,将所为冬饮翁传稿附去。晚陪敬仲在尔雅台坐。

　　十日　为接洽汽车进城,与星贤同在厚侄处午饭,卓然允代托人设法。薛廓五与锦文侄女各来一信。《春秋》看成十七、十八两年。成公毕，襄公以下则俟到杭州后再续看矣。《明史》二百九十八隐逸张介福传。字子祺，自怀庆徙吴。张士诚入吴，有卒犯其家，危坐不为起。刀斫面，仆地。醒，复取冠戴之，坐自若。卒怪，以为异物，遂去。此事若可笑，然亦可见不为物动，物亦莫能害也。杨引传。吉水人。教学者，先操履而后文艺。尝揭《论语·乡党》篇示人曰："吾教自有养生术，安事偃仰吐纳为。"乃节饮食，时动息，迄老视听不衰。杨黼传。云南太和人。好学，读五经皆百遍。工篆籀，好释典。或劝其应举，笑曰："不理性命，理外物耶?"注《孝经》数万言，证群书，根性命，字皆小篆。寿至八十。之二人者，不独隐者之流，直儒林之选矣。

十一日　阅《明史》卷二百九十九《方伎传》。周述学字继志，山阴人。读书好深湛之思，尤邃于历学，撰《中经》，用中国之算，测西域之占。又推究五纬细行，为《星道五图》，于是七曜皆有道可求。与武进唐顺之论历，取历代史志之议，正其讹舛，删其繁芜。又撰《大统万年二历通议》，以补历代之所未及。自历以外，图书、皇极、律吕、山经、水志、分野、舆地、算法、太乙、壬遁、演禽、风角、鸟占、兵符、阵法、卦影、禄命、建除、葬术、五运六气、海道针经，莫不各有成书，凡一千馀卷，统名曰《神道大编》。嘉靖中，锦衣陆炳访士于经历沈炼，炼举述学。炳礼聘至京，服其英伟，荐之兵部尚书赵锦。锦就访边事，述学曰："今岁主有边兵，应在乾艮。艮为辽东，乾则宣、大二镇，京师可无虞也。"已而果然。锦将荐诸朝，会仇鸾闻其名，欲致之。述学识其必败，乃还里。总督胡宗宪征倭，招至幕中，亦不能荐，以布衣终。此天下异士，乃方伎目之哉！晚在湛翁处商其所为书院组织。

十二日　进城将镯子卖去，得七万七千元。得汪静斋信，乃寄由厚侄转者，赙其夫人三千金，已收到矣。《明史》卷三百一至三百三《列女传》，有数人数事颇异，因录之。黄善聪者，南京人。年十三失母，父贩香庐、凤间，令善聪为男子装，从游数年。父死，善聪习其业，变姓名曰张胜。有李英者,亦贩香,与为伴侣者逾年,不知其为女也。后偕返南京看其姊,姊初不之识,诘知其故,怒詈曰:"男女乱群,辱我甚矣。"拒不纳。善聪以死自誓,乃呼邻妪察之,果处子也。相持痛哭,立为改装。明日,李来,知为女,怏怏如失,归告母求婚。善聪不从,曰:"若归英,如瓜李何?"邻里交劝,执益坚。有司闻之,助以聘,判为夫妇。善聪自难得,若其姊持论如此,亦非常人也。孙义妇,慈溪人。归定海黄谊昭,生子湆。未几夫卒,孙育之成立,求兄女为配。甫三年,生二子,湆亦卒。时田赋皆令民自输,孙姑妇相率携幼子输赋南京,诉尚书蹇义,言:"县苦潮患,十年九荒,乞筑海塘障之。"义见其孤苦,诘曰:"何为不嫁?"对曰:"饿死事极小,失节事极大。"义嗟叹久之,次日即为奏请,遣官偕有司相度成之,起自龙山,迄于观海,永免潮患。慈溪人庙祀之塘上。是则不独以节著,且有功德及于乡里矣。宣城刘庆妻冯氏,年十九夫亡,誓言守节。其娣姒讽之曰:"守未易言,非咬断铁钉者不能。"冯即投袂起,拔壁上钉啮之,割然有齿痕。复抉臂肉钉著壁上曰:"脱有异志,此即狗彘肉不若。"已而遗腹生子,曰大贤。长娶李氏,大贤又夭,姑妇相守至老。卒,取视壁钉肉,尚韧不腐,齿痕如新。咬铁钉一事不独可教妇人,兼可教男子也。慈溪沈氏六节妇。章氏,祚妻。周氏,希鲁妻。冯氏,信魁妻。柴氏,惟瑞妻。孟氏,弘量妻。孙氏,琳妻。所居名沈思桥,近海。族众二千人,多骁黠善斗。嘉靖中,倭贼入犯,屡歼其魁,夺还虏掠,贼深仇之。一日,贼大至,沈氏豪誓于众曰:"无出妇女,无辇货财,共以死守,违者诛。"章亦集族中妇女誓曰:"男子死斗,妇人死义,无为贼辱。"众竦息听命。贼围合,群妇聚一楼以待。既而贼入,章先出投于河,周与冯从之。柴方为夫砺刃,即以刃斫贼,旋自刃。孟与孙为贼所得,夺贼刃自刺死。时宗妇死者三十馀人,而此六人尤烈。吾谓六人中,柴尤凛凛矣。劭氏,丹阳大侠邵方家婢也。方子仪,令婢视之。故相徐阶、高拱并家居,方以策干阶,阶不用,即走谒拱,为营复相,名倾中外。万历初,拱罢,张居正属巡抚张佳胤捕杀方,并逮仪。仪甫三岁,捕者以日暮未发,闭方所居宅,守之。方女夫武进沈应奎,义烈士,负气有力,时为诸生,念仪死,邵氏绝,将往救之。而府推官与应奎善,固邀饮,夜分乃罢。武进距方居五十里,应奎逾城出,夜半抵方家,逾墙入。婢方坐灯下,抱仪泣曰:"安得沈郎来,属以此子。"应奎仓卒前,婢立以仪授之,顿首曰:"邵氏之祀,在君矣。此子生,婢死无憾。"应奎匿仪去,晨谒推官。旦日,捕者失仪,系婢毒掠,终无言。或言于守曰:"必应奎匿之。"奎所善推官在坐,大笑曰:"冤哉! 应奎夜饮于余,晨又谒余也。"会有为方解者,事乃寝。婢抚其子以老。不图方之侠、应奎之义,反因此婢以传,婢非女丈夫哉?

十三日 徐哲东偕渭南严谷声来访,旋又访湛翁。萧一之、聂敬春各来一信,一之上海救济分署在四川路一八五号。改《发茅台村至赤水诗二首》,曰:"昨过乌江道,今登赤水船。河由渡子凿(清乾隆中,张广泗开赤水河,其次弟皆本之米粮渡渡船夫。吴登举见《仁怀厅志》),村以酒名传。寒日移高嶂,飞鸿入远天。谁知烽火逼,却得浪游便。""长物两书箧,浮身一客篷。危惊崩岸石,寒慄过滩风。村市鱼盐盛,岩居竹树丛。晚来望城郭,灯火雨声中。"

十四日 连日检行李。晨敬仲送湛翁所作《致董会备忘录》及《改订书院规制刍议》来阅,大抵仍本简章。湛翁之学文胜于质,其异时成就人物,恐亦多文士耳。二哥已移居天青街四三二号,今日有信来说如此。信本月五日发也。一湖有覆,住大梁子新都招待所,信则八日发。晚与敬春在尔雅台谈。

十五日 写一信与宜之侄,附覆后知一函。一信与鼎女、一信与王光熹,并托允明代汇鼎女、王光熹各一万元,由农民银行汇去。阅《明史》至《宦官传》止。检点行李粗毕。晚在尔雅台谈。

十六日 发一信与锦文,告以书院东归,可挈之偕去。起行李进城,湛翁饯于玉堂街新滋美酒馆,除书院诸君子外,有邓南屏。南屏亦旧时书院参学也。晚同敬仲宿凌云中学。副校长曰杜道生,本县人,与星贤、立民为北大同学,故星贤、立民亦陪同宿于此,取其与才站近也。在厚侄处晚饭。饭前偕星贤至水井冲看警备副司令刘琦生,未遇。刘,遵义人,汽车票由其派人购取,故往拜之。晚,刘到凌云中学相看,并托捎一信与其妹。妹夫某阵亡于丽水,妹住杭州仁和路二号。湛翁有诗赠敬仲,亦赠予一绝。

十七日 早未明即起。临行,杜道生赠《志学月刊》三册。第十四、十五、十六三期。星贤、立民送至车站,以行李多,车站拒不肯扣牌。赖刘琦生来向站长关说,乃扣牌三件,馀二件别置于车前顶上。刘嫂亦同车。车拥挤不堪,又无坐位,各坐于行李之上,于是强有力者可以稳坐,老惫如余与敬仲,则夹于稠众中任其揉搓矣。幸车尚速,午憩于荣县,晚抵内江招待所。客满,不得已,乃投宿于榕村旅社。车票六千七百一十元,行李加价一千二百一十元。上力四百,下力挑至旅社千二百元,外车力四百元,半途所雇。敬仲随行李、挑夫步行,矍铄哉,是翁也。

十八日 午与敬仲同至宪兵第二团团部看董副官,托其代购到重庆车票。董名希鹏,河北束鹿人。董未在,乃看其团长林同门,林为川人。坐少顷,董回。晚,敬仲邀董在大鸿楼小酌,时董已到车站,得站长字条,允明早卖票矣。饭后遂回榕村别墅,夜未成眠,四时即起。

十九日 车八时始开。立候车站者两三时,幸董副官来招呼,行李乃得上车。车价七千八百五十元,行李加重四千一百九十二元,扣行李五百元,由榕村运至车站八百元。到重庆后行李下力二百元,挑至美专校街七百元。以带行李,所费乃过于车票矣。榕村两宿一千五百元,每饭皆敬仲会钞。午饭于永川,计到重庆所费共两万五千六百六十二元。至振流家,夫妇皆不在,乃自令佣妇备晚餐。忽顾哲民来,言锦文侄女夫妇即住对面十三号。到十三号,锦文亦不在。时倦极欲睡,与仲武数语即回,饭后摊行李便卧。夜十时后,振流夫妇始归,亦只交一语。盖内江到重庆车较乐山到重庆车,虽有坐位,而坐位极隘,两足亦不能屈伸,又加之连夜未得好睡,宜其疲惫不堪也。

二十日　早起,有一河北人张姓者,大兴籍。邀振流夫妇到上清寺滋美食堂食早点,不得已与之偕往。菜肉包子粗可,烧卖大不佳,号称扬州点心,实则广东作法,又广东之下□也。寄一航快信与一之,一信与徐百炼。午后沈敬仲来,约于两三日内同去看董会诸公。邀振流同至南区公园松野访谢章浙,已移他处矣。

二十一日　雨,终日未出户。发一信与星贤、立民。

二十二日　午后敬仲来,同看陈霭士、沈尹默、屈文六。惟屈文六不在,留片而去。旋到都邮街董会见虞逸夫,又敬仲之第六子离祥,在邮局任事者,亦在。虞逸夫请吃面。俄羊宗秀来,知倪沧舲一家皆候船在渝,其长子光中方病,乃同至林森路一看。即乘人力车回,车钱八百元,宗秀付。

二十三日　昨日初晴,今晨又飘雨矣。与振流同至三新池洗澡,澡后身体为之一轻。过国际电台访卓嘉杰,则已赴汉口改就铁路事。顾哲民邀至其家午饭。穷公务员偏好作东,拒之不能,食之滋不安耳。晚振流之友英倚泉由莫斯科回,来谈欧陆近情,杌陧盖甚于战前,人之好乱,一至此哉!

二十四日　到莲花池后街宁医师处,将昆明带来书籍、棉袍取回,再乘汽车至林森路看光中病。午后邀何亚谋同至青年大厦看李培恩,即留晚饭。饭后到董会办事处一走,乘气车回已八时后矣。本日雨,行泥泞中,甚苦。

二十五日　早朱学诚来相看。寄一信与苏宇,一信与湛翁。栋孙亦来。是日为振流生日,客颇多。午后敬仲自化龙桥看吴敬生回,亦来谈片刻。

二十六日　徐百炼来函,问美专校街坐落及从何道来,覆以一束。至新都招待所访彭一湖,同到松鹤楼午餐。餐后看王举廷,举廷邀明日在留俄同学会午饭。复折返一湖寓,与之同到上清寺看张东荪、梁漱溟。又至中外出版社看孙伏园。伏园未遇,即在五味和晚饭,由一湖作东。

二十七日　再看孙伏园,未遇。在留俄同学会午餐,座有李培恩、何亚谋及沪江大学商学院长周珪。午后书院董事会开会,得见寿毅成、朱惠清等,并与惠清接洽到杭后支款事。晚请吃饭,饭后由萧化之汽车送回。化之,宝庆人。

二十八日　重检点箱椷,盖豫备乘飞机行,虞过重也。义侄由沪来一信。卢氏侄妇由北碚来相看,以四千元交其带与悌儿,二千送包叔青衾,与槿、构两孙各一千,又与家桐一千。晚朱学诚邀在五味和吃面。胡铭仁亦来看我,因同去。胡与朱亦多年未见矣。

二十九日　张汝舟来一信,附有诗说十三则。与振流同至云南兴文银行看李一平,未遇,留一名刺回。一湖来看。

三十日　早徐百炼来,俄吴景贤又来。百炼、景贤皆欲请我吃饭,乃与同至五味和吃面,由百炼会钞。一之来一信,言借住南市西门方斜路念慈小学,并附一函至杨亚仙,嘱为我运行李。亚仙住陕西路灯笼巷民生招待所,午后访之未遇,约明日十时再去。

三十一日　再到灯笼巷寻杨亚仙,仍未遇,乃留一信托之,并将一之信附纳。归途过办事处见虞逸夫,知飞机票尚未接洽。沈敬仲于昨日回哥乐山矣。王星贤寄来一快信,乃二十二日发者。

一九四六年

一　月

元日　王鸢飞来。发一航空信与一之，寄东甫、培儿、悌儿、薛廓五各一信。午后李一平来看，谈昆明学潮事甚悉。傍晚一湖与公敢来坐，片刻去。

二日　早顾哲民来。杨亚仙命范作之来相看，言行李可直送朝天门信义街二号民生公司护航大队部胡股长醒亚转运到沪。范名力大，贵州麻江人。又写一片介绍湖南衡阳李况松，言其收藏古物甚富，可以一看。其人本在部队多年，而好与文人往来，亦难得也。发一信与伍正谦转寿卿，一信与汪静斋。午后朱学诚来，信即托其交邮。薄暮宗瑾如侄媳带平子来，云住春森路八号，在兴业公司后，相距咫尺耳。

三日　寄一信与钟道铭。李若竹来看，捎得陈真如与黄季宽一信，廖廖数语，知真如近日之忙也。

四日　早便血甚多。与振流同到乐园吃馄饨、烧饼。兴锐侄忽来,乃与同至春森路看宗瑾如,并留一片候其老翁。旋至董会办事处,适吴敬生送介绍杭州农民银行尹经理志陶信到。虞逸夫连打电话催姚味辛,但云勿急,定于最近送我飞京云云。又至兴义街二号护航大队部回看范作之。归途经宣传部,忽遇程景璋,盖在该部任校对也。晚家栋侄孙来,明日乘飞机行矣。

五日 至沙坪坝南开中学看唐炳昌、李平阶。在牛角沱上车时遇李培恩,亦至沙坪坝访人也。见唐炳昌,言林伯尚滞于重庆,假寓天星桥中正中学,遂与唐、李二人同至中正中学,而林伯适他往,乃乘人力车至小龙坎转车回。回后而林伯来,知买宜昌船票不得,而资斧殆尽矣。今在重庆者,不知若干人如此而无可告诉,何说之有?

六日 林伯复来,伍寿卿亦来,并留之午饭而去。饭后储安平来,住中英文化协会,相去不远也。晚张君约来。乐山转来王苏宇一信、倪东甫一信、钱子厚一信、邱志州一信、林轶西一信、尹石公一信、张先雯一信、杏城侄女一信、培儿、鼎女各一信,聂敬春一信。又苏宇自昆明径来一信,宁永实转来苏宇一信。郑氏媳于十一月廿六日午前十一时举一男,以嗣外家,命名曰吴家栖,梅孙则仍复本姓。

七日 午后偕振流回看张君约、储安平。晚程景璋来,羊宗秀来。

八日 连日便血不止,不得已乃寻宁永实诊看。永实介绍但功泽为疗治,但言系内痔,乃开一方,并嘱用安那苏,早、晚塞入直肠,可以暂愈,到京则非施用手术割去不可。诊金一千,配药一千五百元,安那苏八千元,连车费共花一万一千元矣。午后与振流看萧化之,未遇。顺至特园看一湖,盖君约言一湖已移住此,实则未移也。因遇罗子为,不知开什么会也。悌儿寄来一信,附两孩照片。又包淑青之子蔚文一信。湛翁寄来一快信,聂敬春一信、蒋礼鸿一信,并由乐山转来者。敬春信内亦附照片一帧,并索前在大夏充当书记证件。

九日 发一快信与湛翁,写八日。一信与敬仲,亦写八日。一快信覆敬春,一挂号信托顾文藻补发敬春书记委状,又一信覆培儿。午前羊宗秀来,言东甫夫妇不日来渝,沧舲母子不日飞京矣。午后与振流同至沧舲寓一走。顺道看虞逸夫,未遇。

十日 晨寿卿来。培儿及子慧各来一信,皆由乐山转到。发一信与东甫,阻其来渝,盖乘船以春水发后较宜也。又寄苏宇一信,允为竹庄作记,但须候至杭州后耳。虞逸夫命人送款十万来,覆以一书,嘱转商姚味辛,飞机有期径通知我,免以转折耽误。午后鼎女又来一信,由乐山转到,信十二月十五发,为索款,不知款于是日寄淑矣。

十一日 将一箱、一铺盖卷送交护航大队副队长胡醒亚,托其交人运沪,由一之收。发一信告一之。又寄一信与邱志州。本日报载中央与共产党于昨各下停止兵事令。薄暮,一湖偕萧亮如来。

十二日 寿卿来,午饭后去。发一信覆子厚,一信覆张汝舟。五时与振流到特园看一湖,遇之于途,未多谈。晚逸夫送飞机三联单与机票、款八万四千来。哲民来相看。

十三日 未起床敬仲即来,盖于昨日入城也。发一信与星贤,告以行有日矣。又覆子慧一信、先雯一信。午后与振流同至航空公司,则已卖票,乃一面留振流买票,一面回美专校街收拾行李。过磅,仅收一箱,一铺盖过重,仍取回,交振流再设法由水道运京。归途过十三路访莽大龄,尚未赴吉林也。晚锦田侄女来。

十四日 一夜殆未眠,五时即起。振流送至机场,虞逸夫亦来送。以有雾,机至十时半始起飞。一时一刻过汉口,稍停,进午餐。四时半抵南京光华门机场,由公司汽车送至新街口,再乘人力车到天青街老宅。离家八年,而大兄、大嫂皆不可再见,入门不能不一恸也。七侄三女一男,长女曰维建、次女曰维淳、三女曰维京,男居第四,曰家栻。栻酷似其父幼时,今四岁矣。七侄妇又有妊,长房人丁此支为独旺矣。大侄妇在母家未归,栋孙到京,翌日即又去沪。得薛廓五福音里一信。

十五日 晨九时至双石鼓见三哥,再与同至宁海路见二哥。车过王达五新寓,入门匆匆与数语而别。二哥、二嫂并见衰态。午饭后闻伯沅小女在山西路工务局,甚近,命六侄妇即其姊呼之来一见。因念伯沅,为之心痛。三侄妇电话告知马元放,元放旋来,言沧舲母子今日飞回,邀至其翠明村新寓晚饭,与三哥同去。饭后沧舲等始到,盖今日重庆雾尤重,机至一时后始起飞也。八时后由元放车送余兄弟各回。得道铭一信。

十六日 早苏三哥邀往刘长兴食蟹包,蟹自备也。在宏侄处午饭后,到仁厚里伯沅灵前一哭。又至其墓看之,此只可权厝,非久计,终须迁葬耳。回至三哥处晚饭,即宿其处。陈以文来访,未遇。寄一航快信与湛翁。

十七日 元放邀余弟兄等及宏侄在马祥兴午饭。饭后到奇望街邮政总局看拱稼生,交一万元托其转由曹子式分送黄氏兄弟及丁孝宽,并附一信与仲素。旋至堆草巷十一号看王秉之。其子世泽求为谋事,渠在警校毕业者也。晚应郑仲青约,在其家晚饭。寄一航快信与虞逸夫,并附一信与敬仲。亦书六七日矣。一信与宗秀,又一信与一之。

十八日 看伍仲文、伍立仲。午后去住九儿巷苏三舅。三舅送鱼、虾、蛋、野鸭来,即邀其同至天青街午饭,二、三两兄并在。

十九日 看杨二老太、王东培,在东培处遇王正成。午后看陶甲三、陆凤孙,宿三哥处。

二十日 早甲三带其侄桂芬来。与三哥同至天青街烧包。午前洪北平来,维琳夫妇来,刘学忠、鄞县人。王廷颐来。午后看陈匪石、霍秋崖。宿天青街。

廿一日 寄一快信与戴刚伯,一航空信与唐玉虬。上午看侯少涵,在双石鼓午饭。饭后到龙蟠里看柳劬堂,未见,回至珠宝廊棋园看下棋。晚在天青街宿。钱、张、姚三人来。一信招往贵大。

廿二日 夜忽下泻。寄一信与培儿,一信与悌儿。检点行李。过三哥处,食三馒头。至百子亭翠明村八号元放家宿。适刘学忠夫妇来,乃至其家晚饭,食粥一碗、烧饼半块而已。由刘配药两种相送。晚八时后,元放乘车接回。

廿三日　晨由王铸舜送至车站。头等车票三千六百元,而上车稍迟便无座位,谁谓京沪路已如常哉。到上海站,幸遇张道镕接客,乃乘其车至赫德路义侄处。晚饭后到陕西北路(旧西摩路)宗伯宣处,遇佘雨东之弟曰文波者,知汪夷白之妻在上海,而徐作人亦在其家教读。与伯宣略谈,约后日晚邀同人聚于其家,乃携两衣箱而归。

廿四日　发一信告湛翁,一信告敬仲,皆航快。又一航信与厚侄,一信与元放夫妇。午前到古柏公寓看徐作人,即在其家午饭。饭后其侄伯儒归,复邀后日晚晚饭。与作人同到西爱咸斯路和村看翁铜士,今年七十七矣。再到善钟路七十五号看一之,未遇,留一字,约晚间与之会于赫德路。归途过古柏古寓,至七十二号晤李亦卿,知徐益修已回南通,住祠街十五号。回寓,一之已到,言苏宇汇款十五万已收,又交十五万与之。又言旧存约及四十万,详数待算方知也。

廿五日　早顾济之来相看,约明日至威海卫路同孚路口民立中学,与廖、黄诸旧游相会。与宜之至戈登路徐宅看朱惠清,则已移寓福履里路茂龄别墅一号,电话号码为七一二六三。通电话问之,其妻云已赴杭州,晚归沪度岁。午饭后紫榴夫妇来拜。发一信与二哥,一快信与唐子琨。看王后知后赴伯宣约,到者翁铜士、徐作人、叶溥孙、刘丙孙及其子孚容、丁某(雷夏女婿之兄也)、黄花农、徐伯儒及宜之侄,又铜士嗣王仲骅。交一千元与花农,托其带交月三之子若孙。

廿六日　早一之来。发一航快信覆钱子厚等,一信寄彭重熙。赴顾济之约,得晤陆高谊、廖复生、黄式金、顾雍如,同饭于同孚路绿杨村。晚在徐伯儒家晚饭,宜之侄亦同去。

廿七日　早检点行李,备赴杭。在一之家午饭,吴毅夫亦在。车票由一之买好,价二千零七十元。饭后邀作人同至伯宣处谈,并电话招吴梅孙来,八时始归。

廿八日 夜三时后即起,五时雇汽车到北站,价一千六百,小账四百,共二千元。到时天尚未明,而久之始得一坐,其拥挤正不下于京沪车也。十二时后到,假寓农行,其经理落寞之甚,仅由庶务曰董乃荣者招呼而已。在六聚馆食面后即看朱惠清。发一电与敬仲催款。访黄文叔、李立民,皆未遇,见余樾园,亦言觅屋不易。往来奔走,车费几及千元而无眉目,懊恼至矣。由朱惠清手取十万元,出一约具,亦平生所未曾作也。买一面盆、一雨伞,面盆一千五百元,雨伞六百五十元。

廿九日 早起即看黄文叔,邀与同乘车至平安里看伍少樵。寿卿之屋尚完整,然住户混杂,已成北方所谓大杂院,可叹也。过城隍山,访般若精舍照悲师,一朴实汉。留予午饭,粗粝菜羹,犹寂云家风也。至蒲场巷浙江大学,乃知夏、任二君皆住平湖秋月师范学院,再驱车至湖上访之。过新民路图书馆,留一片与陈博文。在岳坟与夏、任及王、徐诸君晚面后归寓,与心叔约定明日午后迁寓湖上。晚用电话询立民,至其寓谈至八时后归。董会与黄季宽及民财建三厅函,并托其转达,立民允为尽力,所恃者此耳。买信封、信纸二百八十元,一磁杯三百元,车费共一千一百元。

三十日 早约文叔同至钱塘门看竺鸣涛、罗露天,将董会信及赠书交与。步行归寓,欲出门午饭,适遇尹志陶邀与同饭,并坚留不令迁,不得已应之。午后三时心叔来,告以其故。因脚冷,乃与同走访黄胜白于其妹夫文君家,在开元路青年路口。遂留晚饭,八时半始归。门者谓立民有电话来,邀明日午饭,请帖已送哈同花园,正欲以电话覆之,电话又来,乃允于明日十二时准到。发一信与三哥,一信与宏侄,一信与义侄,一信与一之,一信与作人、伯宣。又有信与立民,告以暂不迁居。立民因见此信,故更来电话见约也。湛翁所开城内各大住宅,交露天代为调查。

三十一日 写一信寄敬仲,一信寄湛翁,皆付航空快递,误书三十日。应立民午饭之约,因得见许绍棣、余铁珊。饭后回寓小憩,即赴哈同花园心叔处宿。王敬五对其对房老先生招待殷殷，可感也。

二 月

一日 早与心叔同至烈士祠访许绍棣及其岳翁孙养癯，绍棣已出，乃将董会信并简章、讲录交与养癯。养癯虽老，犹矍铄也。午饭后与臞禅、心叔循金沙港绕丁家山净慈寺，由涌金门而回。昔日名园强半残破，一时难复旧观矣。晚在胜白家食年饭，仍回哈同花园宿。寄一信与戴刚伯，盖已移居镇江中正路四岁里一号也。义侄来一信，附羊宗秀一信、倪杰一信。

二日 早与心叔同至通志馆看孙孟晋。馆址本杨庄，廿馀年前侍先师游西湖，曾下榻于此，今日梅园盖易姓久矣。项士元亦在馆中，见面几不识。乘车至绿杨新村看余铁珊，留午饭。饭后回寓，则沈畏、沈金、意轩、傅顺时皆来访未遇。意轩，彤侯婿。因欲知彤侯近况，故即访意轩于善提寺路蕙宜村，谈久之，乃与偕至长生路，则立民午睡犹未起。候久之始出，遂留晚饭。告以蒋庄、葛荫山庄、阮公祠三处并可作书院院舍，属为设法。饭后八时，意轩直送予至迎紫路始回。寄一信与元放夫妇，一信与子琨。

三日 寄一书与林宰平。臞禅偕心叔来，傅顺时来。与臞禅、心叔同看邵裴子于法院路地方银行宿舍。之江学生陈郁文，字从周，善画，杭州本地人，邀臞禅、心叔午饭。二人转邀余同去，欲籍此询知有否民屋出租，遂同往。谈及王马巷白衣寺有屋甚多，又水陆寺巷孙宝琦旧宅为王五权者所住，被封，似皆可借拨。饭后因与同去一看。便至皮带巷看汤拙存，仍未回，其老太太招至小坐，更由其仆通一片与彭安仁之子，问马所巷屋也。晚在四维里傅顺时家饭。归后李立民、余铁山并留有片，余更留《遯行小稿》及去岁所为诗一页而去。余樾园有信来,言借孙俶仁屋不成矣。

四日 早收到敬仲一信,刘丙孙一信。发一信与子慧,一信与肜侯。访可园,已为兵据。过文叔午饭。饭后写一航空信与星贤,一信与寿彭,言将至馀姚一见。晚到立民处借得梅村先生《颜巷录》《拳拳录》《爨草删》《纪性六则》《心经疏》五种共三册,归读之。陈从周送代求吴厚厂刻图章来。

五日 寄丙孙一信,索汪仲衡地址。又复余樾园一信,着人送去。到罗苑,即在其处午饭。后与心叔游岳庙,三时后乘船归。王星贤来一信,附颜克述一信,由义侄转来。又转来培儿、鼎女各一信。夜写一信与薛廓五。看《拳拳录》《颜巷录》。

六日 早君伟之女来。代振流作《廿五史论纲序》成,寄一书与之。又覆敬仲一信,告以省府已指拨蒋庄暂归书院应用。二信皆航空快递,沈信寄哥乐山。又寄一信与寿卿。午后立民电话约游灵隐,旧方丈曰却非者,招待甚殷,并琐琐举公案相告语。归登孤山看梅,同食面于知味观。其夫人与女家实、子家正亦同游。晚读《拳拳录》,有曰:"君子无所不用其极,极即至善也。用处即是止处,惟能用方为能止。无所不三字细大毕举,须于日用寻常中贯通得去,时时是此,刻刻是此,则全体大用无不明矣。"又曰:"天命之性圆同太虚,乃万善同归之原,而实一善不立之地也,是以为至善。"又曰:"身中妄念,强除不得。真体既显,妄念自销。昏气亦强除不得。妄念既消,昏气自清。又体认本性,还他湛然虚明之实,自有到家时。"又曰:"人生七情不善用之,如盗贼,如虎狼。善用之,如克家之子,节制之兵,都是道中条件。"又曰:"未见性之人,性与见溷。既见性之人,性与见脱。性与见脱,而后可语以即见即性。"又曰:"夫子告颜子以克己,不止谓克去王私也。'己'字对下'天下'字看,克己则无我相矣,无我相则收天下春归之肝肺矣。克己便能舍己,舍己则是克己的心境。"又曰:"人之志意常在目前,荡荡平平与天日相交,此则阳光宣朗,是为神境,令人血气精爽,内外调畅。如或志意沉滞,胸臆隐隐约约如水鉴内涵,此则阴灵存想,是为鬼界,令人脉络纠缠,内外胶泥,尚得为善学者乎。"又曰:"人惟最初之心最真,惟最真之心最神。神故御变不胶,真故含神不散。是以老氏论至人问其能婴儿,孟子论大人防其失赤子。"又曰:"毋意毋必毋固毋我,无适无莫,无可无不可,是空空如也的注脚,夫焉有所倚。肫肫其仁,渊渊其渊,浩浩其天,是喜怒哀乐之未发谓之中的气象。"又曰:"《易·系》曰,君子之道鲜,盖因仁知者多了一见字,百姓又少了一知字故耳。"又曰:"心与意、知与识、解与见,学者不可不辨。意者心之所生,而意不可以为心也,以意有起灭,而心则寂然也。识者知之所起,而识不可以为知也,以识有分别而知则浑然也。解者见之所出,而解不可以为见,以解有推测而见则圆明也。"又曰:"古人云,顾諟天之明命,天何在?此身内外皆天也。顾何在?默而识之即顾也。天在顾中,顾在心中,即心即天,即天即心,上下两间,俱露全体。"此等皆从实悟得来,非播弄口耳者也。曩尝迹先生龙溪密谛,以此相印证,知其学有自来矣。

　　七日　早起读《拳拳录》,有曰:"声色臭味,知乎命则嗜欲莫非天道;仁义礼智,尽乎性则天道浑成人事。"又曰:"自古圣贤反复阐明,莫非此事。然自实体实功观之,虽圣贤之言犹为影响,正欲使人因影求形,缘响知声耳。若复就影响上追逐寻伺,则其去形声愈远矣。"又曰:"行止坐卧俱要在觉体中,方是实能见觉体者。"又曰:"惟皇上帝,降衷于下民,莫非尔极,未尝言轮回也。轮回生于识神,识神无有,轮回并无可安置处。"以上皆所谓内篇也。拙存于前日回杭,因再去看之,颜色甚好,但右手脚小不便耳。应心叔之约到楼外楼食醋鱼,瞿禅亦加入作东道,盖兼请黄胜白也。本拟即住罗苑,以起大风,惧天变,遂与胜白同回。在胜白处晚饭。途遇陈世振,知李培恩已来,住马市街一六六号。得萧一之一信、汤子琨一信,一之信言行李到沪矣。又寄一航快信与湛翁。

八日 得元放一快信,言光玮等于小除夕到京。又附来振流一信,说房子事,当夕覆一信与之。又复一之一信,与二哥一信。午后到马市街访李培恩,过大方伯旧书铺,以一千元购得李光坡《礼记述注》一部。看《拳拳录》外篇,曰:"凡处不要紧之人与不要紧之事,不可狎侮忽略,通要谨慎细密,就是圣人不泄迩工夫。无小大无众寡无敢慢,吉凶悔吝都在此上面生。"又曰:"宋儒讥汉儒太过,后来又信宋儒太过,后来又讥宋儒太过,皆未能忘见。然此亦皆有调剂补救之苦心,学者但求一真,不必依傍古人门户。"又曰:"识人之诈不形于色,受人之侮不介于怀。非为愚为懦,不知正是煎消习气的细密工夫,亦是伎俩有限,不闻见无穷的受享。"又曰:"悟境不可不超,工夫不可不实。悟境不超则工夫皆桎梏束缚,工夫不实则悟境同野马空华。"又曰:"子路不悦见南子,子张疑与师言,门人惑见童子,是胸中胶滞处。樊迟疑知妨于仁,是胸中隔碍处。学者须进此一格,方能与尼山相见。"其分内篇外篇,不知何意。而外篇多录及前人之言,岂以此欤。徐作人覆信来。晚看立民,未遇。

九日 看《颜巷录》,曰:"薄滋味以养气,去嗔怒以养性,处卑下以养德,守清静以养神。余谓处卑下以养德,此语最要。盖肯处卑下,则滋味不患不薄,嗔怒不患不去,清静亦不患不能守矣。"又曰:"两悔无不释之怒,两怨无不成之祸。观今世事,信其不诬也。"又曰:"愚者以苦生苦,如蚕作茧。智者即苦离苦,如鸟脱樊。佛云凡夫四百四病,尽从颠倒妄想所生。如知得是妄想所生,立地解脱也。"又曰:"人有遇横逆而思报复者。卓吾子曰,天方授楚,未可与争。犬之吠尧,与我何事。急而击之,在我多费博浪之锥。徐以待之。人之号叫,有识者已鄙其狂;我之安闲,无知者亦服其量。使午夜而深思,彼之含羞,其何以辞。即终身不报,我之所得亦已多矣。"读此二则,真使人意消。看李立民,即在其家午饭,托其拍一电至董会、一电至歌乐山催款。又至金意轩处,属拍一电与袁心粲,速其来。回寓后吴寿彭来访,因同至市府看周企予，谓蒋庄有别用，书院当在葛荫山庄，不知彼与李立民又如何商议也。至罗苑，宿在岳坟。食面一碗、烧饼两枚，共四百十元。发一航递信与培儿、鼎女，言东归事不必急。姜心白自衢县回，来行内见之。

十日　与心叔同坐船进城。在奎元馆食面，每碗五百元，加面一碗一百元，小账五十元，共用一千一百五十元。食后至大方伯各旧书铺一巡。晚尹志陶请客。为书院刻一办事处章，四百元。清末江夏有吴光耀者，为四川知县，后入胡景伊幕，著书曰《王学去毒》，曰《辨程朱学》。胡景伊为刻之，共十册。其学于宋明之学皆致谯让，而谓宋学不恕，明儒多夸。语自太过，然亦未尝不足为言理学者针砭也。晚同席有吴敬生、朱维新，并同由上海来。维新，望杏妹夫也。

十一日　寄一信与王举廷，介汪仲衡与之作经营淮北盐务地。午仍在奎元馆食虾仁黄鱼面，六百二十元。看金意轩，知电报已发，电费九百三十五元。回寓小歇，再看李立民，谈院址事，并将所借三书交还，即在其家与老舅爹共饭。有新任玉环县曰姚莲生字紫峰者来，谈次知为李叔和之妹夫。李现在瑞安县立中学任教，已生子女七八人矣。夜敬生亦移宿行中。

十二日　立民送信来，言院舍改拨借葛荫山庄。看朱蕙清，仍未回。得彭重熙一信、刘丙孙一信，言售衬衣款已交曹子式带与孝宽、云楼矣。

十三日　寄一平快信与朱蕙清，一平快信覆戴刚伯。朱菊人来顾，住南班巷三十二号。为葛荫山庄事到市府会徐雄飞、钟伯庸。因过葛荫山庄访林光宇，未晤，即住罗苑。

十四日　再访林光宇，不晤。回行看朱寿潜，谈租朱文公祠。朱允，商之族人再议。盖官家不可靠，惟有求之私人矣。又到颐香斋访葛桂生，以葛荫山庄托其经管也。发一快信与袁心粲。买得《金刚经》一本。徐积馀以翁写本印行，因爱其书，故买之。过汤拙存谈孩耳巷、夏氏屋事,托其倩人接洽。

十五日 得子琨一信,九日发,言将于月底来杭,当覆一信促其早来。又得昌言侄一信,附来培儿、彭祖年、王苏宇、阎任之、张先雯各一信。到水亭子看林光宇,又不遇。寄一航空挂号信与敬仲,并将本日以前用项开单寄去。由乐山至南京,除飞机票外,共用三万四千九百六十二元,南京至杭州共用四万二千五百六十五元(内有在外用膳十四次,每次平均八百元,计一万一千二百元,半月来车费一万),加两月修金(一、二两月)九万元,总共十六万七千五百二十七元。又发一信与湛翁,告以转谋朱文公祠事。晚金意轩、傅顺时来谈。得虞逸夫一信,言已汇三十万。信十二日发,款不知何时到也。

十六日 到西太平巷二十一号看冯锡之,汤拙存介也。谈租借蒋庄事,允函蒋苏盦商之。蒋住上海爱文义路一一八九号,今改北京西路矣。此事亦告知湛翁。发一信与袁心粲。晚十时林光宇来,言葛荫山庄可让,盖以李立民有谯让之言故也。午在立民处饭,晚在顺时处饭。

十七日 立民邀午饭,后同至西泠印社吃茶。茶后立民返,余与心叔至宝石山下访所谓陈悲儿者,观其雕塑人物。陈名廷桢,盖亦南京人也。以一千元购刘关张三面像回,送与立民之子家正。晚在赵克文先生家吃饭。

十八日 早拙存托邵步超来,邀到丰乐桥吃羊肉面。寄义、宏两侄,萧一之,翟培庆各一信。翟在吴兴福音医院,盖七年矣。本日迁居菩提寺路蕙宜村七号金意轩处。午后任心叔送来萧一之、伍寿卿信各一封,一之信内并附有礼鸿、浚渝一信。意轩案上有法人莫奈德著《孤儿流浪记》一部,阅之,至十时后始寝。其中李士老人说,"教练猴狗须有耐心,不可动气"一段,大有义理。谓"我教了狗学技艺,而狗却教了我怎样做人。我使狗等得了智慧,然而狗等却矫正了我的性质,教我温柔充足心也"以往,岂非圣贤路上人哉!原书译《流浪记》甚妥,而蔡元培乃欲改名《努力记》,陋哉！陋哉！

十九日　覆礼鸿一信,寄白沙。看《流浪记》完。宝莲对路美云:"你没有发财时的礼物比你发财时的不知道要使我高兴得多少。"此真透彻人情之言也。晚与意轩出外散步,买《真话》一册而回。

二十日　践财厅约到财厅,以迎蒋公去,由秘书主任李子翰代见,知拨刻书十万元于去年一月已汇交屈文六,续拨之款财厅正签呈省府核办中,然则朱蕙清所云二十万不知何说也。得二哥一信。袁心粲已到杭,午后与同访朱寿潜,谈赁朱文公祠事,言尚须待浙大回信。渝汇来三十万当存入农行,息一分,开支票支取。

二十一日　寄一航快信与虞逸夫,又寄培儿、张先雯各一信。冯锡之来顾,约数日内同去看蒋庄房屋。午后心粲来,送其到延定巷三十五号住,又与同看葛桂生。晚候骆允治,未来。本日理发,四百元。

二十二日　早邀心粲同到西太平巷廿一号看冯锡之,约其明日午后二时去勘蒋庄房屋。与心粲同在聚水馆吃爆鳝面,四百八十元一碗。再到湖上看林光宇,未见,见一施姓办事人,心粲学生也,因与之巡视葛荫山庄全屋一周。复到中央公园吃茶,心叔、声越亦来。声越与心粲亦旧识。同心粲乘船回,共付车船钱六百元。车钱系到西太平巷者,每乘二百元,到里西湖则由心粲付。晚允治来。本日以三百元购《苍虬阁诗存》陈仁先作。一册,四百元购《心经注解》上、下二册。本日付心粲一万元。

廿三日　看《苍虬阁诗》。午后雇车至蒋庄赴冯锡之之约,车钱八百元。以雨,习之未到,心粲则由岳坟转来,坐候久之,步行而归。适俞藩侯侍同黄植之厅长来顾,言省府决再捐九十万,合成百万之数,又言本人亦有小捐助,斯真难得者矣。晚到立民处,知此事立民实与有力焉。林光宇来谈腾让房间事,未决。宗伯宣来一信,并附黄仲素一信。

廿四日　夜又雨。胡才甫同胡一天来顾,一天在民厅任事者。发

211

一信与敬仲,一信与湛翁,一信与悌儿,一信与葛景仲。本日全市发生闹米风潮,米铺十九被捣毁,至晚始稍定,并闻曾伤两人。政府不先平抑米价,责有所归,岂百姓之咎哉!

廿五日 看朱蕙清,未遇,即将支票十万元交与副经理汪秋庭,而将借据掣回。袁心粲来,留一字去,言腾屋事未谈好。林某惫赖,而遇心粲之懦,计益可售矣。三哥为锦文东归事来一信。

二十六日 覆三哥一信,并写一信与逸夫,托其查补报锦文教部有无回复。晚汤拙老请在天香楼吃饭,心粲来约同往。以为便饭耳,不知乃鱼翅烧烤席,叨此盛设,皇悚极矣。

二十七日 寿彭来顾。湛翁来一信,并附有与罗少秋一信。二哥来一信,并转来唐季芳一信。午后又得敬仲一信、敬生一信、作人一信。心粲来,付与三万元支票一张,明日期。才甫亦来谈,言不日迁住西大街杭州初级中学。

二十八日 覆二哥一信、作人一信,与拯流一信,又覆唐季芳一信。午后为省府捐款事到财厅会李秘书主任。顺访俞藩侯,交到财厅黄植之信一封,并代募款十五万元。晚心粲来谈。本日以八百元买《朱舜水集》一部。

三　月

一日 覆黄植之一信。又具一公函与财厅,请将捐款馀数九十万元拨交邮汇局。转到财厅,时适黄厅长在厅,因邀余长谈,乃知与陈匪石、岑伯櫵皆素识也。款约明日可发。又得三哥一信、星贤一信,并转来十力一信、许庄叔一信。十力信乃寄星贤、立民与余共看者,当仍寄还十力,通信处为汉口保华街东山里十号王孟荪转。傍晚心粲来,知青年团腾让房屋事又有变化,焦灼极矣。罗少秋一信送其家中,覆函明早来相看。

二日 罗少秋来。写一信与吴敬生。一信与兴厚,并附与星贤一信,属将四、五两月修金九万元拨与厚侄,为锦文侄女川资。又覆一信与三哥。写一信与吴士选,由倪沧舲转。午后到邮汇局,财厅款九十万元已到,须后日始能提,麻烦极矣。

三日 星期。得虞逸夫二月廿四日信。胡才甫来。袁心粲来。

四日 得湛翁廿四、廿五日两信。虞逸夫廿八日一信,附有心粲聘书及致省府请拨藩署旧址书。又翟培庆一信、唐子琨一信。早心叔来。到邮汇局取款,存五万元与彼,馀八十五万合财厅长代募十五万共一百万存于储丰银行,言明利息四分,邮汇局则只一分也。午后包菊侯夫妇来。晚在黄慎伯家饭,便过拙存一谈湛翁赁屋事。

五日 早心粲来。到立民处午饭,便将董会索藩署旧地为院址与省府诸公信交之,聘书亦交心粲。并航空覆一信与逸夫,三日与敬仲一书亦于本日修改后发出,皆言赁屋与索地二事也。尹石公自重庆来一信。

六日 与心粲邀徐太太同至孩儿巷看夏氏屋,大触霉头。覆一航快信与湛翁,当知乐山人之理想与此间事实,大相径庭耳。在拙存处午饭,与心粲大争。此公诚长者,然执拗亦可笑可怜也。连日看《朱舜水遗书》,其与安东守约一书有云:"高洁之行可为也,高洁之言不可为也。若夫有关于众,虽高洁之行亦不可为。昔者韩宣子为司马,将斩人,郤献子为元帅,驰救之而未及,使速以狥,曰'吾以分谤也'。此意可深长思矣。"处今之日,此言尤当佩服之勿忘。晚心粲来,言葛荫山庄屋已腾出一间,明日可迁入,极慰。当付与一万五千元,备购床馆之用。前后共付心粲五万五千矣。

七日 早王敬五先生来顾。到农行取五万渝汇,三十万亦到,当仍存入农行。路遇文叔,托其代觅木工,估计文公祠修理费,约明早来。又到民权路看葛桂生,未遇,留一字,请其写信与沈延儒,介绍谈

213

判租借葛荫山庄。午后信送来。作人来一信。心粲来,当交与三万五千元,前后共九万矣。到湖上一行,由心叔处取到翟医生一信、吴俊生一信、戴刚伯一信。又倪沧舲一信,附来吴林伯一信、钱子厚等一信。钱信即前寄乐山邀余往贵州大学者也。又宏侄来信,附来邱志州一信、张先雯一信。

八日 覆翟医生一信、戴刚伯一信、邱志州一信,又与彭祖年、颜克述一信,吴林伯一信。文叔所介陈阿鸿来,因同至文公祠一看。在心叔处午饭。饭后到葛荫山庄会袁心粲,昨日迁入也,嘱以数事。因大雨,乃乘人力车回。

九日 覆许庄叔一信、王星贤一信,由航空快递。陈阿鸿送估单来,开价二百馀万,租文公祠恐不谐矣。厚侄来一信,知乐山物价亦飞涨,今真至四海困穷之时矣。买火腿、香肉、茶叶合九千九百五十元送金意轩。又买信封、信纸一千三百四十元,又邮票一千元。

十日 心粲来,又开支票十万元与之,并以修理文公祠估价事相托。苏宇来一信,已于上月廿七日飞沪转京矣。午后张惠衣持王敬老介绍函来相见。惠衣住萱寿里十四号,相去咫尺耳,谈久之而去,并以《灵璪馆诗》一册见贻。本日飞雪,奇冷。

十一日 早敬老来,即与同过惠衣寓小坐。雨霰甚冷,观敬老行雨雪中,不辞苦,可佩也。立民为拨藩署旧地作院址事来一信,即转敬仲,属其向府院两处接洽,又将前财厅代电寄与逸夫,属由董会作覆。航空挂号寄去。湛翁又来一信。覆苏宇一信。逸夫寄谢李立民、黄植之函到,当并题"棠梨馆词"送去。

十二日 早心叔来,送到云从一信、悌儿一信。当覆一信与悌儿。与心叔同至白井儿顾看包菊侯。在农行取五万元,备赴沪用。午后收到义侄信,附来培儿一信,又二哥一信。袁心粲一信,言拙存不以代湛翁赁岳坟、鲍氏屋为然,然欲湛翁舍菜之一家而住书院,如何做到。到下西大街杭州初级中学看才甫,未遇。见赵克文,小坐而归。是日晴,无雨。

十三日　覆培儿一信、心粲一信。宽佺来见,住太平桥威乙巷廿四号。午饭后乘车赴沪,车票二千一百元。临行得敬仲一信。七时馀到沪,在西站下车,到善钟路一之处住。一湖亦在此,谈至十二时后始寝。

十四日　又雨。早郭虞裳来访一湖。发一信与宽佺,索开履历。又发一信与心粲,属接洽朱公祠,并将家具单速寄敬仲。本日因雨未出门。

十五日　上午晴。午后到台拉斯脱路一六五弄七号看廖茂如,谈甚久。台拉斯脱路今改太原路,由杜美路去,不远也。别廖后乘22号红色汽车到同孚路下,转摹尔鸣路看王后知。其子宗宏、孙静伯等并由重庆回,即在其处晚饭。饭后因雨,乘人力车回寓,车价六百元。

十六日　早廖茂如来回看。午后到环龙路看屈文六,尚在临海未回。又到甘斯东路访余乃仁夫人,言乃仁不日可回上海。甘斯东路今改嘉善路矣。晚王鹤斋邀一湖、一之与余晚饭。夜有雷雨。

十七日　早与一之到赫德路义佺处将箱子取来。在作人处午饭,得见卢子安,谈泰州事甚久。夜又雨。袁心粲来一信。

十八日　午后偕一之乘车到西摩路五四七号看沈延龄,谈租借葛荫山庄事。沈病足,由郑芹生^{粤人}代见,言屋可借,但期不能太长,订约仍由葛桂生代表,是此事仍须回杭始能作定也。王会极先与一之同来,直谈至夜八时半后始去。王住兆丰路二十一弄二十号。夜大风。

十九日　早又便血。写一信寄敬仲,一信寄振流。午后作人来谈。王鹤斋来,复邀一湖与予至其家吃晚饭。

二十日　天晴。写一信覆心粲。午后将存于伯宣处书两箱、一网篮取回。胡梅轩来,交三万元托其带至溆浦,一万元备老婆迁兰田之需,二万交鼎女,或房后山墙须粉灰,则亦取于此。罗吉人女亦住此。

二十一日　求徐伯儒看颈子,归检书。晚作人、丙孙来谈。宽佺信到,附有履历,即交一之。

二十二日　又雨,终日未出。晚一湖、吉人赴南京。

二十三日　早到曹家弄看胡梅轩,午后复去,因梅轩之弟即老木匠女婿邀吃晚饭也。寿毅成来,未遇。寿住福煦路慈惠南里廿二号。发一快信告金意轩,言明晚归。戴刚伯有信来,言暂不能到沪,当写一书覆之。本日晴。

二十四日　早回看寿毅成。本拟赴杭,以车太挤未行。晚伯宣、作人来相看。

二十五日　偕作人同去看翁铜士,归途遇雨。晚赴伯宣约,一之、作人同去。坐有夏姓者,新由台湾贩煤炭与杂货回,谈台湾情形甚详。

廿六日　乘汽油车回杭,到门不能入,乃就至李立民家吃午饭。看伍寿卿,尚留南京也。晚再到蕙宜村,金义暄已归,始知高第娘出走,当晚无人造饭,乃以面包充饥。

廿七日　早黄文叔来访。午后迁住罗苑。看朱寿潜、袁心粲,皆未遇。寄一信与厚侄,一信与三兄,一信与培儿、鼎女。在蕙宜村得湛翁十七一信,敬仲十一、十三、十七三信,虞逸夫二月三日一信。星贤一信附来湛翁为立民所写单条。又汪仲衡一信,吴林伯一信。到罗苑后又得一之转来鼎女信、王举廷信。又倪沧舲一信,许庄叔一信。

廿八日　寄一信与振流,一信与薛廓五,一信与聂敬春,一快信与唐子琨。午后偕心粲进城会朱寿潜、朱友渔,谈文公祠租约。又发一信与沈敬仲。午后放晴。

廿九日　进城看颈子,在傅顺时家午饭。以湛翁所书屏送交立民,立民不在,当交与守门警士,并留一字而归。晚在图书馆吃饭。连日王敬五亦住此。翟培庆有信催赴湖。

卅日　寄一信与汪仲衡。在立民家午饭,未与立民相见。得三哥一信。返湖上后子琨来访,盖昨日到也。付心粲十万元(农行支票)。

三十一日　早九点到葛荫山庄看胡经藩,不遇,改约明日。发一信与一之，一信与元放。李立民来顾，谈省府易长事，颇有慨叹。陈登原来。晚与唐鸣春夫妇、任心叔饭于岳坟之侧正兴馆，用一万三千五百元。郑仲青有信来。与王心贤一信，交鸣春带城发，盖本日星期，快信不寄也。

四　月

一日　发一信与仲青，并代写一信与元放。又覆翟培庆一函。与黄文叔一函，为葛敬思代作挽张萱初联也。入城换药。看子琨，不在，在奎元馆吃面一碗，价八百元。到财厅看黄植之，便过俞藩侯。为院舍事打一电话与立民。买南肉六斤而归，每斤价一千二百元。在邮汇局取四万元。

二日　寄一信与宏侄。看王曜南《读礼条考》。午后王葵生来。

一九四七年

六　月

一日　星期。付裱画钱二万四千元。

二日　彭祖年自南岳来信，言书四箱已运至长沙，存北门三角塘新二十六号大麓中学后面王季范先生家，并附书目三纸来。

三日　张立民来一信，言汤拙存兄弟并于数月前化去，菜之亦一病不起，马湛翁情绪可知矣。又附来熊十力一书，有就我卜居之意。改高三级作文十馀本。商务书款到，凑足百万，又康兄二十万，此款后充月用。并托郑哲新存放。寄信与鼎女，附去覆祖年、子羲两信。又寄一之一信。

四日　午后子琨来谈。本约午饭，乃于饭后来。又改作文十馀本。鼎女来一信。

五日　早，再改作文，即于本日发还。买酱油三斤，每斤二千四百元；盐五斤，每斤九百元。寄一信与邱志州，一信与蒋礼鸿。方卓才来。

六日　告假一日，以昨夜失眠、呕吐也。杨麓云由新化锡田乡中

218

心小学来一信。

七日　由郑哲新手取回旧历十九日期息金七万五千元。午后朱龙标、程菁、詹云风等来。

八日　星期。寄一信覆张立民，并附去致马湛翁一信。又一信覆张先雯。书院寄《先圣大训》两部来。

九日　寄一信与王鸢飞，又覆熊十力一信。钟一鸣托人带胡椒二筒相赠，不知我素不食此也。敬春来信，言其局长将调任江苏，敬春或亦可东归矣。

十日　和侄来一信，王光熹亦来一信，则移居上海南京西路蓟安别墅一一〇号二楼其姐处矣。付收拾厨匮木匠四万元。晚看陈白秋。以伍千元买枕头套一个。

十一日　发还秋二作文。晚到叶荆门处谈。

十二日　高春三作文题为"论强凌弱众暴寡"与"论亲师取友"。萧一之有覆信来。

十三日　瑜媳来一信。午后秋三考"公民"。是日补发五月份新加薪水数二十四万馀。

十四日　寄一信覆一之，并将王季范信附去，不知能否将书运回也？又覆一信与瑜媳。

十五日　覆杨桥一信，又蒋云从有信来，言《春秋繁露疏证》由志州寄至彼处，去一信属其寄来。晚过郑哲新，以康兄五十万并入原有五十万，同存放期为旧历五月二十八日也。袁心粲来一信。是日星期，改高三作文十三本。

十六日　又改作文十本。王敬五有信来，并附一信与徐宝山。

十七日　覆一信与王敬五，一信与袁心粲。王鸢飞、傅德贞各来一信。方卓才、傅翰来谈。改文六本。

十八日　买红糖一斤，三千六百元。买柴二百六十斤，每斤一百三十元，共三万四千元。

十九日 买茅柴六百五十斤,每斤一百元。交七十万元与方成桢买麦三石,中有五十万为康先生之款。发还高三作文。分后余得一石计一百五十斤,康兄二石五十斤计三百五十斤。

二十日 午后项化庚、方卓章二生来谈。项赠其远祖愚庵公诗两本。愚庵为明宣德天顺间人,官至侍郎,诗则未见佳也。以赠曹百川《文心雕龙》四本交与陈玄英,盖报其《明文才调集》二种之惠也。

二十一日 寄覆王鸢飞、傅德贞各一信。

二十二日 星期。张立民转来熊十力信一封,大约不来矣。晚高秋三毕业同学招晚饭。

二十三日 旧历端午也。付赵氏女佣工资两万五千元,扣止五月六日止,又与节赏两千元。任心叔、徐作人各有信来,作人信言丁尔柔事仍未成。

二十四日 何子春有信来。许济品亦来一信,此人盖十馀年不通消息矣。寄一信与敬春、一信覆心叔、一信覆作人,又一快信与钟一鸣,欲荐丁尔柔与之也。午后许瑞椿偕方卓才来谈,王焕民、何步庭来求题字。

二十五日 寄一信覆何子春,又一信与邱益三。

二十六日 高春三大考。吴子行、邱志州相继有信来,子行暑后决离县立师范学校自办农场矣。陈玄英送《唐仲友集》来还,未见。买酱油两斤半,价每斤二千一百六十元。

二十七日 看考卷。邱益三来一信。唐鸣春来,明日赴杭矣。

二十八日 高秋二大考。本日发本月加成数及七月薪共六十一万馀。心叔有覆信来。看郑哲新。寄一信与邱益三。学校请晚饭。

二十九日 再寄一信与邱益三。看考卷完,各生多来辞行。借《朱子读书法》《养真录》两种与戴昭驹,清《二十四家文钞》《智囊补》两书与徐崇勉。方成桢送买麦存据来。

三十日 寄一信与萧一之,一信与彭祖年寄娄底,一信与王苏宇。

三哥来一信,即寄一信覆之。买糖二斤,每斤七千六百元,较上次买时每斤又涨八百元。买白洋布一丈九尺五寸,每尺四千九百六十元。

七 月

一日 鼎女来一信,当令悌儿覆之。买洋本布一丈五寸,每尺四千五百六十元。钟一鸣有覆信来,谓迟半月后再夺。傅德贞亦来一信。晚金意轩夫妇回徽,过此来相看。

二日 寄五千元与何亚谋,盖之江校友会费,有函来索也。王举猷自贵州教育厅来一信。今日起邮费加价,一平信即需五百元矣。买柴六百二十斤。粗者每斤一百四十元,细者每斤一百三十五元。

三日 审查教部寄来《释礼》一稿。作者姓李,名繁闿,杂凑成书,无足观也。以此欲获得副教授资格,今日大学之滥,可见矣。当交邮局寄还。唐玉虬自常州来一信,王子羲亦来一信。王鸢飞来一信,则寄补天石转来者也。本日付上月房租五万元。

四日 晨看郑哲新。本日旧历五月十六也。买信封一百个,八千元。木匠来修床,付法币五万元,共十五万,只配得一木架子耳。教部寄审查酬金五万元来。唐玉虬又来一信。伍正卿亦有一覆信。寄一信与任心叔。

五日 子鲲连来两信。柴已售出,但松柴价未提及,并云可代存放。当作一信覆之,嘱其慎为办理。

六日 方成桢、徐溥、陈若珊三生来。发一信与薛廓五。

七日 看郑哲新,换借约,二月一取息矣。买绿豆三斤,每斤三千元。又买红糖一斤。

八日 萧一之有覆信来,运书一时无便人,且听之矣。发一信与陈光颖,并附一信覆王举猷。又写一信与德贞,一信与彭重熙。报载总动员,正各下讨伐令。国是已定,且看下文耳。

十日　子琨所买水缸带到,送力即索五千元。又做一盖,两万元。合之缸价,且十万以上矣。覆一之一信。何子春来信,言七月下旬可以来严。

十日　晨看余一樵,叩其去留,言尚须数日始决也。王苏宇覆来一信。

十一日　付裁缝工钱二万六千。做衬衫两件,每件九千;裤两条,每条四千也。午后唐鸣春由杭州回,言杂柴二百石、松柴二百五十石俱卖脱。除由其经手负责存放八百万外,自八日起息。缴现款一百八十三万,水缸一只价八万,樟脑丸一万二千,并由其垫款五十万,本利俱扣除清楚矣。买酱油二斤半,价已长至每斤二千九百矣。八百万中有康兄二百六十四万。

十二日　方成桢、徐溥、陈若珊三生来,许为隔日讲授文字一二小时,自十四日始。三生皆建德人,气质皆不恶也。付包煦侯十八万八千六百元,松柴二十三担价也,每石八千二百。二月中学校付款先定,至前日柴始送到,然因柴价日长,重量已较定时减少矣。

十三日　星期。包煦侯云明日赴杭,交与六万元,托买白糖五斤、小磨麻油二斤。钱退回,云以后再算。

十四日　方生来,再交与四十万,托买麦两石。心叔有信来,言热水瓶已买好,交与子琨之姨夫梁君带严矣。有卖田鸡者来,以六千元买得两串。赵氏女佣借三万元。

十五日　作人来信,言丁尔柔不愿远行,且听之矣。木匠来,又付床钱八万,尚欠二万。彭祖年寄百十万元来。湖南谷价只四万六千一石,故三十石谷共卖得一百三十馀万耳。内附鼎女十万,付志州十万。款到此间,不仅打一对折也。本地谷连日暴跌,仍在十万上。林轶西亦来一信。子鲲来,当将邮局汇单一纸交与,以其言需款用也。在朱同丰买油二百斤,每百斤六十八万元。油仍存彼处,凭票随时可取。

一九四七年

十六日 买麦二石,仍存方利源。每石一百五十斤,价二十一万七千五百元。王子慧来一信,言将寄百万来为吾寿。信甚长,文字俳四俪六,亦颇可观,然终嫌其辞徐于情也。覆林轶西一信,又覆钟一鸣一信。由银行取回储蓄存款五十万,亦为子鲲借去,盖总为一百六十万矣。

十七日 覆祖年一信,寄娄底。又写一信与郑瑜,属将桌围、筷子带严。

十八日 旧历六月初一也。覆王子慧一信。买绿笋半斤,四千元。何子春赴杭、沪应考过此,送余鸡蛋六十枚。

十九日 张祺来。余一樵赴杭,访之未见,乃过徐宝山小谈。

二十日 星期。早过郑哲新。买毛巾两条,每条八千元。

二十一日 教部寄酬金八万来。本日讲文章,方成桢以病未到。邱益三有信。

廿二日 买菜油二十斤,每斤六千八百元。又为康兄买百斤,存于朱同丰。

廿三日 本日六月六日,为女孙槿儿生日。买酱油二斤半,每斤二千八百元。是日方成桢亦未到。教部寄一审查件,为《老子之微粒子观》,其名甚怪也。

廿四日 晨看余一樵,邱益三事已定,即发一信速之。买西瓜一个,重九斤十一两,九千元。本日大暑也。

廿五日 寄还教部审查件。作者名区昭文,文字颇清楚,然以老子之道为微粒子,则穿凿其矣,故判以不宜给奖。是日张祺、汤启文来听讲,而方成桢仍未到。

廿六日 教部又寄《论语正》来审查。作者名石永楸,茌平人,即作《庄子正》者也。据《论衡·书解篇》有"齐鲁二"之语,谓《论语》本只两篇。又据《汉志》有"问王""知道"之名,断为二篇篇名即"问王""知道"。因以二十篇颠倒补凑为二篇,而先"知道"后"问王",以合于庄子

223

所谓内圣外王之意。其不知妄作，犹之《庄子正》也。金息侯与卢弼者各为序以张之，以为传绝学、继圣功，二千年来一人而已，亦可笑矣。仍判以不应给奖。

廿七日　买柴三担，共二百七十九斤，每斤一百六十元，共四万四千六百元。看郑哲新，值其小病，约后日再去。还包怡春代买糖五斤五万六千元、麻油一斤四两二万元。又带来任心叔送扇子一柄。

廿八日　寄还教部审查《论语正》。本日方成桢到。买十滴水、人丹、万金油，共一万元。何子春由海盐来一信。

廿九日　看郑哲新，病已愈矣。买柴四百零三斤，共六万四千四百八十元。又买毛巾两条，每条九千元。药水肥皂一块，五千元。香皂一块，五千五百元。任心叔托梁希狄带来热水瓶胆一个，又寄来一信，言蒋礼鸿决应之江聘矣。买西瓜五十三斤，三万一千元。

卅日　覆心叔一信。看《因宗轩文集》毕，接看《玉井山馆文略》。

三十一日　彭重熙来一信。

八　月

一日　付房租五万元。

二日　郑氏百五十万满期，转借于子鲲矣。《宛陵集》有《鬼火赋》及《鬼火后赋》，并辟鬼火妄说，是宜令学生读之，知格物穷理者固不可以诞妄惑也。薄暮赵熙明夫妇忽来顾。

三日　星期。

四日　瓦匠来拾漏，给予四千元。

五日　买米十斤，一万六千元。本日风雨，天气转凉，寒暑表降至八十度，热时则过九十也。

六日　方成桢又未到，言赴杭州矣。看《宛陵集》完。

七日 又买米十斤，仍一万六千元。又加三万元旧存学校米票，掉换米一百三十五斤。培儿来一信，当覆之。学校为招收新生事来招开会，不得不一往。此为第一次赴会也。买蛋六个，每个五百元。

八日 自本日起看《欧阳文忠全集》。

九日 晨回看赵熙明。早起得句曰："差意读书能具眼，最难应物是无心。"有上海鸿昌糖行林少卿者忽来一信，问有王子慧嘱汇款，应交何银行汇。即覆之，告以不必汇来。子慧信到已二十馀日，而始有此信，其人之糊涂可想矣。

十日 写一信与彭重熙，并附一信与刁则纯。蒋云从来一信，言已接之江聘书矣。本日星期。

十一日 寄一挂号信与邱益三。张先雯来一信，方卓才亦来一信。

十二日 覆方卓才一信。

十三日 任心叔、陈光颖、何子春各来一信。本日讲文，有胡问余者亦来听讲，严中高秋二学生也。培儿来信，言孙君毅仍在无锡充律师，_{住北大街四十一号}。不通音问者盖十年馀矣。

十四日 到校中一看，催包煦侯索祖屋合同也。

十五日 寄一信与孙君毅。买石油两桶，三十一万元。借支本月薪十万元。

十六日 本日旧历七月朔也。发一信与徐百炼，寄国防部第二厅第一司，据陈光颖来信所说也。唐子鲲来信，请各款展期一月，合三百万，杭州八百万在外。当覆信许之，但属下月八日必须将杭款取回。此款由子鲲负全责，而前途并无凭据，终不能放心也。买白布二丈，六万四千元，备作褥子用也。又买米糠十斤，兴悌又买十斤。

十七日 本日星期。

十八日 发一信寄苏宇。因读《广理学备考》，见薛方山《治生录序》："倘使有田者皆能如是，岂复有分田清算之事哉！"当选使诸生读之。童容冠有信来。

十九日 商务书馆有函问《荀注订补补》缺字,当覆之。又覆童容冠一信、任心叔一信。发一信与何子春,仍寄海盐。

二十日 方卓才、詹心微有信来。晚胡问余来邀游西湖。

廿一日 寄一信与龙女。付赵氏女工三万元。刁则纯、徐作人有信来。

廿二日 晓起知女工昨晚未归,盖不别而行矣。胡才甫自杭回,_{已移住城站金刚寺巷附近栖霞里十五号。}言上海北站路电机厂材料股长叶湛露宣可以托带物件。夜大雨。

廿三日 读许海秋《玉井山馆》文毕。晚又雨。

廿四日 星期。

廿五日 覆方卓才一信。徐百炼来一信,任心叔来一片。

廿六日 由校中又借支二十万。买松柴两担一万七千五百元,鸡蛋五个三千元。王子慧来一信。龙女又举一雄。

廿七日 买红糖一斤五千六百元,虾皮五两二千元。与胡才甫同到西湖边看地,适遇胡立斋,邀与同往其地。当三十一年时,水曾侵至墙下,风景虽佳,于住家似亦未甚相宜耳。聂敬春来一信。写一信与子鲲,催杭州款。

廿八日 邀才甫及程正亨午饭,杀一鸡。覆作人一信。买鸡蛋五个,三千元。

廿九日 吴林伯忽来一信,在上海山海关路445市立育才中学教书也。买陈家长木桌、灶板、水桶等,共十万五千元。又买糠一万元,共二十四斤。覆王子慧一信、唐玉虬一信。午王苏宇来一信,寄治蛲虫方来。

卅日 本日中元节,祭先用素,家中旧例也。买鸡蛋十个,六千元。本日苏联批准意、罗、匈、芬、保五国和约。

三十一日 星期。看郑哲新。陈家于本日晚迁眷回杭,陈本人仍留此。

一九四七年

九 月

一日　付房租五万元。子鲲遣其弟鸣钟来,并带一信,言租谷事。

二日　陈白秋偕一倪孜耕来相看。倪,针灸医而好谈道者。

三日　存一百万于泰源布庄,中有四十万为康兄款,馀六十万则郑哲新归还者也。午后回看倪孜耕,并过学校一看。

四日　有赵学敏者,持向发英函来,求为其父做寿序。向今在台湾台南曾文区麻豆镇台糖公司第三区分公司也。

五日　讲文今日给束。詹心微、詹云风来。晚悌儿邀陈碧潭饭。寄一信与刘友渔。

六日　代学校作一对,曰:"师严道尊人知敬学,弘中肃外士以褆身。"沈敬仲又寄《朱子读书法》一本来,盖复用清末八旗学堂刻本校过矣。

七日　星期。悌儿忽病,当系瘧也。夜大雨,转凉。

八日　彭祖年来一信。教部寄八万元来。

九日　覆沈敬仲一信。买柴三担,共三百十六斤,每斤二百元,共六万三千二百元。子鲲遣其弟送息金一百八十七万五千至,八百万者,八日到期。一百五十万者,二日到期。三百万者,十六日到期。有迟数日,有先数日。分与康兄四十九万五千。康兄八百万中有二百六十万,三百万中有四十万也。徐崇勉送所借书来还。买螺丝钉三个,每个一千元。

十日　买蛋十五个,每个仍六百元。何子春有信来。本日上课。又买柴一百二斤,两万四百元。

十一日　遣悌儿往鸟驻寺收租。方卓才来。

十二日　寄一信覆何子春,又寄一信与任心叔。买柴两担,四万八百元,仍二百元一斤也。郑哲新旧历二十八日期一百万归还,内康兄五十万,利各十五万,盖两月矣。鼎女来一函索钱。

十三日　寄鼎女二十万,由航空寄去,并附一信与彭祖年。刘友渔、胡才甫各来一信。又从学校取上月薪二十万。悌儿自西乡回,取回田契、山契共四纸,田不足五亩也。

十四日　送二百五十万存入泰源,内六十万乃康兄款也。徐溥之父来顾。杨学诚后来,托其买龙游米一百斤。本日星期。陈白秋亦来谈,程丕豪亦一来。

十五日　毛世斌送所借《安序堂文钞》来,共六本,又《浣雪词钞》一本。子鲲来。午后戴昭驹送《朱子读书法》来还。是日为旧历八月初一。

十六日　教部寄审查件来,为《庄子天下篇疏证》。其名曰猛济,似姓李,英士大学教庄子者也。其所据为钱基博《疏记》、顾实《讲疏》、蒋锡昌《校释》及梁任公《释义》,肤浅可知已。午后回看徐仲寅。

十七日　傅德贞有信来,言薛元鹤又纳一妾矣。赵学敏送其父事略来,求作六十寿序。

十八日　高秋二作文卅八本本日改完发还,以郑秉谦一作为最佳,此子可以学文也。

十九日　午后唐鸣岗来。覆吴林伯一信。本日肉价长至一万一千一百六十元一斤矣。作人来一信。又捎一信与子鲲催款。买糠十斤(再买十斤,共一万元)。

二十日　午后与汤启文、徐溥等到茅草弄,盖践一月前之约也。晤胡问余,言正有书相邀。其地惟胡氏坟茔松树颇可观,馀皆土阜耳,且无水,非住家之所也。宗伯宣有信来,约旧历九月下旬同赴海陵。

二十一日　寄一信与何子春,一信与胡才甫。买米一百斤,二十二万元。午后胡采绂率其女来看,陈白秋亦来谈。本日星期。

二十二日　寄一信覆宗伯宣。一信与德贞,属告兴和将下月三十万拨于鼎女。唐鸣春派人送杭款到,系由三布庄划兑者,外加九日息卅六万元。八百万暂存入泰源号。

二十三日　买柴九挑，共九千馀斤，仍每斤二百元，共十九万元。午后子鲲来，无事，稍坐即去矣。

二十四日　本日发八、九两月薪，除扣预支外，仅有五十四万元。盖依新标准，每月亦只七十二万左右。

二十五日　林轶西自上海来一信。晚何子春偕方旷来。买糠一万元，共二十斤。

二十六日　交一百五十万与方成桢，托买谷十担。教部又寄审查件来，共三种，曰《庄子篇旨发微》，曰《论语注订补》，曰《东湖文稿》，文约十许篇。《论语注订补》不及四十条，皆曾某作，要求升副教授者也。酬金八万未到。

二十七日　寄还教部两审查稿件，皆以不应格覆之，一为国家慎名器，一为士流祛邪恶也。

二十八日　教部寄酬金八万元到。本日星期。

二十九日　连日又大热，井水亦将竭矣。校中有晚饭，盖常例也。本日中秋。

卅日　到泰源结账。康兄别立一折，余所存约七百五十万。

十　月

一日　学校纪念日放假。徐振流寄《廿五史论纲》一册来，余曾为其作序也。徐今住京碑亭巷如意桥六号。付房金五万元。

二日　为赵君作寿序。唐鸣岗回。以一百六十五万托方成桢买稻十石，除前付百五十万，又加付十五万。

三日　午后访叶荆门，以寿文示之，谓胜前为许老多矣。

四日　改高三作文，题为"《史记·孔子世家》书后"，戴昭驹一作尚可。薛国安来一信。晚何子春偕何步庭来。前托步庭带兰溪酱油已带到，付过两万元，尚欠五百。

五日 星期。发一信与彭祖年。买盐十斤，每斤二千五百元。又买酱油十斤，每斤三千九百六十元。以三百万航空二千元托何子春买谷子。子春明日去寿昌也。

六日 胡才甫、薛国安各有信来。教部寄三书来评审，一《王安石政略》、一《荀卿学案》，又一小册曰《研究孔子应有之认识与态度》，并熊公哲作。于书后人名皆未抹去，但将签面者粘贴，一向如此，其胡涂草率可笑也。熊两书皆在商务书馆出版，一二十年，一廿六年，其小册大约近作，求取得教授资格。书并有见地，文辞亦斐然，不知此公何以至今尚滞作副教授也。

七日 买猪肚一个，一万五千五百元。柴一挑，一百六十斤，四万八千元，盖每斤三百元，视前次所买又长二分一矣。唐玉虬来一信，已回南京矣。

八日 寄还教部审查件。学校发薪，扣所支外，仅五十一万三千也。兑与康兄十万，付女工钱三万。八月（旧）十七日起算，即本月一日也。

九日 得鼎女信，知就文昭中学事，病亦愈矣，一慰。又得祖年一信、陈冬辉一信，寄一信平快与一之，仍为运书事。

十日 放假。改秋二作文。买米一百二十斤，三十六万元，盖已涨至三十万一百斤矣。又买柴三百五十九斤，每斤三百元，共十万七千七百元。将寿序送与赵学敏。

十一日 教部又寄一《荀子札记》来审查，作者为湘阴周秉钧，疑系湖南大学助教，请升讲师者也。买糠，粗细各八斤，粗者斤五百，细者斤八百也。

十二日 覆陈冬辉一信。祖年来信，其妇又产一男。又与东甫一信。何子春、方旷、何步庭来。本日星期。

十三日 教部十二万款到。寄还周某审查件。其书仅三十馀条，无从窥其造诣也。早郑哲新来，送咖啡一罐。还子春二十万，盖谷价每一百斤十六万，前款尚不足此数也。

十四日 又买米三百斤，每百斤三十一万五千，闻午后涨至三十三万矣。连日物价上涨直如风起云涌，早晚异市，可惧哉！本日为旧历九月初一。

十五日 从泰源取百万，付米钱。又买糠五十斤，二万元。

十六日 唐炳昌来一信，改在无锡县立中学教书矣。郑哲新百万未还，内五十万系康兄款。但付息并欲再贷二百元，许以二分之息。人人争囤货物，故银根紧耳。

十七日 早闻包仲寅在城，住补天石，访之未晤。午后来顾，谈丰家被盗事甚详。怨毒之于人，盖未有不反者也。

十八日 覆彭祖年一信、薛国安一信。赵家再索对联一副，做成，令悌儿送去。在泰源提一百元，合之康兄百元，送交郑哲新，言明一月见还，此言不知果践否也。买柴一挑，一百五十斤，五万二千五百元。唐鸣岗因病回家休息。

十九日 星期。教部寄六万元到，又寄十万元，想审查件尚在途中也。子鲲午后来，语多闪烁，知其人渐不可恃矣。买柴两挑，近三百斤，约十万元。九万四千五百。

二十日 寄一信与鼎女，一信与徐作人、宗伯宣。又寄一信与三兄，一信与唐炳昌。买柴六百二十斤，每斤三百二十元，共五挑，十九万八千元。

廿一日 陈光颖来一信，索复性书院书目。徐美才借去《智囊补》一部。

廿二日 由郑哲新处取得息金十五万元。唐鸣岗回，言明日赴杭检查是否盲肠炎。

廿三日 傅顺时、吴林伯、张先雯各来一信，成人美亦来一信。

廿四日 改高三作文。彭祖年来一信。赵学敏送火腿一只、肉一块、雄鸡一只、酒四瓶，以此为寿文之酬，可怜亦可笑矣。

廿五日　小考。教部寄审查件到，作者名曹谦，序题暨南大学作。题为《荀子九论》，末附"荀子嘉言钞"，盖请奖者也。谦即曹百川之名，今任教美士大学，问之吴景曦始知之。

廿六日　星期。剪发又涨至三千元。买鸡蛋六个，九千元。

廿七日　买炭九十四斤，每斤一千元。东甫来一信，病已愈矣。宗伯宣亦来一信。赴泰不改期。祖年来信，言民生公司有船通长沙，嘱催一之运书。

廿八日　何子春来，言稻价尚欠八万，即付与之。托吴景曦带《先圣大训》送与曹百川。改春三作文完。

廿九日　看《唐仲友集》完，惜《帝王经世图谱》已失，无从对勘也。发还高三作文。任心叔来一信。

卅日　寄还审查件。又覆心叔一信，告以不日到杭。鼎女来一信，言京款已收到。

三十一日　在校中借一百万，备赴泰川资也。交二万与兴悌买糠。

十一月

一日　买船票八万。七万九千五百。子鲲回，各款归清，存三百入泰源。薄暮由东关上船。

二日　晚十二时始至杭州，住伍寿卿处。寿卿方发咯血，旧病虽不剧，却可虑也。是日舟中有一小儿落水，经救起已气绝，其母号泣不止，为之惨然。本日星期。

三日　到湖上看心叔，未见。即至书院看湛翁，留午饭。饭后瞿禅、孙孟晋、郑石君闻余至，即追来书院相见。以寿卿夫人约回寓晚饭，未多谈即归。再过罗苑，心叔仍未回，仅晤徐声越，数语而已。买龙井茶四两,每两三万元,备老夫子供。又纱小帽一顶,八万元。

四日 乘八时对号特快车赴沪,车票二等八万四千元,而上下车行李两件,红帽子搬动竟每次花一万元,茶三千元。由站至施高塔路八千元,平安里至城站亦六千元也。到后即到诚孚见伯宣,商赴泰州事。随又至民生公司看一之,与之同回。晚尝新蟹。

五日 晨至东南航业公司看王鸢飞。午饭后又同至其寓中看其儿女,乃知重庆别来又添两男矣。过四马路,购得张二水《十八罗汉画册》三万元,《多宝塔》两册两万五千元,皆鸢飞付。又在汉文渊书店见有《二范全集》价五十六万、《钦定明文》价五万,晚赴伯宣召,即嘱其翌日垫款代购。随商定九日乘车赴镇江,停一宿,次日渡江换车赴泰。因伯宣须到宜兴开会,不得不迟两日也。饭后与姚郁周偕乘电车回。

六日 晨刘伯远来顾,因昨晚未能尽谈也,盖一别二十馀年矣。在作人家饭。丁尔柔闻余至,有电话相问,旋亦来,述其家事,闻之愀然。晚赵鼎新邀在其家吃饭,北四川路江湾路口新绿里五号。得见王达刚,几不相识矣。回后过宝侄寓,未回,旋来谈。悌建德来信,言林少卿又将王子慧一百万寄建。

七日 回看刘默远。今改此。北四川路桥邮政管理局李局长公馆,在四楼。折返至光华大学看廖茂如,沈延国亦来相见,知其父飚民尚健在也。午后作人来,交五十万托其转丁尔柔了债事,但不知能了否耳。晚在宝侄处饭,义侄并俭侄及其新妇亦来见,共饭。

八日 假得赵鼎新汽车到圣约翰大学看黄识今,王举廷旋亦来。复至甘斯东路看余乃仁,遣车还,遂在乃仁处午饭。饭后至三时许始归寓。姚毓周夫妇来,并送茶点数种。

九日 星期。午十时作人来,次羽亦来,送茶点一盒。转送孝宽矣。次羽旋别去,留作人午饭,共乘车往镇江。王时炎送至车站,眉孙已先到。至无锡,伯宣亦赶至。抵镇后,眉孙之弟云生来接,乘汽车至公安局巷十号其家晚饭。宿日新街新旅舍。刘希亮来顾,相左,未得见。

十日 八时过江,雇小汽车直放泰州。一时左右到西门车站,则云楼、薛敬思、许杏农、卢正安、陈冕甫、王鲁庵已久候矣。下车约半里许,即至大林桥西街四十三号黄寓,见仲素二兄并丁孝宽等。余与伯宣即寓后园小斋中,眉翁则寓卢宅,作人寓冕甫家。

十一日 为旧历九月廿九日,先师忌辰也。早起行礼,四起四拜,较昔时为简矣。午食祭馀。送仲素四十万,孝宽二十万,云楼十万,夒嫂十万,赋芝之媳十万。

十二日 旧历九月晦,卢正安邀午饭。连日皆由仲素门下王小农、名雨村。蒋伯唯名贯曾。蒋特五之孙,砚香之长子也招呼,甚安适。

十三日 旧历十月朔。余与伯宣各出十万作彩,由余与眉翁命题作"诗钟"一课,眉翁出一菊字,余出立字。作人定格为连理,因之亦出彩十万,眉翁随亦出十万。共二百馀卷。午后二时阅起,至晚九时始毕。余所取元联曰:"桃李门墙人侍立,菊花时节客同来。"王道明作也。是日吴训彝、薛渭青、黄□孙备午饭。

十四日 放榜。诸人兴致鼓舞,盖十馀年不见此矣。冕甫邀午饭,无仲素,窃异之。是日早点许杏农、王鲁庵请。

十五日 共摄照一张,十五人,长者年八十一,最小者伯宣亦五十五,共一千零三十馀岁,可谓盛矣。惜摄者手段不甚高,未能惬意。连日仲素述旧闻甚多,而每晚所谈尤为精辟。追维吴门,追随之景仿佛如在目前,此行不为虚也。从伯宣处取五十万,买虾子四两,每两二万;次者四两,每两八千;麻油二斤,每斤连罐三万;虾米一斤,十一万馀;麻糕一斤,二万四千,盖三十馀万矣。晚与仲素诸孙小谈,意欲为之谋事,当与眉孙商之。

十六日 星期。晨七时后别仲素,上车回镇。孝宽、云楼诸公并远知、少怀及吴、薛、王、蒋诸子皆送至车站。薛敬思亦于本日回海安。至镇已三时。刘希亮来,与之共至尚友新村八号看金崇如,未能多谈也。尚友新村即在希亮银行宿舍后。晚饭由伯宣会钞。仍住新旅舍。

十七日　与作人、伯宣同返上海,眉孙则须再留一日也。希亮昨晨又来送,并馈肴蹄二斤。三时到沪。悌儿有信来,并附鼎女一信。教部一信,询审查《荀子九论》事,当覆之。

十八日　晨到(圣母院路口)长乐路一八一号震旦女子文理学院看王佩铮。旋应作人约,食开花馒头、汤团,即以当午餐矣。而伯儒复备膳,为之强进半碗。饭后至三马路抱经堂买得《王文恪集》一部,价三十二万。又《钦定四书文》一部十六本,价八万。来青阁买《诂经精舍文集》四本,价三万。会小雨,冒雨乘车看王后知。后即赴伯宣约,而眉孙已回,知为老夫子诸曾谋事已有眉目,颇为喜慰。丙孙父子旋亦来,与作人送余至电车而别。

十九日　晨看廖茂如,以鼎女事相托。归午饭。茂如偕周仲池来回看。去后,至静安别墅看王光熹,生活甚苦,可怜也。顺便买得汗衫两件,十万元;小儿玩具数种,五万馀元。乘电车归。林轶西来看,黄花农亦来。晚在俭侄处饭,大侄妇、十一侄夫妇及家栋侄孙夫妇皆在。南京带来一衣箱,归途又多累矣。

二十日　俭侄送上火车。十一时半开,车票免费,箱子、被包扣票两万元,车饭亦两万元。乘人力车每辆万元至平安里伍宅宿,晚饭则在傅顺时家食。买布袍料一件,二十八万元;长桶袜子两双,五万元;手巾两条,每条一万二千;牙膏四盒,每盒三千;牙刷三柄,每柄六千;磁杯两个,每个八千。共用四十馀万。夜甚冷,几不能成眠。

二十一日　晨至李立民家吊唁,募集子女教养费,出十万元,先一日交傅顺时矣。到湖上,在心叔处午饭,云从适在。饭后同进城看王敬老、郑石君、郦衡叔。晚王敬老邀饭于青年路一酒家,而李哲成会面东。李名乃城,昔时高等师范学生,今与敬老同任教于杭州师范学校者也。饭后与心叔同回宿复性书院。湛翁为树碑事往半山未回。尹石公由南京来,言候我未去。直至九时后石公始回,小谈即就眠。

二十二日　晨心叔、衡叔来,共至陶社看驾吾。归途一候孙孟晋。

石公邀在奎元馆食面,得遇钟朴存,盖十馀年不会矣。座中除书院数人外,尚有毛凤翔,昔年贵阳曾一见之,今仍在浙江图书馆也。晚屠公弼、丁安期、张立民、王伯尹邀在楼外楼饭,特客为金锡侯。又其侄关龙荪,今任农民银行杭州分行经理。金虽老,犹然旗下风度也。买《论语纂疏》各一部寄赠王小农、蒋伯唯。王伯尹今在浙通志馆。

二十三日　晨王驾吾请在快乐园食面,面实不佳,安期言岳坟前一家胜此多矣。午饭后湛翁回,晚邀在西泠饭店食大餐,费至百二十万,不能不为之咋舌也。坐中除石公及书院诸人外,惟钟朴存、任心叔。夜大风。是日星期。

二十四日　晨九时别湛翁、石公及诸君返城。公弼送至罗苑,谈院中事甚悉,多为休文误,果如所料也。别时许老赠其尊翁《复庵先生集》一部。过访郑晓沧,不晤,遂至寿卿家午饭。饭毕,托王喜煮买船票,未及暮即登船。买红对一副,四万元,备送唐鸣钟婚礼。铜香炉一个五万八千元,伞一柄二万三千元。夜半,船即开。

二十五日　六时后船抵东关,悌儿来接。挑夫两万元,船上饭每餐一万,茶每壶四千,小账四千,较去杭时皆加矣。俵散各物与诸孙,皆大喜跃。

二十六日　上课,午后复补高三课一小时。买石油一箱四十九万元,糠十二斤一万三千二百元。本月薪已照新标准发放矣。悌儿当余不在时,为买米百斤三十三万,柴七百六十五斤二十五万二千,菜油三十斤四十三万二千,本月房租亦付清。

二十七日　午后补高秋二课二时。教部寄一《大学详注浅解》来审查。著者曰钟淑湘,字逸斋,湖南汝阳人,殆一老学究耳。其书实依据《四书备旨》而出以白话,直不知作何语,而欲请奖,可笑也。

二十八日　寄一信与伯宣,一信与林伯。又覆龙女、鼎女各一信,龙女信盖余游江北时寄来。《大学浅解》亦批数语寄还。以四十九万元买石油一桶,又买糠一万元。

二十九日　买酱油二十四斤,十四万四千元。覆成人美一信。又覆曹百川、钟道铭、聂敬春各一信,三人并有信来。百川并托吴景羲以十力《新唯识论》一册见贻,盖答余《先圣大训》之馈也。余旧有是书,十力所赠,廿六年失之于杭州,今得此,当更读之。

卅日　星期。寄任心叔一信。

十二月

一日　寄还教部审查件。由泰源取五百万交胡七存放,息一角八分。

二日　寄一英文字典与蒋伯唯。寄书费九千元。又寄一信与宝侄,属送十二万元与抱经堂,还书账。

三日　发还高春三作文。

四日　自今日起考试,停课。寄一信与陈冬辉,谢其惠笔。又覆一信与钱子厚,子厚曾有信来也。又覆德贞一信,告以未能回京之故。

五日　德贞来信,提及鼎女婚事,而鼎女无信与我,且置之耳。

六日　考试。午后徐美才来谈。寄四十万由浙江省银行汇与宗伯宣,为刻印《诗钟》格纸用,余在泰时曾许黄少怀也。午后徐美才来。

七日　星期。心叔、林伯、鼎女、王光羲各有信来。

八日　发还高秋二作文。送唐鸣钟喜对一副,交徐美才带去。覆鼎女、林伯各一信,又覆德贞一信,并托转属天汉代催审查酬金。

九日　王时炎来一信。代朱月轩索写招牌。买蛋十个,五个一千八百,五个则二千元也。又买柴两挑,共三百一十二斤,每斤五百元,计十五万六千元。

十日　教部寄酬金到。彭祖年有信来,言书已托其妹婿谢尘萍带京矣。午后补高三文组课一小时。

十一日　将周克昌所画"无量寿佛"送与赵学敏之父南荫,祝其六十寿。裱工二万四千元,短得不成样子。建德百事不行,裱工特其一耳。

十二日　久旱得雨,可喜也。

十三日　东甫来一信,说京市志局聘作编纂事。敬春亦来一信。午后补高春三、高秋二课各一小时。

十四日　星期。王小农、蒋伯唯收到《论语纂疏》,覆一信来。鼎女亦来一信。买鸡蛋廿二个,三万九千六百元。覆彭祖年一信,附一纸覆鼎女。信未发而李鸿谟信来,知书箱大小四个已运京,随附一条告祖年知之。

十五日　寄一挂号信与瑜媳,属宽侄代将书箱取回,并附一信与李鸿谟。付木匠十万元,作书箱架也。

十六日　寄一信与厚侄,问能否代往长沙将书运至汉口。又寄朱月轩一信,挂号。将乞书招牌寄去,并附一信与一之,索还彭祖年写与王季范取书之信;又附一信与王时炎,覆其前书。夜有雪。

十七日　天又转寒。薛廓五来一信,张先雯、袁心粲又各来一信。

十八日　覆张先雯一信。午后补高三作文"大学"又一堂。

十九日　抱经堂又来信催款,当覆一信,属径由宝侄手取。发一快信至安庆医院,闻江彤侯目疾,因报载其将失明也。又寄一信林伯,属代购陈白沙手迹诗卷。

二十日　寄一信覆袁心粲。陈光颖来一信。又覆东甫一信。曹月川语,惟孟叔龙所摘《录粹》者最精。有云,道无形体可见,而圣人一身浑然此道,故无形体之道,皆于圣人身上形见出来。此又月川语精中之精者也,于此可见月川非无得者。

二十一日　星期。看高三考卷,并为改正。早看赵熙明。午后徐崇山来顾。康兄付三十万。买松柴一担四万,火腿四斤十一两十万。郑氏款本利皆未还,推廿四日。

廿二日 家栋侄孙来信,言新举一男,乞为命名。覆信,名曰邦宪,乳名即叫宪子。自此有生男者,皆以邦字为排行。

廿三日 冬至。徐琼山、宝山兄弟邀午饭,盖为赵司令、杨副司令、邓院长饯行也。座中尚有新县长童某,其舅氏叶荆门亦在座。心叔、衡叔同日有信,言浙大相招意。

廿四日 郑氏款百万仅还五十,言人欠亦未偿也。张先雯寄曩与徐心逸两书来看,言欲登之《浙大季刊》。薛廓五、吴林伯亦各有一信。付吴氏女工十万,扣至阴历十一月廿一日止。

廿五日 覆心叔一信。又覆先雯一信,并将原信附回。林伯又来一信,言新购"古逸丛书"本《庄子》,欲以赠余。彭祖年来信,言运书费共六十馀万,欲余与蒋云从分出,已有信并通知云从矣。

廿六日 寄十三万一千与祖年,还运书费也。并覆一信,由航空挂号寄去。买柴一担一百廿四斤,共八万六千五百元。又买糠两万元。

廿七日 买肉七斤十六万元,蜡烛一斤五两五万元。吴眉孙连来两信。林伯寄《庄子》到,乃苏州刻本,书贾以日本刻欺之,价至四十万,狠哉!午后考《孟子》。

廿八日 赵熙明、包煦侯来。午后方、马、袁三同事来谈。覆林伯一信,又覆眉孙一信,寄作人一信。本日星期。

廿九日 覆衡叔一信,并答二诗曰:"寸胶何力治河清,沧海横流值此生。手把君诗三太息,可怜象罔逊昌明。""德慧从来出困横,亦如无劲赖撑擎。杭州未改播洲色,万里修途视此行。"盖依来韵也。苏宇昨来一信,亦即覆之。今日又转寒,寒暑表至四十度下矣。瑜媳有两信来,言书箱已取回。

卅日 教部寄来方授楚《墨学源流》一书评定,乃系请求教授资格者。书由中华书局出版,乃二十六年所作,给以八十分寄还。其书胜梁任公、冯友兰者,以其精细也。此人大约是楚人。何子春送鹅一双,明日归寿昌矣。为写两信,一与王举廷,一与顾文藻,备考大夏大学也。何父名兆基,字邑周。<small>通信寿昌三河乡溪口。</small>彭祖年又来一信。

  三十一日 买米一百斤,五十四万,力钱五千。又在方利源取米一百三十斤,加钱三万元,买糠二万,共六十万元矣。买蛋十个,每个二千五百,又贵五百元矣。厚侄有覆信来。王鲁庵来信,言前许我《心斋公学谱》已寄出。

一九四八年

一　月

一日　再发一信催一之,问运书事。又覆彭祖年一信,因其信中提及鼎女婚事也。又与厚侄一信,言候彭祖年、萧一之信再说。买柴三担,共四百五十斤,三十一日万七千元。买鳜鱼一尾,二万八千元。夜学校有欢送毕业生会。

二日　买白鱼一尾一斤五两三万,板油一斤三万二千元,鸡冠油一斤二万七千元。王鲁庵寄《心斋学谱》到。栋孙又来一信。

三日　德贞来信,寄书目来,当覆之。又覆栋孙一信。

四日　何子春有信,已抵寿昌矣。蒋礼鸿昨有信,今日覆之。星期。

五日　教部酬金廿五万到。徐作人、宗伯宣并有信,知前眉翁信所说上海已觅得一居停,妄也。吴林伯亦有一信。在泰源取八十万,买肥皂两箱,每箱四十二万元。

六日　高春三毕业考试。读《庄定山诗》:"平生用不尽,古人一卷

241

书。持此争愚圣,今人万卷馀。"可谓真切。

七日 看郑哲新,腰痛不能起坐,老而取妾,可戒哉!买鳊鱼一尾,五万元,二斤十二两。于鱼中此为最美而价最贱,建德人乃并鱼不识乎?肜侯有信来,言眼疾未愈而体则稍健矣,为一心慰。张先雯亦有一信,道浙江大学近又有事。

八日 付吴氏女工十万,预支本月工资也。寄一百二十万<small>浙行汇费二万五千</small>与伯宜,嘱转百万至泰县,分致黄仲素、丁孝宽、赵云楼、刘夔诗夫人,馀二十万托丙孙转致黄幼朋,并附一信于伯宜书中。又修一函与仲素,并附一书与王鲁庵,谢其见赠《心斋学谱》也。

九日 覆林伯一信。一之覆信到。俭侄寄加印照片来。彭祖年亦来一信,言湘赣、湘鄂两边皆不靖,吾民苦矣。张立民寄来湛翁《辞讲席书》及《废书院议》两纸,知许叔娱所发,快邮代电,已掀动大波矣。沈敬仲抚心自问,不知何以对己对人也。

十日 寄五十万与厚侄,并一之原信附去。又修一书与王季范,亦附去,属将书运汉即交民生轮代运至沪,一之有信与汉分公司姚育荣及杨霞峰也。鼎女来一信,并附有谭叔常照片。又曾仲珊亦来一信,不知其在南岳师院任助教也。买裤子布一丈,二十三万二千元。

十一日 星期。覆立民一信,并附一函与湛翁,不主书院便废,恐亦只说说而已。又附一信与屠公弼,问院中详情。午后烧火洗澡,又晕玄,较在湖南时稍胜,仅呕吐而已。晚毕业生请吃饭,犹勉强扶掖而去。久不雨,得雨一日,井中不愁水矣。

十二日 德贞来信,言二嫂于五日病故。告知康老太爷,不无伤感,亟劝之乃止。

十三日 郑家款还清。汇四十万与鼎女,信用航空挂号,并附与文朴、仲珊各一书。又覆德贞一书,再追问志馆公事。

十四日 在泰源取五十万。买柴两挑,一挑七百一斤,一挑七百二十一斤,共二十万〇五千。买粉丝一斤,五万六千。

十五日　又买柴两挑,十九万九千元,每斤七百元也。买糠三十九斤三万九千元,糯米六斤五万四千元。德贞、彭祖年又各来一信,祖年信仍催赴南岳。今日又转寒。

十六日　早起有冰矣。立民有一信来,言书院事较详,敬仲殆非人哉!买鸡蛋拾枚,仍二万八千。

十七日　由泰源再取四五十万。买红豆四万,五斤也。湛翁有覆,似有见怪意。

十八日　徐作人、刘默远、任心叔并有信来。作纸本子六本,十九万元。星期。

十九日　高秋二考试。王时炎来一信。连日买柴三挑,共二十六万九千元,一挑斤六百,两挑斤七百也。又买蛋十个,仍二万八千元。

二十日　托董容冠将唐玉虬寄存对子、稿子等共两包带京,并写一信交其带去。又寄一信与作人,一信与刘默远。晚学校散学酒。任心叔来信,《庄子》已带到。

廿一日　写一信与湛翁、一信与立民,又写一信与赵鼎新、一信与彭祖年。午后余一樵送聘书来,当退还。

廿二日　为唐玉虬理书。朱龙标、傅□来辞行。

廿三日　买斧一柄,七万五千。康老太爷付下月费用四十万。

廿四日　覆心叔一信,又写一信与余乃仁。寄《朱子读书法》一本与刘友渔。李希武来一信。

廿五日　南京市政府寄文献委员会委员聘书来。德贞来一信,志馆事大约阁起矣。

廿六日　校中发酬劳金四十五万。买铁架一个三万六千,肉三斤九万五千,发一信与伯宣。蒋伯唯有覆书来,言款尚未到,故一问伯宣也。

廿七日　刁则纯来一信。买蛋五枚。

廿八日　徐溥、陈若珊来,持示赵钧毈信,言前所与照片已为审印,将底片送愚处存放。

廿九日 厚侄有信,言款五十万收到,阴历正月初七八可至长沙,随作一书答之。买肉三斤九万六千、鱼一尾四万二千、笋一斤二万、蛋十个二万八千、板油四两一万、木耳一两一万一千、金针菜二两一万二千,备明日祭祖用也。明日腊月二十。又买青菜十斤,二万元。

三十日 培儿有信,寄一百万来,作一书答之。又买蛋十枚,价同前。晚伯宜来一信,鼎女亦来一信。祭祖遇雨,殊觉懊恼。

三十一日 邀余一樵、叶荆门、徐宝山兄弟、陈友渔、王寿民午饭。买香烟一包,此物非待客终岁不进门也。

二 月

一日 买煤油一桶八十六万,红糖二斤每斤一万八千。本日星期。

二日 覆伯宜一信,并作一诗贺眉孙七十寿附去。诗云:“谁云七十古来稀,七十眉翁尚小儿。故我任从今我易,无涯宁以有涯知。相期北斗藏身处,不效南山上寿诗。海上春回应不远,还来花下醉芬厄。”钱氏遣其子俊甫来收上月房租,付以三十六万。

三日 胡问余送黄芽菜两个,年糕一篮,午后为渠事往晤余一樵。陈友宜、刘江来一信,《朱子读书法》递到矣。子琨来,勉强坐一时去。

四日 赵鼎新来信,附来蒋竹庄一信并光华聘书。陈友宜来,谈胡氏事。

五日 覆赵鼎新一快信,蒋竹庄一快信,并将应聘书缴去。又写一信与鼎女,并附与彭祖年一信,告以不拟去湘,前说作罢。又写一信与何子春。赵学敏送鸡一只,年糕五十块。

六日 徐溥来送肉一方、酒两瓶,徐成亦送来年糕、豆干等,答之以咸鱼两尾。寄一挂号信与廖茂如，并将人事登记表、排课表，前由赵鼎新寄来者附去。又寄一信与李希武，一信与戴昭驹。徐作人来一信，附有黄幼朋覆信。又立民来信，言沈敬仲已决辞，书院暂可不罢废矣。葛景仲由伦敦寄一贺年画片来。正中书局八十万到。唐玉虬来信，各件已取走矣。

七日　连日又雪。兴义侄寄四十万来，供予与朗兄年下之用。赵鼎新又来信，并附来竹庄一信，言震旦止三小时《尚书》，与前言不合，不知何故也。杨麓云已改就大庸农业学校教员，来信说如此。陈光颖亦有一信，言欲外出谋事。人情好动，大抵不免耳。付女工桂花五万元。今日阴历腊月二十八也。存一百万入泰源。本日星期。董容冠有信来。

八日　德贞甥女也寄二十万来。叔允、黄少怀、鼎女、培儿各来一信。彭文朴并有一电报，但电文不明，云续函详，且看函来如何说耳。覆赵鼎新一快信。

九日　覆叔允一信，义侄一信，德贞一信，董生一信。附一信覆唐玉虬。何子春来信，知大夏已考过矣。彭祖年信已到，知电报所言乃谓师院正在罢课，诸事无人接洽耳。

十日　旧历元旦。放晴，可喜也。

十一日　拜年者有十许人，余则读书如故，客至亦不多留也。

十二日　欲出门，因雨而止。南京谚云，"初三下雨月半晴"，不知建德如何也。

十三日　冒雨出门拜年。

十四日　张汝舟来一信，并寄《贵州大学学报》一册来。任心叔、薛廓五亦各有一信。

十五日　星期。自十二日雨，至今未止。陈冬辉、戴昭驹有信。戴前尚有一信，亦寄补天石，想失之矣。剪发，花一万元。

十六日　寄一信与陈光颖，一信与杨麓云。一信覆戴昭驹，一信覆薛廓五。

十七日　邀学生几人午饭。立民、林伯有信来。雨仍未止。

十八日　覆汝舟一信。欧阳南野譬存心如养生,读书如饮食,谓饮食、养生非有二事,善喻哉!

十九日　朱龙标来一信,到杭州吴山路合作服用工厂矣。余一樵邀在宾乐园晚饭。午后有晴意。

二十日　启明又雨矣。一夜牙痛,不能眠。付女工十五万,扣至本月阴历正月十一止,过支半月工贽。

二十一日　天晴。发一信与何子春,告知明日赴杭转沪矣。彭祖年、陈光颖有信来。

二十二日　趁舟赴杭,以水大,午后四时即到。船价二十二万三千,连铺位两万。茶一壶两万,饭两万五千,行李两万,下船挑夫到候潮门四万五千。仍住寿卿处。

二十三日　发一信与蒋竹庄,一信与赵鼎新,一信与萧一之,告以已到杭,不日来沪。在罗苑午饭,王敬老亦在,巧极矣。饭后偕心叔同至葛荫山庄,稍坐即与张立民同行至积善坊巷访马湛翁,谈书院事甚详,至晚饭边始回。

二十四日　发一信与康兄,一信与尹石公。再过湛翁谈。到罗苑午饭。饭后与心叔、立民访蒋苏盦,由苏盦乘舟陪送回罗苑,即在心叔处住。晚屠公弼来谈。

二十五日　与心叔同坐浙大校车进城看钟朴岑,谈甚久。后又看傅顺时,回寿卿处晚饭。午在聚水馆食虾仁面,每碗五万二千。

二十六日　乘十一点二十分车赴沪。寄一信与陈冬辉,临行忘发,且候函寿卿发之。午后到沪,会大雨。人力车到山阴路费五万元。二等车票只十二万元,扣行李三件六万元。小件两个,上下红帽子费四万元。又到沪后运行李三万元。由平安里到城头巷购票,两人力车四万元,每辆二万元。再由城头巷到车站一万元。杂费合二十三万,盖等火车价两倍矣。仍住一之处。心叔来一信,寄转建德所发各函。

二十七日　早饭后看赵鼎新,随同至光华大学看廖茂如,与蒋竹庄接洽授课事。竹庄再陪同到徐家汇访陈梦炎,由陈偕至徐汇中学看张伯达,接洽震旦事,张盖震旦文学院长兼中学校长也。陈亦在震旦任课,竹庄之门下也,留在其寓中午饭。其侄名善庆,海军中士,新由青岛告假回,亦从旁招呼,正周到。光华六小时,震旦二小时,然系讲《书经》。晚看宝侄、俭侄。

二十八日　发一信至京,索楠木箱锁匙。一信与寿卿,一信与康兄。看作人、眉孙、后知。在作人处午饭,后知处晚饭。

二十九日　发一信与鼎女,附一信与祖年。又覆心叔一信,寄厚侄一信。姚郁周夫人生日,作人约至彼处吃面,住吴淞路三三二衖一〇〇号。面后同到伯宣寓赴茶会,六时后始回。本日星期。

三　月

一日　到震旦上课,课堂在大修院,学生约三十人,皆修士也。送二、三两月修金并三月车费,共一千四百万。买钟一具一百五十万,帐一顶一百五十四万,布褥单一条六十三万,棉毛衫两件,一二十九万,一二十二万,共用四百一十八万。中饭在育才中学吃面一碗,便看袁公,为兰田旧人。所见者吴林伯、周化行外,尚有葛衢康、马名芳、熊武扬。买钟与帐子等皆王鸢飞同行,并送余返寓,留晚饭而去。

二日　光华上课,所授为《荀子·解蔽篇》。学生二十馀人,女生居多。心叔有信,并将浙江大学下半年聘书寄来。唐玉虬亦有一信。悌儿来信,则言旧历元宵有匪二十馀,欲由东门进城,为保警队击散。建德真非乐土矣。

三日　震旦有课。午后偕瑶贞到中美医院看牙,言左边下颚小臼齿须拔去,约明日午后再往。宽侄来信,盖覆前书也。何子春亦有一信,大约已来上海矣。沈子玄送光华二、三、四月薪来,共一千三百一十四万。晚田信耕来相看。

四日　悌儿又来一信。光华上读书指导课,令各买《朱子读书法》一本。午后到中美医院拔牙。买旧桌椅各一,共一百八十万元,内连送力在。晚,宝侄与俭侄夫妇来。

五日　作人来谈。午后看牙,得遇刘静波,乃牙医师洪君其连襟也。买布一尺,备换皮袍贴边,价六万馀。又绿布二尺五,作桌衣用,每尺四万馀,共十八万一千。发一信与悌儿,一信与心叔。王星贤来一信。又王蘧常一信,邀往无锡国学专修学校兼课。

六日　复王蘧常信,谢不往。又寄钟一鸣一信,以其曾过建德相访也。九日始发出。晚赵鼎新邀吃饭,便到青庄六号看田信耕,邀予同往。

七日　以感冒不适,终日未出门。本日星期。

八日　发一信与何子春。买皮鞋一双,一百四十万元。震旦课后到眉孙处午饭,谈至四时始回。厚侄来一信。晚刘江来。似有寒热,故九时即睡。

九日　寄一信与敬春。培儿来一信。蒋云从有信,托将《商君锥指》一书售与商务书馆,当将原信交茂公向经农说项,然十九不成矣。张立民信来,言叶左文到杭,惜不能晤也。

十日　震旦课后到市西中学看胡才甫,即在彼处午饭,并遇王守伟、沈震。龙女来一信。

十一日　午前有雷雨。助教钮鱼人由沈子元介相见。沈颇称其人,然乍视之亦未见其有出格处也。发一信与培儿,一信与王星贤。又何子春来信,约廿一日来看,覆信允之。

十二日　本日旧二月初二,余生日,宝侄邀在其寓中晚饭,盖朗兄有信告之也。到者义侄夫妇、俭侄夫妇及家栋侄孙。义侄媳并送蛋糕一盒,糖莲子一盒。寄一信与张立民。

十三日　寄一信与龙女。杨麓云、彭文朴有信来。

十四日　到家栋侄孙处午饭,新生儿甚壮,可爱也,赐之十万元。午后茶会,伯宣赴京未见,到者作人、眉孙丙孙父子、姚郁周、黄花农、王午官之子、丁蘧卿兄弟。归时大雨,衣衫尽湿。本日星期。

十五日　课后过乃仁家,仍未归,乃到四马路邀鸢飞同吃排骨面。买橘子十个,五万元。本日电车、汽车又长价矣。发一信与朗兄,而悌儿书适至,言胡家款已买桐油矣。晚薛祖源来,几于不识,盖不见者逾十年。

十六日　光华作文出两题,一"论时人之蔽",一"君子以虚受人"。买台灯一盏,四十九万元。

十七日　课后到梵王渡路九十五号王鸢飞家中午饭,给其孩子十万元。在中国银行别业理发,五万二千元。天仍雨。

十八日　午后又雨。悌儿寄皮鞋至,本欲到邮局提取,以雨而止。任心叔来一信。

十九日　寄一信与厚侄,一信与蒋礼鸿。到邮局取皮鞋,顺过新乡路看吴士选,未遇。

二十日　寿卿有信来,覆之。午后偕萧郎看电影,冒雨而去,盖不忍拂其意也。券每张五万元。吴林伯来谈。晚一之又邀看傀儡戏。

二十一日　何子春、吴伯熊相继来,留之午饭而去。任心叔亦与其母舅缪君来顾,心叔即回杭,言熊十力已到杭矣。本日星期。

二十二日　由震旦回,在乃仁家午饭,乃仁谈京中事甚悉。归途过视俭侄,未见。

二十三日　培儿、一鸣各来一信。写一信与三哥,一信与培儿,告知四月初旬回京扫墓。又建德转来教部审查稿一件。即寄一信与悌儿,言款到则不必转。

二十四日　寄还教部审查稿。由一之饬人寄出。悌儿来一信,言严州船又被劫。吴伯熊送来茶叶、沙丁鱼等物。田信耕又送广桔十枚、鸡蛋十枚。

二十五日　鼎女来一信。天晴而寒甚。晚看俭侄处。

二十六日　仍寒。约吴伯熊明日与王时炎所介郑济书补习数理之人见面。

二十七日　午后吴林伯、徐一帆及吴伯熊等次第来。晚王时炎邀看傀儡戏。

二十八日　看王光熹。在后知处午饭。饭后赴茶会，伯宣回宜兴，到者作人、眉孙、郁周、钟时与马君五人而已。

二十九日　放假，一日未出门。

三十日　光华作文，一题"为善无近名"，一题"养生与卫生"。午后俭侄之妇送车票来。晚吴士选来。

三十一日　向震旦借得四、五二月薪水。过王鸢飞家午饭，托其汇一百万与厚侄运书，并发一信去。张汝舟有信，寄近作诗二十馀首来。

四　月

一日　发还光华第一次作文。王子羲由益阳龙州师范学校寄来一信。松岑门下送来《天放楼诗季集》一本。晚一之邀在兰心戏院看夏声剧校演戏。

二日　乘十一点钟车回京，下午六时半在和平门下车。乘人力车到双石鼓，六万元。

三日　早吴林伯、程希圣来看。希圣在怀远，拟回里，过此闻诸林伯，知余在京，故来过，未见盖十年矣。午在三姊处饭，便到如意桥六号看徐振流，旋同至司法部看强天健，再到石婆婆巷看王苏宇。过金陵中学看彭重熙，未遇。乃看张孝侯，则割盲肠方愈也。到天青街晚饭。

四日　上丁家巷双丫杷树坟，车子来回十六万。归途遇陈匪石。进城，便到仁厚里，则王绵已生一女，给之十万元。过夫子庙，途遇李尧阶。仍回天青街晚饭。饭后到五台新村看拱稼生，并遇黄子元。

五日　苏宇邀在武定桥包顺兴吃点心，余与叔兄外，有强天健。散后与天健同至市府教局看程宗潮，得遇潘生敦徽，潘在工务局任事也。回天青街理书，便看苏三兄。再到中央政校看吴景贤与戴刚伯，戴未遇。晚应东甫约在家晚饭，饭后马元放来送予回。稼生偕罗吉人来谈，知一湖在岳州十一中学教书，不在乡间矣，并言阮淑清已去世。

六日　再看戴刚伯，盖昨曾留语约之也。知其弟戎光夫妇亦在京，随邀至内桥金钰兴午饭。到后方知主人顾姓，并非刚伯作东，其弟夫妇亦客也。客中有徐某，今任国防部第二署长，则亦旧时第一中学学生。饭后同至国防部，由戎光遣其副官魏姓驾吉普车送余至各处访人。访尹石公未遇。过励志社见胡少棠、王彝伯，知洪北平已就重庆某处事，不在京矣。再到社会部看薛廓五，同至广东新村看李洪谟。洪谟到如皋为其戚理丧，不在家，与其新生之女十万元。便看彭缉之，在戎光家晚饭。

七日　乘十二点四十分车回沪，晚九时到。郑石君有一信，悌儿有一信，张先雯有一信，何子春一信。陈佩璜一信，则与王举庭来顾，未见所留也。又程演生亦留一字。又李希武一信，由悌儿转来。

八日　光华上课，送来小考时间表及成绩单。晚宝侄夫妇来。_{出示二兄一信。}王举廷来电话，约后日晚饭。买糖莲子一斤，十三万。香蕉两秉，每秉十一枚，十万元。今日报载洛阳、偃师皆不守，时局将大变矣。

九日　覆郑石君一信，并附一信与十力。又寄二兄一信，覆李希武一信。

十日　王举廷邀在南京路冠生园晚饭，同席者一刘姓，一则陈憬初，即佩璜也。

十一日　倪晦园偕赵鼎新来相看，赵即邀至其家午饭。饭后赴茶会,到者主人外,徐、吴、刘、丁、马、黄、谢。又一周某,则眉孙相识也。仇亮卿之子来看宗仲远,因亦遇之。晚薛祖源来,当将德贞托带胶鞋付与。本日星期。

十二日　阅教部寄来审查稿,一《顾亭林政治思想》,一《明儒对中庸的开发》,作者为陶常,系请求副教授资格者。顾诗"采茔昭王俭,槃杅象帝尧",以昭王、象帝为人名。《日知录》引魏任城、王澄事,以任城为地名,王澄为人名,一似未读过书者,乃以教师为不足而望副教授耶。阅毕,适林伯来,托其交邮寄去。又寄《三毛流浪记》一册与梅孙。本日到震旦上课,当将小考题交与张伯达。

十三日　午后看王鸢飞,由王买雨衣一件,四百一十万,可谓骇人矣,然并非上等材料也。买商务翻元刻张洽《春秋集传》一部,二十七万。又《薛子庸言》一部,亦明本翻印,十六万。又袜子两双,十万。本日光华发五月薪,只四百三十八万耳。晚归遇雨,鞋湿透矣。

十四日　未去震旦。震旦课已移下星期,今日天主教有典礼举行也。午后程演生来顾。

十五日　午童载新来,将由京带来小包一件托其交人带严,由邮寄一信去与二太爷。本日心叔、文朴、吴老太爷内附悌儿一信并有信来。

十六日　梅孙来信,言《三毛流浪记》收到。强天健来信,言蒋伯文曾到京。又龙女亦来一信。

十七日　到光华,将期中考试题交与教务处。

十八日　午前家栋来辞行。晚蔡伯文偕一屈姓者来谈。伯文盖不见十馀年,初传其死,今知历年在闽税局任事,此次因葬父北归也。买《权文公集》一部,二十四万元。刘次羽来,会余往四马路去,未晤。寄一信与敬春。一信与鼎女,附一信与彭祖年。本日星期。

十九日　在义侄处午饭,周大为亦在。分后偕宝侄到吴良材眼镜店配眼镜,仅两玻璃片,一百二十万,约一星期后取。

二十日　光华作文题,一为"夷齐让国论"、一为"贪夫徇财烈士徇名"。余一樵来一信。晚刘友渔来谈。

二十一日　在徐家汇午饭。发一信与张先雯，一信与徐著新，一信与何子春。严州转来陈光颖一信。

二十二日　寄一信与任心叔。成人美有一信寄光华。午后至商学院看倪晦园。

二十三日　晚廖茂如、陆静生、章元石、朱有璘、周仲池邀在塘沽路鲁关路文艺小憩俱乐部食日本饭，后来加入者有薛志陶、金兆均、葛衢康。每人四十五万元，余为客也。饭后由金兆均车送回。

二十四日　两日看震旦考卷，至今日薄暮始毕。王星贤来沪，有函通知，而通电话两次皆不在。

二十五日　星期。在后知处午饭。饭后看王星贤，旋至伯宣家聚会，相约五月四日午后赴苏。

二十六日　徐家汇课后看刘次羽、曹敏永、王会极三人，惟刘见之，曹、王则各留一字。取眼镜，又架子二十万元。

廿七日　寄一信与兴厚，一信与唐玉虬。晚陈憬初邀吃饭，在大西洋饭店，盖西餐也。陪客王举廷外，一人曰赵允安，憬初民立中学同事也。本日光华考读书指导课。

廿八日　震旦课后参观徐家汇藏书楼。外传其藏书甚富，实则除各省县志较多外，馀亦寻常之书耳。董容冠来一信。

廿九日　光华考国文。天健有信来。将《薛子庸言》寄与薛廓五。

卅日　看考卷。

五　月

一日　吴林伯送饼干一罐。彭祖年忽来，知李洪谟在如皋被祸，惜哉！覆强天健一信。

二日 星期。寄一航空信与厚侄，属将五十万汇与袁勘，不必自去长沙矣。

三日 徐家汇课后到王鸢飞处一转，即应伯宣约晚饭。闻徐作人病，与伯宣、黄佩秋同至古柏公寓视作人病，大约系受寒而起，无大碍也。

四日 午饭后赴苏，仅伯宣、丙孙同去，作人因病、眉孙因窘，并未能成行。宿黄府，幼朋置馔甚丰。伯宣赠四百金，予只一百，甚歉然也。抽暇一访网师园。

五日 乘汽车到外跨塘上老夫子坟，归途过子韦坟，亦下车一拜。午刘丙孙邀在其家饭，晚为伯宣与予邀诸同门长幼饭，中间汪仲衡邀至狮子林茗谈，归途过濂溪坊访钱黼廷。

六日 早与毛继曾同至地院看汪子觉、阚逸群、李尘凡诸人，为黄朋孙谋录事也。钱黼廷、陆象如亦继至，而汪子觉则因其老翁八十寿回镇江，尚未归也。午王季从、郑石亭、毛继曾、吴寿甫、蒋味莼、韩少元、谢泽三、赵小鲁、周楚臣共十人作东。饭后伯宣去京，予与丙孙乘六点五十分车返沪。同车一少年名张肇祺，能为南北语，与谈颇不寂寞。

七日 晚作翁偕其孙来顾，病已愈矣，甚喜。时正大雨，雨少小即去。厚侄来一信。

八日 发一信与何子春。一信与培儿，并将郑兆南、朱佩璜二人所开年岁寄去，望得一练习生或童工便是矣。又覆董容冠一信。午后赴八仙桥青年会，为徐、李二姓证婚，徐作翁之孙女嫁与李其荣也。朱有瓛、章元石来顾。德贞有一信。

九日 星期。栋孙来信，言长沙书已交船运汉口，转民生公司轮带沪矣。晚王述曾来谈。

十日 悌儿、任心叔并有信来。知心叔之兄已就严州中学教席，心叔担负当较轻矣。午在鸢飞处饭，言金价已出六千万关矣。晚丙孙来谈修坟检屋事。

十一日　钱子厚、王星贤并有信来，星贤已抵渝矣。培儿来信，言事无指望。本日作文题为"统一文字论"与"私人可议改革文字乎"，交卷后颇有主文字改拼音者，为之太息。

十二日　徐家汇课后，约王举廷同至大夏看何子春，归途过余乃仁家小憩。即至徐作翁处晚饭，作人诞辰也。伯宣、丙孙亦在，谈泰州、苏州事，因云楼有信，因欠债已逾二亿，真不知所措手也。归寓，知向发英与刘友渔来，向送草帽一顶，留字而去，言明日转杭返桐，异日当再来海上也。

十三日　覆云楼一信，又与悌儿一信。覆王子羲一信。晚丁尔柔、何亚谋来。

十四日　再寄家栋一信。又寄张孝侯一信，为程希圣事。汪子觉一信，则为黄朋孙事也。瑾如之弟国栋结婚，送贺仪二十万，到八仙桥青年会一贺，后即赴余乃仁家宿。

十五日　晨六时即起，到徐汇尚未到八点也。偕陈棣莘神父及诸生乘车往佘山，至第八号桥下车，改乘小艇由水路行，因前有二桥正在修理，故汽车仅能至此。上山后午饭，饭后有降福礼在小堂举行，并与顾裕禄至山顶大堂及所谓苦路一观。晚宿中山，由顾生相伴。

十六日　星期。十时在大堂行弥撒礼，所谓圣人降临节也，朝山者甚众。晚听诸生歌诗剧。

十七日　午在东佘山野餐，晚在天文台观土星与月。

十八日　八时在圣母亭前摄影，旋下山，乘车径归。过徐作翁处午饭。得汪子觉、彭祖年、程演生、薛廓五、李希武、何子春等书，共六封。

十九日　到光华看林轶西，未见，得遇徐燕谋。覆彭祖年一快信，代其致为李洪谟募子女教养费启寄还。午后轶西来。晚林伯、友渔来，友渔为送心叔所带茶叶。光华发薪一月。

二十日　大总统就职，放假一日，然老河口昨又弃守矣。一之言

255

长沙书已到沪。

二十一日 鼎女有女，索款。

二十二日 家栋有一信。晚在宝侄处饭。午后林伯来谈。

二十三日 早刘次羽来，并送点心一盒。到民生公司堆栈看带来书箱，多已摔破，不知内中书籍有无遗失也，当更抽暇一清点之。在后知处午饭，义侄亦在。赴茶会，伯宣在京未回。便道一过王光熹。本日星期。

二十四日 覆鼎女一信，告以款由后汇，或交彭祖年带湘。到俭侄处，便道一看储安平。

二十五日 光华出两作文题，一"新文学家必备之条件"，一"论冷战"。晚刘友渔偕向发英来顾，刘丙孙亦来。

廿六日 午后李金煌来谈。光华学生中可以读书为学者，惟此人耳。震旦学生赠余佘山各相片。

廿七日 伯宣有电话，已返沪。泰州汇款明日可汇出矣。

廿八日 到虹口民生公司清点各书，尚无缺少，但有数本被鼠啮，为可恨耳！午后向发英_{伯寅}来辞，归台，赠以《说苑》一部。

廿九日 午后与彭祖年到来青阁买书。浙局刻《御纂七经》百四十本价千四百万，脉望仙馆《十三经注疏》则五百万，前书较贱矣。

三十日 星期。林伯来，与宝侄夫妇同看宗正叔。午后李亦卿、陈匪石相继来。匪石则因事至沪，明日便返京矣。

三十一日 晚祖年来，交二百万带与鼎女。

六 月

一日 光华发薪一月。

二日 在余乃仁家午饭。

三日　光华校庆放假。徐家汇选升神父，由枢机主教美人斯培儿曼主持，与一之同去观礼。夜三时后即起，选升神父礼则在六时半至八时半止。震旦发薪两月，共一千八百，车费在其中。

四日　寄覆钱子厚一信。又董容冠、彭绩咸有信，言七月初来沪，各覆之。

五日　吕晓光邀晚饭，由田信耕陪同去。吕以《新闻报》被邻火延烧未回，由其夫人招待。

六日　星期。阅报知昨学生游行未成，被捕数十人。纷纷扰扰，真不知何时得宁也。午后赴茶会。还刘丙孙七百万。五百万寄仲素，二百万寄孝宽，皆由其先垫也。又交百万转黄幼朋，乃先垫售扇款。

七日　心叔、子春及悌儿各有一信。晚邀一之观夏声剧校演戏，票价每人二十四万。

八日　光华作文共出三题，一"出处人生大节论"，一"美国扶植日本下中国所以自处之道"，一"风霾中之上海"。

九日　震旦课后到鸢飞处小歇，随偕至静安别墅看葛兴，前日自伦敦归也。又到《新闻报》看吕晓光。买汗衫三件，每件三十九万。袜子四双，每双十万。小衫一件，备送梅孙，六十八万。裤子料八尺加三放，每尺二十二万。小衣料七尺，每尺十六万。

十日　吴伯熊来，送粽子一盒、枇杷一盒，转送赵鼎新家。与萧配礼、唐妈各五十万过节。午后刘廷鸿忽来，并送白菊花与藕粉各一盒，此人不见十馀年矣。

十一日　端午节。吴林伯来，送衬衣两件，坚拒不受，强留之而去。发一信与悌儿，又覆何子春一信。曾仲珊寄新作数词来，甚佳。张孝侯有覆信，程希圣事不谐矣。

十二日　俭侄生一女。云楼书来，言泰州已闻炮声，今姜堰收复想无碍矣。

十三日　何子春来，借与五百万作养病用。此子体弱，却可惧也。

作人来，并捎来幼朋一信。本日星期。

十四日　到徐家汇与张伯达谈下年度事，并将大考题交与。晚刘庭鸿来。

十五日　寄一挂号信与任心叔，并将浙大聘书退还。午后葛景仲夫妇来。本日光华发薪一月。

十六日　龙女有信，并寄一照片来。晚陈真如请在杏花楼吃饭，因林宰平新自津来沪也。宰平外尚有王心湛、一之诸人。饭前过申报馆看史咏庚、张寅和。

十七日　再发一信与悌儿。

十八日　钟道铭来。心叔有信来留。

十九日　悌儿寄麦款来。看震旦考卷。何子春送还借款五百万。

二十日　续看震旦考卷。午后赴诸同仁之约。晚过鸢飞，将悌儿寄款交与，托购各物。本日星期。

二十一日　李金煌来谈，将文卷交其带与教务处发还各生。悌儿又有一信。唐子琨亦有信，言谷款二万二千交叶采舫送沪，然至今未送来也。午后送分数至徐家汇，便与张伯达再谈下学期事。张意仍主专任，然浙江大学意亦甚好，余只允兼课而已。晚归，则叶款已送来。

二十二日　早寻鸢飞，将二亿二千万庄票一纸托其代兑，并变换金钞。建德之款则仍寄回。并有信。饭后同至静安寺，买绸衫料一件，一丈四尺，作一丈计。七百二十万。布袍料一件，所谓线呢也。一丈一尺加三放，约丈五尺。五百〇六万。白麻沙小衫料两件，一丈计。一丈二尺加三放。一百八十四万。裤单一条，三百四十万。

二十三日　早覆子琨一信。鸢飞来，交到各件，钞二十五，金一两。又交三百万托其汇与鼎女，以有信来，言川资尚不足也。

二十四日　覆鼎女一信，又寄一信与曾仲珊。蒋云从来信，托为许明两谋教席。晚厚侄来，捎得康兄一信。

二十五日　郑石君有信来。

二十六日　寄张伯达一信。宝侄本日赴严。

二十七日　义侄、虎孙来。寄一信与心叔,一信覆郑石君。晚在王后知处饭。本日星期。

二十八日　廖茂如来,言大考已暂停,并转来赵鼎新口信,师范专科拟相聘,征吾意。林伯来,捎得希圣一信。

二十九日　看鼎新,事未能决,希圣事亦未能定。由电话通知林伯,属其作覆。

三十日　再发一信与张伯达。

七　月

一日　康兄到沪。毕业生分数送交教务处张伯达,有覆信,说定兼课四小时。

二日　托王耀曾将期中未结分数送存光华。晤赵鼎新,谈师范专科事。

三日　在俭侄处晚饭。光华发薪一月,由宝侄兑来。瑜媳有信,言梅孙等并病,覆信属其善加调护。

四日　宗正叔请午饭。午后四时赴伯宣家约。本日星期。何子春来信,已赴海盐。徐振流来。

五日　早林伯来。寄一快信与希圣。徐振流本拟明日回京,为一之所留未去。

六日　大风雨。郑瑜又来一信。

七日　雨止,风亦转向。由一之带二百万转姚郁周寄泰。康兄来午饭。晚彭劳夫来谈。是日六月初一。

八日　振流还京,托带七十五万至天青街,备祭祀用也。刘廷鸿午前来谈。

九日　一之赴北平。鸢飞来谈。买三星牌蚊香两饼，二十万元。

十日　杜蘅之有信来，覆之。悌儿来信，言房主催让屋，托词于办幼稚园，可异也！吴伯熊来坐。

十一日　星期。义侄送自京带来《春秋传说汇纂》，然只三套，不全也。薄暮林轶西来顾。

十二日　彭绩咸来信，言十五到沪。一之自北平亦有一信来。晚丙孙来。

十三日　本日为六月初七，先母忌辰，又培儿生日也。写一信与悌儿。谌超岑来一信。

十四日　午前康兄来午饭。作翁来，正雨，又冒雨归去，故去后特通一电话问之。

十五日　颜克述有信来。午后彭绩咸来。敬春亦来一信。

十六日　覆谌超岑一信。一之自北平回。瑜媳来一信。

十七日　心叔来，谈浙席事甚详，留之午饭。候绩咸，写一信与敬春，交绩咸飞川后付邮。

十八日　星期。看徐南屏不着，在余乃仁处午饭。饭后赴茶会。在后知家晚饭。

十九日　因昨晚茂公有电话约晚饭，晨起即往访，乃知高觉夫到沪，并将往南岳调停拒长事，故廖与朱有瓛约之吃饭也。心叔再来，明日返武林矣。

二十日　师院专科学校送聘书来，特寻赵鼎新托其退回。其校长名周尚，本人既不自来，而又斤斤讲价，办学如此，其效可知耳。朗兄来。晚看有瓛，已迁居，乃到周凤五家，其子女皆成大人矣。

二十一日　早葛景仲夫妇来，盖欲向一之挪移款子，取出海关所扣行李等等也。晚刘廷鸿来。丙孙亦来，言幼朋将断炊，交二百万托其汇去。

二十二日　连日甚凉，时有小雨，盖涝象也。今日阅报，果然。光华有配给米二斗,米店仅先发一斗,种种推托。即此,弊窦之多可知耳。

二十三日　天晴,稍热矣。晚葛景仲来,言即举室移京。

二十四日　王鸢飞来。晚王星贤与刘公纯来。程希圣来一信,彭重熙来一信。

二十五日　星期。在作翁处午饭。饭后看蒋竹庄,还所借书。看陈憬初、王心湛,皆未见。在俭侄处晚饭,归后知周凤五来相看。张先雯有信来。

二十六日　写一信交一之,托人将《野获编》带还唐玉虬。又寄一信与彭文朴。王鸢飞来。

廿七日　李金煌来,为寄一信与任心叔,并附一信与张先雯。

廿八日　光华送聘书来。

廿九日　晚到康兄处。刘廷鸿来。

三十日　为许明两事覆蒋云从一信。午吴林伯来。

三十一日　王善业来。陈光颖来一信。午后田信耕来。

八　月

一日　星期。在鸢飞家午饭,饭后赴讲会。在后知家晚饭,宗宏夫妇正自京来,盖后知昨日病,有电唤彼等。彼等来,而病已霍然矣。本日理发,费五十四万。

二日　心叔寄二千馀万来,盖浙大八月薪一部也,晚托田信耕代向邮局提取。郑石君来相看。

三日　回看郑石君,便过朗兄,而朗兄到余处,遇之于宝侄家。

四日　复心叔、克述各一信。宝侄送表来,换一游丝,花三百万。又买一五磅装热水瓶,六百五十万。

261

五日 吴伯熊来。陈光颖有信来,又添一女。

六日 德贞来一信。张立民寄湛翁《编年诗丁亥卷》并所作《玄亭记》,又十力与湛翁一书,并收池姓女作一记,亦奉命寄来。又知宰平曾往杭州一行。

七日 寄一信与瑜媳,说鼎女事。

八日 由一之带五百万交姚郁周转泰州,三百万送仲素,二百万送孝宽。曾仲珊来一信。余向持论,谓《中庸》要紧工夫在致曲。子云:"君子之道四,丘未能一。"亦自嫌其致曲上不尽耳。故曰圣人有所不知,有所不能,两不能皆就致曲言也。今日忽思,《大学》格物,正与《中庸》言致曲一般。《中庸》谓曲能有诚,即《大学》由格物而直到诚意一段工夫。若诚则形,形则著,所谓富润屋、德润身,心广体胖者矣。当更研究之。李金煌来,季家骧又来。晚过朗兄。

九日 午前看茂如、有璪。忽遇吴忠匡午后来顾,谈山东事颇详。写一信覆张立民,托其交邮。王苏宇有信,由建德转来。

十日 覆王苏宇一信。曾仲珊有信来。

十一日 《大公报》复兴农村社评中引《礼记·王制》文:"无事而不田曰不敬,田不以礼曰暴天物。"竟以田猎之田认作田耕之田,直可发一大噱。不知农田亦有因有事而不耕之时乎?田而以礼,是何礼乎?抑何其不加思索也。心叔来一信,宰平来一信。

十二日 康兄来邀今晚晚饭。覆宰平一信,约十五晨相见。祖年来一信。

十三日 晚陈憬初来邀十五晚饭。刘廷鸿亦来,送梨六枚。董容冠来一信。

十四日 覆彭祖年一信,寄何子春一信。

十五日 晨看林宰平,留午饭。饭后到伯宣家即闭汗呕吐,随偕作人到古柏公寓请伯儒开方配药,又呕一次,乘三轮回,得汗渐解。晚陈、王两人来看,以约饭未去,曾由伯宣通知也。

十六日　郑石君来信,言新舍修建有待,想欲在外赁屋居住,因此思不去浙。勉起发一信告朱有璱,说知此意。彭重熙自资中来一信。食梨一个,仍吐去。

十七日　一日未食,仅食西瓜水少许,有微热。晚何翘森兄弟偕俭侄来。

十八日　热未净,早食米汤少许。康兄来看。午后又食西瓜汁一碗。两次灌肠皆未能。信翁丽华言,晚食面一碗,精神反稍振。心叔有信,会林伯来,托代作一书覆之,告以不欲去浙意。林伯送梨十枚,价乃三百六十万也。

十九日　康兄、宝侄媳并来看。刘廷鸿来,乃写一快信寄瑜媳、一信与彭重熙,又再写一信与朱有璱,并托廷鸿交邮。王光熹由京来一信,住升州路登隆巷十号。信发后而有璱忽来,则师专可得半薪,约考虑后再覆。本日得解。

二十日　晨、午皆面,晚薄粥。病已去,但无力耳。本日报币制又改变矣。

二十一日　萧配礼生日,送其梨一框,四百万。李一平来,在此午饭,康兄亦在此午饭,一之并买得牛舌、腊肉等回。鼎女信来,十二日即到京矣,并附瑜媳一信。宰平昨有一片来问疾,写一片覆之。

二十二日　写一信与郑瑜,因昨来信言陶锡三病故,属送赙仪一百万。本日星期。

廿三日　发一信与心叔。午后有璱偕师专校长周君尚来,言以专任留予,当即允之。又发一快信与心叔,所支八月薪一亿三千九百二十万由师校于明日寄还。晚在康兄处吃面。连日大雨,午后晴,晚又雨。

二十四日　仍雨。寄一信与悌儿。宰平来一信,附有真如诗。

二十五日　早看有璱与周君尚,言还浙江大学款已于昨日寄出。覆宰平一信。心叔连来三信,后一信乃快递。

二十六日　覆心叔一快信。看赵鼎新。郑石君又来一信,催赴杭。光华寄聘书来。午后卫素存来,林伯亦来。

二十七日　寄邱志州一信,并附一信与吴子行。又寄唐玉虬一信,问书款收到否。看朱有瓛,未值。

二十八日　再看朱有瓛,旋通一电话。又看廖茂如。遇蒋竹庄,允授《庄子》三小时。施蛰存来,谈师专课程定在星期一、三、五、六第三时、第四时,即十点至十二点,共八小时。旋覆光华一信,则课排在此四日早八点钟。

二十九日　星期。买食盒一具,钢精锅大、小各一,共金圆五圆九角。在后知处午饭。茶会,刘伯远忽窜来,发语多不当,尤于黄仲素讪抨甚力,不知其嫌隙何自生也。交五百万与丙孙,三百万送黄幼朋,二百万备郑兆南来沪路费。

三十日　覆郑石君一信。王鸢飞来,言将赴浙,为写一信介与傅顺时相见。又附一信与心叔,属将衣箱交鸢飞带沪。宰平有信并附得真如诗来。又寄一信与何子春。

三十一日　午后石君、心叔又各来一快信。往访有瓛相商,未见。刘廷鸿来,李金煌来。晚过宝侄谈。

九　月

一日　晨再看有瓛,并为李金煌奖学金事看茂公、沈延国。覆心叔、石君各一信。晚有瓛偕胡梅轩来。田信耕、应天和、胡才甫、徐宗一等来。

二日　到环龙路看陈证如、吴艺父,后至徐汇中学与张伯达商量课程。归过余乃仁,未见。在作人处午饭。因眉孙病,绕道一看之,并借得《古诗源》回。在后知处晚饭,吃面。

三日 晨又看朱有璛，因遇□显静，前南京第一中学学生也，今在中央大学、复旦大学充教授矣。途遇康兄，交到悌儿一信。又傅德贞来一信。刘廷鸿、吴林伯、李金煌先后来。晚过田信耕。

四日 以美钞二十元交宝侄，兑得二亿四千元寄京。中二亿为鼎女衾资，一千万送叔兄九月生日，馀除付今年祭祀费外，悉与老妻，并寄一信告之。

五日 星期。吴伯熊来。心叔有信，属为其戚缪君推荐复兴中学教员。往见赵鼎新，则已有人接洽在先矣。晚丙公送郑兆南来。傅伟奇又来一信。

六日 覆心叔一信。家栋、王敬老、顾文藻并有信来。顾信为托两女生投考大夏获取，随转函刘廷鸿知之。午前看朱有璛，以配给米、油等券交其代央校中职员领取。郑兆南本日移住俭侄处。师校发八月薪，除扣汇浙大款外，共得六十一元六角，应聘书缴去。吴伯熊赠水壶一个，又糖、盐各一罐。买小锅一口，连盖法币二百六十万。又买汤匙四个，六十万。

七日 光华补考，大雨未去。何子春由溪口来一信。

八日 覆王敬五一信。《淮南·缪称训》云："见贤忘贱，故能让；见不足忘贫，故能施。"又云："使人信己者易，而蒙衣自信者难。"又云："君子者，乐有馀而名不足，小人乐不足而名有馀。"又云："人多欲亏义，多忧害智，多惧害勇。"又云："察一曲者，不可与言化；审一时者，不可与言大。"《齐俗训》云："不闻道者无以反性。"读此书已数日，皆未录，故旋读旋忘，诚知恃心不如恃手也。过康兄，顺买菜刀一柄一金圆，饭碗两个五角即四百五十万也。又访田信耕，遇于途。悌儿所寄小包交到。吴林伯来。

九日 童载新由建德来，带到皮马褂一件、水壶一个、布被里一床、毛袜一双。师校配给，领到米三斗，换稍精者打了七折，煤两百斤卖得四金圆又八角，食油三斤卖得一圆五角，糖、盐皆如数。覆悌儿一信,更索寄各书开一单去。光华送考卷来。《淮南·兵略训》云:"举事以为人者众助之,举事以自为者众去之。众之所助,虽柔必强;众之所去,虽大必亡。"此验之于今而益信。

十日 看有珊,催房子,因原住鲍某已回也。《淮南·说山训》云:"人不小学,不大迷;不小慧,不大愚。"又云:"以洁白为污辱,譬犹沐浴而抒溷,薰燧而负彘。"又云:"谓学不暇者,虽暇亦不能学矣。"又云:"以非义为义,以非礼为礼,譬犹俣走而追狂人,盗财而与乞者,窃简而写法律,蹲踞而诵《诗》《书》。"又云:"桀有得事,尧有遗道,嫫母有所美,西施有所丑。故亡国之法有可随者,治国之俗有可非者。"张伯达寄课表来。晚在朗兄处取回《药地炮庄》各书。

十一日 看光华考卷毕。李金煌来商改系事,盖其姊劝之也。《淮南·说林训》云:"心失其制,乃反自害。"又云:"使人无渡河可,中河使无渡不可。"又云:"刺我行者欲与我交,訾我货者欲与我市。"又云:"圣人处于阴,众人处于阳;圣人行于水,众人行于霜。"又云:"圣人之处乱世,若夏暴而待暮,桑榆之间,逾易忍也。"瑜媳来一信。

十二日 托王耀曾将《管子学》《管子纂诂》二书带交王季思,转任心叔缴还马湛翁,并写一信带去。《淮南·人间训》:"众人皆知利利而病病也,唯圣人知病之为利,知利之为病也。夫再实之木根必伤,掘藏之家必有殃,以言大利而反为害也。"本日星期。看林宰平。在义侄处午饭。饭后赴讲会,伯宣在京未回。以千八百万交丙公之子寄泰,内送仲素一千,孝宽四百,云楼、夔嫂各二百。从眉孙处借得《乐府诗集》一部。前已借得《古诗源》,皆为授历代诗选用也。过后知晚饭。

十三日 光华考卷交兆南送去。午后有珊来谈房子事,颇难解决。晚在俭侄处吃韭菜馍,甚佳。

十四日 徐家汇第一日上课。课后访王鸢飞,不遇。过后知,索得三瓦罐而归,备盛油、醋也。刘友渔送月饼一盒。买《肇论集解》一本,一金圆四角。

十五日 在亨达利买手表一只，七十金圆，尚系普通货也。顺道看刘友渔及胡才甫、应天和等，即在青年中学午饭。午后到虹江路买得五饭碗、四茶盅而归，皆日本旧货，然甚精，价共八金圆。又买铜汤匙四个、食叉四个，则一金圆二角。吴伯熊又送来月饼一盒。郑石君、任心叔、三哥各来一信。

十六日 震旦第一日上课。在余乃仁处午饭。晚在俭侄处饭。宝侄由京带来咸水鸭，甚好，但稍淡耳。唐玉虬、悌儿皆有一信。光华发半价米票二斗。

十七日 晨再看有瓛，仍催房子事。顺回看施蛰存。寄悌儿一信，心叔一信。本日中秋。

十八日 晚在俭侄处饭，请宗正叔夫妇也。将光华所发半价配米二斗券交与俭侄。

十九日 星期。晚光华同人在任渭知家叙餐，人各出金五圆。给郑兆南一百万。

二十日 看有瓛，与之同至师范专校一看。发九月上半月薪五十四圆。晚周校长邀在其寓晚饭。覆郑石君一信。

二十一日 陈真如来信，邀在贵州路寿圣庵小聚。徐汇课后赶往，而宰平未到，但心湛、胡允恭。又两客，一李孟博，一陈姓，其字则忘了矣。庵主名德圆，无锡人也。连日天又转热。补《读庄发例》成。晚丙孙来。

二十二日 朗兄来，李金煌来。师校为房子事来一信。心叔亦来一信。

二十三日 震旦课后在乃仁家午饭。饭后看后知，尚未走。又看宰平，出示十力信，则到沪三日后返杭州矣，为之惘惘。

二十四日 买写信台一张、凳子四个，连送力共四十四元。看赵鼎新，其妻病甚危。在二哥处午饭。晚田信耕来。

二十五日 寄一信与十力，一信与家栋侄孙。吴伯熊来。

二十六日　午后赴讲会。欲看后知,看王鸢飞,俱未成,因伯宣留晚饭,明日八月廿五日其生日也。震旦索履历,填好寄去。本日星期。

二十七日　光华、师专皆第一日上课。午后徐溥偕汪思孟来顾。汪亦严人,同考入国防医学院者也。刘廷鸿来一信。买痰盂一个,两圆三角。玻璃杯两只,每只两角。

二十八日　看王鸢飞,未遇,留一字与之。又看后知,明后日回南京矣。晚买胶鞋一双与郑兆南,一圆五角五分。

二十九日　光华发薪三月,共九十六圆。买玻璃厨一具,三十二圆,外送力一元五角。赵鼎新属发一电报与程希圣,邀其来。在复兴中学得见王培棠。又张政平约他日为学生演讲。

卅日　买《乐府诗集》《雍熙乐府》各一部,共十四圆四角,商务书馆削价出售者也。又买菜篮、笤箕各一,共一圆。锅铲、饭瓢、棕帚、竹筷等,一圆一角五分。寄心叔一信,悌儿一信。

十 月

一日　移居新绿村。买炭十斤,一圆。

二日　买绒线一磅半,二十一圆。衣料一件,八尺,四圆。果酱两罐,一圆六角。蕃茄酱一瓶,七角三分。虾米半斤,一圆二角。冬菇四两,二圆三角。午后师专开迎新会。过姚郁周,索空瓶三只。

三日　买炭百斤,九圆。香肠半斤,一圆二角。洋蜡烛一封,亦一圆半角。过溧阳路访刘友渔,未遇,旋刘来谈。

四日　发一信与赵鼎新,告以赴京。唐玉虬来信,属查其先世竹虚公征缅甸事,竹虚名翊华。午后康兄来。买米二斗,每斗二圆三角五分。又在施高塔路买米一斗,二圆三角。又买红豆一斤,四角。鸡蛋六个,每个一角。过一之,交与廿三圆,托买米一石存储。连日各米铺俱推说无米,买米煞吃力,每过五六铺家方始购得少米,不知是何世界也。又与林伯一信,告以移居。

五日 上京车,遇一饶姓军官,与谈甚洽,下车时并为余提箱直至站外,甚难得也。乘野鸡汽车进城到新街口,每客一圆。仍住三兄家。晚鼎女、谭叔常来,锐侄、和侄亦前后来。过稼生一谈。

六日 本日为旧历九月初四,叔兄生辰也。今年七十,晚备小饮。到者三姊、三姊丈外,皆侄男女辈也,共两桌。一至天青街,伯沆夫人来,又欲为王绵谋一近家之事。便看刚伯、景贤。

七日 早刚伯、景贤来邀午饭,却之。本日草草为鼎女完婚,无外客,由梅公任证婚,婚梅谭淑常姊丈也。

八日 午前看王苏宇,清癯益甚,语家事,为之太息。午马元放邀饭,晚徐振流邀饭。归后和侄送书来,又钱希晋来。

九日 苏宇邀吃蟹黄包子,未午饭。过天青街稍憩。在周益兴买腊肠斤半,每斤一圆六角。仁和泰买酱菜一斤,约五六角。

十日 返沪。乘三轮车出城,一圆六角,北站到其美路则八角也。车甚拥挤,至下车始得小便,幸天甚热出汗多,不然殆矣。回寓后见邓木鲁留信并诗稿,住台拉斯脱路(太原路)雷米路口慈惠村十六号(电话七七六九四)。曩以为此老已化异,初不知其犹在也。又钱履周一信,唐玉虬一信。希圣有覆电,由林伯转来,言沪事不能就,大约彼中不肯放也。

十一日 早一之送王天保所带各物来。木鲁以车来接,到其家午饭。饭后便看作翁,过馀庆里取书。又过复兴中学,留一字告鼎新,言希圣不就。本日补放假。晚廖茂如请陈东原、刘寄尘,拟加入作主人,未果。陈新任国立师范学院院长,寄尘则新由衡山来沪,将就边疆学校事也。文化服务社送《读庄发例》稿费三十万。本日补放假。

十二日 震旦及修院各送八、九、十三月薪二百七十圆,盖每时以十圆计,外加车费每月十圆也。买《庄子校释》一部,三元九角。过中国银行,看周克昌、倪孝本,交与三百圆,托其购物。鼎新来,未见。又林孟辛持心叔信来谒,亦未见。晚鼎新遣车来迎,林孟辛亦再至。

十三日 午后林伯来。晚一之来,赠牛乳两罐。

十四日 到虹江路买一日本式小书柜,廿二圆。磁盘一,一圆半。又磁罐一,一圆。乘三轮车回,五角。又买钉锤一,七角。晚姚郁周夫妇来,转来王伯沆遗稿一册。

十五日 买皮书包一只,十六圆。皮鞋一双,十三圆八角。炭两担,每担十一圆。果酱一罐,八角,今已限制,每人只许买一罐矣。孔德扬、聂敬春各来一信。寄悌儿一信,索脚炉、墨池。

十六日 覆钱履周一信、敬春一信,航空邮递。又寄钟一鸣一信。昨访吴伯绳未遇,托带徐宝山书交肇和中学分部司阍,因寄一信与伯绳告之。又覆孔德扬一信。与徐溥一信,问朱龙标是否考入路局。李金煌来,托购面粉一袋,交与十元。晚在伯宣家饭,其太翁生日也,而伯宣去无锡,未能还。

十七日 以四十六圆买得双人沙发一张,钱不值钱,乃不得不浪费。连日争购之风几不可遏,其责固不尽在细民也。午后义侄来相看。次羽来,送点心一盒,而人未遇。李金煌言面粉无购处,送予三十斤,可感也。

十八日 龙女来一信,王敬老来一信,心粲来一信。买黑人牙膏一支,两角八分。信封五十个,七角五分。又兰花肥皂一块,二角。午后倪惠元来。一之来,留之晚饭后去。刘友渔又来。

十九日 作人信来,言星期日晨来顾,覆书肃之。又覆龙女一信。

廿日 寄一书与次羽,邀与作人同来。又寄一信与宰平。一信与薛祖源,属来取所带钱物。

廿一日 寄一信与心叔。震旦课后在木鲁家午饭,并将其诗稿带还。程彬儒来,未遇。师校学生送米五斗来,付价十一金圆。又买海军皂一盒,一圆八角。晚祖源将钱、布取去。

廿二日 一之送何子春、刘廷鸿、张立民所寄各信来。发一信覆袁心粲。买青炭、黑炭各一石，共二十四圆。又炭墼一百个，二圆。

廿三日 寄程彬儒一信，由黄幼朋转。买小磁碟六枚，两圆。筷子一把，四角。香蕉十四个一串，一圆。悌儿来一信，售去菜油一石，价一亿四千万，折和四十馀圆耳。此康兄之物，款当交康兄。又徐溥来一信。

廿四日 覆何子春一信。王敬老一信。徐作老、马子彝、刘次羽来顾，姚郁周夫妇更携肴馔来，留诸君子午饭后始去。交二十圆与郁周寄泰，十圆为所任房租，四元送仲素寿礼，六元送孝宽。晚陈证如六十寿，公燕于环龙路善庆坊江宅，每人出份二十圆。戴考愒大醉，为所㘞，甚苦，归已九时后矣。徐溥、章尚锦等是日来，章在暨南大学也。董容冠来一信。本日星期。

廿五日 买信纸二百张，有格者百张八角，无格者百张六角。吴伯熊买衣料一件相贻。覆刘廷鸿一信。夜大风。

廿六日 发一信与悌儿。本日天骤寒，自徐汇归便觉不适，未九时即睡矣。

廿七日 光华发十一月薪，四十八元，盖比前三月加一半矣。师专发十月薪，百〇八元，则仍如故。

廿八日 交十元与一之夫人，托买鸡蛋面包。过外滩，买绒线衫两件，每件六圆五角，此亦黑市也。在余乃仁处午饭。买台灯一盏，连泡十二圆六角，以电压不同，点未数分钟即爆裂，粗心哉余也！

廿九日 钟一鸣由衢州来一信。夜服阿斯破若一片，不适稍可。

卅日 布鞋底钉皮两片，又旧鞋换皮四片，共两圆五角。皮匠叹云，皮用完更不能做生意矣。闻之亦为叹息。午后林伯来，借自眉孙《乐府诗集》交其带还。作人来，代马子彝邀明日午饭。康兄送来咸鸭半只，分一半送一之，一之夫人报以馒头八个，晚吃三个，甚甘。邀程彬儒之孙家济来晚饭。林宰平来一信。

271

三十一日　马子彝邀午饭,菜甚美。过徐伯儒,请其诊病,赠药以外,闻余油荒,又馈油一瓶,甚可感也。马家饭后即到伯宣家,到人不多,与姚郁周、王钟时同回,并留钟时晚饭而去。车中遇张彬。

十一月

一日　限价废止,而各物之价已大涨矣。张立民寄新刊《严氏诗缉》来,发一信覆之。又写一信与黄幼朋,说代改作文事。林伯适来,允先致送一月酬金,属交眉翁转。晚丙公偕郁周来,亦即以转递文稿事相托。一之送面包与柚子各两个。将睡,林孟辛忽将衣箱送到,则任心叔交火车运来而又函属孟辛代取者也。两人厚意,并可感已。

二日　买纸挽联一副送赵鼎新夫人,价八元,又墨汁一元六角,不可谓不昂矣。徐汇归,过鸢飞,未遇。

三日　寄一信与心叔。康兄来相商,发一信与仲武转达。叔兄来沪。

四日　震旦课后在邓木鲁处午饭。过中行看周凤五,并至物资配销处看王鸢飞,不知郁周与鸢飞亦同事也。凤五惠鱼肝油精丸两瓶。寄一信与宰平,约星期日午后在万寿庵相晤。买面包法国式者一只六角,小者两只共五角,又白线一锭八角。一之夫人又送鸡蛋十枚及面包两个来。

五日　交一百圆托李金煌买面粉三袋。师专有配给火油,先缴价十四圆七角五分,又米、油等配给证亦发到,托友璬令人代取。覆钱履周一信,与程启圣一信。又写一信与子厚、汝舟。琴友介吴伯熊往见,伯熊以父病,明日乘机返贵阳矣。何子春来一信。光华大学今日又借改国立为名罢课。

六日　康兄来。李金煌来宿。

七日 买肉,八圆一斤,闻下午则十二万矣。与宰平、心湛晤于寿圣庵,德圆留晚饭。来去皆步行,仅回至海宁路后觅一人力车,而车资则公用也。叔兄来,暂住俭侄处,言明日移居。午后卫素存等来,托其带五圆与幼朋。郁周转来孝宽一信。唐玉虬来一信。

八日 晨李金煌来,言以百圆仅购得面粉一袋,盖米价已过四百矣。

九日 由张伯达手借四百元,买寒暑表一只十五元,白鲞一个斤半共三十三元。晚宝侄邀吃饭,平子孙女生日也。由兆南手买腐乳十块,每块四角,豆腐则每块一圆矣。又买大头菜一斤,一圆四角。

十日 买藤椅两张,六十六圆,其价较限价时几十倍,然店主云当时八圆可买四斗米,今六十圆只买一斗米耳,明长而暗降矣。语亦可怜已。又十圆一斤豆油买二斤。买瓶两个,一长颈者一圆二角,一短而有一铅盖则二圆。过酒肆,悬牌以高价收啤酒瓶,则每只一圆五角也。心叔来一信,言湖上尚安。

十一日 在乃仁处午饭。以二十九圆买猪油十三两。送邓木鲁嫁女十元。又买腐乳十块,则每块六角,较前日上涨二分一矣。晚看施蛰存。李金煌来。师校配给米三斗甚劣,几陈腐矣。

十二日 放假。邓木鲁之女在贝当路国际教堂结婚,由毕范宇证婚,因得与相见。毕住□□路四十八号二楼十五号。搭何亚谋之车同回。付报费五圆五角,至十一月九日止。傅德贞来一信。

十三日 师专旅行,无课。改徐汇考卷,一日未出门。

十四日 星期。晨作翁来。一之夫人与王时炎来,送鸡蛋十枚、猪油一碗。午后赴伯宣家茶会,由眉翁借来批本《诗经》及马子彝借来《归群宝笈目录》。买面包一个五圆,付电灯费一圆四角。

十五日 付自来水费二圆九角七分,又工友摊费九圆八分,内有一半应由鲍婉仪出。覆德贞一信。

十六日 震旦补课一小时。从三哥处划五十圆回京,内与老妻二十圆,三十圆腌肉,有便带沪。

十七日 光华发一月薪,四十八圆。师专发本月加成数一百六十五圆,扣去三圆,谓是公益费也。过物资供应局看姚郁周,托寄五十圆到泰州,送仲素二十、孝宽二十、云楼十圆。又顺看周凤五。又为兆南买旧棉袍一件,三十八圆。与三哥划兑五十圆回京,二十圆与老妻,三十圆嘱腌咸肉。吴伯熊有信来。师专二年级生七八人来相看。

十八日 震旦课后在邓家午饭。木鲁为三轮车撞跌于地,几为电车所躏,险矣。以七十六元买黑绒棉鞋一双,其贵者至三百馀元,不知何人能穿得起也。

十九日 寄一信与悌儿。季家骥来一信。看震旦考卷毕,不及格者甚多。

二十日 连日师专仍无课。覆吴伯熊一信。又写一信与王善业,问汪锡鹏来沪否。

二十一日 晚与叔兄在俭侄家食水饺。本日星期。

二十二日 师专上课矣。买瓦罐有釉者一个,八圆。

二十三日 徐家汇回,过眉翁小谈。林伯来,未遇。

二十四日 师专发进修费五十圆,又临时补助费四十圆,而扣去十圆,为绒线一磅之价。买泡菜坛子一个十五圆,便器一只五圆。悌儿来信,言墨池、脚炉已托人带沪。又尹石公来一信。唐季芳来一信,今在道县濂溪中学也。

二十五日 震旦课后在王举廷处午饭,举廷并邀陈憬初来谈,对时事惟有叹喟耳。

二十六日 光华又发薪四十八圆。晚一之来,送牛肉甚美,明日可饱啖矣。

二十七日 覆尹石公一信。候履周,竟未至。林孟辛来,亦小坐即去。德贞、悌儿并有信。

二十八日 星期。心叔来信,附十力一纸,言去粤矣。覆德贞一信，又悌儿一信。又寄一信与彭祖年，一信与何子春。晨作翁来，林伯来。午后赴茶会。

二十九日　晚王淮来，带来咸肉及鼎女所作棉鞋。

三十日　覆董容冠一信。晚国立师范学校十周年纪念，校友假京沪中学聚餐，每人出资三十元。便一看林孟辛。

十二月

一日　由师专配给绒线一磅。悌儿、培儿并有一信。扬州卞某又函来催诗。晚在宝佺处吃面，瑾如佺媳生日也。光华送来白米三斗。

二日　在邓木鲁处午饭。看牙。再过周凤五，取回所购物。汪余卿来，未晤。覆心叔一信。

三日　付报钱十九圆，至十一月三十日止。写一信与培儿。又鼎女来一信，即覆之，劝其由江路返湘。师校发十一月加成薪金四百七十馀元，光华又发各人菜油二斤。师专配给十月份油三斤亦领到，但皆掺过水，商人嗜利作弊，可恨可叹！买秤一杆，十四元。

四日　两日师专小考。买炭八十四斤，一百六十元。付十一月份电灯费十元。覆唐季芳一信。林伯来。

五日　作人来，留与叔兄同饭，余则赴鸢飞之约。饭后过义侄，再至寿圣庵晤心湛。付十一月份自来水费五十六元二角。寄才甫一信，问建德所寄物。

六日　敬春来一信。买米粉干二斤，每斤三元五角。卞孝萱索诗，题成挂号寄去。

七日　震旦补课一小时。晚郁周夫妇来谈。

八日　拱稼生、童载新先后来。载新由建德带来皮帽、棉鞋及单鞋。晚程家济来谈徐蚌战事情形。买纸簿两本与兆南，每本六角。又买信封二十个,每个一角。鼎女有一信,才甫亦有信。

九日 震旦课后看后知,即在其家午饭,叔兄已先来。买拖把一个九元,桂元一斤八元。周君尚来谈。

十日 龙女来一信。午后倪惠元来。旋田信耕来,邀予与惠元同至其家晚饭。光华再发薪,十二月共三百八十四元。

十一日 看师专期中考试卷毕。午后钱履周来。寄悌儿一信。领到十一月份糖、盐及十月份煤球,糖出价一角,计二斤,盐则四斤,出价四分耳。

十二日 星期。作翁来。王时炎来,送香蕉一串。寄吴伯熊一信,又覆敬春一信。午后吴伯绳来,小坐,余即赴茶会。

十三日 买户口米一斗,三十三元。寄《观察》挂号与《英语周刊》与伯熊,此为第三次矣。前二次皆未挂号,疑未必能到也。午后与叔兄同到康兄处。本拟邀其来晚饭,以人小不适,不敢强也。

十四日 叔兄乘早车回京。晚邀林孟辛饭。晤张伯达,取回徐汇薪金两月、震旦薪金一月。张云,震旦旧例,新人只发薪五月,下期则可发七月,不知何说也。薪金悉交与周克昌存放。任心叔有信来。

十五日 吴伯熊来信,并附金圆券一百。嘱李金煌代将存书寄黔。师专发本月薪一半,计三百七十二元。又买户口米一斗。

十六日 寄一信与熊十力。张廷麻来函,邀往贵阳花溪,岂善地耶?培儿寄二百圆来。叔兄有信,已至京。

十七日 午后附中邀讲演。归途买铜灯盏一个。又过周凤五家,将前日交予支票一张退与其夫人。

十八日 覆叔兄一信,因昨日王淮来,带有各物,并告之。又寄一信与培儿,退回其寄款。午后戴刚伯来,近由京迁沪,住山阴路兴业坊三十一日号其戚吕家。霍俪白来一信。

十九日 覆张梓铭一信,霍俪白一信,皆由航空寄去。在后知处午饭。饭后至寿圣庵访王心湛,真如亦在,他会者约七八人。心湛为讲《竹窗随笔》"论华严净土"一则。留晚饭，并告予真如《佛法十讲》又添二讲，为作一诗诒之，云："般若深谈十二门，众中涂毒鼓声闻。倾湫倒峡浑闲事，可有阐提不断根。"予归途亦为作一绝，云："谁与安名佛法僧，就中何减更何增。老婆偏是陈居士，重为人间上葛滕。"当写寄心湛、真如一粲也。彭文朴有书来，邀予往湘，可感可感！

二十日　覆彭文朴一信，航递。又寄心湛一信。阎任之之子岳生来，言将返湘借读于湖南大学，为写一书与彭一湖。彭与胡庶华善，当可为之介也。买花生油三斤，三十圆。固本皂二圆八角者两块，二圆七角五分者八块。非一处买。剪刀皂两块，每块两圆七角。兰花皂六块，每块两圆四角。共四十七圆四角。固齿灵牙膏一小枝，四圆八角。薄暮戴刚伯来顾，寓山阴路兴业坊三十一日号三楼其戚吕氏处。本日师专告假未去。

二十一日　培儿来一信，何子春来一信。到中美医院拔去牙齿一枚。

二十二日　天雨，冒雨到师专上课，归途沾湿不堪。发十二月下半月薪三百七十二圆，加十六圆为购配给哔叽之用，款交师专庶务彭君。鼎自杭州来信，言即转车赴株州矣。叔兄亦来一信。午后回看刚伯，言和谈有望，可喜也。冬至。

二十三日　震旦课后访木鲁，未遇。在乔家栅吃排骨面一碗，连小账十二元。过青年会中学，取回才甫带来铜脚炉一个、砚池一方，又猪油一罐。在仲兄处晚饭，一之偕宇元及王耀曾同来坐。

二十四日　由师专领回十一月配煤差额金九十九圆六角，十二月米差额金七十五圆。买牛乳四罐二十六圆，奶油两方五十圆。买丝巾一条三十圆。又领到十二月配糖与盐。

二十五日　为二嫂周年，在仲兄处午饭。天气转冷，恐将降雪矣。

二十六日　星期。早作翁来。以寒雨，未赴茶会。为《庄子·天下篇》作注。

二十七日　雨止。李金煌来，寄书与吴伯熊未成，取五十金圆交其寄还伯熊。光华发配给罐头数种，须缴价十馀圆，言容后算。光华考试毕。

二十八日　以所注《天下篇》交徐汇学生誊写。十力有信来。作人来信，言伯沆夫人到沪。程家济来，言其家将迁苏，留之晚饭而去。

二十九日　买腊肠一斤，廿八圆。连日物价又大长矣。李金煌将去浙，作一书介见心叔，并留之午饭。颜克述来一信。

卅日　将考卷并分数交与光华。心叔、伯熊有信来。林孟辛送奶油一包。到克昌处一行。

三十一日　将十力来信寄于宰平。

一九四九年

一 月

一日 从周凤五手取二千元,为存兑黄金之用。过仲兄处。书琴侄女由京来,因共午饭。饭后宝侄请看电影《乱世孤雏》,乃知战后欧州残破,更过于中国。今犹有希冀第三次世界大战者,非忍人即愚人耳。晚朱有瓛请饭,除茂如、元石与予外,皆其亲戚也。

二日 书琴与兴宝来。看震旦考卷,不及格者过半,为之叹息。晚王时炎迁来。午后曾一看周君尚,仍为房子事也。本日星期。

三日 仍放假。到伯儒处看脚,脚为皮鞋擦破已数日矣。适作翁在伯宣家,因又回至伯宣处午饭。饭后同作翁到伯利南路研究院看王大太太,归途绕道吕班路将考卷分数送缴震旦大学。乘车至外滩,以风大不耐候车,遂步行而归。过吴淞路,买胶鞋一双一百三十元,又买胶衣布鞋一双与兆南,五十五元。唐玉虹来信,催《荆川四书文序》。

四日 买鲩鱼一尾,二斤,四十四元。买鸡卵十五个,每个二元九角,共四十三元五角。洋铁漏斗一个,五元。午后为林孟辛事看赵

279

鼎新。

五日 买辣酱油一瓶,十八元。哔叽取回。午后作《荆川四书文序》,即寄与玉虬。沈延国来谈下学期授《荀子》。晚林孟辛来坐。

六日 到徐汇取得一月份薪,共三千元。交一千五百元与克昌换取银元,约十馀元而已。买银丝面十筒,七十元。备送徐伯儒。又买小手巾两条,三十元。固齿灵牙膏一大筒,二十元。在邓家午饭。归途经馀庆坊,看朗兄。托王时炎送二百九十元至师专,可领煤油一桶也。又光华送来尊师金一百元,扣去配给品费十六元。又买乳腐十五块,十五元。宰平来一信。

七日 李雁晴、戴刚伯先后来。鼎女已到长沙,来一信。林孟辛送大虾一包。买面包两个,本是一之在此晚饭。每个十三元,闻昨日只九元一个耳。又买鸡蛋十个,每个三元三角。晚回看李雁晴,未遇,便看田信耕。

八日 看徐汇考卷。买炭一百十斤,四百八十圆,内有王时炎二百元。鲍婉仪着人送来百元,备缴电费。学术审议会来函索审查稿。始终未收到此稿,不知何以延误,因发一挂号信告之。

九日 悌儿来一信,为彼事发一挂号信与钱履周。又写一信与吴伯熊。覆鼎女一信。午后赴茶会。寄泰州五百圆交与伯宣,三百元送黄仲素,百元送丁孝宽,又百元分送赵云楼与夔嫂。

十日 将徐汇考卷送交张伯达。访林宰平,适蒋竹庄亦来,谈近一小时始离去。本日徐伯儒五十寿,午面晚席,并有杂耍,九时候始由汽车送归。余送酒两瓶,银丝面十卷。

十一日 师专发一月薪,仍照原数。张汝舟、曾仲珊并有信来。仲兄来午饭后去。

十二日 师专考"礼记"及"历代诗选"。领到配给火油一桶。刘汉三来访。林孟辛送糟蛋一罐。

十三日 买酱油十斤,一百二十元。寄悌儿一信。李金煌有信来,去江山矣。

十四日　师专学生罢考,空走一遭。便在第五医院看脚,花挂号费十一元,药钱六元。任心叔来信,夹来季家骥一信。唐玉虬亦来一信。悌儿托人带来咸肉两方,一送康兄,一供养我也。

十五日　杨同芳带来师专所分留额金二百五十元。买炭墼二百个,每个一元。广东白鲞两尾,一百一十元。牛乳两罐,一百一十元。蛋糕十二块,四十八元。腐皮二十张,八十元。胡祥三、陈厚云来,言买菜无钱,借与三百元。

十六日　星期。早作人来。过徐伯儒看脚,并治腹泻。在余乃仁家午饭,明日其子周晬,畀一百圆添寿。午后到寿圣庵,宰平应约到,吕秋逸亦自京来。德圆乃留晚饭,菜馔甚丰。客有以台湾带来西瓜见饷者,味甚甘,仅尝一片,不敢多食也。

十七日　寄李金煌一信,又与悌儿一信。唐玉虬来信,属谋一教席。

十八日　到师专一行。晚徐润、胡祥三来。彭一湖来一信。任心叔来信,言建德托带书已到。又悌儿附来陈光颖一信。

十九日　买鲩鱼一尾,三斤十两,一百二十五元。又竹杆一根,三十元。看刚伯,乃两相左。梁介白有信来,覆一信,为李金煌谋事,未必成矣。又覆心叔一信。付自来水十二月份款,七十二圆五角。林孟辛来,留之晚饭而去。

二十日　覆曾仲珊一信。又与悌儿一信,将梁信附去。托王时炎送还师专考卷分数并点名册。午后汪静轩偕刘汉三来顾。晚到仲兄处坐。

二十一日　师专再发一月薪,九倍共一千一百十六圆。买户口米一斗九十五元,南肉二斤半二百元,面包两个四十四元,糖果半斤三十七圆,又花生糖半斤三十圆。从周克昌夫人手取回胡饼四十九块。午后林伯、善业先后来谈。唐季芳寄所作《高中英文文法》一本来,内夹相片并信，言在家休息，未教书也。

二十二日　寄一信与陈光颖，一信覆季家骥。报载蒋氏引退后和议复盛，京中或可免兵祸乎。

二十三日　中午在恒盛里宝侄家祭祖，饭后赴伯宣家茶会。写一信寄彭一湖。本日星期。

二十四日　午后戴刚伯来，晚萧一之来。

二十五日　买桂鱼两尾，一斤十七两，九十五圆。带鱼一尾，十五两，六十圆。山药二斤，四十圆。烤腐半斤，二十二圆。塌科菜三斤，十圆。颜克述来一信。晚在一之家吃年夜饭，给小孩等百元。

二十六日　送衣箱两只，存放宗伯宣处。刘次羽之女出嫁，送贺仪一百元。在彼家午饭后便看作翁，再至海关俱乐部吃点心而散。晚朱有瓛送来一月加薪一千八百六十元，又配给品各种，代价一百二十圆，而合用之物甚少。

二十七日　付一月门房、更夫工资二十九元。又赏更夫四十元，以其前夜为贼将衣服刺破，故众共劳之也。午后到周凤五家取回银币八枚，最贵者每枚三百，馀亦二百五六十，留予晚饭。饭后过仲兄处小坐即归。悌儿寄二百圆来，又将《荀子》交邮寄来。

二十八日　覆悌儿一信，并附一信与梁介白，盖周校医欲为之一言也。孙亢曾偕周君尚来顾。午后王举廷来，送火腿一只、酱肉两块、罐头四个、年糕一盒。程希圣有信，问复兴中学事，随发一函问鼎新。鼎新即来谈，一时甚难安置。晚在仲兄处饭。本日旧历除夕也。给两侄孙女各压岁钱四十元，又给兆南二十圆。王时炎代买银币二圆则四百四十，尚所谓小头者也。

二十九日　旧历己丑元旦也。覆希圣一信。刘次羽来，送包子十个、粽子四个。其他来者有周君尚夫妇、杨同芳、林孟辛、陈朝龙、王鸢飞父子。午后王家身来，留之晚饭而去。

三十日　谢泽三来。赴伯宣约，先过王后知、吴眉孙家拜年。饭后眉孙复邀余与马子彝、丁蘧卿同去吃元宵。悌儿、鼎女皆有信来。萧一之一家、戴刚伯、薛祖源来拜年,皆未遇。眉孙转来《匪石词》一册,乃油印者。

三十一日　发一信与唐企林,问玉虬赠书事。陈传璋来,义侄、和侄来,留之午饭去。午后一之邀同到同济、复旦及新市区一看。晚在一之家饭。

二 月

一日　连日油腻稍多,又患腹泻。心叔有信来。寄一信与马湛翁,并将《除夕》诗寄去。连日物价又狂长,五十圆只买得塌科菜四斤四两耳。午后看廖茂如,便为贺年。

二日　领得十一月份配给油三斤,秤之才二斤四两耳。吴伯熊有信,嘱为接洽转学事。

三日　章元石来。为伯熊事往光华一行。

四日　沈同侠来顾。将借读证明书寄与吴伯熊。午后往师专一行,绕道看田信耕。买得《纽司》一本,四十二圆。晚一之、有璥先后来谈。吴士选夫妇来,未遇。

五日　先后看王心湛、蒋竹庄。在元放处午饭。元放又去京,故未晤。宿乃仁家。中间到徐汇一行,见陈棣萼、张伯达,皆有忧惧之色,学生则仅刘愚夫一人。到院,补送二千元,可购肉四斤耳。

六日　过作人,邀同到马子彝家午饭,看馔甚丰,嫌其稍侈矣。看宰平,谈至日暮方回。唐企林送书及缪静宜带书皆到。心叔并有一函,叔兄亦有一函。

七日　早徐振流来,林孟辛继来,留之午饭而去。培儿来一信。覆玉虬一信,心叔一信。晚到一之家饭,盖振流宿其处,晨间相约可更

283

一细谈也,而振流至饭后八时过竟尚未回。

八日 马湛翁有覆函并和余《除夕》诗。师专发本月薪三千七百二十,换取袁头三枚,每枚一千二百五十也。付一月份电灯费一百十四圆。由师校回,看士选夫妇,未遇,经仲兄处小坐。

九日 覆叔兄一信,与悌儿一信。买重点户口米十斤,二百二十八圆,内有碎米三斤。

十日 取到配给米三斗,以八五折换取较熟者,由王时炎主张也。下午林孟辛来。

十一日 晨大雪,但不久即止。午后黄配秋、袁熙台自泰州来,说草堂情形及共军入城后诸事甚详。王苏宇忽自昆明莘湖东路五号来信,乃知其飞滇已多日矣。又李金煌之弟转来金煌一信,欲代其弟谋插入市立中学。

十二日 为李金煌事到师专一行。又发一信与赵鼎新,一信与周化行,问能否插班师专。归途过访士选一谈。晚在一之家饭,一之夫人生辰也,并邀刚伯同去。徐积昌送来进修费万五千元。本日元宵。

十三日 星期。晨作翁来。趁一之车先到永安旅舍看吕秋逸,到元放处午饭。饭后赴茶会,眉翁、丁蘧卿并有和余《除夕》诗。托袁熙台带银元两枚与丁孝宽,并与谈尔柔事,意甚不快。环境移人,可畏哉! 发一信与李金植。

十四日 赵鼎新有覆信。发一信与希圣,告以事不谐。林伯来电话,言育才可借读,又发一信与李金植。

十五日 光华送来支票二万五千圆,震旦亦有信通知明日起上课。买麻油一斤,五百四十圆。程希圣有一信。晚姚郁周偕黄少实之子小龙来。名诗正,字健人。

十六日 做面六斤半,用面粉五斤,工钱每斤二十圆。李金植来。

十七日 震旦第一日上课。在后知处午饭。晚叶玉岩又送来进修费一万圆。光华送课程表来。寄建德一信。

一九四九年

十八日　光华第一日上课。黄诗正来，言明日返苏，因令带一千元与幼朋，约斗米之数耳。光华又送来一万二千六百元，半年薪水大约止于此矣。换得小孙头十八枚，每枚一千三百。前日宝侄为买大袁头六枚，则一千六百五十也。师专又发三千七百二十圆。午后一过仲兄，取得《古文辞类纂》归。

十九日　周君尚邀午饭，吴士选、马元放夫妇皆在邀中，士选以回京未到。晚因阅报，有以走马灯作新体诗者，其意甚好，依之作七绝一首，曰："纸阁残灯半壁分，转轮人马尚纷纷。不如息影收场去，弄火终防别自焚"。

二十日　星期。将徐振流所作《苏俄新论》稿交与伯宣，即在伯宣家午饭。饭后到寿圣庵，宰平未来。四时后到青年会中学看田信耕，留晚饭，饭后又留看卡通，回家已九时。买面包一个，价至二百圆矣。悌儿来一信。

二十一日　悌儿又来一信，言各物已交童载新带沪矣。作《爆竹即俗所谓天地响》诗一绝曰："动地惊天一炷中，蓦然粉碎列虚空。谩从故纸寻遗迹，惟有伤心血点红。"又《送灶》一绝曰："更何面目享糕饧，坐视贫家甑有尘。怪得宣尼羞媚灶，灶神眼只看财神。"皆取意于报端所载新体诗者也。连日天甚暖，今又转寒，并有雨意。元放与其子光中来，捎得胡鲁声覆信，然光中则改计不去之江矣。

二十二日　又寄一挂号信与何子春，催卖谷。到徐汇上课，送薪金七万八千圆，言是二、三两月之数。归途因交五万托周凤五存放，交二万与宝侄买银圆。心叔来一信。

二十三日　师专又发进修费七千，换袁大头三块、小头两块，大头千三、小头千二。

二十四日　童载新将所带各物送来，予不在，故未见其人。午在元放家饭，遇黄庭彦，不见且十馀年矣。

二十五日　光华补发九千圆，师专补发本月七十五倍馀数六千六百六十圆。买炭一百二十七斤，八千九百圆，盖斤七十圆也。程希圣、何子春各来一信。

二十六日　覆何子春一信。又寄悌儿一信，一信约沈士林来谈。毛德孙来信，言来沪多日，明日在伯宣家可相见。

二十七日　星期。看邓木鲁，即在其家午饭。饭后看余乃仁，以程希圣事相托。到茶会，到者叶、吴、徐、刘、毛、姚六人而已。交五千圆与丙孙，转黄小龙作单帮资本，盖前曾许之也。

二十八日　王时炎迁回同济。弥甥女马光玮借读光华大学，每逢星期一、三、五来此午饭，自本日始。培儿、龙女、吴伯熊并有信来。光华又补发九千六百元，半年六月薪水共五万八千六百元。

三　月

一日　旧二月二日，余生辰也。在余乃仁家吃鸡汤面，面后回，已七点后矣。付二月份工人钱二百八十一圆。王欣夫送《金松岑诗文集》，共三册。

二日　陈憬初来，送香肠一盒。付报费一千零五十圆，至二月底止。悌儿有信，云《古诗笺》已交王天保带沪，因托憬初转托其戚顾君便到大夏代取。覆龙女一信。晚到仲兄处。

三日　震旦发二月份薪七万六千圆，因过国行交周凤五、倪孝本，合前存放五万元之数，代换美钞。宝侄交来大头十六枚、小头十五枚。买鸡蛋十个，每个八十圆。

四日　师专自本日起上课。晚无电灯。有璘带来进修费九千六百四十圆，凑成万五千托其存放。买猪肝六两，每两七十圆矣。

五日　午后访倪孝本，未遇，便过沈士林小坐。悌儿来信，言唐伯玉被匪绑，旋放回，索稻五百石、金二十两。离严刚一年，而地方情形已如此，浙局正可虑也。

六日　星期。访陈憬初，未遇。托取书，以觅天保不着，未取得，因发一快信告悌儿，并嘱将桐油卖去，款汇沪。过后知小坐，即至寿圣庵，晚饭后回。

七日　由李金煌寄书一包与吴伯熊，寄费一千二百四十圆。付二月份电费七百二十圆。晚过一之，未遇，在宝侄处小坐。

八日　积昌送来水电津贴三千九百圆。由震旦回，过倪孝本，取回米纸四十，换得《击壤集》一卷。王时炎又送来牙膏钱一千二百五十圆。在一之家晚饭，允恭在座，盖此数日宿其处也。配两光眼镜一副，一万圆。科艺公司与田信耕相识，由信耕同往，故较廉。

九日　付二月水电费一千八百五十三元。寄一航信与吴伯熊，告以书已寄出。配瓶胆一个，一千五百。火柴一包，美丽牌，四百。黄祥茂皂四块，每块二百九十圆。王光熹、傅德贞并有信来。

十日　何子春来信，托谋事。午饭在元放家吃。

十一日　覆何子春一快信。童载新夫妇将王天保所带《古诗笺》送来。晚一之来谈。将傅德贞信交马光玮转与元放。

十二日　午后又雨，欲领配给米未成。更夫方某娶妇，竟广发请帖，不得已送与四百圆，亦偿其帖子之费耳。

十三日　晨作翁来。到义侄处午饭。饭后看宰平，不知其昨有书相约也。再赴茶会，伯宣未去京，而天雨，到者惟眉孙、作人、丙孙、子彝、蓬卿、佩秋、子静及余，共八人。归后乃见宰翁书，谓天好将至寿圣庵相晤也。报载孙去何来，不知何能挂此危局否。寄苏宇一航信。自十日起邮资又加矣，平信五十元，航信一百三十，而快信则三百。

十四日　悌儿、鼎女有信来。终日细雨不止，一时殆未易晴也。

十五日　何子春有覆信，言不拟来沪。前与有瓛所接洽事已变，幸不来耳，来则费周章矣。震旦课后到乃仁处，留晚饭而归。

十六日　师校发三月薪三万七千三百元，已扣去筑竹笆费五千。

287

而今日百物大涨,报纸每日须三百元,米价已过四万,三万多金不足买一石米也。付上半月报费一千五百元,又付上月更夫点心钱七百五十元。买面包一个,五百元,且云明日即需六百元矣。送二万元交宝侄存放。

十七日 在元放家午饭。本日来往徐汇电车费已过一千,盖昨日又涨价矣。

十八日 得薛廓五一信。在一之处晚饭。又得王敬老一信。林孟辛来,未遇。

十九日 买肉一斤,二千四百圆,此今年来第一次也。悌儿来信,言书已寄出。

二十日 寄一信与鼎女,覆王敬五一信、薛廓五一信。本与宰平约到寿圣庵,因雨而止。

二十一日 将福利米二斗卖去,得九千六百元。买皮带一条,二千八百元。建德寄书五包已提到。师专发水电津帖,扣去煤、油款外尚馀三千九百元。访田信耕,未遇。送面粉五斤与萧家,托代蒸馍馍。

二十二日 午时左右忽落雪,天气甚冷。震旦课后乃步行访王心湛,少谈再转车至青年会田信耕处取眼镜,复徒步而归。梁介白来一信。

二十三日 悌儿寄自腌火腿两方来,内一方奉仲兄。复悌儿一信。林孟辛来,留之晚饭而去。何内阁本日就职。

二十四日 报载和谈代表推定张治中、邵力子、黄绍竑、章士钊、李蒸五人。晚在朗兄处饭。

二十五日 何子春又来一信,托谋事。晚在一之处吃四川腊肉与糟鱼。

二十六日 改师专学生诗。领到石油一桶。寄还顾裕禄所求改文字。午后又微雨。

二十七日 李金煌来,留之午饭而去。午后赴茶会,本日到者不少。新做得杂诗六首，写似眉荪、普孙，为之一哂。归途过寿圣庵小留，会晚饭，以已饱，啜粥半盂而已。

二十八日　报载和使卅日飞平。王时炎送奶油面包两个，留之晚饭而去。

二十九日　晨一之与振流同来，偕往访元放，即在彼处午饭。饭后至郊外游览，人太多，大扫兴，同去者尚有杜沧白。本日学校放假。晚在一之处饭。陆静笙之妹出嫁，送贺仪五千。买户口面粉五斤，一千六百元。

卅日　师校发十二万七千六百元，盖以九百倍计，补前不足六百七十五倍之数也。付电灯费五千八百三十元。买花生油一斤，五千元。豆油三斤十两，每斤四千二百元。共两万元。薛廓五又来一信。

三十一日　付自来水费七千八百三十圆。到徐家汇，先支得十二万圆，因系支票，托倪孝本代兑。晚林味辛来，交到代卖煤球款二万四千。

四　月

一日　付上半月报费四千五百圆。光华又发二万八千八百元。王敬五自杭来相访，住溧阳新村三号其女夫处。午后因到国行，归途回拜之。在国行遇汪锡鹏，因同至圆明园路其办事处小坐，得见其潘夫人。并顺看张文沧，未值。康兄在此午饭。一之交来子慧一信，又谭叔常亦来一信。

二日　复薛国安一信。又为阎岳生写一信与顾文藻，催转学证书。悌儿来一信，言建德仍不靖。心叔亦来一信。

三日　邀林孟辛同看王敬老，未遇。便过吴士选，留午饭。饭后再看王敬老，仍未回，留一字条，约其明日晚饭。

四日 寄一万圆与悌儿,作寄书之费。王培棠来,未见。又寄一信与叔兄。振流在此午饭。晚林孟辛与王敬五偕来,孟辛并挟酒一瓶、肴两包,敬老因之尽欢而去。将心叔《大学存玩》稿交敬老带还,此稿乃在兰田时心叔寄余订正者。又作一函与心叔,索其《大戴礼斠补》并余《论语诗稿》。

五日 从张伯达手取震旦两处薪六十八万圆,便道交余乃仁存放。午后瞿润初相约同看朗兄。晚一之、振流等来,交孙头两枚、金圆券四千,转朱月轩之侄划与叔兄与内子。一之带来□□一个,分食之。

六日 师校补发三月份馀数。盖依政府公布指数合二千七百倍,尚欠一千八百倍,然成数则减小,故所得略与前九百倍同,只十六万五千六百圆。从宝侄处换得美钞五圆,每圆以三万四千,计共十七万,尚不足四千四百也。振流终日在此。

七日 在乃仁处晚饭,取得袁头两枚而归,所存则七十万。光华又发八万五千四百,盖借款所分也。

八日 换袁头两枚,每枚三万六千。振流在此午饭。周君尚送肴两品,言是乡间带来,然鲫鱼已不新鲜,或系托辞耳。晚在一之家饭。京沪中学工人送来煤球卖得款四万二千二百,晚间已不值一袁头矣。

九日 买火炉一个,四千五百,鸡蛋则涨至八百圆一枚矣。薄暮汪锡鹏偕王善业来。锡鹏邀至其家晚饭,更约其兄伯平来谈,则不见将近二十年矣。

十日 乃仁忽来信,言市银行支票退回,在宝侄处饭后即赶至其家,然今日星期,必待明日始得知究竟,因与约明日午后再见。随至伯宣家赴茶会,眉翁言,近有传北方童谣者,一云:"解放好,解放好,棒子面儿吃不饱。"棒子面者,北人谓玉蜀黍粉也。一云:"民国三十八,人民无办法。民国三十九,国共一齐没有。""没有"二字合音读之。由此知民怨深矣。本日来去西摩路皆乘三等电车,每次一千圆。宝侄邀吃饭,因新生一女满月也,给与鹰洋一圆。修抽水桶子,二万元。宰平来一信,言天晴相晤于寿圣庵。本日风霾,知必不去,故亦未往。

十一日 敬老、心叔各有信来。看震旦小考卷。午后看乃仁,与同至昭通路看叶君,知市银行支票终于退回。

十二日 与张伯达交涉,偿予袁头二十四枚。还乃仁两枚,盖六日拆息由乃仁所认也。震旦发银行借款,馀利分摊者九万元,则银元已八万,不过一元有零耳。看邓木鲁,又看王星贤,晚饭后回。发一信与心叔,所寄各件已到。震旦考卷交还。

十三日 午后朗兄来,知悌儿来信,桐油已卖去,余得鹰洋十五元、大头一元,属悌儿留以备非常之需。昨日师专发本月薪二千七百倍,徐积昌代取并代换大头。

十四日 徐汇放假。震旦课毕,到元放家吃饭。饭后访宰平未晤,因过伯宣家将所存两衣箱取回,三轮车资六千元。曾仲珊、薛廓五各来一信。晚一之邀吃香酥鸭子。

十五日 付报费,半月九千元。宰平来一信。

十六日 寄一挂号信与何子春,催售谷。又覆悌儿一信。覆宰平一信,约下星期二去相访。晚一之请林人樾,邀余作陪。师专本日未上课,令人叹息。

十七日 午后振流偕祁龙威来顾。祁金松,岑之门人也。出所作《松岑传》相示,文字颇有可商量处,然以初相见,不能说也。阅从马子彝假来之《所见录》,盖白石山房门弟子所记,多朱子语。中有一节云:"人欲也是天理里做出来,虽是人欲,人欲中自有天理。人生都是天理,人欲却是后来没巴鼻生的。"此记得是朱子语,而未标明,则不免混淆矣。本日小雨。

十八日 午后转晴。传袁头已至廿四万,米已至一百五十万,真骇人听闻也。心叔来一信,并附王敬老一信。蒋云从亦来一信。又王苏宇从昆明来信,言拟作归计,决之与我。

十九日 徐汇无课。午前看林宰平。在徐作人家午饭。震旦课后看王心湛,归途在仲兄处饭。买面包一个,一万六千矣。

二十日　家柟来一信,言寄书收到矣。师专又发薪二千七百倍,换得大头一枚,廿四万五千,馀仅七千八百耳。付本月下半月报费四万八千。叔兄来信,言正侄已由安庆回京。和议以北方条件太苛,恐无成望,不能无忧。非忧一身,忧众百姓也。光华邀在香港路茶叙,未去。

二十一日　何子春来信,言稻谷已押出,则此款不能作用矣。午后在徐汇上课,闻大修院院士不日移香港,刘愚夫亦将同去,似此共军一旦渡江,一修院也必解散矣。今日袁头大涨,已出四十万关,报载长沙已到七十万。经济崩溃,如是如是!

二十二日　覆苏宇一信。光华小考,师专考《论》《孟》。又覆三哥一信,寄还两万圆。又寄王敬老一信。换去袁头一枚,四十四万矣。

二十三日　共军已渡江,闻戴戎光已降。前与刚伯戏言,不知戎光有无此勇气,今乃知其真敢作敢为也。检衣服两箱送至余乃仁家,归后又将皮棉衣一箱、铺盖一卷送存田信耕处,人疲乏极矣。盖本日方腹泻,又未食饭也。

二十四日　报载南京、镇江、常州皆失,共军之行军何其速哉!午后传苏、昆各地军队皆向上海撤退,不知确否,然迁徙者纷纷,知人心已大乱矣。午后马凤阁来,交米数斗、石油一箱,送至校中。王星贤来,稍坐即去,问以外间事,多不甚晓。此君真好人,特嫌稍骄耳。本日星期。

二十五日　师专发薪二百零八万馀,光华亦发六元。馀数换米数升,则与休息室之老者矣。看师专考卷,课则因腹泻未去上。晚一之来。

二十六日　勉强到徐汇、震旦上课。过周凤五、姚郁周小坐。附电台车回到宝侄处,遇仲兄,以人倦,未多留即返寓。

二十七日　早起闻昨晚各校大检查,被捕学生不少。午后又有令,限光华等十五校近郊区者于月内疏散,形同解散矣。光华上课者不及十人,师专则全未上课,因亦未去。午后王时炎来,胡、徐两生来。

廿八日　到震旦。后在乃仁处午饭,邀余暂迁彼处,谓当视其美路为安全。感其意,允之。归检理书箱,米约一石送存俭侄处。一之来,约明日遣人雇踏车来搬移。本日旧历四月初一。

二十九日　天雨,由一之派车,并命工人两名帮同移居嘉善路一六九弄十三号余乃仁家。兆南仍回其美路宿。赏搬家工人大头一圆。

三十日　雨止,放晴。付自来水钱九万二千,电灯钱三万八千九百。

五　月

一日　发一信与悌儿。马元放来。晚在作翁处饭,作翁今日生辰也(四月四日)。本日星期。

二日　元放复来谈,乃仁留其午饭后始去。发一信与鼎女、一信与龙女,邮资每封十六万圆。

三日　到徐汇取得上月两处薪金袁头二十四枚。电车、气车又涨价,由西爱咸斯路至徐汇、由徐汇至吕班路皆十六万圆。

四日　回其美路一看。便过师校,取得补发四月十万倍馀数及五月十万倍豫支数共二千二百馀万,掉得袁头一三百八十万、孙头二三百七十万,又孙头一三百八十万。晚一之来。看朗兄,未见。

五日　由徐汇回,便过高安路七十号看王述曾,一谈。

六日　晚在一之处宿。看朗兄。付门房工钱十五万。收到鼎女一信,薛国安一信。

七日　在有璥处午饭。看戴刚伯,并到师校及青年会一走,又便看王心湛。

八日　覆鼎女、廊五各一信。元放来,午饭后去。赴茶会,并还伯宣、眉翁、子彝书。会后访宰平不遇,在义侄处晚饭。

九日 昨日嘉兴不守,报载南京、无锡皆遭轰炸。念培儿举家在无锡,其胆最小,经此忽触发旧疾,为之不宁。又连日枪毙人甚多,其中恐冤屈者亦不少,祥和之气寝微寝亡,可惧哉!

十日 震旦上课者渐多,惟张廷爵已赴香港矣。夜有雷雨。

十一日 换孙头一枚,四百万。买鸡蛋六枚五十万、奶油面包一个六十万。午后又雨。

十二日 在元放处午饭。徐汇回,过邓木鲁一谈,闻共军已迫松江矣。

十三日 雨,夜闻炮声。

十四日 报载昆山、嘉定、泰仓皆不守,回新绿村一看,则兵车已塞满矣。因将钥匙交十三号邻人杨同苏,托其照管房屋。在萧家午饭。过仲兄,适遇俭侄,言两路客车皆停。夜炮声未停。

十五日 遣兆南回再检点杂物,则已被一小兵官强占,一物未带而回。午后访王后知,在寿圣庵晚饭,宰平亦来。

十六日 偕兆南同至新绿村寓所,米一石馀皆已无有,取得零星杂物若干。兵官龚姓,海南岛人,又有女子则云姓张,皆非善类。忽强忽软,志在据各物为己有而已,余亦懒与之核也。在朗兄处午饭后到师校一看,会雨,即急回。购胶鞋一双,一银元找回一百万。龙女来一信,言棉湖已易手,可怪也。

十七日 师校发薪二千三百万馀。连夜炮声益多,大约争吴淞炮台与大场机场。

十八日 午后看作人。

十九日 余在春来谈联保事,盖学校通知,教育局有令促办也。忆前在兰田时曾有此事,今殆旧调重弹耳,因填付之。联保者三人,愚与在春、施蛰存也。震旦、徐汇仍照常上课。

二十日 到师校上课,又领到一千馀万元,盖作两次发也。买汗衫两件,每件六百五十万。

二十一日　元放来,在其家吃馄饨。午后看余在春回,适王绍唐、赵毅庵来看,乃仁、王邀至其家雷米路汝南坊二号吃麂肉、狗肉。方吃饭,忽报晚八时戒严,吐哺而返。夜炮声、炸弹几未绝。

二十二日　星期。冒雨赴茶会,眉翁赠赵子常《春秋集传》一部,盖通志堂原刻也,然惜无《属辞》,不残而残矣! 买冰淇淋一罐,两银元,找二百万作车钱,乃乘三轮车归。

二十三日　到师校上课。有瓛代领光华发贷款二角外一千六百馀万。中午食包子两个、馄饨一碗,已七百五十万,可笑矣。归途绕道一视仲兄,一之则夫妇俱不在家。

二十四日　到徐汇,公共气车止通到高恩路。上课时时闻枪声,饭后即回,沿途景象全非。午后三时闻解放军已到西站,震旦即未去。

二十五日　一夜枪炮声未绝,大似除夕爆竹声,四面皆起,晨则解放军已入市矣。到延庆路、富民路两处一看,马、徐两家皆安。午后王绍唐偕一翁君来谈。晚枪声又起,传在苏州河两岸相持也。

二十六日　看王后知、吴眉荪,皆安。张家花园曾有乱军窜入,幸均缴械,不然即难免遭劫也。过静安别墅十一号,知北四川路有电话,解放军已到。丁蘧卿送杭辛斋《学易笔谈》来,马子彝来,皆未见着。

二十七日　元放来,午饭后去。本拟至四川路各家一看,以尚有炮声而止。天大雨。陈光甲偕任小苏来相顾,陈不见且三十馀年矣。谈往事,为之黯然。

二十八日　雨如故。与元放同至馀庆坊看康兄。午饭后至其美路旧屋,则电表已被拆去,军眷数人仍盘踞未走,可恨! 又闻其男子已被伤或云被俘,则又觉可怜耳。康兄出示悌儿手书,知建德未开一枪而易手,又言梁介白因学校难支持坠楼而死,语焉不详,可怪! 可怪! 归途过伯宣处小坐。先到东照里,一之、汪锡鹏均未见,但见朱月轩正作礼拜也。

二十九日 师校有函,通知星期一上课。到寿圣庵,未敢多坐,即附电车回。

卅日 由学生数人相助,将寓中各物移存朱家。晚赵鼎新来,一之来。先是王述曾来,未得见。

三十一日 徐汇课后过王述曾,亦未晤。袁头一枚,换人民券六百元。

六 月

一日 看林孟辛,途遇童载新,与孟辛同至新绿村一看。有瓛劝余迁回,然不能无踌躇也。在俭侄处午饭,回后述曾来谈。

二日 义侄来,言南京有书信,各家皆安。到徐汇取得上月薪二十四元。三兄、培儿、德贞俱有信来。

三日 师专课后到新绿村寻指导员孙君交涉,允于三日后将房屋让出。孙,山东人,态度谦和,至难得也。

四日 午后光华在银行俱乐部开教授会,选出理事吕思勉等十一人,监事五人。

五日 午后迁回新绿村。在一之家晚饭,振流已自京回。

六日 教师节,未上课。晚见一之,谈朱蕴山到京后事甚详,异哉李德邻也。

七日 震旦课后在乃仁家午饭。师专发五千元,扣去一百元教授会费也。

八日 光华复课。振流、孟辛在此午饭。钱履周有信,仍在沪,前传被捕,盖妄也。

九日 震旦课后仍在乃仁处午饭,归后元放与一之来。在一之家晚饭,第一次食鲥鱼。从汪锡鹏处借得碗碟数种。

十日 从一之处借得狄芝根《辩证法的逻辑》阅之,原名 *Letters*

on Logic: Especially Democratic Proletarian Logic,柯柏年所译,译笔甚恶,然大意可见。其最扼要之语为:"绝对的真理是呈现于相对的现象,完善的物体是由不完善的诸部分构成的。"与中土《易经》所言及宋儒周、程、朱诸子所说,颇多暗合。至引勒信 Jean Racine 言,谓:"如若上帝左手拿着不断寻求真理的动力,而右手拿着真理来给我,我一定谦卑地握着他底左手而说道:父啊,把动力给我,真理之本身给你自己罢。"以此解释逻辑之为用,亦可谓切当不移矣。光华发一千元。

十一日 报载大捕银元贩,银元价大跌,而物价涨者不复回,不知以后小民生计如何也。振流、林伯来谈。遣兆南取回台灯、自鸣钟,带来培儿、悌儿各一信。

十二日 作翁来,言黄幼朋作古,赙之四银元。卫素存继来,并留之午饭而去。宰平约相晤于寿圣庵,晚饭后回,小雨,幸未沾湿。钱履周来谈,避居浦东,得未遭毒手。本日星期。

十三日 午后戴刚伯来,晚一之、振流来。覆郦衡叔一信,并属致声心叔。

十四日 朗兄来。写一信与电灯公司,为电表停而不走也。又寄一信与悌儿。

十五日 在一之家晚饭,借得恩格斯《自然辩证法》,归阅之。艾祖章送考卷来。

十六日 偕王时炎、郑兆南到翠竹乡将书籍、桌厨等运回。踏车一具,孙头两枚。

十七日 光华课结束。师专再发一万五千三百七十五元。看李安溪《周易通论》。

十八日 闸北水电公司派一倪姓者来察看电表,允与换一新者,并约星期一来换。

十九日 星期。赴茶会。云楼有信,述泰州诸友光景甚详,乃托姚郁周带两千元与孝宽。午、晚皆在宝侄处饭,并过后知一问。

二十日　蒋云从有信来,即覆一信。师专上课,惟一蒋维贤,纷纷扰扰,不知何日定也。到青年会,将所存一箱、一行李卷搬回。

二十一日　电力公司人竟不来,不可解也。今日师专上课,有四人。

二十二日　看王述曾、邓木鲁,在王述曾处午饭。便过乃仁、元放,在元放处晚饭。归后有瓛来谈师专接收事。培儿由无锡来,谈至夜深始睡。悌儿有一信。买一草席,七百元。

二十三日　送考卷与分数至徐汇,过作翁午饭。丙公晚六时来,与谈其女事,意欲荐至乃仁家作保姆。孙雨廷偕王培棠来,未相值。光华发二千八百八十元,再交一千元与姚郁周带与丁孝宽。

二十四日　电表来换过。师专午后接收开会,中学教师群居攻讦周尚,闻之殊不耐烦。

二十五日　上午又开会,形势与昨无异,余早退。继闻舞弊事牵及孙大羽,昨日讦人,今被人讦,可笑也。午后王善业来,晚王尧来。雨,转寒。

二十六日　星期。大雨。午后唐澄之、徐润来。

二十七日　师校学生协同查点校具,课未上成,徒劳往返。到复兴中学看孙禹廷、王培棠,未晤。寄一信与心叔。培儿来信,言抵锡矣。

二十八日　云从又来一信,字细如蝇,不啻女郎书也。晚师校开会,送南下诸生。买滴滴涕一瓶五百五十元,又喷筒一个四百元。

二十九日　午飞机来投炸弹,闻死伤者甚众,丧心哉!午后师校开会,文教处宣布校长、总务、训导、秘书四人免职。校务委员共十三人,有瓛为主任。是日雨未止。

三十日　早雨止。午后到徐汇应张伯达邀晚宴,中途遭雨,乃过乃仁处借靴、伞,归时已近十点矣。震旦六、七月薪并发,数仍旧。得尹石公一信,乃寄余家者。

一九四九年

七　月

一日　午后师校开教授会。王述曾及姚郁周夫妇先后来,姚后日赴杭州矣。

二日　覆石公一信。任心叔有信来,言云从事可蝉联。本日六月初七,先妣忌日,在仲兄处设供。

三日　匪机又来扰,自晨及午投弹三四起,实不知其意何在也。稼生来谈。天奇热,伯宣处遂未去。心叔寄来定本《四声切韵表跋尾》三本,其两本乃转送蛰存、孟辛两君者。眉翁向告予,读心叔此作竟泛泛然,盖眉孙于此固门外也。愚虽稍有所知,亦无从订其当否。更过十余年,此学殆成绝响矣。本日星期。

四日　寄一诗与湛翁,并将《感怀》一首亦寄去,由心叔转。午后到师校,始见丘汉生,与接谈。

五日　师校发薪二万五千七百八十元。军管会有征交各人意见者六条,一一作答面交。丘君、钱震夏、尹石公各来一信,石公言星期日曾与丁蘧卿同至伯宣处,以余未去,未得晤。

六日　本日大游行。买《全唐诗》一部,四千元。短裤三条,每条四百五十元。垫席两方,每方二百元。

七日　在一之处晚饭。付自来水费一百四十五元。

八日　振流来。在仲兄处晚饭。

九日　葛景仲、田信耕来,留之午饭而去。午后陈憬初来。军管会来点收房屋家具。

十日　星期。在邓木鲁处午饭,便道一过乃仁、作人。将心叔寄来《四声切韵表跋尾》送交林孟辛。

十一日　童载新、何翘森、俭侄及振流先后来。托振流到电力公司说明电费开错,当依新表自七度下算起。蒋云从来信,言聘书可照发。

十二日 林轶西及林孟辛、魏建猷先后来,丙公及其女亦到。午饭后遣兆南送其女至余家。交五、六两月电费一百二十八元,共十八度。

十三日 午后四时一之来,与同车至东照里看汪锡鹏,在一之家晚饭。寄一信与尹石公,约星期在宗府相见。

十四日 师校发六万一千七百元,折实存储六十五点,共四万一千五百三十五元。又付重点配给米二斗四千元,工友赏金五百元,又扣教授会费二百元。看田信耕,还其代买电炉一千五百元。

十五日 寄一信与悌儿。晚一之邀看《白毛女》,在解放剧场,旧时日本舞座也。乃仁偕黄诒吉来。

十六日 培儿来一信,眷属已回京矣。访何亚谋,未遇,盖又赴杭矣。

十七日 为黄诒吉事写一信与亚谋。刘次羽来。午后往伯宣家,得晤尹石公。在乃仁处午饭。再送两龙洋、两鹰洋助黄幼朋葬费。

十八日 将所借书送与学校。师专已决并入中央大学矣。振流在此午饭。胡宏薪有一信。

十九日 到徐汇访张伯达,谈下学期事。过元放家午饭。振流旋来,遂与二人同访陈证如、吴毅夫,会王心湛、吕秋逸及德园亦来晤真如,至五时半后始与振流同归。在仲兄处晚饭。归后知乃仁来,候至午后二时始去。宰平有一片。

二十日 覆胡宏薪一信,并附致袁公为吴林伯事一信,盖为其子投考事也。又与宰翁一信,约二十三日午后在寿圣庵相见。剪头,二百五十元。作人在此午饭。

二十一日 寄一信与悌儿。林伯来,借去《药地炮庄》第三本。

二十二日 到光华访廖、吕两公,皆不在,胡氏子事托之周仲篪。

晚吴寿彭到沪,在一之家相晤,谈农厂事甚细。取回重点米两斗。

二十三日　在乃仁处午饭。饭后至寿圣庵,证如竟未来,宰平、心湛皆到,秋逸当晚返丹阳矣。培儿来一信。

二十四日　覆培儿一信。晚一之邀寿彭晚饭,九时后始归。大风以雨,彻夜不停,屋兀兀欲倾,未能成寐。

二十五日　风雨至午后始息,其美路竟成河矣。剩有蕃芋两个,益之腐皮两张,聊充肴馔。晚有璪来谈。

二十六日　报来,知风灾损失不鲜。将振流所开履历寄与姚舜钦。今日蔬菜价大涨,绿豆芽竟二百元一斤。

二十七日　振流来。晚看仲兄,即在俭侄处吃面疙疸。

二十八日　晨九时乃仁偕李天真来,同至善庆坊看真如、毅夫。回至静安新村天真家午饭,饭后天真车送回。余印五由京来,带来酱小菜一包。

二十九日　看林孟辛,未值,转看陆晋生、魏建猷、童载新。载新亦不在,见其夫人马玉端。

三十日　寄一信与心叔,一信与悌儿。访廖茂如,未值。廖复生来一信。振流回南京,托带三千元与老妻。

三十一日　悌儿有信来,再覆一信。作人与仲兄在此午饭。饭后元放来。偕作人赴茶会,在后知家晚饭。

八　月

一日　付上半月报费九百元。看廖茂如,送与振流所作《二十五史论纲》一册,又一册交休息室工友转与吕诚之。有璪借去折实存款五点。

二日　付七月份自来水费九百四十二元。林孟辛、王时炎来。王家身自鲁来一信。

三日　到徐家汇晤张伯达、陈棣萼,谈下学期课并托赁屋事。在乃仁处午、晚饭。因午后李天真约相晤,而至五时始来,故归来已九点后。

四日　李天真来,邀同访陈真如、吴毅夫。在元放处午饭。归时便过作翁小坐。在俭侄处晚饭。付上月电灯费五百八十元。

五日　寄徐振流一信。由义侄转来鼎女一信,言不日将分娩。

六日　报载长沙解放,程潜、陈明仁投降。寄一信与王家身。取回折实存款五单位。

七日　星期。作翁来。晚李天真邀饭,在其静安新村寓内,座客只余与乃仁、程经远三人。天真病,由其弟乐天作陪,饭后以车送归。

八日　王时炎赠余木炭半篓,由其友王家骏送来。一之转来徐振流一信。

九日　唐子琨与其乡人余某由建德来,留之午饭而去。本日为中元节,晚在宝侄家祭。

十日　一之偕道铭来,留道铭午饭后去,谈南昌情形甚悉。

十一日　林轶西来,言明日返杭州。

十二日　看宰平。在义侄处午饭。饭后到卢家湾即建国中路一〇三弄访蔡世庆,未晤,留一字,约星期日再去。盖鼎女屡函,言有二十五银元由其转来,始终未送到也。归途遇田信耕,托其买火油两桶。

十三日　晚在有瓛处谈,刘佛年忽来,不见盖七八年,亦苍老矣。

十四日　访蔡世庆,仍未见,留一字,言星期二将来过,且候之。在元放处午饭。饭后至伯宣家,姚郁周由杭回接眷,与之同车回虹口。晚林孟辛来。

十五日　心叔来信,知曾往金华一行,湛翁信早送去而无覆,可怪也。倪惠元来,与之同到利查饭店看屋,凌乱乃如北京之大杂院矣。

十六日　褚圣麟来,盖为燕京大学招考新生,因见田信耕,知余在沪,不见几二十年矣。蔡世庆来,言后日交款。

十七日 到徐家汇看屋,不合式。在乃仁家午饭,饭后同看李天真病。早一之与道铭同来。得谭叔常一信。

十八日 发一信与何子春。下午蔡世庆将鼎女托转之款送来。宗伯宣来过,并赠扇子一柄。

十九日 晚看朗兄。宝侄转来培儿一信。寄一信与鼎女、叔常。由宝侄汇七千元与老妻,即鼎女所寄也。

二十日 早振流与一之来,随偕振流同至徐汇看张伯达。过元放午饭,便访杜沧白一谈。

二十一日 写一信与老妻。道铭送托取折实存款来。振流、作人在此午饭。

二十二日 王善业来谈。午后看倪惠元。买六安瓜片二两,六百元。

二十三日 取回折实存款七十单位,每单位七百七十五元,共损失七千元。买车糖两袋,每袋五磅,三千五百元。访作人,偕至翁家看屋,一亭子间,殊不足回旋也。晚徐积昌来,将所馀折实存款二十之数托其代取。伍寿卿来信,言咯血已止,以昨有信问之也。

二十四日 振流在此午饭。善业送所向假诸书来。鸢飞亦来谈。

二十五日 晨有飞机。师校再发下半月薪七万二千八百元,托积昌代存入新华银行八万元。

二十六日 晨善业再来。与元放到拉都路、辣飞德路各处看房子,虽雷米路一处较合,但需顶费十馀两黄金,不敢望也。晚在俭侄处饭。悌儿来一信。又过宝侄处,得瑜媳一信。

二十七日 晚访一之、振流,皆不在,乃过汪锡鹏小谈。

二十八日 星期。与一之同看元放,在元放处午饭。饭后赴伯宣家茶会,过作翁,作翁已先去矣。有一房屋招顶,在赫德路,又约伯宣同去一看。屋甚清幽,但厨房、厕所皆极不便。连日看屋不少,合意者殆不可得，真所谓长安居大不易，岂徒物价之贵哉！

二十九日 林伯来。付电费二千五百五十四元。为周莱盛分数事往光华一行。

卅日 到徐汇。张伯达同去看房子，即程演生所赁之屋。房主人去香港，正室锁闭，有无地板者两间欲以赁人，露湿，万不可住。张伯达乃欲以此馆我，异哉！在元放处午饭，无意中遇伍仲文、张文约、陆正言。

三十一日 付报钱三千元。以一万元买一皮带，治小儿疝气者，托一之寄建德。仲兄带来悌儿一信，内附有何子春一函。作人介翁姓屋以索价数变，徒劳往返。访鸢飞又相左，甚惘惘。

九 月

一日 寄一信与三哥，一信与何子春。陈光颖忽由四川壁山来一信，尚是五月廿一日发航空信也。

二日 在乃仁处午饭。饭后同看元放，未遇。与鸢飞接洽迁屋事，梵王渡路屋虽杂口，不得已暂借居焉。

三日 一湖由岳州来一信。在宝佺处午饭，因兆南去看脚气，不及归来烧煮也。晚由一之转来何子春一信。

四日 代兆南配药，二千元。刚伯、道铭来，未相值。

五日 填还学校发来有否力量缴付欠租表。振流、孟辛来。兆南又去打针。

六日 再寄一信与何子春。

七日 连日转热，未出门。寄一信与悌儿，催寄各书。晚徐润等来。

八日 到徐汇，借得二十万元，豫备交房租者，托乃仁暂为存放。

午后光华开教授会于香港路银行公会。

九日 仲兄来。午后楼下一宋姓者迁入。

十日 看戴刚伯与赵鼎新。复一湖一信。晚有璹送来代领九月上半月薪水九万馀。

十一日 午后到伯宣家。本日星期。

十二日 徐汇第一日上课。归途过仲兄吃面。培儿又来一信。

十三日 覆培儿一信。又寄一信与鼎女长沙，询已否分娩。王鸢飞来，交与五万元。

十四日 房管处又来催房租。

十五日 托积昌将新华存款八万元取回。

十六日 连日大热，不意秋老虎如是之酷也。复存入新华银行七万元。买栗炭一石，一万八千元。鸢飞又送炭一石来，则连车力只一万三千八百元也。

十七日 王家身来，言山东情形，大略与星贤所言者略同，哀哉吾民也！热甚，徐汇乃未去，托病发一信与陈棣萼。虽未大病，然去病亦只一间耳。夜骤雨，人稍苏矣。鼎女来一信，言长沙连遭轰炸。

十八日 天气转凉。晚在伯宣处饭。伯宣请一之、振流，皆其同乡，余为不速之客。

十九日 悌儿寄《墨子》《管子》及《小学弦歌》三书到。

二十日 鼎女来一信。李仲乾亦来一信，通知后日梅庵先生三十周忌，在玉佛寺设祭。傅德贞来一信。

廿一日 从张伯达手取得半年薪金一百万，随即交与王鸢飞九十五万，合前五万凑足百数。

廿二日 寄一信与悌儿，并汇一万元与之。本日旧历八月初一，到玉佛寺祭梅庵先生，归途过蒋竹庄谈。

廿三日 《新华报》载徐慎行《贯彻整编要提高工作效率》一文，甚可取。徐汇本日出题作文。

廿四日 李金煌从福建建瓯来一信,通信处为三野十兵团青干大队六中队。访乃仁,未晤。

廿五日 星期。王善业来,留午饭,饭后赴讲会。在朗兄处晚饭。送幼朋夫人一万元,交丙公转。

廿六日 课后再到乃仁处,取得三万五千元,晚饭后归。

廿七日 午后竹庄约各国文教员谈一年级教材如何选定,得见商务书馆出版大一国文者。《打渔杀家》平剧竟亦入选,不知何所取也。上注明快板、慢板,岂教者在课堂上亦将大唱乎? 不唱学生又焉知快慢板之分也? 可笑可叹!

廿八日 改修院课毕。光华发四月薪,共二十九万馀,汇两万与鼎女,并寄与一信。

廿九日 光华上课。薪金分期存入新华银行。买腊肠一斤,二千二百元。

卅日 培儿来一信。付报钱三千元,自来水钱三千〇九十元。

十 月

一日 朗兄来,带来悌儿一信。谭叔常一信,知鼎产一女,为九月十九也。人民政府成立,自本日起放假三日。以大雨,徐汇未去。

二日 星期。大雨未息,游行庆祝者想狼狈不堪矣。

三日 到徐汇。归途汽车为游行队伍所阻,耽搁几一小时。晚又雨。

四日 大雨未止,门前又漫水矣。到光华取得公用事业优待证。

五日 冒雨到徐汇。寄一信与培儿。

六日 中秋放假。赵鼎新邀午饭,杨逢挺、陈光祖、王培棠等皆到,皆前南京第一中学学生也。晚一之家饭,过仲兄贺节。悌儿寄来

《墨商》两本、《帝王庙谥年讳谱》一本。

七日 缴电灯费,以优待公教人员折扣数未定,未肯收。寄一信与悌儿。

八日 王佩清自福建来一信。缴重点米三十斤,价款三千八百元。买菜油一斤,七百二十元。本日大游行。

九日 星期。刚伯、振流来。午后赴讲会。交一万元与花农寄泰。匪机将闸北水电厂炸毁。自买《活页文选》一份,一千二百元。

十日 卖旧报纸十四斤,每斤一百五十元,共二千一百元。买鳜鱼两尾自饷。林宰平来一信片。号外,衡阳、曲江已下。匪机又来肆虐,并发放传单,可恨亦可笑也。徐汇放假,未去。

十一日 覆宰平一信。缴上月电费五千二百七十三元,与楼下各任一半。

十二日 郑瑜来一信。晚在一之处食蟹。

十三日 由新华银行取得息金八千余元,八万元改托徐积昌存入广新银行。

十四日 马湛翁来一信,酬余夏中所寄诗也。

十五日 光华出作文题。晚在元放处吃饭。从梅玉华手取得鼎女托带金戒一只,袁头四枚。

十六日 与宰平同到西摩路看屋,竹庄之孙九成所介绍,然索顶费甚巨,非吾两人力所能办,又白走一遭。过伯宣午饭。本日八月廿五,正值伯宣生日。饭后同看黄秋生。晚与有璥同赴逸园欢迎苏联代表团大会,至夜一点后始回。

十七日 在朗兄处夜饭。张立民来沪,住法华路八四弄十号,有电话来,由徐汇回,因一过探之。

十八日 回看孙子长,前二日曾来顾也,外出未晤。过黄秋生,问房屋事。在乃仁家午饭,闻王绍唐撞车受伤,乃与乃仁同去一看,已愈十之五六矣。与徐作翁在三花食蟹包,不如南京远甚。归途以游行,一路电车停开,乃与一叶姓者同雇三轮车回。

十九日 以黄金五两交乃仁存放,每月得息金一钱五分。又大头四十元、小头六十元托其兑换,以二十元之数寄宁,馀八十元亦存放在其家。晚饭后始归。本日庆祝解放广州、厦门,又大游行。

廿日 寄一信与郑瑜。道铭来。晚看孙子长,将重点米取回。

廿一日 买菜油一斤,六百六十元。鼎女来一信。

廿二日 由徐积昌取回利金五千七百元。晚在一之处食蟹。光华国文发回六篇。

廿三日 作翁在此午饭,饭后与同赴讲会。会后一过后知,依旧老毛病也。瑜媳又来一信。

廿四日 徐汇国文改毕,发还。在朗兄处晚饭。悌儿寄得《柳集》两本来,余书信中说交怡春带交心叔。

廿五日 早与孙子长同去看屋,在徐家汇海格里三楼,为木板搭成,真所谓鸽子笼,如何可住也。归途访蒋苏盦,头亦白矣。

廿六日 蒋苏盦来顾,未值。

廿七日 连日看罗曼·罗兰所作小说《约翰·克利斯朵夫》,译者傅雷,笔尚细腻,然终恐不能不失原书之意也。瑜媳来信,由乃仁所寄三万元已收到。

廿八日 徐汇出题,一为"学圃小说",一为"呼吁和平"。晚一之与道铭来。

廿九日 交二十万与乃仁存放。本日旧历九月初八,为仲兄生日,以二千六百元购一酱鸭贺之,在彼处食面、食蟹。

三十日 震旦开筹备学习小组会,勉为一赴。在元放家午饭。徐积昌代取得存息六千六百元。吴天五自杭州来,带得书籍两包、茶叶一包。来时余尚未回,故未相值。天五乃由林孟辛偕来,并有心叔信一封。

三十一日 买生油四斤,每斤九百二十元。酱油十两,三百六十元。付报钱三千元。徐汇回,便道访王心湛,留晚饭。寄瑜媳一信。

十一月

一日　覆心叔一信。又寄一信与培儿、一信与王鸢飞问消息。写《墨经经说解正》。

二日　雨,天转凉。晚过东照里看道铭、一之,皆未值。付十月电灯费三千三百九十元。

三日　鸢飞来。午后道铭来。光华发十二月薪九万馀元,购重点米二斗六千六百元。续解《墨经》。

四日　徐汇文改毕,发还。交十万元与乃仁,托其存放。归途过伯宣晚饭,其尊翁本日生日,以四千四百元买兰枣一斤为寿。付十月自来水费两千六百六十元。培儿来一信。

五日　光华出作文题,一“书《过秦论》后”,一“慰劳解放将士书”。晚一之邀去食蟹。

六日　星期。约林孟辛同到库伦路瑞康里五十号回看吴天五。瑜媳来一信,言香肠、香肚已购好,待人带沪。

七日　看森正藏所著《旋风二十年》,言战时日本陆海二军倾轧内情甚悉,日本失败,因半在此。晚徐积昌来谈。

八日　写《墨经经说解正上》完。作衬衫、衬裤各一件,工资二千元。连日物价大长,鸡卵已近二百矣。

九日　看莫泊桑所著《两兄弟》,甚不佳,不知何以得盛名也。晚过作人,邀其吃蟹包,而结果仍是肉包子,每人三个,再加大肉面一碗,果腹而已。

十日　由刘丙孙转来袁翊青一信,望我代为谋事,此岂其时哉!天又雨。

十一日　夜雨甚大,物价又长,折实单位已一千四百馀矣。改光华作文。

十二日　覆袁翊青一信。朗兄处转来悌儿一信。晚在一之处食羊肉。陈从周寄来画册一本。

十三日　星期。覆陈从周一信,谢其馈画册。又覆悌儿一信。晨在蒋竹庄家开小组会议。午、晚饭时皆在余乃仁家,乃仁晚请叶叔重及其舅父吴君也。

十四日　天晴。由林子硕转来苏宇一信。晚邵伯周又带来胡祥三等一信。

十五日　寄一信与胡宏薪,问李金煌消息。又寄一信与何子春,问谷出脱否。又寄一片与王鸢飞。

十六日　鸢飞来,刚自杭归也。徐汇课后过乃仁,竟未值,十三日本与约定,不意竟忘之也。

十七日　鸢飞又来,留五万元,馀仍交其处置。买糖二斤,每斤二千七百元。虾米大者二两,每两六百;小者二两,每两二百。又买青鱼一尾,一斤半,每斤一千七百。覆胡祥三等一信。又覆苏宇一信,由九龙界限街十四号三楼赵家瑀转。由光华取回甲种米三十斤,再加二千八百元。

十八日　从乃仁手取回利息六万五百元,又送鱼一尾。徐汇作文信交邮寄。

十九日　由新华银行寄两万元与瑜媳,一万与老妻,一万买鸭肫,并嘱交邮寄沪。午后鸢飞来,送花旗布四十尺,又果儿一条。赵小鲁来假宿,并言盘川不够,馈之四千元。本日存折实单位二十单位,每单位二千三百八十元。

二十日　作人及丙孙父子来,留之午饭。饭后同赴伯宣家茶会,小鲁亦同去同回。丙孙送鸡卵二十个。

二十一日　改徐汇作文,此为第四次矣。培儿来一信,言香肚、香

310

肠已托人带沪。买罗宋面包一个,价至九百元。

廿二日　注《墨经下》。房产管理处有通知,属于三日内订约。

廿三日　托积昌将存款取出,改存三十单位,尚馀两万五千元。租约亦订妥。由罗某所带各物亲去取回,而香肚已少一盒,计四个,言于车中拥挤时失之矣。

廿四日　寄一信回京。光华出题小考。

廿五日　瑜媳来一信,汇款已收到。看徐汇《墨子》考卷,仅十本,大修院未考也。付报费六千一百元,至月底止。便道一看王后知。

廿六日　看光华国文课卷,无一佳者。自买白鱼一段,重十一两,一千一百元。晚徐振流来,言余乃仁明日邀午饭。

廿七日　星期。在乃仁家午饭。刘丙孙送《尺鸥馆读书图》来,未见。十月房租请乃仁取款代缴。本日起汽车、电车又长价,最少为四百元。

廿八日　徐汇《墨经上》稿印成,归途小雨。

廿九日　折实单位跌至二千七百三十五元,昨日为三千一百元,缴房租又损失近一万元矣。夜大雨。

三十日　徐汇课后便过乃仁,除代缴十月房租外,取得十三万元,共折合二十万元。晚饭后始回。

十二月

初一　买薄稻米四斗,每斗一万三千五百元。又付光华代领重点米,价一万八千四百元,盖每斗九千,两斗价也。四百为车费。买肋条一斤,二千二百元,以京中带来干菜烧之,不尝此味者数年矣。

二日　由陈神父借得阳玛诺译《轻世金书》四册阅之,译笔故作古奥,殊不如前人所称道之佳,惟道光中南海吕君翰解注颇不谬,盖曾于

311

宋儒之学稍窥藩篱者,故明朗可以启发人。买豆油三斤,三千元。

三日 光华晤蒋竹庄,忽谈下学期欲余代院长并国文系主任职,言体力不支,故以私交相说,予未遽诺也。在朗兄处晚饭。锦文侄女由京带来鸭肫、风白鱼两块,叔兄又惠香肚四个。晚振流来。

四日 星期。在宝侄处洗澡,不浴者几一月矣,神体俱为一爽。午饭后赴伯宣处。归途再看王后知,似有起色。买固齿灵一管,二千六百元。王时炎来,送石油十馀斤,盖其旧时所馀也。

五日 晚在有瓛处谈光华事,文学院长决不允为竹庄代,此是非窠不入为妙也。南京带来白鱼尚可食,分一半送康兄。

六日 发一信与叔兄。邮局言有欠资信一封,命兆南取来,则王佩秋所发。前有传其被炸死者,知是谣言,为之喜甚。

七日 改徐汇国文,题为"书欧阳永叔《本论》后"。归途便访宰翁,留晚饭后归。

八日 早一之来。光华本日发一月薪,共九十六单位,即存出纳处。买糖一斤三千一百元、胡桃仁四两一千二百元。晚看林孟辛。

九日 发还徐汇作文,此第五次也。

十日 在一之家晚饭。饭前一过田信耕及俭侄家。修锁,又配钥匙,共费二千九百元。

十一日 星期。作翁来,出示冕甫信,有"陶潜日日饥"语,为之叹唧!晚兰田师院同事、同学聚餐,假座光华附属中学。廖公以开会未到,到者二十馀人,每人出餐费一万二千元。

十二日 又雨矣。在徐汇读《轻世金书》,艰涩令人发闷。

十三日 寄一信与熊子贞,一信与悌儿。在光华取十单位,共二万九千元。买粉丝半斤一千二百元,面包一个一千四百元。

十四日 买瓶塞四个,每个二百五十元。

十五日 买笋十二两,每两一百元。鳜鱼两尾,一斤二两,两千元。晚看君尚,了人事也。

十六日　课后便道看元放夫妇,晚饭后回。买字簿两本。与兆南一千元。今日报载刘文辉、卢汉皆于九日起义,西南可大定矣。付报钱七千五百元,半月一算也。

十七日　午后光华国文系学生开学习小组成立会,出席参加者有竹庄、赵善诒、任味知及余。报载毛主席于昨赴苏俄。

十八日　在乃仁家午饭。饭后赴伯宣家约,归时又雨矣。午前王鸢飞来。

十九日　课后过乃仁取钱,候至晚饭后未归,乃留言明日再去。归后得宰平信,言竹庄约去看屋,然已不及矣。

二十日　托积昌缴房租、电费。午后王鸢飞来。饭后冒雨看宰平。西摩路屋需顶费三十五两,此岂穷措大力所能及哉,因作罢论。

二十一日　改徐汇作文。课后一过张伯达。从乃仁处取得五万五千元,原物亦归还。买糖二斤,每斤三千二百元,面包一个一千三百元。

二十二日　寄一信与吴伯熊,一信与王佩清。买煤球一担,一万九千五百元。

二十三日　积昌来,十一月电费并十一、十二两月房租俱照缴矣。徐汇作文改毕发还。

二十四日　改光华作文。课后看廖茂如,值开学习小组会,因留与会,至十二点后始回。午在一之家吃羊肉面。

二十五日　星期。振流介一顾姓者来,倩改其父事略,费两小时改成。鸢飞来,言将赴杭。买酱油一斤一千四百元,白鱼一尾四千八百元,又买煤炉一具八千五百元。付自来水费四千九百元,门房十二月份工钱二千五百元。

二十六日　吊王后知,送奠仪两银元,康兄亦送如此数。寄心叔一信。悌儿、并附三孙照片一帧。子春各有信来,存谷恐无着矣。买胡桃蛋糕半斤,三千六百元。为程彬儒孙事一看倪惠元。

廿七日 在王宗弘处午饭。饭后看陈真如、吴毅夫，未值。便过王心湛，心湛适自病院回，盖旧失音为中医所误，投以麻黄，转成呃逆，几于不起，在医院者已两旬矣。归后陈憬初偕倪惠元来访。

廿八日 徐汇午后大修院放假。《墨子》课改授国文。所改顾某事略交还振流。

廿九日 小不适。元放来。托积昌缴本月电费一万二千元，付报费七千五百元，买木柴八斤二千元。

卅日 徐汇午后课未上。在作人处午饭，饭有羊肉，乃秦树声由北京带回者。作翁又饷以一方，晚更饱啖。好处在无膻味，但无好甜酱，不然风味当益佳也。

三十一日 光华停课半日，学生意也。张斌二日结婚，有喜帖来，送银元二枚。

一九五〇年

一　月

一日　在元放家午饭。饭后到鸿英图书馆,光华文学系开座谈会也。三时后到伯宣家,程彬儒亦来,多年未见矣。再到乃仁处晚饭,饭后回到家九时后矣。

二日　午后到凯福饭店参与张斌婚礼,与有璛同步行去同步行回。

三日　寄一信与道铭南昌。王敬老来一信,仍称受业,可笑也。元放夫妇来送饼干一盒。

四日　寄一信与悌儿,并汇万元作寄书之费,又附一信与何子春。

五日　付重点米钱二万四百元,又车费五百圆。买蛋十个,每个三百八十元。

六日　在仲兄处见锦田侄女,言王仲武别有所欢,并欲离婚。王仲武真非人哉!

七日　瑜媳来一信。又谭永威一信,托谋事。

315

八日 访心湛、伯宣、乃仁、证如,皆未虚过。午饭在伯宣家。晚饭在善庆坊,一之为证如夫人饯行也。

九日 十力来一信。买肉一斤,三千五百元,自操刀砧作肉圆,老饕可哂也。

十日 孙子长送包子二十五个,分八个与朗兄食之,不甚佳也。由田信耕手取得王鸢飞交来十万元。买茶叶四两,每两一千五百元。晚丙孙来,为程七之孙入农场事也。

十一日 看证如。证如将移家北上,作一律送之,云:"送子燕山去,歌子寒山吟。白业有真味,苍生是寸心。孤篱徒自了,丈室未能深。顾此山中相,时时作雨霖。"《寒山子诗》证如有续作,故次句云然。其诗颇有佳者,因假归录之。在善庆坊后看刘佛年病,未遇。复过宰平,因十力来书属送宰平一看也。付十二月自来水费九千八百元。

十二日 在光华认购折实公债十分。修坐椅藤心,一万八千元。悌儿来一信,言书已寄出。

十三日 发一信与瑜媳,并由银行汇去五万元,属风鸡一只约一万元,一万元与诸孙过年,馀与内子。又复一信与谭永威,附一片介见张孝侯。

十四日 出席联合小组会议,午后又代表蒋竹庄出席总结束会议。晚在一之家饭。振流来,带来徐汇支票一张。

十五日 卫素存来。作翁来。在乃仁家午饭,_{托代取款}。振流亦在焉。饭后到云上村。晚食包子两个,孙子长所送。付报费七千五百元。

十六日 看徐汇考卷。午后林伯来。陈光颖由渝来一信。寄一信与鼎女。

十七日 买豆腐皮十张,四千元。谭永威又来一信,金陵中学无指望也。建德书已寄到。

十八日 到修院缴还所借各书并考试成绩,饭后回。便看心湛病，舌苔尚未退尽，不能谓全愈也。

十九日 光华再发薪半月，四十八单位，合十九万八千元。交五万元与丙孙，四万送黄幼朋夫人，一万送汪仲衡。在作翁处吃烧卖，甚好。买面包一个，二千二百矣。王鸢飞来一信。

二十日 寄十二万与赵云楼，内送仲素五万、孝宽四万、夔诗夫人一万，二万送云楼。汇费仅一千二百元，挂号寄去。买猪油一斤五千六百元，鸡蛋二十个八千四百元，半月薪略尽矣。培儿来一信，言龙女有信来，家乡甚安，为之一慰。

二十一日 郑氏媳来信，款已收到，并附梅孙一信，字不成字，不用功可知。陈光颖自重庆来一信。

二十二日 兆南欲逃去，诘之再三始吐实，乃亲送至南市徽宁路四二八衖二号顾正松处。彼又云将至其姑丈王郁文家，王住中正西路张家宅二〇八号，乃发一平快告知其父子立。过作翁，不谓其为自行车撞伤，幸不甚重，恐非半月二十日将养不能复原也。晚在乃仁家饭，元放亦同去，饭后回至元放家宿。

二十三日 过和祥看丙孙，交与十万元。昨与郑子立信，言将助其父子十万元为作小生意之本钱。兆南由丙孙介来，亦不能不一告，故将此款托其转交。丙孙言孝宽已到苏州，不日将来海上盘旋数日，因访伯宣商孝宽假寓之所。孝宽之子尔柔尚留沪未归，意其来或亦因此也。覆陈光颖一信。敬春由成都来信，言税局已接管，其事或可蝉联。晚在宝侄处饭。覆陈光颖一信。

二十四日 鸢飞来，交二十万，合前十万，皆卖布款也。孙子长亦来。丁尔柔有信，托谋事，不知何以覆之。寄一信与一湖，并附一信与十力。在宝安路人民银行办事处存折实单位肆拾分。

二十五日 德贞、瑜媳、心叔各来一信。午在宝侄处饭，饭后为乃仁事访吴毅夫，晚在乃仁处饭。

二十六日 早义侄来。光华大考，午后三时开教授会。云楼来

317

信,款收到矣。晚在有璘家吃面。元放来,未遇,代唐玉虬送来《毛古庵集》《荆川传稿》。

二十七日　早郑子立来,知孝宽已抵沪矣。看蒋竹庄,在乃仁家午饭。后便一省作翁,臂伤经照 X 光后,臂骨已受挫,但未折耳。到伯宣处看孝宽,其女薜兰及其子尔柔皆在。孝宽精神颇健,较前谈论亦快爽。衣一布袍,已早敝,因与伯宣相商为之置一新者,出五万元交伯宣办。晚饭后归。乃仁为厂事亦来与伯宣详谈,并留晚饭。

二十八日　照寸半相,三千五百元。买糖一斤四千八百元,盐一斤二千五百元。缴优待证纸本费一千元。在一之家晚饭。

二十九日　徐伯儒生日,以屠恂山水画赠之。陪作翁到茶会,午、晚饭皆在徐家。

三十日　寄一诗与湛翁,云:"湖山咫尺阻游从,梦绕南屏夜半钟。自愧索居生鄙吝,每吟高句想春容。闭门岂便忘横目,酬语无妨效点胸。寒燠调停知不易,雨多晴少是今冬。"又覆聂敬春一信。傅德贞来,昨夜车到,宿倪杰处也。缴自来水费八千八百元。

三十一日　寄一信与二姊丈,谢其板鸭、香肠之赐也。培儿寄来廿四万元,四万元馈德贞,廿万则为余添补饮食之需,今年可过一肥年矣。悌儿亦来一信。买青炭一担,七万二千元,炭虽整,中颇杂黑炭,商人真狡狯哉! 又买生油一斤四千二百,酱油一斤二千四百元。交电费七千九百元,付报纸七千五百元。

二　月

一日　覆悌儿一信,覆唐玉虬一信。晚公请丁孝宽,交四万元与孝宽带与龚诗之女玲玲。缴重点配面粉一袋,价六万三千元。鼎女来一信。

二日 湛翁有和诗来。鸢飞亦来一信。薛祖源来,留晚饭去。买鸡蛋二十个,每个四百五十元。

三日 午前办兆南迁出事。午后看心湛,因湛翁诗有兼示心湛老友句也。不图心湛喘疾复发,未敢多谈。便一看王立予病。访孝宽,不值。归寓,知心叔来,明午即回雉皋,留一字而去。程彬儒之侄持彬儒函来见,亦未值。其往养鸡场,嫌太劳不就,复返苏州矣。光华函来,聘代蒋竹庄暂任国文系主任。

四日 九时光华开商量课程及聘兼任教授会议。晚在一之家饭,振流已回南京矣。

五日 早看蒋竹庄、丁孝宽。在义侄处午饭,本日旧历腊月十九,大嫂八十冥寿也。午后看心湛,喘已止。周化行结婚,送礼一万元。交通大学一彭姓者转来十力一信。本日星期。

六日 光华豫发二月薪半数四十八单位,共二十四万三千八百元。与教授休息室工友一万元,与傅德贞回同里来去盘费四万元。寄二万元与家匀诸孙建德,共化邮资三千八百元。买厚粳三斗,八万六千一百元。本日飞机在各电厂投弹甚多,以致晚间无水无电,可恨!可恨!

七日 本与孝宽有约,以午后开会未能去,乃通一电话与伯宣转知。章承之死,赙以三万元,一斗米之数也。德贞午后与其子祖源乘车经苏回同里,约定岁底前二日来。

八日 午前开录取新生会议。午后看孝宽,已行矣。晚在元放处饭,便问徐作翁臂伤。

九日 晨张令贻之子宗平来,持孝宽一函,恳为谋事。午后开系会商讨课程标准,到者赵善诒、赵家璧二人而已,然却商得一头绪,不愁不能交卷矣。

十日 买肉二斤一万二千元,理发二千元,付门房二月份摊派工资四千五百元。光华教务处索所授"毛诗"讲授计划及大纲,填就送去。连日午饭皆在仲兄处,晚饭则食面与包子,石油炉上自弄,亦不费事也。培儿来一信,盖闻前日轰炸,放心不下云。

十一日　李金煌自福建来一信。晚在萧家饭,一之到浦东去,竟未晤。

十二日　在乃仁家午饭。饭后看李乐天,未值。茶会,作翁、眉翁俱未来,余便一过作翁。晚有瓛来,借去三十单位。汪仲衡托丙孙带来一信。

十三日　寄一信与鸢飞,一信覆李金煌。晚德贞母子回。瑜媳来一信。

十四日　覆瑜媳一信。为丁、张两人事写一信与乃仁,将张履历及丁与我信附去。钱希晋来信,南京无办法,不知乃仁学堂究有无希望也。买酱油一斤三千五百元,簸箕一个三千。给宝侄处杨妈二千元。

十五日　买镇江醋半斤,二千元。取十单位,共六万四百五十元。又买百页十张,千五百元,豆腐干五块,价同。鼎女、悌儿各来一信。闻《中苏友好同盟互助条约》及《中国长春铁路旅顺大连协定、贷款协定》于昨日签字,而本日报纸竟不来,可恨!晨十时光华开院长系主任联席会议,商定明年度即暑后学程计划。

十六日　旧历除夕,在一之家吃年夜饭。

十七日　旧历元旦,作诗一首:"虚空不住转风轮,六二年如一欠伸。怕向昨非觅今是,任从新进笑陈人。太平何日望儿辈,忧患相寻累此身。共道今年阳九厄,支撑犹有骨嶙峋。"偕席奇母子到恒盛里仲兄处拜年,即在彼午饭。宗氏侄媳送虾米一包、年糕一块。

十八日　邀作人同至伯宣家与宗老太爷拜年,并送蛋糕一包十块,共六千元,留午饭。到者吾二人外,有眉孙、马子彝、拱稼生、朱干臣。饭后访宰平,因十力来书,嘱送其一看也。晚徐积昌、林孟辛夫妇来。

十九日 晨九时光华开会,课程事交卷矣。义侄来午饭。飞机来扰,闻弹一声,不知何处又遭殃也。回看施蛰存、汤爱理,因昨日曾来过也。童载新今日亦来,未相值。

廿日 在乃仁家午饭,王博士亦在焉。饭后偕乃仁同看王尔藩,知前云大连西路屋亦先为人占去。归途访叶浦孙,未相值,留一字回。买僧帽牌蜡烛两筒,每筒六千元。

廿一日 由祖源将面粉一包取回。午后四时半邀有瓛同看赵家璧,未值。本日飞机轰炸闸北水电厂,水电皆断。

廿二日 到徐汇上课。归途看王心湛,感寒,又卧床不起矣。言真如曾来上海,今又返武昌,于元宵北上也。悌儿托袁鸿顺带来咸鸡一只、咸肉三块、酱肉两块、猪舌一个,内有肉两块,乃送朗兄者。袁来,未相值,信云校中情形由袁面述,无从知之矣。毛德荪亦来一信,托谋事。

廿三日 寄一片覆悌儿。买盐三斤,前二斤价二千八百元,后一斤则三千二百元,索价为三千八百,盖盐税增加,每担十万元,故一时陡涨也。午前一过孙子长。

廿四日 由张伯达手取得九十万元,盖三石米价,为二月薪馀数也,乃金城银行支票,故绕道过诚孚公司托伯宣代取。买豆腐干四块、干章十张,各二千元。一湖来一信,并寄刘策成《庄子集解补正自叙》一份来。

廿五日 看黎侁译鲁宾斯坦所著《三十年来的苏联外交》,中引列宁之言:"一说到资本家地主的私有财产时,他们就把爱祖国与独立自主的空话忘得一干二净了。一触犯到他们的阶级利益,资产阶级就可出卖他的祖国,与任何外国人合伙经营去反对本国的人民。"(全集廿三卷一五八页)又:"资产阶级什么时候才承认国力是强大的呢?当政府机关能够依照资产阶级统治者的意志去驱使人民群众的时候。我们所谓强大者不是这样,依照我们的见解,国家之强大由于民众之觉悟,当民众知道一切,能判断一切,能自觉的去作一切的时候,国家才是强有力的。"(全集廿二卷十八、十九两页)真可谓眼光如炬矣。付掘井费二万一千四百元。付一、二月份房租四十五单位二二,合二十八万六千七百三十八元。买厚粳三斗九万二千一百元,鸡蛋二十个一万二千元。

廿六日 买炭一石十万元,水缸一口连送力二万八千,鹰牌蜡烛一筒九千元,星牌皂十块两万,缸盖一个七千元,蒸笼一套一万元。王时炎自无锡来,送团子十个、年糕两块。

廿七日 午后到中西女塾听刘瑞龙讲土地改革问题,讲了四点钟。遇魏建猷,与之同回。汪浏带孝宽一信来晤,未相值。徐浩由宁回,送咸鱼一尾,并带来锡茶瓶一个。

廿八日 到光华看入学考卷,共三十三本,又为女生二人签课。买肉四两,三千五百元。

三 月

一日 徐汇课后回看汪浏,见子韦夫人,已老态龙钟矣。在乃仁家晚饭,赠余酱肉一块。付上月报费,计九日,共三千六百元。

二日 午后二时光华开院长、系主任座谈会。家敏侄女来,未相值,伊由宁来入华东园校也。

三日 看王心湛,前夜哮喘又发矣,经注入养气乃止。吴伯熊来一信,二月四日发也,云前曾有两信,皆未到。

四日 覆吴伯熊一信。光华签课者二人为尤敦明、朱菊芬,皆四年级女生也。邀一之夫妇、徐浩、王时炎及仲兄午饭,一鱼、一肉、一涨蛋外,皆年菜也。

五日 倩徐伯儒验身体,为保险也,验尿费一万二千元。在伯儒处午饭,后与作翁同赴讲会,到者眉翁、溥翁外,丙孙父子、花农、素存、朱干臣,共九人。夜忽腹泻。买白打油一块,六千五百元。

六日　早起又泻一次,秽浊尽去矣。午在徐汇饭,饭后又觉腹痛。从徐伯儒处取回验身体证明书,心、肺皆正常,惟肾脏不健,尿不洁净耳。吴林伯来,未相值。南京转来王苏宇一信。临睡又微泻一次。

七日　天明后又泻,然终不彻,乃买肠胃消炎片每片四百元服之,每次服两片,腹中渐安矣。龙女寄来一信,内附子慧一纸。

八日　道铭、心叔各来一信。心叔已返杭,过沪未停留也。

九日　早起屋顶及平地皆有积雪,知昨夜雨后转雪矣。光华"毛诗"自本日上课,选者将近十人,亦意外也。覆一湖一信。

十日　王苏宇来一信。付自来水费两万六千元。买白酱油,三千元一斤。

十一日　悌儿、王鸢飞各来一信。买生油三斤,每斤六千四百元,实秤也。林伯来。

十二日　星期。林孟辛来。买沙利文面包一个,四千五百元。

十三日　从徐汇取得三月薪一百四十万。买印花绸被面一条,十一万九百元。维他葡萄糖两瓶,五万元。麻油一斤半,每斤六千六百元。

十四日　存入人民银行五十万,二十万十五日期,三十万三十日期。寄二十万与悌儿,并覆一信,指示搬家及寄书事。在光华支六十单位,除缴公债十分外,找回六万四千。

十五日　课后看王心湛。付春、冬两季房捐共九万七千元,春季为八万四,冬季为一万三,皆半数也。

十六日　一之同一平来。在一之处午饭,同一平谈甚久,午后三点过始回。看光华考卷,共十五本,有一本甚好。

十七日　买薄稻米五石,十五万三千五百元。付报钱半月,一万三千五百元。今日徐汇见苏联飞机四架。

十八日 鼎女婿有信来,言夫妇于十五日赴东北矣,并寄来女孙宜新照片一张。

十九日 星期。九时光华开学习讨论会。午后到伯宣家,鲁少元之女有信与汪浏,言其父略血,向人告贷,助以一万元。晚在乃仁家饭。本日为旧历二月初二,予生日也。仲兄来,未相值。义侄夫妇来,送皮蛋二十个。

二十日 自六日肠胃坏后,大便皆有血,今日起无血,不知是乃仁处咖啡之功耶,抑连日多吃油荤力也。昨日未吃面,今晚补之,聊以志耳。寄一信与心叔,一信与鸢飞。悌儿信来,言严署将归并金华,搬家事或可免矣。

二十一日 微咳,买枇杷膏一瓶服之,八千元。王鸢飞信来,言悌儿托人带书已到杭。

二十二日 雨。付衬绒袍换面工钱,五万元。蒋云从来一信。

二十三日 寄五万元与丁孝宽转爨诗之女玲玲,以孝宽地址遗失,故信寄税务桥西廿六号冕甫转。本日由光华取得二、三月薪水,馀数共八十八单位点二,存八十单位,八单位点二则取现款,共四万九千八百元。

二十四日 买竹厨一口,一万五千元。

二十五日 光华发四月薪,共一百零点八单位,存九十五单位,找回三万五千二百元,捐救灾三万元。覆蒋云从一信。午后三时光华开工会筹备会与学习小组联席会议,至七时仍未毕,定明晨续开。

二十六日 星期。续开会,自八时起至一时始毕。程应镠、曹未风皆未到。昨日应镠方言此会重要,任何事皆可搁置,午后开会亦其所提,而竟不到,所谓民主人士大约如此,可叹也。

二十七日 买棉绸被里二丈四尺、毛葛小夹袄面六尺,棉绸每尺三千六百、毛葛每尺六千五百,皆加三放,共十二万五千四百。一湖自北京来一信。偿还宋慕法房捐三万二千三百元,盖前出一半,今云须出三分之二也。

二十八日　看胡才甫，值开会，未值。过一许姓，宜兴人，与之看屋两处，皆不合。

二十九日　徐汇课后看宰翁，得见十力与张难先书，盖十力属难先阅后邮寄与宰翁及予者也。因持归，备照誊一份。付报钱一万三千五百元，至月底止。由人民银行取回利息一万八千五百元。

卅日　有瓛还三十单位，除代缴三月房租二十二单位点五六外，找四万五千元。王务孝来，借与四十单位缴学费。看汤爱理，稍谈而归。

三十一日　买帆布旅行袋一个四万元，大头菜半斤二千二百元，面包一个三千元。倪惠元来，现在之江任教，将王鸢飞履历交与设法。

四　月

一日　付三月电费，一万一千元。早一之来。晚在一之家饭，振流未来。

二日　星期。孝宽有覆信，款收到，无误。在乃仁家午饭，饭后同至元放处少坐，旋赴伯宣家约，眉翁、溥翁、作翁、丙公父子、马子彝、黄佩秋皆到。

三日　徐汇回，便看王心湛病，似有起色。聂敬春来信，言调南充。

四日　悌儿来信，言何子春赴杭，存米恐无着矣。朗兄来，陈憬初来。

五日　徐汇送四月薪，以百万交乃仁购物，十二万与德贞偿丽官戒指款。在乃仁处午饭，元放亦来。饭后同乃仁访吴若安，不值，乃归。培儿来一信，言春假已回过南京矣。

六日　光华文学院开联合会,自九时至十二时,未上课。

七日　乘午后六时二十五分车回南京。

八日　晨到宁,先过叔兄,再回天青街午饭。饭后看东甫姊丈及三姊。晚葛兴邀吃饭,其所长亦葛姓,浙江东阳人,言前南高学生,然已不识矣。饭后由彼雇车同至花牌楼,先下车送予归。

九日　星期。上丁家桥双椰杷树坟,去者男女共十五人。晚东甫请吃饭。李尧阶、胡绍棠、诸培恩皆来顾。郑亲家父子同来,并馈香肚四个、香肠一包。

十日　偕叔兄同上牛首山祖坟。先到油坊巷口占春吃点心,八时候去至九时半,仅予兄弟二人而已,南京之萧条即此可见。雇三轮车,来回八千元,昨日则雇马车到花神庙,单程每辆一万元。

十一日　乘午后三时二十五分车回沪,到寓时已过十时半矣。叔常婿有一信,丁尔柔亦有一信。

十二日　午后二时开院务会议,为课程呈报事也。过仲兄一谈。晚拱稼生来。

十三日　由人民银行将到期存款二十万取出,与德贞四万元,老妻属划兑也。寄丁孝宽五万。写一片寄培儿。葛守元偕孙大雨来。

十四日　课后看乃仁,未值。交黄在中三十万,补前购物数也。看赵谷臣,归迟,食小笼包子一笼,三千五百元。

十五日　公债十分取回。午后三时光华文学院开汇报会。晚在萧家吃饭。蒋竹庄有信来。寄一片与鸢飞。

十六日　星期。午后到伯宣家茶会。马子彝愿以楼下屋一间并前后厢分赁,遂与作翁、丙公、花农同去看屋,言定下星期写约成事。平孙夫人去逝,赙以一万元,交拱稼生寄去。

十七日　课后到乃仁家晚饭,适吴曼公来,与谈甚久,归时已九时矣。托购物带回。王鸢飞、丁尔柔并有覆信。郑仲青有一信,催为其子德庆谋事。

十八日　覆郑仲青一片。寄二万元邮票与王鸢飞，催将书即日寄沪。回看葛守元，不值，过汤爱理小谈。光华发五月薪，并补前三月一成，约八十七万馀元，八十万为新华银行定活两存存单。

十九日　课后看王心湛病，有起色。丙孙来，留之晚饭而去。连日雨，甚凉。黄幼朋之女出嫁，添妆两万元，交丙孙带去。

二十日　学生尤敦明募捐救灾，捐斗米与之，合二万五千元。

二十一日　改修院作文。《墨经》授毕，自下星期起改授"诗选"矣。连日阴雨，寒甚，晚归似有晴意。

二十二日　写一信寄鼎女，告以将移居。取折实单位十分。晚施蛰存邀吃饭，坐中除有璱外，有董、陈、孔三对夫妇，董将去长沙，孔将去北京也。本日理发，一千五百元。

二十三日　早心叔偕天五、孟辛同来谈。十时赴马子彝家成约，其夫人坚持只租两间，因又搁置。同车送徐作翁回，在马元放家午饭。过武定路取书，人未值，留一字，言明日午后去，盖鸢飞信来，书已托其宗人王济之带沪也。聂敬春自四川南部县来一信。

二十四日　彭祖年来一信。王鸢飞又来一信。课后过梵王渡路访王济之，将书带回。

廿五日　覆祖年、鸢飞、敬春各一信。又寄一信与唐玉虬，谢其惠寄诗集也。光华开系会商量课程，缮妥送交吕诚之。

廿六日　写一信与悌儿。何子春有信来，在衢州专员公署司法科任职，谈及存款事，十分不安，即写一信慰之。下午光华开工会成立大会，余被选为经济监察委员，真意外也。

廿七日　付裁缝衬衫钱一万八千。报钱一万一千八百，至月底止。付通阴沟钱三千。

廿八日　课后看林宰平，约下星期四午后同过汤爱理。悌儿来一信，言《晋书》已由包、唐两人带至杭州交任心叔，候便寄沪矣。黄玉本来一信，谢收到贺礼。

廿九日　午后雨。晚在一之家饭。孝宽来一信。

卅日　薄晴。午后赴伯宣家约,赠眉翁《荆川传稿》一本。

五　月

一日　徐汇回,过刘次羽、徐作人小谈,并托作翁再与马子彝一商赁屋事。夜有雨。

二日　午后一时光华开工会监察会,仅推举主任委员,十分钟便毕,自有会以来未有如此之爽快者也。看葛守元、汤爱理,皆不值。

三日　从张伯达手取得五月份薪金三十万,馀欠,言须俟至五日。为德贞买雨衣一件,十万元,伊自出四万,六万由余补足之。

四日　寄十万元与孝宽,其中五万则给夔诗之女玲玲者也。午后光华开小组会,推予为通讯员,不得已应之。会未毕随至汤爱理处,盖前与宰平约是日同看爱理也,谈至薄暮始散。晚一之来。

五日　徐汇回,再看作翁。悌儿寄书一包来,托积昌代取。

六日　寄一信与鼎女,一信与心叔,并告以暂不移居。盖马氏屋为其妻所梗,恐迁居亦不易相处,故决另觅矣。

七日　光华开师生员工代表大会竟日,挟《越缦堂日记》一册去,竟终半册。是日星期。

八日　徐汇取得五月薪一百十万,金城银行支票也。为翁氏书事,邀作翁同去一看。

九日　午后到金城银行取款,百万作定活两便存款,取十万而回。便看伯宣,未晤。心叔来一信。

十日　从徐汇回,看心湛病,会吕秋逸自丹阳来,得与畅谈而归。

十一日　出光华小考题,即送与教务处。

十二日　课后看汤爱理。

十三日　晚在一之家饭，振流先来，因同去。付报钱一万八百元，买 D.D.T 一瓶七千元。

十四日　星期。访王善业还书，未值，书交其夫人。在乃仁处午饭。饭后到伯宣家，与眉翁谈音韵，甚畅。孝宽书来，寄款收到矣。

十五日　课后访汤爱理，看房子。

十六日　星期二。光华发六月薪，计五十八万馀，缴四、五两月房租共二十五单位馀。一平去庐山，过此来相看，因以布一包托其带杭州转建德。

十七日　徐汇回，过乃仁，与同至太原路一九一号看房子。二房东朱姓，清末湘抚朱益后之裔也。刘策成来一信，其人即一湖前书作《庄子集解补正》者也。

十八日　寄一信与李金煌，今改名度矣。

十九日　存六十万入北四川路四明银行分行，以两月为期。买雨帽一顶，七千五百元。又买樟脑酱八块，每块一千五百。本日午雨，过未益大，两处会皆未去。

二十日　心叔自杭州来，言母病剧来措款，因以金一两假之。《晋书》已由其带来。本日光华考试，课卷无一佳者。在一之家晚饭、洗澡。

二十一日　星期。晨作翁来，仍为翁氏捐书事也。午后倪惠元来。

二十二日　徐汇课后过作人，并通电话问伯宣老翁病。

二十三日　元放夫妇来。伯宣老翁去世，来讣。

二十四日　课后至宗家吊唁，已移尸安乐殡仪馆，乃改至殡仪馆行礼。发一信与心叔，问其母病，并询一平所带布到否。送宗家份子三万。

二十五日　在乃仁处午饭，饭后同去看吴若安，又不值。

二十六日　课后再与元放看太原路屋，索价未肯减，恐终难成。心叔有信来报丧。一平所捎物收到矣。

二十七日　午后与元放再看屋。晚在一之家吃饭，一之未回。付电灯费一万三千二百五十，报费九千六百元。

二十八日　宰平来一片,已抵京,住和平门内东顺城街四十七号。傍晚过爱理小坐。

二十九日　寄一信与心叔,送奠仪二万,附一函与王敬老。午后看作人,告以翁氏售书事,学校允出五百单位。又过元放,回朱姓房子不谈。又寄一信与悌儿。

三十日　一湖自汉口来信,拟介刘生来住,覆函却之。

三十一日　托积昌捎一信至房地产管理处,商赁居二十二号屋事。敬春有信来,现在广元专署_{中山路四十七号}任事。

六　月

一日　早周克昌来。覆刘策成一信。

二日　课后过翁仲华夫人,告以取书之期。

三日　光华二十五周年纪念放假,上午开会。叔兄有信来,言老屋地税事。

四日　覆叔兄一信。覆宰平一信,附一纸与十力。早王善业来。又寄一信与蒋竹庄,九龙加多利道七十九号。

五日　出修院考题。

六日　到徐汇取六月薪金,并送题目。存八十万于人民银行(保值保本)。

七日　午后到中西女学听冯定讲革命领导问题,殊无意味。

八日　寄二十二万与丁孝宽,内十万送黄仲素,两万送赵云楼,五万送夔诗夫人。午后看心湛病,不图于昨晨化去,遂赶至浙绍会馆一拜,送赙仪四万。买府绸一丈六尺,八万六千四百元,加三放可作两褂一裤也。

九日　寄一信与马湛翁,并送十万元过节。再作一挽对送王心湛,文曰:"病榻数相过,貌瘠神恬,得力久知身是幻;讲筵竟中绝,口瘵心苦,洒泣惟伤道日孤。"买生油三斤,一万五千元。

十日 为德贞置草席一床,连枕头席一万元。买墨汁两小瓶三千六百元,铜笔套两个一千元,纸挽对一副七千元。

十一日 王时炎由东北回,送花苓饼一盒。宝宝、瑜媳并有信来。是日星期。在乃仁家午饭,后赴伯宣家会,由眉翁借得苗先路《毛诗韵订》及《说文四种》,共八本。又续向伯宣借《李莼客日记》五、六两套。颜克述来一信片问安。

十二日 丙孙来信,言已代觅得《古谣谚》一部,价三万。乃由四明银行汇六万元与之,半为书价,半送黄寿三夫人。

十三日 前寄心叔两万元无覆信,乃发一函询之。孝宽有信来,寄款已收到。午后将书价二百六十三万九千送与翁丽文,取得收据。在乃仁处晚饭。

十四日 付报钱八千五百元。王敬老有覆信来。孝宽又有一信,由花农转来,问伯宣遭丧后景况。

十五日 看朗兄病。光华发七月薪五十七万馀,凑足六十万,定活两便存入人民银行。下午五时光华开毕业生就业辅导坐谈会。

十六日 光华开小组会。会后再看朗兄病,医云系感冒,然热甚壮,可虑也。寄老妻四万元过节,与德贞划兑。丙孙来信,言《古谣谚》已购得,价四万。覆孝宽一信,颜克述一信。

十七日 朗兄热仍未退,且云牵动旧疾,胃痛不已,延应策医生治之。

十八日 朗兄热稍退,灌肠后仍未大解。本日星期。宝、俭两侄皆在侧侍应,甚周。黄玉本来一信。

十九日 旧历端阳。寄一万元还丙孙,并寄一信去。付裁缝工钱两万五千。又用德贞名入合作社,出社费两单位。朗兄晚入中美医院,医生检查,言是胆石病云。王苏宇来一信。寄敬春广元信退回。

二十日 汇十万元与瑜媳,补助地产税。悌儿来一信。午后到中美医院看朗兄病,因与宝侄商饰终之事。走告义侄,未相值,晚归。郦衡叔之子持郦衡叔三月中信来谒,会予不在,留信而去。三月有信而六月始来,后生今日大半如此,可叹也!

廿一日　再看朗兄病,无起色,甚焦急。因有毕业生约来问课,至午便回。写一信与悌儿。

廿二日　晨赴徐汇取考卷,留午饭。饭后再看朗兄病,会义侄亦来,因同至新闸路一刘姓材店看材便回。九时得瑾如电话,言病忽变,未及十时已逝世矣。哀哉!哀哉!王鸢飞来一信。

廿三日　晨与德贞同趋医院,偕宽侄等送朗兄遗体至大西路国泰殡仪馆,晚五时殓枢,暂停馆中。

廿四日　光华毕业生大考。考后看茂公,新自京回,尚未一见也。马湛翁有覆书,因病利故稽延。看徐汇考卷。吴天五来,带交心叔一信并还金一两,知昨心叔曾来过,今晨返杭州矣。

廿五日　徐汇考卷分数托振流带去。看光华毕业考卷,并分数、评语皆交与姚璋。午后光华开会欢送毕业生,睡起赴之,无谓之至,未及毕逃归。锐侄奔丧来沪,过谒。付门房六月工资,摊四千六百元。本日星期。

廿六日　买糖二斤,白者四千九百,黄者四千三百元。糯米三升,九千元。赵家璧来,商毕业论文事。看汤爱理,小谈。晚宝侄、一之来。叔兄有一信。丙孙有一信,言《通俗编》已购得,价一万元。

廿七日　存一百六十万入人民银行,合前存共二百五十万。此款原有一百万存金城银行,八十万存新华银行,朗兄病笃时惧钱不凑手,乃令宝侄提出应用,昨宝侄送还。留二十万作日用,馀改存入人民银行,取其近而便也。

廿八日　覆叔兄一信。与花农一信,属垫一万元还丙公书价,信由丙孙转。又寄一信与心叔,附一纸与郦衡叔,因其子曾持其三月中信来,虽过时,不能不覆也。午后光华行毕业礼,坐二小时逃归。付报钱九千三百。

廿九日 付自来水钱九千九百五十元,缴工会会费六千元。悌儿来一信。

卅日 寄一信与悌儿,一信与苏宇。买糖二斤,每斤六千五百,此合作社价也。因杜鲁门宣言阻止台湾解放,糖乃大贵,南货铺有索价九千多者,可叹也!看吴天五,小坐即归。本日蒸溽甚,晚果大雨。会尤、朱二生送毕业论文来,又有一章丽珍同来,雨不能行,因留之晚饭后去。

七　月

一日 光华课结束。丙孙寄书来。

二日 星期。在乃仁午饭,属代邀王善业到大经中学任课。午后到茶会,眉翁未来。南京转来鼎女一信,又竹庄来一信。

三日 写一信通知善业与乃仁见面。又寄一信与鼎女,并附一信与其翁,接鼎女回宁小住。昨夜大雨,街衢皆水,冒雨涉水往银行取款缴房租。取款卅万,缴房租六、七两月,共二十三万五千七百。又到邮局取书。往返车钱三千二百元。

四日 午后晴。寄一信与丙孙,并附去邮票一万六千元,还书价与寄费。蒋竹庄有覆信,言不能回沪。晚看一之。付上月电灯费一万二千三百。

五日 早王善业来。买鸡一、豚蹄一送朱有璲老太爷。午后三时光华开会,商量学期工作总结,以华东教育部报告要也。

六日 寄一信与王鸢飞。心叔有信来,并转来十力一信,近移居西城大觉胡同十二号后院,因又改号大觉老人矣。王季镛来问课。

七日 到徐汇取得七月薪,存百万入金城银行。与德贞十万。王务孝来。李金煌有信来,甚慰。

八日 光华大考,及格者仅三人,可叹!可叹!袁翊青有书来借贷。发一信问董容冠消息。午后三时到许汝真家开联谊会并结束会议。晚在一之家饭。上次欢送毕业同学摊二万元,交与姚舜钦。

九日 未出门。看《古谣谚》,此以五万元由苏州购得者也。本日星期。

十日 由四明银行寄五万元与袁翊青,并作一函覆之。买短袜,每双一万元。d.d.t.一磅,七千元。付房捐八万五千九百元。

十一日 付亮卿之子厚圻来,留之午饭去。今在青年团任事,已易姓名为杨云汉矣。

十二日 晚刘子静来,捎来丙孙一信。

十三日 从大兴商店将《通俗编》取回,此黄花农由苏州带来者也。为李调元函海本,误字甚多,实不值一万元也。买枕头席两方,作垫席用,共三千六百元。理发,一千五百元。刘季英之子季同来,言季英将今春南归,移居苏州矣。袁翊青来信,款已收到。

十四日 全官来,不日赴六合实习矣。

十五日 付报钱九千馀。买生油二斤,每斤五千三百元。悌儿来一信。晚在一之处饭,仲兄运柩事已办妥矣。

十六日 晨悌儿自严来,带来书一大包。本日伯宣处会,以怯热未往。

十七日 光华补发薪水三十五万九千元。王务孝、陈憬初来,留憬初晚饭去。

十八日 寄一信与李金煌、一信与曾仲珊。仲珊信寄邵阳西路桃花坪转五里牌邮柜,不知能到否。

十九日 寄一信覆王鸢飞。晚与德贞在宝佺处饭,悌儿未去。伯宣书来,言卢子安同人订今晚公宴,出分子一万元,又托带四万元与孝宽。午在元放处吃饭,取回南京代来棉鞋等。

廿日 寄四万元与毛季真,因昨作翁转来一信,向予告贷也。

廿一日　侵晨悌儿去杭。看汤爱理。修钟一万元。董容冠有信来，在巢县承建粮仓，仍是馥记营造公司事也。王季镛来一信。

廿二日　午后霍秉衡来。看施蛰存，便过施家一谈。

廿三日　胡祥三来，田信耕来，郑德庆来。胡祥三并带来徐润一信。覆王季镛一信。

廿四日　到千爱里登记，续租寓屋。写一信与叔兄，为仲兄灵柩到宁，欲合作一佛事送之上山也。买绿豆一斤，二千元。为光华出国文入学考题，又发一信与吴林伯，索还《药地炮庄》第三册。悌儿来一片。毛季真来信，款收到。付守门者七月钱四千三百。

廿五日　覆徐润一信。写一信与宰平，附答十力一书。

廿六日　三哥来一信。买糖二斤，每斤八千四百。

廿七日　光华考新生。付电费一万八千五百元。午后看考卷。林伯来。晚一之来。

廿八日　买炭一石四万四千元，又付报费九千元、自来水费一万一千六百元。黄玉本、程家济来，留之午饭去。

廿九日　写一信与三哥。

卅日　吴林伯结婚，以周缦云所书"为文畅茂有春气，其品清峻犹崇山"联贺之，并红笺洒金，取其吉利也。在乃仁处午饭。在林伯处晚饭，以眉翁在坐，得以畅谈。

三十一日　光华取新生，中文系三人。买茶叶四两，每两一千五百元，六安瓜片而甚粗，取其香包耳。

八　月

一日　孝宽来一信片，卢子安所带四万元已收到。本日建军节，大游行。

二日　买旧八宝厨一只，六万元，备放书也。读太白诗，"虽有匡济心，终为乐祸人"，恨今之高谈革命者不读此也。晚一之来。

三日　终日整理庋书。午后元放父子来。

四日　瑜媳来一信，言阴历十七日为仲兄上供，放焰口，摊予六万元，函令在德贞房租内划兑。

五日　早起腹泻两次，遂停午饭。龙女来信，知前函已到矣，属德贞转寄老妻一看。

六日　寄董容冠一片。看徐作翁，还《越缦堂日记》两套、眉公《苗氏四种》一部，并托伯宣代取金城银行存款，伯宣先垫二十万元。午过元放。买挂面，属沧舲煮食之，尚不敢近荤鲜也。

七日　寄一信与吴伯熊贵阳，并汇二十万与之，因其尚存少物在此，即以此作价偿之，亦了一事耳。在人民银行取十万作零用。原为办事处，在宝安路，既近且便，现移北四川路二〇五四号，去时人正拥挤，几候至一小时始取得款，苦矣。光华送聘书来，系主任已允辞，改为图书馆主任。此有璓意也，可感！可感！

八日　晨一之来，又谈及东照里顶屋事，价视前不啻加倍矣，属再磋商。本日立秋，买西瓜一个，应景而已。蒋竹庄来信，言月之二十动身回沪，计覆信已不及，当俟其回后细谈。

九日　看茂公，谈学校事，并告以竹庄回讯。尤敦明来一信。王苏宇托人转来一信，言正作归计。

十日　送缴应聘书，托有璓带去。买糖一斤，一万元矣。又买生油一斤五千七百元，鞋底垫皮六千元。心叔来一信，并附来十力一信片。

十一日　寄一信与心叔，又寄一信与尤敦明（无锡南门外知足桥永泰丝厂）。午后李一平来。

十二日　寄一信与子慧夫妇，挂号寄去。又一信与熊十力（北京西门大觉胡同十二号后院）。买精糖二斤，每斤一万二千元。午后道一忽来，子慧前妻曾氏所生，在中山大学读书者，今随旅行团来，留之晚饭去。陈憬初来，余在春来。晚到东照里看徐氏屋。

十三日　回看吴天五。钟道铭之妹因其夫欲离婚而自杀，道铭信来，寄一书慰之。买信封五十个三千元，七紫三羊笔一支二千元。晚季家骥来，住东汉阳路四四三衖一号。

十四日　宰平来信，并附一信与汤爱理，因于傍晚一访爱理，将信递交。又徐润、董容冠俱有信来。

十五日　至光华，遇胡皖生，知赣生已回国，在天津河北工学院任教。孙子长来。寄一快信与唐子琨，索寄二百万，盖谷价也。

十六日　交八月房租十一万七千七百，买纸本子六本四千。光华垫发八月薪五十单位，合二十六万零五百元。付七月份工会会费五千五百元，领到会员证，为零零二五九号。又付德贞六万，盖前为仲兄作七放焰口分摊之款，先由德贞房租内拨用也。

十七日　心叔来一信，为文字拉丁化辩护。十力来一片。

十八日　再与心叔一信。

十九日　道铭来信，将去西北大学，属一之将存书运宁，因送一之阅。又蒋云从来一信。

二十日　王季镛来，言王寿亨患肺病甚剧，颇可忧也。访乃仁，去苏州，未值。过元放家午饭。饭后邀作翁同赴茶会，而作翁病，乃独去。到者眉翁、溥翁、丁蓬卿与予，仅四人。出心叔信示眉翁，眉翁亦不谓然，言惟有书同文，更无语同声，必求合言语文字而一之，非愚则戆，洵至言也。悌儿来信，转来子琨答书。

二十一日　写一信与悌儿严州。看光华考卷。彭祖年来一信。晚一之来。

二十二日　仍看考卷，佳者廖廖。孙子长来。颜克述有信，入衡阳四十六军政治宣传部队矣。

二十三日　彭祖年来一信。送还考卷。自昨日雨后，天气转凉矣。

二十四日 买生油三斤,每斤五千七百。白糖一斤,一万五百。付门者钱四千二百。

二十五日 早一之来,房屋已定议,先交金子八两,美钞四十五元。覆彭祖年一信。尤敦明来信,因病故复迟也。

廿六日 九时光华开行政坐谈会,至十一时毕。

廿七日 付报钱九千,至月底止。又付电灯钱一万八千二百五十。

廿八日 午后看竹庄,尚未到。又看乃仁,候至八时饭毕未归,乃便道一过伯宣而归。

廿九日 早看廖公,约明日九时到图书馆视事。午后到诚孚公司再看伯宣。

卅日 第一日到图书馆,细问,知问题甚多,不易办也。看乃仁。午饭后看竹庄,今晨始由九龙回也。

三十一日 由徐家取回金子六两,美钞四十五元。交去现款八百五十万元,合之其馀二两,作二百五十万算。共一千一百万矣。在乃仁家午饭。徐汇课时间照旧,定古文、四书、理学与诗四门。

九 月

一日 由光华借得茅星来《近思录集注》一部,以徐汇将讲此书也。午后王时炎来。连日又转热。发一信与悌儿,嘱将所藏《近思录》检寄,信发后悌亦来一信。

二日 付九月新绿村房租十一万五千元。从人民银行取一百五十万。晚光玮订婚,元放约在杏花楼吃酒。

三日 又付徐烈三百万,内从金城银行取馀存六十六万、金一两一百二十五万,盖凑成此数。午后赴茶会。

四日 冒雨搬家,幸得元放、时炎相助。车费共约五万馀。

五日 收拾书籍,又加夜间少眠,人极疲茶。南京转来苏宇一信,已乘飞机到重庆矣。

六日 再同全官冒雨至旧居检取各零星物件,将钥匙交与朱大川,午即在朱家饭。与友璩谈学校事,把持者可怜亦可笑也。王亲家来一挂号信,并仲兄赙十万元。

七日 发一信与乃仁,为荐王鸢飞事也。又发一信与叔兄。见廖公,谈图书馆事。晚一之来,留之饭后去。

八日 送还图书馆皮箱一只、木箱二只,盖移居时所借者也。悌儿寄《近思录》到。

九日 看徜堂与打扫人来索赏,给与每人一万元。晚在一之家吃饭,德贞亦同去。

十日 星期。元放、义侄来,留之午饭去。晚时炎、耀曾来。

十一日 修院上课。叔兄来一信,言可权夫妇已由蜀回。

十二日 发一片与悌儿,告以新居地址。邀顾木匠装锁、拆三楼窗口木栅及钉搭扣,给与一万一千元。

十三日 修院取得八、九、十三月薪,共四百二十万元。

十四日 存四百万入新华银行,以修院所发支票,懒于点钞票,且月底必付与徐烈,故且作为半月存款。代徐烈付煤气费十四万馀。

十五日 付自来水费四万二千元,看门人四千二百,打扫夫三千三百五十元。晚余乃仁来,一之亦来,晚饭后去。王苏宇来信,已到南京矣。

十六日 寄一信与王鸢飞,一信与苏宇,一信与培儿。光华选校务委员,举黄仲苏、赵善贻、施蛰存、童养年四人。

十七日 午后到茶会,交黄花农十四万元寄泰,内送仲素五万,孝宽五万,云楼、襲嫂各二万。闻叶普翁言宰平自北京回,乃至康定路,候至七时许始归，留吃面，谈至九时返寓。袁翊青来函借贷。道铭有一信，已到西安矣。

十八日 徐汇课后看蒋竹庄，未晤，此为第二次矣。

十九日 从四明银行取存款六十万，转存入人民银行定活两便折内，取路近存取较便也。汇四万元与袁翊青。又从光华支一百单位合四十九万九千馀，备缴房捐、房租。寄一信与龙女，并封与其翁一函，退还汇款十万元，挂号寄去。付电费七万九千八百元。

廿日 乃仁借给铁床一张、沙发两张、小茶几一套三个、红木几一张、睡椅一张、骨牌凳四只，由元放代取送来，踏车四万元。又买旧皮垫椅四张，十一万元。培儿、鸢飞各有复信。

二十一日 闻乃仁堕车伤足，特走视之。伤尚不重，旬日半月可全愈也。将鸢飞详细履历交与。归途看竹庄，略谈。苏宇来一信。刘约真来顾，会在校开会，候余不回而去，新由湖南来，住其子佛年家。

二十二日 徐汇课后一过元放。在乃仁家晚饭，腰伤有进步，可慰也。

二十三日 宰平片来，约明日来顾并同看爱理，因过爱理告之。访刘约真，知刘梅斋于春间被戕，始悟前一湖书有其子振亚无所归语，盖有由也。归途过伯宣，托其于廿九日取款，留晚饭而回。

二十四日 宰平来，再邀爱理来，同午饭后去。戴刚伯来，自北京学习回，仍归同济任教。晚以四平路租约退租信并缴租收据并交朱有璇，托其办理退租手续。

二十五日 在徐汇摊上买景泰蓝花瓶一个一万六千元，又在虹江路买一龙纹者价一万元，又买挑纱台罩三块一万五千元。

二十六日 寄一信与心叔，一信与云从，一信与鸢飞。又一片与袁翊青，问汇款收到否。付新绿村旧居房捐七万八千，东照里看徜者节钱一万，打扫夫五千。光华八、九两月薪尚馀十二万六千八百，今日算清。

二十七日　改作文。

二十八日　光华第一日上课。买徽茶四两，八千元。

廿九日　徐汇归，过伯宣。取回存款四百万交一之转与徐烈，内扣煤、电、水各费二十三万四千。又交三万元托伯宣汇与幼朋夫人。买薄稻二斗四万六千元，六安茶五两一万五千元。又付报钱九千。垫付路灯及看衖者工钱一万元，由房客联合会收去。

卅日　午后三时开校务委员会，为图书馆事提议案数件，至六时候始毕。

十　月

一日　星期。午后本拟赴茶会，因国庆游行，电车、汽车皆停，乃罢，趁此将徐汇文课改完。

二日　草教学大纲及讲授进度表，此正所谓形式主义也。买烛一对二千四百元，檀香二两八千元，苹果一斤四千元，香蕉一斤三千元，柿子四个一斤十两亦四千元，莲子二千元，白果八百元，皆备明日先姚冥寿用。晚十时培儿送其母来。

三日　先姚一百冥寿。晚义侄、宝侄夫妇及元放夫妇皆来，供餕八品，邀一之来食祭馀。

四日　眉翁售书事不成，徐汇课后便道走告之。

五日　拟清点图书馆书籍办法十馀条。午后蒋竹庄来，同去看朱劼丞、张小楼。竹庄去后，又独去看汤爱理。

六日　寄一信与三哥。吴伯熊有覆信，并将抄本《通书》寄回。袁翊青亦从淮阴来一信。徐汇课后看乃仁，不值。过宰平，送其行，出行尚有日也。

七日　再寄蒋云从一信，托其补抄《参同契》笺破损数页。缴秋季房捐十三万六千元,买炭一石五万四千。又寄一信与道铭。以图书馆清点书籍办法交与姚舜钦。姚自北京归,盖傲慢小人哉!又将填好教学大纲四页、教学进度表五页遣人送交吕诚之。光华发十月薪,共领到五十万三千,扣代杨溯缴学费十单位。买精糖二斤,每斤一万零四百。晚振流、一之来谈,以二十万托一之买炭。

八日　改大修院作文。三哥有信来。杨云汉来,郑德庆来。是日星期。

九日　徐汇归,过乃仁,尚未回,此已三度访之矣。兆南忽来告贷,却之,予以车钱二千。

十日　付煤气钱三万七千,只五度耳。在合作社买生油三斤,每斤五千八百元。写一片与徐润、一片与董容冠、一片与尤敦明,又一信与王务孝。与朱有璛谈清点书籍事,约下星期二开会后即着手。

十一日　徐汇课后过中美医院看王时炎病。

十二日　托王有滋缴八、九、十三月工会会费,共一万七千元。晚在一之家饭。

十三日　课后再看乃仁,已由苏回,留予食蟹而归。卫素存转来孝宽一信。何子春来信,索前存谷数目。

十四日　写一信与王鸢飞,一片与悌儿。心叔来一信。振流、德庆在此晚饭。民生公司送来炭一百○二斤。

十五日　星期。寄一快信与何子春,言三十六年冬共买谷二千斤,即二十担,其款系湖南蓝田卖屋之钱二百万加一月薪水者,凑三百二十万,纯为防荒。至去年,彼来信言有谷二十八担,八担系利谷,今只望还本云云。本日付自来水费四万五千一百元、看衙人及打扫夫七千五百元。午后到伯宣处还《越缦堂日记》两套,取回叶普翁所作画并写自作诗扇面。伯宣交来汪开楗一信。

十六日　改修院课毕,发还。顾哲民来一信。

十七日　一之交来阎任之一信,随其子岳生在松江省八面通穆陵

342

中学住。图书馆点书事以学生名单未齐,会未开成。

十八日 鼎女、龙女、悌儿并有信来。

十九日 覆顾哲民一信。光华"韵文选"未上课,盖学生赴万国公墓吊鲁迅去矣。缴电灯费二万九千九百元。

廿日 看张伯达病。

廿一日 买鸡汤与双腿送与王时炎。晚振流、德庆在此宿。

廿二日 星期。午后俞荫五夫妇、义侄夫妇来,俞氏夫妇并送来狮子头、粉皮鱼头两馔。会胡才甫亦来,因并留之晚饭去。

廿三日 买米五斗十一万七千五百元,又酒杯、菜碟数事两万元。在徐汇改文,至三时后始回。

廿四日 连日转凉,改衣夹衫矣。朱月轩将衣架取去。

廿五日 改课文。王鸢飞来信,言有信并详细履历与朱秘书矣。付十月份路灯费一万元,将来在房租内扣算。

廿六日 午后光华开小组会,伯宣适来过,未晤。捎来云楼一信,乃陈冕甫代写者,卧病甚窘,当寄少款济之。

廿七日 徐汇作文改完。访张伯达,借十一、十二两月薪,允下星期一有。

廿八日 南京寄来叔常一信。午后元放来,德庆来,全官来,并留晚饭。郑、薛两人在此宿。

廿九日 偕老妻至襄阳南路看子韦夫人,看徐作翁,在作翁处午饭。饭后至元放处小憩,再到伯宣处,今日正茶会期也,至六时后始归。寄一信与悌儿。属带书至杭交胡才甫家,由杭再带沪。

卅日 从张伯达手借到两月薪,系支票。过伯宣,托代取。并寄孝宽、云楼各四万元,亦由伯宣代寄,并附致一信与孝宽告之。

三十一日 还德贞代垫款三十万,系先姊冥寿诵经及买米半石之款。再付徐烈一百万,内扣房捐九万,计九十一万馀。一百万约下月底付清,款由一之转交。王务孝来。五时开图书馆清点书籍坐谈会,学生参加此事者到二十馀人。

十一月

一日 存八十万入人民银行。买米一石二十三万,糖三斤三万。午后看眉荪,馈之十万,因上次会期言欲作一棉袍,无钱也,报我以《绎史》一部。徐润来一信。

二日 悌儿有信来,言租谷已收到六百三十斤,尚有骆姓三百六十斤未缴,农业税须缴纳九十斤,如此可共收租谷八百至九百斤。因覆书令其将旧存一千五百斤谷售去,留若干为大小添补棉衣之用,馀即汇沪。

三日 在徐汇地摊买旧铜笔架一,九千元;翠琢豌豆小件一,八千元。归途便过竹庄,以有客,小坐即归。

四日 苏氏侄媳来,出示家栋侄孙哈尔滨来书,言有疏散布置。连日消息甚恶,势将卷入朝鲜战事漩涡,可虑也。晚一之邀去吃蟹。

五日 邀作翁、眉翁、伯宣、马子彝四人便中饭,谈至午后三时始各散。是日星期,阴雨乍霁,故均如约而至。

六日 提一百八十万改存保本保值,又二千万买炭两石,价十二万元,馀交德贞零用。龙女来一信,系覆德贞去信者,阅之气闷。

七日 顾哲民来一信告贷,会光华发本月薪共六十三万有零,乃寄十万与之,并写一信片相告。在道德油厂买花生油二十斤,连两箱共十四万六千,往来车力三千。

八日 从银行存单内划三十万归德贞,以其款买米一石二十三万八千,生油三斤半一万九千六百,馀入日用账。蒋云从寄托抄《参同契》残页来。培儿亦来一片。

九日 晚有璈父女来。

十日　午后光华在银行公会开教授会，由徐汇赶赴之，到时已四时半矣，至六时始散。

十一日　看汤爱理。培儿由无锡来，元放、振流、德庆、祖源并在此晚饭。付自来水钱三万七千五百。

十二日　培儿晚回无锡。悌儿来信，粜去谷子一千斤，共六十八万元，由人行汇来。又道铭亦来一信。午后到茶会。是日星期。

十三日　付煤气钱三万零七百，存六十万保本保值入人行。

十四日　寄一信覆丁尔柔。顾哲民来片，款已收到。毛继曾来。

十五日　改大修院文，无一能如小修院者，旧时教作文者不能不负其责也。

十六日　光华午后开系会。图书馆聘一李永圻住馆，吕诚之所荐也。

十七日　改大修院文毕。伯宣转来丙孙一信，言夒诗之女玲玲死去，棺敛之费无所出，可哀也！托伯宣寄去六万元。

十八日　黄式金之女蕙芳出嫁，与内子共去青年会礼堂观礼，送贺仪二万元。又复同至乃仁家，晚饭后回。过罗马利亚国展览会，便入一观之。

十九日　星期。马子彝邀午饭，吃螃蟹圆子。便过竹庄，未值。闻其后日将去港，明日当再诣之也。

二十日　徐汇课后途值陈佩璜，自本学期起在徐汇女中教书也，因同访竹庄晤谈，言张小楼已作古矣。

二十一日　缴电费贰万九千九百元。元放来，留之晚饭后去。德庆在此宿。

廿二日　发还大修院作文。付九、十、十一三月房租十六万八千九百元，扣去垫付路灯二万元，计十四万八千九百元。

廿三日　天气忽转热，午后在家沐浴。尤敦明来一信。

廿四日　夜大风，转凉雨。闻徐汇课时将早结束，明年一月底便开课。本日《易经》(讲乾、坤两卦及《序卦》)完。

廿五日 所假图书馆《玉台新咏》《庾子山集》皆缴还。午后任心叔来,留之宿。

廿六日 心叔去。午后赴茶会,见冕甫信,言云楼病危,为谋后事,拟助之十万,由伯宣垫寄。合之前垫寄玲玲葬敛之用六万,共十六万矣。

廿七日 改小修院第五次课卷。

廿八日 存款六十万到期,取三十万用,馀三十万归德贞。

廿九日 天骤寒,寒暑表已降至五十度以下。晚胡才甫夫妇在此吃饭。

卅日 王继曾又来借路费,与之一万元。寄一信与悌儿,言带书事,盖上次托张某所带书并未送到才甫家也。又寄一信与何子春,问偿还存谷事。又写一信与道铭。

十二月

一日 一之送募捐寒衣戏票一张,乃民生公司及招商局人士客串在中国大戏院排演,晚特去一看。演者皆不熟练,时令人忍俊不禁,不是看戏,乃成看笑话耳,惟招商局一拉胡琴者尚佳。

二日 早丙孙来,乃到杭接其儿媳回苏者,略谈泰州景况,匆匆便去。晚在一之处饭。

三日 买白糖四斤,每斤一万四百元。麦片一斤,七千元。面饼二斤,每斤三千二百元。归时不慎失足(为香蕉皮滑倒),幸未伤及筋骨,但左手指擦破,可云万幸。是日星期。

四日 徐汇回,看作翁,邀至绿杨村食螃蟹包子,每个一千三百元,贵而不好。

五日　光华发本月薪,除扣十一、十二两月工会会费等外,共得六十二万整。付本月房租五万六千二百元。丁子韦夫人偕其女来,谈丁尔柔往事,为之叹恨!

六日　悌儿有覆信,言毡帽及灰鼠皮交邮寄来矣。又张某所带书已送至马市街,才甫夫人不在,由他人代取。交一百万与一之转致徐烈,房子顶费至此全清,中由到期存款取八十万外,二十万以新领薪补足之。本日报传收复平壤、元山。

七日　光华通知,考试再延期。午后开会庆捷,并发动学生援朝,投考军校也。邀王时炎小弟看《他们有祖国》电影,与《乱世孤雏》略同。

八日　雨。旋上王时炎邀看《攻克柏林》电影。何亚谋夫妇来,邀星期日晚饭。

九日　游行放假。振流来晚饭,翌日晨去。何子春有覆信,存谷未允发还。此固在吾意计中,此辈心目中岂复有法与理耶。

十日　星期。从伯宣处回即赴亚谋家宴。午后黄花农来,知赵云楼已作古。到伯宣处,则冕甫来信亦言之。还伯宣先后垫款十六万元。

十一日　改大修院作文讫并发还。本学期共作三次,似稍进矣。买炭墼百枚,每枚一百五十元。

十二日　到光华,闻后日各大专学校教授在大光明戏院开会,会后游行,要余参加。

十三日　报传收复汉城。悌儿来一片。

十四日　缴煤气费四万四千,冬季房捐十三万六千,水费三万六千八百。本日游行,由跑马厅经南京路转河南路经福州路折返原处,约行两小时。

十五日　改小修院作文。

十六日　晚在一之家饭。光华未上课,以工商界游行,交通断绝也。

十七日 寄一信与兴悌。

十八日 看张伯达。

十九日 出修院考试题。悌儿寄毡帽来。

二十日 改小修院作文完,以作文分数及考题交与陈云棠。悌儿来信,言所赁屋已由政府没收,别行分配,须搬家矣。

二十一日 光华开会,又未上课。

廿二日 发还修院作文。借到一月薪,缴电灯费二万六千六百元。过元放,未晤。晚里中小组开会,捐慰劳志愿军费三万元。

廿三日 午后光华开校务委员会。晚培儿来。存一百万入银行。看才甫,取回所带书。

廿四日 星期。还德庆买茶叶钱四万元。覆悌儿一信,属其打听书箱运费。在伯宣家吃野鸭熬面,托寄四万元与丁孝宽。

廿五日 寄四万元与丁孝宽,并发去一信片。午后到马家。

廿六日 张汝舟来一信,言将续《居士传》,询王雷翁事略。为清点书籍事,邀周国贞、浦贞秀、李善楣三学生谈话。晚电倪沧舲,无着落。

廿七日 改光华学生所作诗。悌儿来片,《春秋五传》《伊川易传》《童溪易传》三书已交才甫长女带杭转沪。午后看汤爱理,为介绍修院买其《佩文韵府》,陈棣萼已有回信也。

廿八日 覆陈棣萼一信,属持款径向爱理取书。光华有人演讲,又未上课。

廿九日 王淮来告,一月一日续娶。买黄糖一斤五千元,杏仁半斤七千元。

卅日 又买黄糖两斤。一之送炭五篓,米约两担半。

三十一日 长兄八十冥寿,义侄借此间设供,宝、俭两侄夫妇及俞荫五夫妇并来。俞氏夫妇晚饭后去。交两万五千元与义侄,托买花雕两瓶。

一九五一年

一　月

元日　王淮结婚,送礼两万元。王菊林送考卷来。吴遵义持沧舲信来相访。

二日　看修院考卷毕,通一信与陈云堂神父。曾金佛来一信,在麦伦中学,欲相晤,亦作一信覆之。振流由南京回,送咸鸭一只,花生米一斤。

三日　孝宽有一片,言款收到矣。与一之、毅夫同作一书与证如,告以马家近况。

四日　在赫德路买有刺铁丝六斤,每斤三千元,为防猫时来便溺也。

五日　光华发一月薪,除扣工会会费与保险费外,得六十三万馀元。买油四斤半,每斤四千两百。

六日　悌儿来一信,估计运书之费约五六十万元,可办矣。午后光华送参加军事干部学校学生三十一人开会,予亦填《西江月》一词送之。配一镜框,用五千元。晚在一之家饭。

七日　到天蟾舞台听出席和平大会代表报告。说话者金仲华为前之江大学学生,自离校后未一往来,若相见亦不识矣。又一为黄宗英,大名鼎鼎之人物也。徐汇考卷托振流带去。

八日　陈棣萼来,邀到图书馆查《徐文定集》,九时半往候者已在门矣。查书后午饭,饭后参观孤儿院及育婴堂,马维均、沈毓元、赵立中三生陪往。回后为郑生宝隆改寿人诗七律二章。

九日　覆悌儿一信。

十日　丁尔柔来信,言其弟已化去,张罗敛葬之费。电告伯宣,伯宣寄十五万,余五万,合二十万。欲作一书慰孝宽,以触寒咳嗽懒于把笔而止。午后大雪。托一之买炭一担,六万五千元。

十一日　昨夜服 Novapon,忽发热失眠,成《雪中寄怀宰平兼问十力》五律一首、《瀛海》七律一首。本日课告假未去。王季镛来问病,未见。

十二日　昨夜再服 Novapon,无效。邀徐伯儒来诊,配药水一万八千元。

十三日　连日卧床未起。今日得大解,似较松而无力,且不思食。光华仍告假。

十四日　今日始食粥。悌儿来一片,鼎女来一信。王时炎来问病,送苹果六枚。本日星期。

十五日　王敬老来一信。连日付出本月房租五万六千六百元,自来水三万六千元,煤气五万二千七百元,报费一万二千元。郑宝隆、杨溯并一贺姓生来问病。

十六日　写诗寄与宰平。写一信与悌儿,并将寄五十万为运书之用。又覆王敬老一信。看汤爱理,则入医院多日矣。

十七日　从银行取五十万寄与悌儿。

十八日　光华本日勉强上课。

十九日 徐伯儒生日,送板鸭一只、花雕酒两瓶,盖酬其看病之劳也。午食面,面后到马家,知元放已移常州矣。小睡后到瞿直甫病院看汤爱理,医云肺疾,正日日注射也。才甫送其女所带书来,未值。

二十日 缴电灯费三万三千二百元,付看彴人、打扫夫共七千七百元。光华课本日结束。悌儿来一片。看才甫。

廿一日 星期。赴茶会,尹石公亦在,但交谈数语即去。程彬儒由苏州来,托其带四万元与幼朋夫人,又送五万元与汤爱理,伯宣垫款遂未还。顾哲民来一信。

廿二日 再寄悌儿一信。覆哲民一片。东甫信来,问元放消息,亦作一片覆之。银行存款百万到期,取出备过年用。

廿三日 悌儿来片,款收到,租屋亦有着。

廿四日 心叔来信,回杭州矣。填教部所索表格,费时两旬钟而后成,老渐不能用心矣。午后看作翁病。看倪沧舲,赴常州尚未回。过余乃仁晚饭,归途经伯宣家,还其垫寄丁氏五万元。

廿五日 寄一信与竹庄,并将《奉怀》七律一首写去。唐鸣善、毛继曾来,留午饭。宝侄媳昨举一男,命名家沪。

廿六日 再与悌儿一片。柟、梅、榕由南京来。

廿七日 光华大考。培儿寄二十万来,分十万寄与丁孝宽、黄仲素及刘大嫂。作一书与孝宽,并写云楼挽诗寄去。

廿八日 星期。修院朱生来,言已上课,允三十一日去看光华考卷。

廿九日 将考卷并分数缴去。午后五时结业式。闻有苏联顾问将来参观,特与童养年谈,将图书馆稍为整理。唐中昆有信,即转沪闵南拓路五华柴行。

卅日 图书馆十时招集清点书籍学生四人开会。填本学期进度表,送交教务处。午后到马家,并看作翁,顺便送子韦夫人鸭子一只、乃仁鸭子一只。彭祖年、王子羲有信来。三姊交由马氏姊弟带来鸭子一只、香肚四个。

三十一日 修院课照上。午后过张伯达略谈。买鸭子一只,一万七千元,备祭先用也。

二　月

一日 寄一片与蒋云从,一片与林宰平。夜悌儿带两孙来。

二日 到徐汇,取得二月薪。过乃仁午饭,由乃仁手取二百万送交倪沧舻。买铜香炉一个,七千元。董容冠有信来,并寄来照片一纸。

三日 光华补发八月至一月打折扣薪水八十六单位有零,除扣救济工人基金工会费外,得四十一万八千八百元,真可谓意外之获矣。买梅花天竺五千元,蜡烛四千元,绿釉瓦罐一个四千元。将宣茂公《南华经解》两部寄与吴伯熊,并发一信告之。买糖果三万二千五百元。培儿由无锡来。晚祭先,义、宝、俭三侄,义侄媳皆来。

四日 书到。寄何子春、董容冠、王子羲、彭祖年各一信。培儿留一日去。

五日 旧历除夕。蒋云从来信,言之江秘书某君病故,欲为盛静霞谋此席,因为之作一书与何翘森。邀曾荆拂、郑宝隆晚饭,唐中昆等未来。给德贞四万,娃娃们每人一万。

六日 旧历元旦。俭侄夫妇来贺年,给娃娃一万。终日检书。晚一之在此便饭。

七日 刚伯来贺年。过廖茂如、宗正叔贺年,宗不在家。孝宽来一信。宰平来一信,并附与爱理一信。陈佩璜送鸡一只,年糕一块。

八日 整理书。

九日 到徐汇。归途便过马家、徐家。看汤爱理病,并将宰平来书一纸交与。

十日 到图书馆。汪宜苏夫妇来拜年。

十一日 星期。宗正叔来。午在伯宣家聚餐，到者惟作翁、稼生与余，共三人。眉翁因夫人、如夫人皆病未来，普翁与丁蓬卿则误为晚饭，闻到时众散久矣。马子彝本日五十寿，亦未到，晚约在其家晚饭，与伯宣合送蛋糕一盒，摊分子一万二千五百元，聚餐费一万元。与伯宣家小孩两万元，女佣五千元。竹庄来信，并和得前寄《奉怀》诗。

十二日 徐汇回。过中美医院看王时炎，割盲肠已数日矣。

十三日 天雨，终日未出门。校《徐文定集》。十力来一片，前寄宰平时已送与阅过矣。付房租五万六千七百元。

十四日 徐汇回。看陈憬初，未值，以汪宜苏所送饼干两盒送其小儿女。又过眉翁，其如夫人已脱险境，可喜也。腹内不适，不得已与马子夷过其老兄家大解。

十五日 昨夜连泻四次，服矽炭银三次，稍好。夜又便两次，近于痢疾，盖前日食猪油年糕与元宵所致也。悌儿有信来，已抵家矣。

十六日 勉强到徐汇。归途过伯儒诊所求治，给药片两种。回后仍便两次，夜又一次。

十七日 眉孙夫人于十五日病故，有赴来。电告伯宣，托代送赙仪四万元。交自来水费三万四千二百。

十八日 星期。泻止而腹仍胀，食粥而已。校《徐文定集》完。

十九日 到徐汇缴还所借各书，归途访黄仲苏，未值。何翘森有信来，盛静霞事未成。郑宝隆亦寄一诗来。

二十日 寄一片与心叔，刚发而心叔信来，知到苏后径回杭，不过沪矣。

二十一日 腹泻止而饮食仍不能受，昨食猪肝汤，今复泻矣。徐汇归，过尹石老小谈，冒雨而回。

二十二日 终日未出门。以昨曾金佛来未遇，言今日复来，而候之终日未至。

二十三日　陈神父赠药数丸，言可止泻，连服两粒，不知究如何也。

二十四日　王季镛来，恳代担保欠费一百二十单位。

二十五日　午后冒雨到茶会，到者只作翁、花农、丁蓬卿与余四人。

二十六日　徐汇回。过乃仁，候至晚饭后仍未归，乃返。是日仍雨，雨中过医院一看爱理。

二十七日　郑宝隆诗有身世之感，因步其韵答一律以解之。

二十八日　改修院作文。晚在一之家饭，一之又馈重庆乳油两方。

三　月

一日　买糖三斤，两斤斤七千，一斤六千，合给二万了事。又买米粉干一斤，四千四百元。

二日　在乃仁家晚饭，饭后过沧舲，已卧矣。归时九点钟过。

三日　振流、一之在此晚饭。为学校买《清史稿》一部，价六十万。自买《唐诗别裁》一部二万，《清诗别裁》一部三万。

四日　星期。天雨，未出门。培儿寄款来，凑成十二万二千，买米百斤。

五日　徐汇取得三月薪。

六日　李一平来，盖取眷入京也。存百万入银行折。发一信与苏宇。又寄一信与龙女。信刚发而龙女信言子慧被捕，无下落。不听余言，悔之晚矣。

七日　修院放假，圣多玛斯节也。

八日　光华上课，选"历代韵文选"者五人。

九日　阴历二月初二，余生日。晚在乃仁家饭，为予煮一鸡，甚肥,饱啖而归。义侄夫妇来,未得见。

十日　刘默远忽寄一片来,问近况。刘次羽来,戴刚伯来,留之吃面。中间一之忽来,将刚伯曳去。夜十时后培儿自无锡来。

十一日　午后到伯宣处,惟作翁、马子彝、稼生、花农到,稍谈即至倪沧舲家,归来已七时后矣。昨日大暖,今日又降寒,且大风雨。培儿六时去无锡。

十二日　改大修院作文。归途过襄阳南路一看子韦夫人,送蛋糕一方,义侄所贻也。又给汪宜苏之子两万元,前其夫妇来,亦曾与小孩钱也。

十三日　光华来告,教部有人于明日来校视察,属图书馆稍加整理。午后二时又开会。

十四日　改大修院文毕,发还。心叔来信,邀一游杭。教部人未来。

十五日　教部人来,但图书馆只匆匆一看便去。

十六日　改小修院文。买麦片一斤六千元,西米一斤八千元。孝宽来信告急。

十七日　将孝宽信转与伯宣,并寄十万元去,其半则送仲素也。枕流在此晚饭。

十八日　订一皮面单鞋,六万五千元,先付定银四万,约星期四取。陈憬初来。看汤爱理,病已大好矣。本日星期。

十九日　改小修院文毕,发还。王鸢飞来,盖去长春东北商业专门学校也,其眷属亦同去。未相值,留一地名而去。

二十日　付电灯钱二万三千二百元。

二十一日　徐汇放假,未去。沧舲有信来,因去一看。买布袍料一件,七万元。

二十二日　在光华种牛痘。徐成衣来,将棉袍交其改制,言定工价二万五千元。

廿三日　取回所订皮面单鞋,再付二万五千元。徐汇仍放假。

廿四日　光华豫发四月薪,共五十九万三千四百元。

廿五日　星期。今日茶会,诸老皆到,丙公亦由苏来,可谓今年最盛之会矣。孝宽又来信,言欲做一小生意,嘱与卫素存合筹石米之数以作资本。乃商之伯宣,伯宣助十万,余助八万,并托伯宣代汇,信即转寄素存。如此至少共得石半米,但生意不易做,要之可供两三月资粮耳。

廿六日　徐汇仍放假。寄一信与孝宽。阎任之自庐山来。

廿七日　光华送课程表式来填写,费两时仅具得一草稿,以不耐烦搁下。

廿八日　徐汇改文,回甚迟。送绸袍面至老正和染色。瑾如来。

廿九日　买糖二斤,每斤六千二百;又荷兰糖一斤,六千八百;又黄糖一斤,四千八百。共两万四千元。

三十日　徐汇改文毕。

三十一日　三哥来信,厚侄又举一雄。

四　月

一日　报部课程表填就,即送交吕诚之之女,因诚之回常州也。了此一事,便觉轻松。覆三兄一信。又写一片与心叔,告以不能赴杭。孝宽来信,款收到。

二日　徐汇放假。薄暮到宝侄家,未回。以绸料十四万元交桂贞转与瑾如。

三日　存款单到期,加六十万续存一月。号单零六五三。买奶粉两瓶,五万六千元。

四日　发还小修院作文。取得新染袍料回,染资二万一千元。王务孝来,未相值。

五日 光华春假,未去。天又雨。

六日 天阴。徐汇领得薪水。买茶叶四两,每两一千五百元。晚郑宝隆来。

七日 提活期存款一百三十万,加一百廿万合存保存保值二百五十万,六月七日到期,号单为零六六九号。缴春季房捐十三万六千。

八日 作翁于昨夜无疾而逝,以电话来告,走往一诀。因过马家午饭。饭后到茶会,到者普翁、眉翁、丙孙、子夷数人而已。作翁没,会益萧条矣。汪寿康来告,十五结婚,邀予为之证婚。寿康,张氏表妹之子也。

九日 课毕即到安乐殡仪馆送作翁殓,并为之点主。

十日 付房租五万八千七百。写一信与王务孝,以其来过两次,皆未见着也。

十一日 徐汇各生赴安老堂服务,停课未去。新鞋前后配红皮两块,一万二千元。悌儿来一片。

十二日 午后王务孝来谈。看汤爱理,薄暮始归。

十三日 顾裕禄到修院相问。卫素存来,未值。买钉书白丝线一大股,三千元。

十四日 午后到纸业公会听唯物辩证法启发报告,归时遇雨。

十五日 汪余卿之子寿康结婚,为之证婚。三时到新都,礼毕又至其寓所晚饭,车送予夫妇归。

十六日 改徐汇第四次作文毕。

十七日 出光华小考题。

十八日 改大修院作文。

十九日 光华学生今各作诗一首。

二十日 仍改大修院作文。

二十一日 振流在此晚饭。

二十二日　光华五时在银行俱乐部开会,为合并院系及招生事,并备晚餐,至九时后始散,以此伯宣家茶会未去。一之在此午饭。

二十三日　光华全校教职员工开会并聚餐,午后四时起,至晚九时半后始散。继开辨证法学习小组会议。

二十四日　光华发放五月薪,并补发二、三、四三月五十单位不折扣之数,共得八十万七千五百馀元。为光华学生改诗。买上白粳一石,一百五十六斤。二十万八千。南京上坟,摊三万元,付与德贞。

二十五日　买奶粉两瓶,五万八千元。王鸢飞从长春东北商业专门学校来一信片。

二十六日　光华期中考试。为光华学生改诗。

二十七日　发还大修院作文。郑哲新又来一信,问诗中故事。

二十八日　一之、拯流并在此晚饭。王务孝来。看光华考卷毕。

二十九日　星期。付裁缝工资六万。覆王鸢飞一片,郑哲新一片。

三十日　晚在一之家饭。饭前过医院看其子病,适相遇,遂同车归也。送其子沙利文饼干一盒,一万元。

五　月

一日　本日劳动节大游行,余与吕诚之数人留校看守,八时即去,午饭后四时始归。

二日　张伯达到修院,以振流事相告,此事想不久可水落石出也。归途过伯宣,未值。

三日　培儿寄来十一万元。

四日　取到修院本月薪金。午后课未上。到乃仁家吃饭,饭后回家稍憩即至光华,盖本日青年节有会,会后聚餐也。女生到者二人,男生皆到,教师到者余一人而已。餐后赴营火会,学生谈及各系皆有系旗,本系独无,因捐十单位合五万二千二百元与之,令之制一旗。盖薪水本打七折,不知何人提议,兼主任者应视同职员,五十单位基数不打折扣,此余所不及料有此意外之获,因分于系中,不欲中文系大寂寞也。培儿今日由无锡来。

五日　倪沧舲母女来。寄一片与悌儿。

六日　星期,以雨未出。晚丙孙父子来。培儿今日回无锡。义侄在此午饭。龙女来一信。彭祖年自广州来一信。付房租五万九千元。

七日　仍雨。课回访伯宣,晚饭后回。一之来,略谈便去,言萧佩礼潮热渐退矣。

八日　覆祖年一信,寄广州黄沙车站海关办事处傅德民转。看小弟,便过俭侄家。振流女人来一信。

九日　叔兄来一信,即覆一片。

十日　买细砂糖、粗砂糖各二斤,二万六千四百元。樟脑精半磅,一万元。

十一日　义侄介一徐姓泥水工来。午后一时光华开办证法学习小组会,修院二时至三时课未上而归。德庆来。阎任之有一信。

十二日　午后一时半到国际戏院听潘汉民副市长报告镇压反革命运动。午前学校开校务会议,通过图书费分配数目。晚宝侄夫妇来。

十三日　星期。刘子静、黄佩秋、季家骧先后来。晚顾裕禄来。付自来水费三千七百元,煤气费四万九千元。

十四日　丙孙来。鼎女托人捎一书并明虾一包来。徐汇停课,未去。

十五日　签名加入中苏友谊协会。盛静霞来。

十六日　徐汇归。看马子彝,晤。看张伯达未晤,晤其夫人。

十七日　曾金佛来一片,改在山东大学任教矣。

十八日　再访伯宣,得相晤,并捡一小猫来。叔兄今日由宁来,义侄亦在此晚饭。光华开校庆筹备会。俭侄晚亦来。

十九日　光华发二月薪。三时开肃反座谈会。作翁今日六七,在功德林作法事,因去一拜,晚饭后回。

二十日　星期。陪叔兄到城隍庙,坐内园甚久,即在庙门吃小包子作为午餐,又同到大世界一游。晚宝侄邀吃饭。

二十一日　俭侄邀吃晚饭。

二十二日　午后叔兄去苏,送至车站,便过俞荫五家小坐。买格子布八尺、白斜纹一尺二寸,共三万五千四百元。缴电灯费二万三千二百元。晚改王寿亨、杨丽天所作诗。

二十三日　改小修院作文,晚归。为郑宝隆改诗。

二十四日　尤敦明来一信。

二十五日　泥水匠来砌墙,付砖料、工资共十四万元。

二十六日　午后一时半到科学院听唯物辨证法第二次启发报告,讲者为冯振,闻人言清华大学毕业生也。

二十七日　叔兄来信,已返宁矣。本日星期。

二十八日　五时光华工会开会,特由徐汇赶回。有许逸群来讲工会任务等等,盖工会将改选也。

二十九日　覆曾荆拂一片,尤敦明一信。午后一时半及四时共开会两次。天有微雨。

三十日　看张伯达,未值。看伯宣,候至六时始归,稍谈便返。

三十一日　午后工会开会,决定候选人。

六　月

一日　修院瞻礼日,无课,未去。十力来一片。

二日　道铭来一信,王子羲来一信。晚戴刚伯来,同在一之家饭,饭后看电影《丹娘》。

三日　培儿寄十一万来。光华校庆,甚热闹。晚丙孙父子来,托带四万与幼朋夫人过节。

四日　徐汇课后看梅翁,并还所借《李寒友集》两套。是日取得修院六月薪金。

五日　覆十力一信。寄孝宽一信,并送与四万元过节。买青炭一百〇五斤,每石七万。白炭一百〇三斤,每石六万五。共十四万四百元。又付房租六万元。倪杰来,知元放已到宁。

六日　课后看乃仁,留晚饭后归。

七日　存款一笔到期,再加五十万存三个月。午后四时光华开校务会议。东甫来一信,曾金佛来一信。晤施蛰存小谈。

八日　修院功课完毕,考题及作文分数皆留与陈神父。归途过来青阁,还书款四万元。又买帐子一顶,十万零三千元。晚里弄开会,为捐献飞机、大炮事,余捐银币十圆,约合十馀万元。

九日　覆道铭一信。龙女来一信。尤敦明又来一信。刘默远来一片。义侄来。

十日　星期。覆东甫一片,龙女一信。汤爱理来,转来宰翁书一纸。本日端午。

十一日　买生油十斤六万二千,又豆油三斤半一万八千九百,共八万九百元。

十二日　买奶粉两瓶五万四千,又鹅根治湿气药水一瓶六千元。孝宽来信,四万元收到矣。

十三日　工会开选举大会,午后四时起,六时五十分毕。

十四日　付自来水费四万二千七百元。十力寄《论张江陵》一书来,共三册,一赠予,一转柳劬堂,一转张遵骝。

十五日　付煤气费四万四千元。悌儿来一信,附来唐鸣春罪状一纸,已被捕矣。又彭祖年从岳阳来一信。

十六日 寄祖年一信,由岳阳邮电局彭特英转交,并汇十万元与之,因来信言其母几于行乞也。本日九时至十二时停课,听慰问志愿军代表报告朝鲜战事情况,并发动捐献支援号召。

十七日 看柳劬堂,并将十力所寄《论张江陵》一书转交。劬堂正病后,较前憔悴多矣。

十八日 覆悌儿一片,又覆宰平一片。看爱理。

十九日 见有璥,闻刘佛年已回沪,属为达意。存款一笔到期,转期两月,取利及折实伸长数共七万馀元。

二十日 光华发七月薪,共五十九万七千元。

二十一日 覆十力一信。

二十二日 午后辨证论学习小组开会,当余作报告,为说二十几分钟,未能畅所欲言也。在合作社买糖三磅,一万八千一百元。

二十三日 缴夏季房租十三万六千元。补缴合作社入社费二千元,取回社证及股分单。

二十四日 宰平来一片,心叔来一信。买面粉一小袋二万二千元,川糖二斤一万二千八百元,黄糖二斤一万八百元。午后俭侄夫妇来。俭侄调苏州教书,明日离沪矣。本日星期。

二十五日 大雨彻昼夜不止。近方苦旱,不知此雨沾濡广否?

二十六日 王菊林送徐汇考卷来。彭祖年来一信,款收到矣。晚,人忽不适。

二十七日 覆心叔一片。又与陈云裳一片,约下星期一送考卷去。复旦张君来,将十力赠书取去。午饭未食便卧,晚饭亦未食。

二十八日 光华大考,勉起去监考。从唐医生处乞得发汗药一丸,晚服之,病似稍可。姚舜钦嘱提辨证法问题,特提两条,写与之。

二十九日 侄孙家栋来一信,并寄小孩三人照片来。彭祖年又来一信,言北京革大已允收录,即日由岳北上矣。寄一信与龙女,告以本学期音乐院不招考。

卅日　将光华大考成绩并考卷送去。图书馆清查书目已毕,共八本,送交教务处转校长室再录副。便请唐医生看病,给消化药三十片。

七　月

一日　星期。黄花农来,午饭后去。午后子韦夫人来,言孝宽来信,其第二媳病已垂危矣。

二日　到徐汇送还考卷与分数,晤张伯达,取得七月薪。晚与伯宣通电话,告知子韦夫人来意,余助五万元,伯宣助八万元,由伯宣交银行汇去。拱稼生来,亦以此事告之。

三日　发一信与孝宽,告知汇款事。又寄一片与韦素存,冀其亦有少助。晚工会开会并聚餐,先已约去,以人不适,懒动且不能饮食,因托顾仁忠转告。

四日　培儿寄款来。

五日　光华仍上课,遵部令也延至十五日止。捐献事有璑代定每月薪水百分之五,共六个月。付房租六万九百元。

六日　雨,一日未出门。

七日　午后看伯宣,并还所垫寄丁孝宽之五万元。买臭药水一瓶,四千元。

八日　星期。十时看蒋竹庄,昨自香港归也。义侄来。

九日　彭祖年有信,再寄十万元至其家,由娄底星和号转其子大中,并发一信告祖年知之。

十日　孝宽有覆,款已收到,其媳尚绵缀床褥,未遽化也。午后到科学院听胡曲园辨证法总结并解答问题。便过叶溥老小坐。汪玉岑嘱介绍入光华工会,以不深识其人,发一函与郭绍虞询其生平。本日有存款一笔到期,再加百万,合三百万存入,三个月为期。

十一日　晚郑宝隆、杨溯来,闻杨丽天参干,占一绝赠之,云:"诗笔纵横不肯平,早知子是女中英。他时合有从军集,更与摩娑老眼评。"

十二日　午后二时开欢送毕业并参干同学会,四时又开中文系结束会。在合作社买糖一包,仍为一万八千一百元。

十三日　光华补发半年薪水二成,共五十八万三千元,盖教部津贴也。郭绍虞有覆信,因将汪玉岑入工会介绍书署名盖章交还。午后听刘□□报告朝鲜和谈形势。培儿晚八时来。心叔来一信。

十四日　授课进度表填缴吕诚之。彭祖年有信片见覆,学习事尚未邀准也。

十五日　刘子静来。培儿午后回无锡矣。有璊来谈学校事。本日星期。买光明牌奶粉,三万六千元。

十六日　连雨五六日,昨夜又大雨,恐涝且害农矣,为之忧虑不已。到同济医院拨去齿两个。午后曾荆拂来,将《读杜心解》赠之。

十七日　夜又大雨,仍无晴意。发一信与郑仲青,索填履历,以曾荆拂言山东工学院需会计人才也。晚黄佩秋来。付煤气费二万六千二百元,自来水费四万六千九百元。

十八日　光华十时开会,华东教育部长唐守愚来宣布新成立之师范大学,以光华、大夏两文理学院为基础。会毕在图书馆午饭,再开各小组会。

十九日　八时开扩大校务委员会,决议即将结束移交工作,刻日着手。郑仲青有覆,转推其老兄,此事只好作罢矣。晚曾荆拂又来,当将郑阳和履历交其斟酌。本日放晴。

二十日　郑仲青覆来信,望其兄得一教席,彼则任会计。此事决不能行,即覆一挂号信将寄来履历、证件退回。写一片与心叔,告以暂不能去杭。

二十一日　寄还蒋云从三十万元,由邮局汇去。

廿二日　统一招生，邀往光华监考。悌儿来信，言屋已租妥。彭大中来信，言款已收到。

廿三日　仍监考，但今日仅上半午。连日酷热，幸试场在图书馆，尚有风，不然不免冒暑也。

廿四日　缴电费二万三千六百元。

廿五日　统一招生，邀在震旦阅国文卷，终日阅得八十五本。晚道铭与刚伯来。云从有覆，款收到。泽杭亦来一函，字迹颇近子慧，可喜也。

廿六日　仍去阅卷，阅得六十四本而回。

廿七日　亦阅六十本。阅报知朝鲜和谈事颇为迁就，傥竟成，可以小休矣。道铭在此晚饭，刚伯亦来。

廿八日　付修阁落钱十三万。连日皆甚热，今日午后有阵雨，稍凉。

廿九日　星期。买枕席三方，六千五百元。午在一之处饭，以道铭来也。

卅日　寄一信与王泽杭。光华又开结束会议，拟限十五日，毋乃大迫乎？

三十一日　看福州送来卷子，共看八十四本。祖年来一信。丁尔柔来一信，其弟妇也化去矣。

八　月

一日　到光华估书价，以交代时须填此一栏也。因卡片未点清，致未能进行。

二日　以便血，未到学校。晚泽杭外孙由汕头来。发一信片问王时炎病。

三日　偕泽杭到派出所登记户口,旋至校。得杨丽天一信。江载菁夫妇来。三十一日见章元石,始知彤侯于一月中逝世。载菁来,因略得其年来贫困之状,可伤也已。

四日　午后道铭来。

五日　付本月房租六万七百元。义侄来。龙女来一信。本日星期。

六日　光华发八月薪,共得六十四万馀,盖折实单位又长也。陈景初来,馈鱼鳙两尾,报以绿笋一篮。绿笋,阿杭过杭州时所买也。

七日　晚周君尚来坐。培儿款到。

八日　前由图书馆借来破皮箱一只、木书箱两口,今日送还事务处。原借条已失,别令书一收据为凭。曾荆拂来。悌儿、彭祖年各有信。

九日　覆祖年一信,并略删其寄来颂词与诗。又与悌儿一信。卫素存来。连日酷热,午后得雨,稍凉矣。

十日　付修垃圾柜钱一万九千元。十力寄来一信,嘱转劬堂阅。晚道铭、刚伯来。

十一日　覆杨丽天一片。

十二日　星期。将十力信转寄劬堂,并属其阅后寄还北京。晚本弄开签定爱国公约大会。

十三日　覆十力一信片。

十四日　马维均、俞剑华、王菊林先后来,邀于十八日到院商议暑后课程。付自来水费四万八千元。

十五日　劬堂有一覆信。付煤气费四万八千六百四十元。

十六日　张遵骝有信,以十力寄书,转送一阅,并属寄回。彭祖年之妇自长沙来一信,告贷。

十七日　闻师范大学教育、中文、英文三系办在光华,则图书馆当可就地交代矣。才甫夫人来,送茄皮酒两瓶、茶叶两盒。

十八日　覆张遵骝一信。到修院赴陈云棠约，留午饭。饭后看乃仁，并一过沧舲家。

十九日　再寄一片与十力。杨云汉来，晚饭后去。连日报载有台风，虽无暴风雨，然转凉矣。

二十日　再寄十万元与彭祖年之妇，由骆绍宾转，地址为长沙上学宫街一条巷四号。师范大学函邀廿三日阅卷。

二十一日　自昨午起，疾风骤雨未息，以此未到校。汪浏来一信，欲向光华借分析天平。

二十二日　覆汪浏一片，告以交代中，天平不能出借。

二十三日　到震旦大学。阅师范大学中文试卷。阅毕，与赵善诒同看蒋竹庄。顺过吴眉荪，不值。付电灯费两万零六百元。

二十四日　朝鲜消息甚恶，可忧也。午后王务孝来。

二十五日　清晨有警报，并闻高射炮声。九时到光华开会，师范大学筹备人两刘来报告也。会毕，在校午饭。光华旧址作附属中学用，图学仪器并须迁移至大夏，果不出余所料。午后李永坼来。

二十六日　星期。吴眉荪来，钟道铭来。由一之买炭四十斤，一万五千元。晚徐伯儒来。

二十七日　十力寄《摧惑显宗论》三册来，一转一之，一寄心叔，一赠予。因寄一片与心叔，并将书转去。

二十八日　煤气改易户名，由泉官办好。本日腹胀，服苏打片三次，兼食稀粥，稍好。

二十九日　电气亦改易户名，费五千元，煤气则不索一文也。然煤气押柜则改云零，电气则改作人民币一元，是前款直掷诸北矣。本日未到校。自昨夜起时有骤雨。闻王时炎回，特一看之。

三十日　午后看汤爱理，得宰平八月十五日书一纸。晚薛嘘云来。

三十一日　晚戴刚伯来。有瓛通知，下星期二午后三时中文系在大夏开会，光华所召为余与赵善诒两人。

九 月

一日 寄宰平、十力各一信片。午后道铭来,言明日去西安矣,以日人足立喜六著《长安史迹考》一册为赠。培儿本日来。

二日 心叔来一信,言现主持之江教务事。午后沈毓元来,告十日起修院上课。本日星期。

三日 寄心叔一片。肠胃仍未复元,求谈医师诊治,给药水一瓶,分三日服。

四日 再求谈医诊,给药片六枚,一日服迄。午后到大夏大学,以师范大学邀开中文系,各人初步谈话也。光华到者余与赵善诒两人,大夏则三人,一陈、一刘、一丁。晚里弄开会,至十二时始散。王善业来,留之午饭去。

五日 泻止。午不戒于食,午后又泻,故晚餐但啜粥、食一花卷而已。付本月房租六万一千四百元。杨馥来,开任课单,托有璲转佛年。

六日 再寄心叔一片,托搜浙大、之江两校教历代文选教材目录与教授大纲。

七日 寄五万元与丁孝宽过节。出补考题,面交陈养浩。

八日 发薪,除扣各费外,共得六十四万九千四百元。光华有职员四人派往苏州学习,本日午聚餐欢送,余惟陪坐而已,餐费一万贰千元。前大夏中文系学生孔德扬自桂林文外街前万寿巷广西艺术学校来信,言前论文早缴而学校不予文凭,欲余为之证明。论文想于迁移时遗失,因为作一函与大夏教务处,托张祖培带去。后由祖培挂号寄去。晚一之邀看苏联电影《勇敢的人》。

九日 星期。伯宣、花农先后来。天雨转凉,非御夹衣不可矣。

368

十日 写一片覆孔德扬。

十一日 心叔来一信,寄到俞平伯所拟《韵文选》大纲,廖廖无可采者。

十二日 修院上课。上午讲《中庸》,下午讲《庄子》,本日仅举大纲而已。归途便看眉苏,适尹石公至,谈到六时始乘电车归。本日取得八月份薪。

十三日 看《长征记》,郑国渠竟误作郑谷渠,此亦不读线装书之过也。

十四日 付水费四万八千五百元。阿杭借三十万元。本日取得九月份薪。

十五日 寄一片与悌儿。付煤气费七万七千四百元,又付看弄堂及打扫弄堂二万元。本日中秋。晚与家中五人同去照相,以龙女曾来函索取照片也,付二万五千元。

十六日 孝宽有一片来,言寄款收到。

十七日 心叔之兄彭善由杭回,带来悌儿转托茶叶一包。

十八日 晨九时光华开谈话会,为留校负保管看守之责各部酌留职员也。图书馆留童养年、顾仁忠。写一片与王善业,托其搜访"历代散文选"目录与教学大纲。

十九日 修院出作文题,一"说慎独",一"如何作一真正的修道士"。付秋季房捐十三万六千元。

二十日 本日接到师范大学临时聘约。回看任彭善,未值,过爱理小谈而归。道铭来信,已到西安矣。

二十一日 晨王善业来,遇诸弄口,遂与同乘车去沪西,善业于北四川路桥下。礼鸿来信,属为静霞谋图书馆事,此安可得耶?

二十二日 午后刚伯来。晚李一平来,盖陪龙云至浙江游湖观潮者也。谈至十时,一之回,始偕一之去。悌儿有信来诉苦。

廿三日 星期。里弄开小组会议。晚汪锡鹏来谈,带来王善业托转"大学国文"目录。

廿四日 买维他命 C 两瓶寄建德,价两万八千元,并与悌儿一信,属其设法移家到杭州。师范大学发来登记表,填好交邮局寄去,继来信通知廿六日午后开全体教员座谈会,因自携去。

廿五日 付电费四万一千三百元,买米一百斤十四万二千八百元。登记表由邮局寄去。彭祖年之妻来信,款已收到。

廿六日 下午二时到师范大学开全体教员座谈会,继本系又开会,系主任为许杰,旧在复旦者也。过中山公园,与赵善诒同看动物园,鹿俱然成群矣。归家已七时半。修院《庄子》课未上。十力寄来《论六经》四本,一赠周孝怀,一送一之,一送心叔,一送我者。

廿七日 寄心叔一信,并将十力《论六经》一书寄去。又写一信与一湖,一片与王善业。

廿八日 有大雨,盖飓风经过边缘也。在修院改作文七篇。

廿九日 下午二时师大又开系会,因光华在南京路新雅酒楼开结束会议,四时会未及毕即先走。光华会后有盛馔,并摄一照作纪念。

卅日 早宝侄夫妇来。看《六君子传》,著者署名为陶菊隐。六君子者,洪宪筹安会祸首也。然杨晳子自是才子,其挽蔡松坡联云:"魂魄异乡归,于今英杰为神,万里江山空雨泣;东南民力尽,太息疮痍满目,当时成败已沧桑。"挽孙中山联云:"英雄作事无他,只坚忍一心,能全世界能全我;自古成功有几,正疮痍满目,半哭苍生半哭公。"挽梁任公联云:"事业本寻常,成固欣然败亦可喜;文章久零落,人皆欲杀我独怜才。"皆可诵也。又载张南皮贺袁项城五十寿联云:"五岳同尊,惟嵩为峻,极百年上寿如日之方中。"黎黄陂挽张振武联云:"为国家缔结艰难,功首罪魁后世自有定论;幸天地监临上下,私情公谊此心毋负故人。"振武为黎所杀,挽联最不易着笔,此当是饶汉祥之笔,然终未能自圆其说也。

十 月

一日 国庆。改修院作文十五本。寄十力一片,告以书收到。

二日 午后吴林伯来。

三日 在修院改作文毕。

四日 电料行来修电灯。阿杭借三十万元今日见还。师范大学寄来表格,询兼课事,照表填写,告以即辞,交邮寄去。十力来一信。

五日 发还修院作文卷。买生油十斤五万一千元,付房租六万零二百元。写函通知电力公司,促其来复查。

六日 终日雨未止。拟到师范大学,以雨阻,遂未去。

七日 星期。林伯来。刚伯来,言辅仁大学事已定,即去北京。买奶粉一瓶,四万四千元。写一信与一浮,并将十力函附去。

八日 侵晨即起,到师范大学听刘芳讲话,颇有辨才,亦女子中之杰出者也。随将《历代文选》周至秦一节交与许士仁付印。过访劬堂,言去南京,乃将前送阅十力一书交其孙郎而归。悌儿来一信,祖年来一信。在师大领到半月薪八十八万六千余。

九日 早看刚伯未值,途遇其夫人,言眷属一时尚未定去。买青炭两担,十九万元。蒋礼鸿来一信。

十日 午后师范大学中文、外文两系合开师生联欢会,二时半去,直到六时,未及会散而归。培儿寄款来,交六万元与泉官买鱼肝油,豫备寄建德也。寄一信与十力,言赁屋事。心叔、丁孝宽各来一信,孝宽信告夔嫂病危。买奶粉一瓶四万四千,奶油二两四千元。

十一日 九时中文系开系会,至十二时始归。再买奶粉一瓶,价仍四万四千。

十二日 寄一信与悌儿,一片与叔兄。午后看土地改革展览会,

371

便过伯宣,留晚饭。饭后看竹庄,久谈,赠与《显宗论》一册。

十三日　寄八万元与丁孝宽,助爨诗夫人殓葬者也。又买枇杷膏两瓶,一万八千元,合泉官代买肝油精四瓶寄建德,寄费五千五百元。付煤气费九万六千八百元。

十四日　付自来水费四万七千五百元。孙经镥之女来,言其父移居兴亚新村十四号楼下。

十五日　上、下午皆开小组会,七时半即搭车赴梵王渡。午饭在中山公园吃咖喱牛肉饭,五千元。晚有璊来,言明日会场要余说话,作参加土改鼓吹,大约上峰有授意也。

十六日　师范大学成立典礼,并正式宣布全校参加淮北土改,则亦不用鼓吹矣。看孙经镥,已移居兴亚新村十四号。十力来一片。

十七日　九时到校,听刘瑞龙讲参加土改注意事项,讲三小时。午后归途过眉翁,谈介至修院授课事。夜间内子忽胃痛欲死,乃起觅朱月轩,与以止痛药片,始能安睡。连日疲乏不堪,今夜又不得好睡,苦矣。苦矣。买人民装一件五万二千元,短棉大衣一件十四万五千元,帽子一顶一万元。

十八日　寄十力一片,邀其到我家过冬。午后听讲土改的政策与路线,至六时候始毕。过眉翁,再谈,并将学生作文交其批改。

十九日　午后听讲皖北情况及土改方法。

廿日　午后听讲划分阶级。刘佛年报告,中文、教育、外文、音乐四系到宿县,并于廿九日出发。

廿一日　星期。王敬五来,言将至苏州视其妹之疾。彭祖年来一片。

廿二日　访陈云棠,并介眉翁与相见,事略定矣。在徐伯儒处午饭,伯儒赠药两种,备到皖北用也。缴本月电费四万一千三百元。

廿三日　工会、系会皆开会,九时赶到,十一时毕。便过访王欣夫、周子美,于约翰大学。晤王欣夫,留午饭。钱履周自苏州来一信,前蓝田学生邓惠康亦自南昌来一信。

廿四日 叔兄来一片。丁孝宽来一信,言黄远知又化去。终日填报教学大纲及讲授提纲,至夜十时始毕。

廿五日 到师范大学,教学大纲尚有问题,明日再与许士仁细谈。午后开抗美援朝一周年纪念会,唐守愚报告并举行参加土改工作队授旗宣誓礼。本日发十月薪,暂定三百十单位。悌儿来一信,十力来一片。在吕诚之处午饭。

廿六日 覆祖年一片,履周一片,又寄叔兄一信。午后师范大学开座谈会,孟宪承来讲话,傍晚回。本日又借薪水一百万。买炭二担,十六万八千元。

廿七日 买青布棉上衣一件十四万五千元,青布单上衣一件五万元。

廿八日 看许士仁,交教授提纲,会有客,候至两个钟头始谈毕。

廿九日 七时赴北站乘车赴宿县,为土地改革也。八时一刻离沪,下午六时一刻到南京,随即过江,九时离浦口。

卅日 晨六时四十分到苻离集,今宿县所在地,住县政府。

三十一日 县党部请午饭,午后二时大队长报告。

十一月

一日 午前十时开教授坐谈会,填土改工作员调查表。晚演剧,剧名《考验》,由宿区文工团演出。

二日 听大报告,上午九时至十一时,下午一时半至五时半,由朱主委报告。

三日 九时报告地方情况,至十一时三刻未毕,午后一时半又继续,至四时三刻完,报告者丁政委。

四日 星期。上午到中文系学生住处校对两日报告,午后听时村乡胡副乡长报告。买热水瓶一只,两万元。马灯一只,二万六千元。火油六两,每两九百。盆豆五千,箸一双三千六百,汤匙一只七百。

五日 上午张朝英宣传部长报告并编队,余往方南留叶家楼县级工作。午萧承慎先生请吃鸡。

六日 谢、黄诸人与余覆请萧君。午后听丁政委报告。

七日 午前再听丁政委报告。午后三时乘汽车下乡,过永安晚饭,改用牛车载行李,步行至叶楼约四五里,到时已十一点多矣。

八日 发一信片回沪。午前开会商决,发一通知告各队大队部移野楼,并令随时汇报工作情况。

九日 到永安一视。午后本村开贫、雇农会,由陈炳文主持。

十日 午前偕许士仁到张光乡陈场、丁场一视。午后圩里开乡民大会,各村同学皆到。

十一日 县土改委员会傅部长召集开会,报告组织机构大概,余充工作检查员。午后到永安,晚饭后回。

十二日 偕许、应两公到夏桥乡九里乡公所,在高台子晤倪守春政委,灌云人。与许、应二公即在夏桥集午饭。饭后复至朱圩乡七里乡公所,在朱圩子,经后楼回野楼亦九里,则工作队已移至苏家,再行五里至苏家宿,苏家去永安集约里馀。

十三日 阴历月半也。林世昌从时村来,言彼处情形甚悉。

十四日 天雨泥泞,每饭往来前后村,不便极矣。

十五日 与许士仁去时村,未及野楼而回,盖新晴路粘,举步便陷,无法行走也。买麻鞋一双五千五百元,麻油四两一千六百元,油饼四枚两千元,鸡卵两枚五百元。

十六日 与吴祈仁经夏桥集到时村。午饭在村店吃腰子面,四千元。钱国荣让铺宿。

十七日 经桃沟看王寿亨伤臂,会桃沟赶集,在集上吃烙饼炒肉丝炒蛋，共七千五百元。饭后经朱圩乡大秦村回，知检查分两组，一组余任组长。

十八日　星期。上午开会，下午续开会，听时村报告。

十九日　晚开会谈检查工作事，余定至大店区蒿沟检查。

廿日　八时开会谈检查要点，丁政委劝余留村，蒿沟之行遂罢。再开会商本村工作事，至十二时罢，午后续开。晚召开各组组民会议，八时起至十一时半，诉苦者甚众。

廿一日　晨各组汇报，定午后再深入了解。晚四组再合开苦主会，余未与。午后西北风大起，夜雨雪，寒甚。

廿二日　雪续。下午后开会讨论农筹会委员。

廿三日　雪止，天晴。买蜡烛一封六千元，厚袜子一双九千元。本村工作以头多，主意不一，几于停顿。

廿四日　上午访问苏兴启，下午访问周青云。晚王东庄与华云飞、李东耀、万立铮及师大同学短商，谈明日工作。

廿五日　上午开村民大会，由李东耀说话。午后与朱曼殊访问秦克中、秦绍庭、苏传清数家。本日又大风，甚寒。晚召苦主七人谈话，由余与朱曼殊主持。

廿六日　以下见别册①。

---

①　别册未见，或已遗失。

一九五二年

一　月

一日　晨九时始起。昨晚得一浴，宿垢尽去，故得酣睡也。宝侄来，留午饭。郑宝隆来，徐伯儒来。晚本弄开新年联欢会，邀余报告土改中体验所得，为谈半旬钟。童养年、李永圻来。

二日　午后到校一行，看吕诚之、廖茂如。归途看宗伯宣，知黄仲素已移居苏州，就其子花农之养。并见丁孝宽一信，云王鲁庵已作古人矣。在伯宣处晚饭，饭后看蒋竹庄。李永圻送代借《毛泽东集》来。

三日　到同济医院看王爱敬，为配牙也。看吴梅孙，留吃面。归途绕看汤爱理。

四日　到校。午前听报告，关于土改总结事。午后开小组漫谈会，余参加苏秦村小马家高彭三村之一组。

五日　午前午后仍开漫谈会。本日领得本月上半月薪水五十万元，前借支百万又十五万已分批扣毕矣。过刘佛年，会其父约真自长沙来，甫下车，稍与寒暄，不敢多谈，惧其太劳也。

六日　星期。写一信寄宿县县长朱瑞严，谢其照拂，并属转致意朱政委等。送徐伯儒麻油一瓶、夹沟香稻米两斤，又五茄皮酒两瓶。晚在乃仁家饭。丙孙来，未相值。

七日　到同济医院捏取齿模，交与金子九分，作钩搭也。午后二时到校内座谈会作自我检讨。

八日　上午参与中文系座谈会。会后看刘约真，知周子贤、李鹤九皆以受辱愤懑病死，湖南土地改革烈于皖北远矣。在约真处午饭。饭后听典型报告未终，赶至徐伯儒家晚饭。本日为旧腊十二，伯儒生日也。

九日　再到同济医院验齿模。到徐汇看陈云裳，留午饭。饭后校内仍开教职员座谈会，继续上次之自我检讨。买血糯米十斤，两万五千元。

十日　作《从参加土地改革的实践中认识到阶级斗争的真理》一文，仍是总结题目内事也。看朱有瓛，并与之商酌。晚看抗美援朝电影。

十一日　午前十时得学校通知，言午后一时半孙副校长作土改总结报告并解答问题，及赶去则又改在明日上午九时矣。今之党人于信之一字看得甚轻，若此事亦恒见，谓之非官僚主义，得乎？

十二日　上午九时听报告，至一时始毕，真所谓王大娘裹脚布也。午后二时又开教育、中文、外文、音乐四系端正学习思想会，由许杰说话。四时再开本系系会。终日在会中矣。

十三日　星期。再删润所作总结一文。午在一之家饭。四时后刘丙孙父子、拱稼生、卫素存、黄花农五人来。

十四日　上课。交出版科选文共九篇，稿自七页至二十六页，共二十页。前五篇廿一日取，后四篇廿八日取。尚有四篇，则当于二月四日交稿，十一取稿也。

十五日　午后到校开系务会议，接续基本国文教研小组会。

十六日　上午上课。午后到交通大学听饶漱石《开展学习运动》

启发报告,至六时始毕。无意中遇伍正诚,在交大任教已两年,得知寿卿已于一九五〇年冬作古。旋邀至其家晚饭,即在学校对面所谓校外宿舍也。

　　十七日　装牙已好,除自备金子外,取费二十万元,此穷措大所不及料也。东甫来信,属送沧龄三十万元,因覆,令拨六万与叔兄年下买东西吃。锦西侄女来。

　　十八日　寄五万元与丁孝宽。下午开文学史教研小组会,通过教学大纲及第一、二、三单元教授提纲。买铝制饭盒一个,一万七千元。又白糖二斤,每斤八千元。粗糖一斤,六千四百。风肉三斤,二万九千。

　　十九日　终日开土改、建校会师庆功会。一湖有信与刘约真,问及我,因过刘寓小谈。宋子玉来,不见殆七八年矣。现在第二军医大学任教,住五角场欧阳东路十二弄廿一号。

　　二十日　晨陈匪石来,言到沪两月矣,住闵行路一八一号四〇一室其女陈芸处,留之午饭后去。宗伯宣来,未及午去。卫素存来,则已吃过饭矣。午后郑生宝隆来还所假《杜工部集》。胡才甫来。晚祭先,义侄夫妇、宝侄夫妇及两女孙皆来,与锦田侄女今日回北京。寄一信与彭一湖。

　　廿一日　课后三时半开学习座谈会,至近六时始毕。本日发下半月薪共八十八万馀。看沈凤威编《苏联短篇小说选》,中有库普林著《布莱盖特表》一篇,记切克马莱夫自杀事,谳狱者不可不看。

　　廿二日　到同济医院修所配假牙。买皮眼镜盒一个,二万元。在土产公司买核桃仁一斤八千元,通心莲子一斤九千九百元,买薄稻米一百五十斤二十三万一千元。午后王善业夫妇来,送橘子一篮。

　　廿三日　预发二月薪,计一百七十八万八千元馀。看吕诚之,并送其女公子山水画面一帧。寄一信片与宋子玉,邀其除夕来吃晚饭。孝宽来信,迁居钟楼巷二十八号矣。

廿四日　午后到校听吕振羽报告东北高等教育及思想改造情况，至五时半始毕。吕，东北人民大学校长也。看柴霍甫《盒中人》。

廿五日　午后在新夏堂开学习坐谈会，至六时始毕。陈憬初来，送鸭子一只、年糕一篮。看李永圻，还《毛泽东集》。

廿六日　闻廖茂如伤足，特走视，伤尚不重，且渐愈矣。买水仙一盆三千元，梅花折枝两札四千元，配列宁、斯大林像框一万七千元。本日除夕，郑德庆、杨云汉在此晚饭，宋子玉竟未来。

廿七日　旧历元旦。午后乘二时五十分车赴杭，宿清泰第二旅馆，房金一万二千元，而服务费加三成。

廿八日　至罗苑看夏瞿禅、徐声越，心叔则移居之江山上矣。在蒋庄马湛翁处午饭，会叶左文、钟朴成皆在，后王妙达亦至。谈至四时后，乘人力车到之江大学，在胡鲁声家晚饭，蒋云从家宿。

廿九日　与云从同进城，在奎元馆吃面。面后到平安里，伍寿卿已故，向灵前一拜而已。看郦衡叔，未值。衡叔住邵步超家，因告邵君，明日再去。回之江，在胡宛春处晚饭，心叔即住宛春楼下也。与王稼吾谈选历代文宗旨。

卅日　再进城看衡叔，即在衡叔处午饭，赠予画一轴。再到湖上寻声越，为通行证盖印事约见陆微昭，声越已由教部分配到华东师范大学任教。因何翘森约晚饭，复回之江，得见黄一鸣、何鸣岐、潘甫澄。

三十一日　与胡鲁声同行，乘十二点七分车回沪。张闻沧临行送粽子八枚。四时卅分到家。看廖茂如、朱有璜、童养年，皆未晤。

二　月

一日　看汤爱理。

二日　早童养年送电车月票来。午后到校，学习小组传达报告。

继之开系会,精简课程,以四年改三年毕业也。夜十时半悌儿率两孙自建德来。王敬五来一信。寄一片与宰平。

三日 覆王敬五一片。看陈匪石。

四日 在校买糖一袋,二万一千九百元。《左传》两篇教完。

五日 寄一信片与褚圣麟,托买《元典章》。看蒋竹庄,送板鸭一只、酱肉一方、花雕两瓶、橘子一篓,以其今年八十整寿也。正月二日生日,已过。旋到校,午后开学习小组会,至五时毕。沈延国转来李金煌一信,言曾志愿赴朝,现回国,在南京汤山东营房炮政文训队二分队学习。不通信者数年,得此真喜出望外矣。

六日 寄一信与李金煌。毛季真来信告贷,为其子筹学费也。

七日 寄一信片与十力。

八日 午后到校开学习座谈会。声越已于前日来,住群英斋一百〇三号。宰平来一信片。

九日 寄四万元与毛季真。吴林伯来。

十日 伯宣邀午饭,到者叶溥翁、吴眉翁、马子彝、丁蓬卿、刘丙孙父子,与余共七人。小修院来一信,欲余作冯妇,见眉翁亦不便告之,当向陈云裳一问真消息也。为师大学生改答案,共八人。续改四人。本日星期。

十一日 课后过吕诚之小谈。归来,闻匪石与周仲容见过,去未逾刻,不无歉然。王驾吾来一信,索历代散文选目录。

十二日 看陈云裳,眉翁事可暂无问题。到校开学习会。许士仁报告,始知其于民国十四年曾加入共产党,后与脱离,又曾两次著名国民党党籍,今不自隐瞒,和盘托出,难得难得。石公、眉翁各来一信,石公并允以陈援庵所撰《元典章校补》相赠。

十三日 课后看柳劬堂,适尹石公亦在,遂约于明晨往取《元典章》。褚圣麟有覆,当覆一片,言书已得,不必再买矣。

十四日 看石公、眉孙,取书。冒雨往来,疲劳之极。

十五日　覆王驾吾一信。又寄苏传伦一信,将照片寄去。午后到校开全体教师坐谈会,刘佛年报告精简课程事,"散文选"决停,予亦可以去矣。续开学习会,至五时半始散。龙女、三哥各有信来。

十六日　寄龙女一信,并附一信与王亲家,欲其让龙女到汕学习也。熊十力有信来,伍庸伯于二月十二日化去矣。午后看匪石、仲容,归时大雪。

十七日　午后看眉翁与石公,雪虽止而奇寒。心叔有一信。悌儿有一片,言调至东阳简易师范任事,不在金华也。本日星期。

十八日　午前看陈云裳,傍晚看汤爱理。仍寒甚,道旁积雪多未融也。

十九日　李金煌来一信。午后赴校开会,孙陶林作报告。辞职书当交与刘约真,因佛年未值,故交其父也。

二十日　换水龙头,二万五千元。买黑面包,大者二千八百元,小者一千三百元,各一块。买肉一斤,六千元。

二十一日　看《金楼子》。晚访廖茂如,谈辞职事,托其解释。写一字条托童养年带交许杰,明日学习请假。交房捐十三万六千元。

廿二日　午后看竹庄。

廿三日　午后许士仁来谈,时馀后去,盖欲相留也。夜培儿由无锡来。

廿四日　星期。午后培儿归去,令带王潜楼所画山水一轴赠与董容冠,并附一书,盖去年伊结婚有喜柬来,即以此为贺也。从本日起点看《黄氏日钞》。

廿五日　交电灯费四万七千二百元。午后再看陈云裳。晚过伯宣,留饭,八时归。

廿六日　到校,与刘佛年谈辞职事,佛年欲以图书馆主任挽我,此事何可为也?曩在光华焦头烂额,仅免于咎,况师范大学乎?再与许士仁谈,似颇能相谅。学习会分三组,余与徐声越、戴家祥、史贻直、潘君昭、刘锐一组，至五时半始离校归家。悌儿来一片。本日二月初二，余生日。

廿七日　昨晴，今又雨矣。为眉孙事又费半日功夫，仅允送一月薪解职。

廿八日　寄一片与李金煌，一片与徐润，皆约到南京后图一相见。又写一信与刘佛年、许杰，并附缴校徽一枚，号码156，托朱有璘转致。会校中工友章立来，因交其捎去。借图书馆两书托童养年带还。午后马维钧来，送来吴眉翁薪水两月，计一百八十八万。

廿九日　访眉翁，将两月薪水交付，此后眉翁真不知作何盘算矣。会石公亦来，因与之步行至陕西北路始乘电车回。顾哲民又来信告贷。晚看廖公。

三　月

一日　寄四万元与顾哲民。又寄一片与东甫，一片与任心叔。

二日　星期。王鸢飞来一信。午后访许士仁，再告以辞职之决心。遂过余乃仁，晚饭后回。

三日　悌儿来一片，调至东阳湖溪镇黄大户中青中学任校长，湖溪踞东阳城五十里。东甫有覆信，言回宁可以在彼处下榻。

四日　天又雨，寒甚。寄一信片与王鸢飞，告以师大事已辞去。

五日　买米二百斤，二十一万二千元。许、刘有信来相留，然余意已决焉，何可挽也。晚看朱有璘，候至九时未返，遂归。

六日　覆许士仁、刘佛年一信，由邮局寄去，几于告哀矣。晚再看有璘，将校徽托其带交张祖培，并附一信与祖培、侠任二公。

七日　午后看陈匪石。天又雨。顾哲民妻子来一信，款已到矣。

八日　许士仁来，言告退已见允，并云将为余向教部呈请短期养老金,此皆廖茂如、刘佛年朋友厚意,虽与初心相反,不敢拒也。士仁并索余图章与银行存折去。余与许相交不久,而志趣甚洽,此次尤得其鼎力,实不胜感激。李金煌有信来。

九日 看有璊,告以许士仁之言,并托其代领薪金,盖不欲再劳许士仁也。宋子玉来,留之午饭去。午后又大雨。本日星期。

十日 天晴。午后看陈云裳、刘丙孙,便过倪沧舲与义侄家。徐润有覆信来,以患十二指肠溃疡进保泰街第四医院休养,故作覆稽迟也。

十一日 看汤爱理,告以将回宁一行。

十二日 乘二时半车去南京。买通心莲子一包九千六百元送三哥、三嫂,又一包并黑枣一包五千八百元送三姊夫妇。九千六百元什景糖两盒,一盒送可权子女,一盒与天青街小孩。发一信片与李金煌,约六日星期相见。晚八点十二分到下关车站,到红庙则九点矣。

十三日 早看三哥,未值,回红庙未坐定三哥已赶来。午饭后三姊请在夫子庙看越剧,剧名《梅良玉》。剧后吃锅贴、油饼,锅贴尚可,油饼则僵而且硬,盖生意不好,尚是午前货也。晚瑜媳来谈郑仲青事。

十四日 午前访苏宇,午后看徐润,并看徐养秋。徐润病已粗愈,养秋与苏宇则俱老病,心绪甚恶。是日得马哥噩耗。

十五日 邀三哥同至天青街午饭,盖瑜媳前晚云培儿可回,不谓竟未回也。饭后与三哥同到四象桥看京戏《王宝钏》,坐中廖廖不过四五十人,与前日越剧略等,不知此辈如何吃得肚皮饱也。

十六日 张瀛生邀吃晚饭。本日星期。

十七日 午后看贺昌群、徐桂贞、葛兴。徐住卫巷四号之二,葛兴已移居高楼门四十二号,在葛兴家晚饭。

十八日 终日雨,未出门。

十九日 天晴,寒甚。三哥邀余与东甫在文德桥吃包饺。

二十日 看董容冠、强天健。天健住杨将军巷二十三号。

二十一日　得金煌信，言星期所以不来之故。王光寀忽来相看，并邀在其家晚饭，因便拖强天健同去。光寀住成贤街成贤村三号。

二十二日　东甫邀余兄弟在南园吃虾仁包子，连日吃点心皆即当作午饭矣。在天青街吃晚饭，并得上海一信。

二十三日　再看徐桂贞，助之十万元。又看王苏宇，葛兴夫妇寻来，共谈约一小时。午后到丁家巷坟上一拜。归途便看伯沆夫人，会小绵亦在家，知龙蟠里图书馆亦在三反也。本日星期。

二十四日　为阴历二月廿九，三嫂生日也。晚在双石鼓吃面。

二十五日　午后乘三点钟车返沪，晚十时半到站。宋子玉、许士仁及苏传仑各来一信，有璲并送来三月上半月薪八十五万元。

廿六日　寄一信片与东甫，一片与三哥。又覆宋子玉一信，因来信问家栋侄孙通信处也。晚过对门郏老小谈。

廿七日　心叔来一信。晚看有璲，未值，便过童养年，得略知师范大学近况。

廿八日　本日旧历上巳，作人周年，送果品三包共一万二千元，伯儒留午饭。饭前过石公，约明日往访周孝怀，饭后过眉翁，还所假《玉篇广韵》。又便候竹庄，小坐即归。

廿九日　寄一信与李度。午后偕石公同访周孝老。

卅日　午前看许士仁，看吴毅夫。在善庆坊午饭。午后李培恩来。

三十一日　寄一信与钱子厚、张汝舟，索还所借《二程遗书》中《伊川易传》。

四 月

一日　次媳带斌孙自建德来。晚李永圻来谈。

二日　有晴，转暖矣。一湖来一信。

三日　午后看徐烈,看李培恩,并过吴眉孙还《广韵》第一本,前遗漏者也。

四日　寄《民歌集》一册与苏传仑。晚胡才甫来谈。

五日　覆一湖一信。

六日　星期。李永圻来,邀往康乐酒家吃点心,并晤吕诚之,诚之每星期皆来此。寄一片与蒋礼鸿。

七日　寄一信与葛兴,并附去照片,前年俭侄所照也。倪沧舲来,三姊属转款,即与之。看汤爱理。

八日　选注唐以后文,盖曾允许士仁完成此事也。

九日　买腐皮二十张,一万二千元。晚看孙经镕,托其女文英问儿童夜班,为诸孙入学计也。

十日　夜大雨。悌儿来一片,郑侄媳来一片。

十一日　蒋云从寄来一信,言及之江隐吞黄金事,自杀者男女各一人。贪财殒身,可叹也!

十二日　寄一片与董容冠,令其自往天青街取所赠画。晚看朱有瓛,并托带一信由传达处送秘书科谭科长,问张祖培校徽有否交代清楚。

十三日　星期。黄花农来,言与丙孙相约而丙孙竟未至,留花农午饭去。

十四日　缴水费三万四千一百元。培儿寄款来。

十五日　寄一片与悌儿。一片与彭祖年,由石声淮转。携三孙游虹口公园,此今年第一次也。

十六日　买薄稻二百斤,三十一万八千。八一通粉一袋,七万九百。午后看陈匪石、周仲容。归途看何亚谋,未遇。

十七日　到复兴中路一二五七号之乙看杜畏之,留午饭。饭后到大众戏院看戏剧学校学生演《捉放曹》《白门楼》剧,两年来未涉足上海戏馆矣。师范大学有覆信,言校徽已收到,并退还校徽钱一千八百元在张祖培处。晚何亚谋来。

十八日　悌儿寄款来。

十九日　天气忽骤热，晚乃稍凉，迩来天时多不正，五行家不知何说也。夜培儿来。

二十日　星期。培儿留一日去。徐伯儒来。

廿一日　丁顺兰来，午饭后去。

廿二日　钱子泉来一信。许士仁转来学校一信，盖辞职批覆也。买青炭两百〇三斤，十六万二千四百元。

廿三日　覆许士仁一信，寄师范大学。寄四万元与丁孝宽。买白布一丈四尺，每尺二千五百元。

廿四日　彭祖年来一信，李金煌来一信。

廿五日　吴毅夫来。

廿六日　董容冠有信来，画收到矣。

廿七日　午后丙公父子来。

廿八日　覆钱子泉一信，附与彭祖年一纸。孝宽有信来，款收到矣。

廿九日　晚拱稼生来。

卅日　选文至"宋"毕。

五　月

初二　连日皆乍雨，乍晴，乍寒，忽暖。

三日　作衬衫两件，工钱一万四千元。

四日　星期。悌儿来信，言金华一带亦有寇机散播毒菌，魔鬼面目暴露无遗矣。

五日　覆悌儿一信，令勿扰。

六日　毛季真来信,言其继母病殁,求帮助。余已赋闲,此等事只好置之不理矣。

七日　钟道铭从开封来一信,覆以一片。

八日　看徐伯儒,留午饭。饭后便过倪沧舻。访黄克勤,未值。

九日　带诸孙游虹口公园。

十日　未出门。

十一日　看许士仁,留午饭。饭后看宗伯宣,遇诸途,遂过尹石公、蒋竹庄,晚归。吴林伯来,先是陈憬初、义侄来,皆未值。

十二日　缴煤气费八万二千九百元。培儿寄款来。

十三日　缴水费三万七千五百元。

十四日　午后再邀石公看周孝老。悌儿来一信。

十五日　陈匪石来。缴房捐十三万六千元。

十六日　看汤爱理。看《华云战太平》。

十七日　晚看有瓛。童载新来,未值。

十八日　星期。早看童养年,托借《朝鲜史》。修化粪池。

十九日　悌儿寄款来。

二十日　寄一信片与李金煌。选文毕。

二十一日　看《黄氏日抄》。

二十二日　看《黄氏日抄》。

二十三日　买米二百斤二十九万二千,咸鸭蛋十个五千元。杨远子来,郑德庆来。

二十四日　晚看朱有瓛。

二十五日　星期。买煤球一担,二万五千。李永圻来谈。晚童载新来。

二十六日　付电灯钱三万二千六百,淘沟钱八千二百,修化粪池钱二万四千。

二十七日　注射鼠疫苗。买煤球一担,二万六千五百。

二十八日　端午节,又上海解放三周年。

廿九日　吴介石来,偕之游虹口公园并留午饭后去。

三十日　看吴毅老,未值,托江竹筼夫人转达。在倪沧舲处午饭。道铭来一信。写一信与红旗剧团,劝其演明万历出兵朝鲜一段事。

六　月

一日　本日儿童节,携三孙游中山公园。动物园游人如蚁,拥挤不堪,甚悔不该赶此热闹也。

二日　倪沧舲来。

三日　李金煌来一信。

四日　到师大看许士仁,缴所选文,取回薪水二百元。在吕诚之处午饭。饭后看刘约真,外出未值,即归。过柳劬堂,借得金泽荣于霖所作《韩国史》数册。金为韩之遗民,其书则南通孙廷阶玉树为之刊布者也。再过蒋竹庄、宗伯宣,在伯宣家晚饭后归。

五日　户籍警严某来问徐浩、萧一之事。

六日　彭祖年之妻来信告贷。

七日　宗伯宣来信,言明日之约作罢。

八日　星期。晚汪锡鹏来谈。

九日　寄四万元与彭祖年之妻。看李松年戏。薄晚董容冠来,盖调沪工作矣。

十日　一湖来一片。

十一日　晚一之回矣。

十二日　与一之同看周孝怀,并晤其第三子植曾,留晚饭后回。

十三日　寄一片与道铭。缴煤气费七万四千六百元。培儿款到。

十四日　一之今早赴苏州。缴自来水费三万九千九百元。悌儿信来，言干咳未止，且有时午后发热，大是可虑。

十五日　薛嘘云在此午饭。泉官晚十一时车去北京。本日星期。

十六日　为悌儿事写一信与任心叔，又寄悌儿一片，令其辞职养病，并买枇杷膏一瓶寄与之。

十七日　还伯宣《越缦堂日记》两套。访尹石公、叶溥翁，皆未遇。再访刘约真，知湖湘诸老死者不少，为之嗟惋。佛年留午饭。归途过竹庄，借得百衲本《晋史》一部。再过眉翁，小坐而归。东甫来一信，由培儿处划三十万与其女。

十八日　覆东甫一信片。

十九日　培儿寄款来。

二十日　偕两孙游公园。

二十一日　缴储蓄券款二元。晚打防疫四种混合针。本日夏至，夜大雨。

二十二日　星期。张汝舟来信，言子厚并未借过《程传》，想余误记也。大雨未止。心叔有覆信，言有信与悌儿矣。

二十三日　晴，盖台风已过也。看汤爱理。

二十四日　看陈匪石，候至午始回。仲容留午饭。饭后看李松年。悌儿来一信片。

二十五日　寄一湖一片，悌儿一信。朱福莲来信，款收到矣。郑哲新夫人来。拱稼生来，告姚郁周事已白。子韦夫人死，令内子往送殓，并赙以二万钱。

二十六日　缴电费三万四千元。

二十七日　彭祖年来一信。

二十八日　龙女来信告苦，寄之十万元。鼎女亦来一信，言食道时觉阻滞，不知何病也。

二十九日　早刘次羽、童载新来。午后四时后访周孝老、叶溥翁，周出而叶在。便过伯宣，晚饭后归。闻胡问渔来，大约郑哲新夫人告之余曾问及彼也。

卅日 买白粳一百五十斤,二十三万四千元。

七 月

一日 连日奇热,数年来所未有也。尽将短发剪去,不觉头目为之一清。

二日 交德贞二十万元。王鸢飞来一信。

三日 昨夜得雨稍凉,可安眠矣。

四日 访石公,托还柳劬堂《朝鲜史》三册,人未值,留字而去。在义俭处午饭。陈匪石与周仲容来,未遇。

五日 天阴而凉,他处必有大雨也。悌儿信来,不日可回沪矣。

六日 星期。上午消磨半日。看许杰,看余乃仁,不见者盖四月矣,留晚饭而归。宗伯宣来,宝俭来,郑德庆来,吴林伯来,皆未值。

七日 黄仲素于三日即闰五月十二病故,其子有讣来。

八日 写一信唁黄氏兄弟,并送奠仪二万。

九日 黄氏有谢柬来。晚看宝俭,未值。

十日 刘约真与其女来,留之午饭去,并同至鲁迅纪念馆一看。

十一日 悌儿自东阳回。培儿寄款来。缴煤气钱三万五千七百元。

十二日 连日肠胃不和,今日并溏泻,乃减食绝油以治之。

十三日 星期。郑德庆来,在此午饭。饭后胡问余来。杨云汉来,云汉晚饭后去。

十四日 肠疾愈,初食蔬菜及鸡子。缴自来水钱四万六千四百,买煤球一石两万五千。

十五日 买油八斤四万元,又付日用钱十万。鼎女信来,病仍未愈。悌儿本月二十万先交来。

十六日　校《晋书》。

十七日　校《晋书》。

十八日　校《晋书》。连日午晴午雨,有如黄梅天气。

十九日　悌儿照 X 光,云肺部正常,为之一慰。

二十日　星期。连日有台风。朝鲜东北形势险恶,为之惴惴。尹石公来一信。培儿回。夜有暴风雨。

二十一日　培儿停一宿,冒风雨去。晚萧宇元送来一之一信。

二十二日　昨夜风仍未止,今晨有微雨。午前卫素存来。午后陈憬初、李永圻来,皆言明日即须集中学习矣。

二十三日　买白糖一斤一万三千元,缴电灯费二万九千五百元。鼎女来信,言可乞假休养。

二十四日　写一信与一之。晚俞荫五夫人来。

二十五日　付日用钱十万。校《晋书》至三十七卷。

二十六日　报载和谈无转机,浙、闽又风灾,可忧也。

二十七日　看许杰,取回师大薪金共五百九十二万元。在倪沧舻家午饭。饭后看松年,消瘦多矣。晚朱有瓛来。本日星期。

二十八日　龙女有信来,已至汕头矣。

二十九日　理发。连日大解甚费力,不知何故。买绿豆一斤,拟作豆粥食之,看如何耳。

三十日　钱震夏忽来一信,欲其父履周调至沪宁任职,托予向师范大学设法,此岂予所能为力哉!

三十一日　天又转热。《晋书》校至四十七卷。

八　月

一日　覆钱震夏一片。

二日　培儿、悌儿各有一信片来。

三日　星期。许士仁来，宝侄来，吕诚之、李永圻先后来，王务孝来。

四日　校《晋书》至五十二卷。

五日　付家用十万，内房金六万二千。

六日　对换折实存款五十万，此去年十一月所存也。折实所加并利共得七万〇五百元。午后在光陆观剧，此为第一次也。

七日　又付家用十万元。

八日　连日午后晚间皆出游，故大解较畅，但友朋廖落，同游几于无人，殊闷闷耳。

九日　写一信与师范大学工会，一信与合作社工会，则因退休欲得一证明，合作社则为退股，皆托朱有瓛转交。

十日　昨夜访有瓛未值，晨去以两书付之，而季家骥来，遂相左。晚李金煌与其戚胡君同来顾，金煌已由江阴移常州主持队中小学事，谈至九时后始去，

十一日　胡才甫夫人来。

十二日　《晋书》校至六十五卷。

十三日　缴煤气钱三万八千四百元。培儿款来。

十四日　付自来水钱四万四千八百元。一湖来一片，言到庐山开会。许士仁寄工会允永保会籍单一纸来，不意其如此之速也。

十五日　买米一百五十斤廿二万六千五百元。吴氏媳家有人来，送茶叶一斤、子陵鱼一包。

十六日　晚又有台风，但不烈。买饼干一盒、水蜜桃一篓，共一万五千元，答吴亲家所惠，托原人带去。

十七日　星期。时有风雨。义侄来，卫素存来。

十八日　东甫有一信来，欲拨款，即覆一片属邮寄。

十九日　《晋书》校至七十八卷。本日又有雨。

廿日　存款到期,至银行转期一年,数五百万。

廿一日　东甫款寄到,电告沧舲来取。刘约真来一信,并转示一湖一信片,言即回汉口矣。

廿二日　晚在光陆看戏,黄蔚春未见,新来一赵志秋则远不如黄矣。覆约真一信。

廿三日　付电费三万二千四百,房捐十三万六千。

廿四日　天又转热。彭祖年来一信。才甫夫妇来。刘子静来,晚饭后去。

廿五日　汤爱理来。晚得雨,稍凉。

廿六日　买花生油八斤四万,煤球一石二万五千。覆彭祖年一片。

廿七日　悌儿寄款十五万来。买葡萄干、果脯共九千元。

廿八日　天转凉。伯宣来信,邀星期日午膳,以陈冕甫来沪也。

廿九日　早汪锡鹏来。许士仁来一信,当覆之,并约星期日相见。

卅日　寄一信与一湖。

三十一日　在伯宣家午饭,除陈冕甫外,到者叶溥荪、吴眉孙、刘子静。饭前过许士仁,饭后看胡宏薪。适大雨,胡雇车送余至西摩路上电车,幸未沾濡。

九　月

一日　改看《文汇报》。昨日付家用十五万。吴氏媳交来建德卖白铁盆等钱六万。

二日　《晋书》校至一百卷。

三日四日　连日看《晋书》刘聪、刘曜及石虎载记,血腥满纸,为之不怡。

五日　悌儿来一片。

六日　女孙学校事定,学费可免四分之三,但匀、榆两孙尚不知如何。

七日　星期。王时炎来,以其新婚,以磁花瓶一只为贺。午后季家骥来。

八日　为女孙文缴学费、书籍、文簿等费四万四千八百元。

九日　昨日白露而署热未退,已十日不外出矣。叔兄来一信。德贞交来泉官六万元,上月为十万。

十日　覆叔兄一信。

十一日　付家用十万元。

十二日　校《晋书》至一百二十卷。

十三日　林伯来谈。

十四日　看有璛,托还许士仁所垫缴保险费。留午饭,饭后回。本日星期。宏侄来。

十五日　培儿寄款来。交煤气钱三万五千七百。李永圻来谈。大雨。

十六日　报载苏联准于今年年底交还中东路,旅顺湾则延至与日本订和约后,并发表国际科学调查团调查细菌战报告。寄一片与悌儿。

十七日　陈匪石来,同至虹口公园,遇雨,遂折回,匪石亦即雇车归去。付报费两万一千。

十八日　悌儿有一信,乃与女孙槿者。刘约真来信,言明日去北京矣。

十九日　买煤球一石,二万五千元。

二十日　买米一石(一百五十斤),二十一万七千五百元。

二十一日　校《晋书》完,复看《帝纪》一遍。

二十二日　宏侄来信,已回南京矣。

二十三日　老妻本日去锦西。

二十四日　匪石再来，与之到公园看秋色，而天转热，坐树阴中屡移其处。迨午而归，匪石午饭后即去。孝宽有信告窘，即转与伯宣并嘱再转知素存，以孝宽所嘱如此也。悌儿有信，复与一片。

二十五日　缴电费三万二千四百元。钱履周来一信。校《晋书》完。晚为悌儿事看田信耕，未值。

二十六日　刘丙孙来，丁顺兰来。看余乃仁，未值。过宗伯宣晚饭，归时已九点钟后。

二十七日　寄一信与余乃仁。晚本弄开会，商议明日国庆庆祝会讲话。

二十八日　星期。看蒋竹庄，并还所借《晋书》，留午饭。晚开庆祝会，直至十一点钟方散。徐伯儒来，季家骥来，皆未值。家骥并送月饼一盒，香蕉一篓。

二十九日　大学考试榜发，阿杭取在南京师范学院。

三十日　与陈云裳一信，将徐文定《农政全书》捐与修院，着其令人来取。悌儿有信，中秋晚回。

十　月

一日　国庆节。一之自苏回，晚来谈。付家用二十万。

二日　早童载新来。午后陈憬初来，廖茂如来，马子夷夫妇来。鼎女来信，其母已到矣。本日亚州太平洋和平会议开幕。

三日　王会极来，义侄来，杨云汉来。义侄与杨午饭后去，余与阿杭则在一之家午饭。寄一信与钱履周。悌儿来信，言归期须迟至初七八。本日中秋。

四日　午前王善业、汪锡鹏来，王将赴扬州任教。午后李永圻来。晚看有瓛。

五日 看匪石、仲容,留吃面而归,仲容孙女今日生日也。午后林伯来,托其将《元典章》两大套带回眉孙。发一信片与悌儿。本日星期。

六日 看周孝老,谈一时许回。看徐伯儒,去北京尚未回。过倪氏甥女午饭,饭后归。林伯为悌儿事又来,再发一快片与悌儿。

七日 李永圻托吴遐龄送来《毛泽东全集》第一卷,予旧所托购也。又赠予二、三、四卷购书证,欲却不得,写一信谢之。吕诚之亦来一信。

八日 覆吕诚之一信,又写一片寄唐玉虬,因吕信中提及玉虬问我也。

九日 悌儿回,交来九月份家用二十万。培儿来一片。叔常来一信,系与德贞者。午后艾祖明、王建康二人来,将送与修院之徐文定《农政全书》一部交其带去。带来水果两篓、月饼两盒,仅收生梨一篓。

十日 培儿款来,共十八万。付煤气钱三万七千四百,买虾米四两七千二百。葡萄干半斤八千。

十一日 午后看竹庄,借得百衲本《南北史》。玉虬来信,邀往常州小住,踌躇未即覆。林伯来,未相值。本日由银行取回息金四十五万四千,付家用十万。

十二日 星期。看林伯,留午饭。看伯宣,未相值,将所还《越缦堂日记》一套留交其家人。丙孙来,适余外出,亦未值。

十三日 覆玉虬一片,告以暂不能赴常。李金煌来一信,住常熟北大街景道堂,言覆信寄炮兵第九师速成小学教务处。自本日起校看《南史》。

十四日 付自来水费四万九千。

十五日 修天棚五万元。匀、榆两孙皆考入辅才小学。

十六日 覆金煌一信片。竹庄来一片,言北行已作罢。

十七日 看石公,得遇宋小坡,言不见三十馀年矣。买丝棉三斤,二十二万五千元,正一石米价也。

十八日　付报费两万一千七百。一之来信问性善之说,随书百馀言覆之。

十九日　星期。早看廖茂如。午后吕诚之偕李永圻来。发一信片与徐桂贞。悌儿事已定,明日起办公。

二十日　付家用十万。

二十一日　鼎女来信,就德贞去信写数句与之。叔兄有信来。看汤爱理。

廿二日　覆叔兄一信。徐桂贞有覆信,再写一片覆之。午后李培恩、倪惠元来。锦文侄女自南京来接洽农林部事,宿于此。

廿三日　上海开庆祝和平会议胜利大会,午后有广播。

廿四日　买煤球一斤二千八百元,又付电灯费三万八千三百元。童载新来,送还合作社股本两万一千六百元。

廿五日　锦文午后返宁。午后出门看刘次羽,不谓其八月二日为汽车撞伤,于八月二十五化去,今已两月矣。次羽素善养生,虽五十四岁而望之若三十许人,豹养其内而虎食其外,恸矣哀哉！在徐伯儒家晚饭,谈到北京一星期见闻,未能详也。悌回,交来本月家用十万元。

廿六日　星期。看朱有瓛,已返校去矣。遇谢章浙,从西北来,暂住新绿村,立谈片刻。过兴亚新村看孙经镕,适由医院回不久,盖中风几死也。人命之脆弱,连日见之矣。

廿七日　王光熹来一信。葛兴已移居石钟路十号。

廿八日　买米一百斤,十四万二千元。

廿九日　《南史》校至二十四卷。每晚诵《悟真篇》,颇自适也。

三十日　瑜媳来信,老妻不安于锦西,已回至北京,住和侄处,糊涂透顶矣。

三十一日　老妻已随培儿回南,在京仅住两日,累和侄不多,稍慰。午后看竹庄、马子夷。晚在大众看《虹霓关》。

十一月

一日 阿杭由宁来信,知阿兰已到北京进学校矣。孝宽来沪,住其侄婿汪浏处,得片通知,随往看之,晚饭后回。过伯宣,不相值,留一字而去。

二日 星期。请德贞在大众戏院看京戏,因前伊过生日时曾许之也。付家用十五万元。俞荫五送来傅亮卿托带螃蟹一篓、肉松一罐,又自送点心一笼、花生米一包。

三日 再看孝宽,因昨又有信来约也。陆希鲁亦在,后又有数女客来。本日又值宜苏厂假,坚留午饭并留晚吃馄饨。午饭后与其一家同游复兴公园,与孝宽谈话甚多,得知此行本末原由,直至晚八时始归。归途并过伯宣小话。

四日 孝宽父老来,稍坐即去,因其戚万氏邀午饭也。修理浴桶、浴盆,三万元。一之有信,写数字覆之。

五日 天文台报告有寒流。伯宣约小聚,到者孝宽父女、眉孙、丙孙、希鲁、王循序及余七人,晚饭后九时始归。龙女来一信。

六日 寄十万元与龙女。昨晚悌交来二十五万。

七日 玉虬又来一片,邀往常州小住。石公来一信,言文史馆事,随写数行覆之。午后再看孝宽,约星期一来小聚。汪宜苏又留晚饭,力辞。便过乃仁,未值,遂归。鼎女来一信。

八日 培儿寄十万元来。晚看有璈,未遇。十万元即作家用。

九日 培儿来一信,龙女又来一信,已破家矣。午后看匪石、仲容,力留晚饭,七时半步行而归。

十日 邀孝宽午饭,到者孝宽父女,并其子尔柔,眉孙、丙孙、陆希鲁、王循序。饭后偕孝宽、希鲁并顺兰游虹口公园。晚拱稼生来,小坐即去。

十一日 覆培儿一片。连日苦便结,邀朱月轩来灌肠乃得解。

十二日 覆唐玉虬一片。

十三日 缴煤气费四万一千三百元,自来水费四万二千八百元。

十四日 午前看周孝老,正小病,未敢久谈。旋至汪家看孝宽,即在彼处午饭,饭后四点始回。本约明日晚同过伯宣,至伯宣家先告之。而与通电话,则正在民主改革中,每晚回家甚迟,不能接客,嘱函孝宽再改期。阿杭来一片。

十五日 玉虬来信,将移居,常州之行可缓矣。寄五万元与阿兰,并覆阿杭一片。

十六日 付家用十万。午前看有璕,前托其还许士仁代垫保险费至今未还,特再三促之。午后德庆来,宜之侄夫妇来。晚吴氏媳之戚邵家送肴两品。本日星期。

十七日 买"奇异牌"今改"人民牌"电灯泡一个,四千五百元。近来电灯泡极易坏,盖但求出货多而质地不加讲究也。

十八日 《南史》校至五十卷。

十九日 看尹石公,遂与偕看竹庄,时已逼午,遂在淮海路吃面。后看丁孝宽,至三句钟冒雨而归。

二十日 天转晴。缴房捐十三万六千。

二十一日 早到四川路、天潼路口食常州蟹粉包子,六只四千二百元,又化车钱一千二百,殊不值得也。买香蕉九只,三千元。

二十二日 付报钱两万一千元。午后林伯来,郑宝隆来。宝隆住延安东路、盛泽路口大同坊三号。

廿三日 孝宽、伯宣等来,留午饭后去。晚田信耕与汪锡鹏来,信耕并捎来王鸢飞一信。本日星期。

廿四日 在合作社买米三十斤四万二千,又在米铺买一百斤十四万八千,又买血糯十斤一万八千。缴电费四万一千三百元,又付家用五万元。覆王鸢飞一信。午后忽觉手足发冷,遂卧。晚未食。

廿五日 夜睡不甚安,想有微热也。强起饮食,加慎服"奎宁丸"两次共四片,幸未大病。宰平来一片,已移居东总布胡同丙六十二号后门。薄暮看爱理。终日未大解,依爱理说买芝麻酱服之。夜有小雨。

廿六日 十时后得大解,全身松快矣。覆宰翁一片。彭祖年来一信,并寄还余十万元。

廿七日 连日雨。覆祖年一信。

廿八日 雨止。午后看孝宽,晚饭后回。

廿九日 一之廿三日来一信,至昨始见之,即覆数行,仍交朱月轩寄去。

卅日 星期。天大晴。午后刘静波来,盖不见七八年矣。

十二月

一日 付家用十万元。一湖来一信。夜大风骤冷,并雨。

二日 南京转来龙女一信。看爱理,托其买《缀白裘》一书。雨止而天气益冷。

三日 始有冰。手僵,圈点书有妨矣。

四日 寄一片与龙女,温慰之。午后看孝宽,赠以四万元,顺道便将所借《安吴四种》、内书一本送还眉孙。

五日 培儿来一片,派回南京学习。送《植物名实图考》两套共十二本托汤爱理觅售主,全书共六十本。

六日 德庆来。悌儿回,交来二十万元。再付德贞家用十万。

七日 星期。寄一湖一信。阿兰来信,款收到矣。下午王务孝来。买炭墼一百个一万九千元,装浴桶六千元。

八日　早童载新来。买府绸三尺二寸换背心里子，一万四千四百元。

九日　校读《南史》毕。

十日　龙女来一信。午后看蒋竹庄，还所假《南史》。适尹石公在，尹先去，余至薄暮始回。

十一日　培儿寄十万元来，即付德贞充作日用。自本日起读《北史》。晚德庆来，将网篮一只、小箱一口托交其姐带宁。

十二日　缴煤气钱四万一千二百元。买绒布裤料一条，两万三千四百元。看孝宽，午饭后回。

十三日　匪石来，同到公园盘桓一小时。天转暖，午后沐浴。

十四日　星期。看许杰。在伯宣处午饭。午后看赵燕侠戏。再付家用十万元。

十五日　交有奖储蓄两万元，又两万元则中奖所得也。

十六日　付报钱两万一千七八元。

十七日　合作社退股退回两万一千五百元。买枕头套一个一万二千五百元，粉丝半斤三千二百元。道铭来一信，欲借屋养病。

十八日　覆道铭一片。

十九日　装置丝棉被一万五千元。汤爱理来片，书无受者，随将《植物图考》两套取回。

二十日　拟再看丁孝宽，以雨而止。悌儿回，交来二十万元。

廿一日　星期。买电灯泡一个，四千五百元。午后宝偅夫妇来。用悌儿名加入合作社，交股款八单位并手续费四万五千元。本弄房屋将出卖，居者有优先承受权，小组来催，姑允之，并照填一表交去。

廿二日　看孝宽，及至，彼已来访我，乃坐候之。午饭后孝宽归，始知明日即行，因留谈至晚饭后始返。

廿三日　一之回，送肉骨头一篮，夜间又来谈甚久。

廿四日　买新历本一本，一千五百元。午后雨，未出门。再付家日用五万。

廿五日 买煤块一百斤三万三千元,水面筋两斤八千元。理发。还汤爱理书。午后徐声越来,借《陋轩诗》去。张芸生自南京来,带到咸鸭、香肚等,内有三姑太太送鸭子一只。

廿六日 买米一百五斤十五万一百五十元,牙膏一个二千八百元。晚看匈牙利文工团电影。

廿七日 交电灯费三万八千三百元。

廿八日 王鸢飞来信,寄还十万元。本日星期。昨有雨,天转寒。

廿九日 覆鸢飞一片。买明年公园门券一张,一万五千元。丙孙来,会余出,未相值。

卅日 买家乡肉六斤半,共三万八千三百元。发一片谢三姊夫妇惠鸭子。三哥来一信,孝宽来一信。取到《毛主席全集》第二册。

三十一日 悌儿回,交来下月家用三十万元。付德贞日用,两次共二十万元。晚约一之来谈其夫妇事。

一九五三年

一 月

一日 午后吕诚之、李永圻来，留之晚饭，并为置酒。唐鸣善来，云已改业搪磁。

二日 刘丙孙来。午后洗澡。

三日 晚在锡鹏处谈。

四日 午后童载新来。本日星期。俤儿昨晚回，今晚去。

五日 与丙孙约看丁月江，未值。再看黄秋生，谈约半小时。秋生气象甚好，虽遭困厄，一无怨尤，此不可及也。丙孙定邀吃点心，勉应之，鸡肉汤包尚好，油饼则未见佳。别丙孙后看柳老，亦未值。

六日 买六安茶四两，八千元。德贞为泉官送六万元，即付作房租。

七日 南京有信来，知培儿亦寄与龙女十万元。晚看苏联电影《真正的人》。

八日 买川腿三斤十一两，共两万五千八百元。寄叔兄一片。晚在一之家饭。送李永圻《文献通考正续简编》一部,报其《毛集》之惠也,由萧宇元带去。

九日 看柳劬堂,以将午饭,未能多谈。泉官自京回。

十日 再付德贞日用十万。永圻来一信致谢。刘约真寄《燕京纪游诗》来。

十一日 将南京带来鸭子、小肚送与沧舲,即在其处午饭。饭后看黄正勤《春秋配》、王金璐《夜奔》。戏后看余乃仁,晚饭后回。本日星期。

十二日 发一片与刘约真,约后日去相看。又寄一片与孝宽。一信与陈云裳,为卖书事。

十三日 傍晚降雪。付报钱两万四千。

十四日 雪晴。到梵王渡看刘约真,留午饭。饭后在吕诚之处小谈。再看徐声越,未相值。付自来水钱四万四千六百,又付德贞日用十万元。

十五日 从汤爱理处将书取回。此公不近人情,不宜多与打交道也。陈云裳有覆来。

十六日 再寄一信与云裳,约其星期一派人来取书。到南京路土产公司买葡萄汁两瓶一万八千元,又在虹江路买蜜枣半斤七千元。午后看《难忘的一九一九年》电影。

十七日 买野鸭一对,两万元。孝宽有信来,并有一信嘱转王循序、陈绮文。陈云裳亦有一信来。

十八日 星期。看黄正勤演《金玉奴》,归途遇宝、俭两侄。发一信告王循序来取函件。又与陈云裳一信片,约星期二面谈书价。

十九日 晚约一之夫妇、父子吃饭,以一之将调汉口也。

二十日 王循序来取丁孝宽托转信。午后看陈云裳,以事已外出,托艾祖明代接洽。随至淮海路看丁月江,谈甚畅。渠举老夫子语:"人能管得自己,能受得自己管,便有向上路。"直觉粗言细语,皆含妙义也。再过吴眉荪，闻其割治疝气，尚在医院未回，留一片而归。悌儿交来二十万元，德贞又交来泉官六万元。

二十一日　买米一百二十斤，十七万五千四百元。又买糖一斤、农工皂两条，一万三千元。再付德贞日用八万元。倪杰来。午后艾祖明来取书去，《庄子》注共十七种付价二百万，此出意料外矣，拟更以《船山全书》一部偿之。《题无量寿佛赞》一首即寄与刘约真，前见时约定也。

二十二日　存百五十万入银行，期半年。午后匪石、仲容来谈。

廿三日　晚在一之家饭。看眉孙，已出院矣，在榻旁谈半时许而归。

廿四日　以二十万元买得旧大衣一件。午后丙孙托带三万元送幼朋夫人、二万元送汪仲衡。

廿五日　星期。送徐伯儒板鸭一只、香肚四个，年例也。看伯宣，属转交丙孙送汪仲衡六万元、幼朋夫人四万元、毛继曾两万元。许杰来，未值。晚在宜之侄处饭，约定下星期祭祖。

廿六日　寄四万元与丁孝宽、卫素存，托丙孙送来五万元亦并附去。缴电费四万四千二百元。本日伯儒生日，在彼处吃面后看硕公未值，仍回到伯儒家晚饭，饭后归。带雨来去，亦自笑也。

廿七日　天晴。与一之同看周孝老，数日前患头眩，尚未全愈也。在"又一村"吃面，面后同到博物馆浏览半日。翁丽华夫妇为一之饯行，邀去作陪。

廿八日　寄孝宽款本日始寄出。丙公来，伯宣送汪仲衡等钱交其带去。寄一片与陈云裳，令遣人来取《船山全书》。本日兑钱二十万，交德贞十万作日用。刘约真来一信。

廿九日　晚在一之处饭。买野鸡一对两万元，其一已味败。闻朱友瓛移居大夏新村，赶去则已行矣。

三十日　天雨。本拟到大众买票，因雨而止。

三十一日　一之午后去汉口,送之十六铺码头。相处多年,一旦分手,不能无黯然也。置磁烫杯一只,一万五千元。

二　月

一日　星期。改《题无量寿佛像》,即书寄约真。买天竹蜡梅,五千元。叶溥翁来。晚祭祖,今日腊月十八也。义侄夫妇、宝侄夫妇及其女平子皆到。李金煌来信,言患咯血,即将往他处休养,当发一片问之。又发一片与其姊丈胡宏薪,属随时以情况相告。再付德贞日用十万。艾祖明来信,言考后来取书。吕诚之有信,言唐玉虹并未移居,可怪。

二日　又兑款十万。孝宽来一信。买黑面包一,二千二百元。

三日　买阉鸡两只,五万四千元。天又变。晚饭前在童载新处坐谈。

四日　家栋寄十万零五百元来,盖五十公分也。本日雨未止。

五日　覆家栋一信片。买茶叶半斤一万八千元,四川腊肉二斤四两四万七千元,油爆肉皮九两九千五百元,皆家栋侄孙寄款也。来信云送予买补品服,此即补品矣。看《乡村女教师》电影。全官交来十二万元,当以十万付德贞作日用。

六日　昨晚本弄开会,专聚集老人解释清洁运动之重要,而王育三为房屋事又借题发挥。今晚过周尚谈及此事,乃知渠为此颇费调停之力,而王终坚执己见,此事殆成僵局矣。

七日　陈憬初送鸡一只、皮蛋二十枚,适予出外,未相值。胡宏薪之女德铭转来李金煌与宏薪信,宏薪因病,故未自覆。知已入常州肺病疗养院矣,稍慰。通信处为华东军邮二五五信箱二分院二病区六八号病室,院在体育馆之旁。晚悌儿回,交来本月家用五十万元。

八日　星期。买米一百五十斤二十一万三千元,煤一百斤二万六千八百元,力士皂两块七千二百元,皆在合作社买。午后刘子静来,孝宽附与卫素存一书即交其带去。又李永圻来。

　　九日　再寄一片与金煌常州。覆一信与胡宏薪,并问其病,将原信附还。十力来一片,移居十刹海大金丝套十三号,盖未通信者一年矣。付报钱两万一千六百,又修表一万五千。

　　十日　东甫寄来三十万,嘱转交倪杰,当通一电话告之。午后汪宜苏夫妇来。买糖果,一万五千元。

　　十一日　覆十力一信,又覆东甫一片。兑十万元与德贞作日用。倪杰来,寄款即交其带去。给汤妈一万元。

　　十二日　连日暴暖,薄暮风起转寒,夜乃大雨。黄花农来。一之有一信,并带来鱼面两盒、莲子一包。

　　十三日　旧历除夕也。约李永圻等,皆未来,想各返里矣。尹石公来一信。

　　十四日　旧历元旦。周君尚夫妇来。杨云汉来,留午饭去。陈憬初来,童载新来。留童晚饭去,并邀萧宇元同晚饭。

　　十五日　天有晴意。本欲到竹庄处拜年,并贺其八十整寿,以电车拥挤而止。回拜周君尚。送蛋糕一盒。王淮夫妇来,渠住广元路二百〇八弄四号。李金煌来信,言检查结果并非肺结核而系气管炎,此好消息也。通信处为炮九师后勤卫生连黄一鸿钧转,再发一信片问慰之。又寄一片与一之。午后义侄夫妇来,送年糕一盒。林伯来,王务孝来。徐伯儒来拜年,送青岛虾米一包、茶叶一包。夜大雪。

　　十六日　午前到廖茂如家拜年。午后看孙子长。郑德庆来。阿慧夫妇来,留之晚饭去。夜又雪。

　　十七日　看尹石公,闻汤爱理化去。到阿慧家吃水饺子,与其孩子一万元。昨晚所约也。到徐伯儒家拜年,举家看戏去矣,留话而走。在竹庄处长谈,并留吃点心,一过伯宣而归。王敬老来一信。孙子长之女文英来,未相值。

十八日　早南京带得炒米、香肠来,本托董容冠者,容冠又转托其友湘人彭培基。彭来,留茶并饷以蛋糕,报其勤也。午后看匪石、仲容。本日缴煤气费四万九千五百元。

十九日　午前到周孝老处贺年。王建康来,将《船山全书》悉取去。午后廖茂如来。覆王敬五一信。过溧阳路,一问爱理故后情形。

二十日　看许士仁,去天台未返,因未相值。午后朱有璘来。发一片与宰平,告知爱理死耗。十力来一片。郑德庆来一信,因草一片覆之,邀其明日来晚饭。

二十一日　午前雪,旋晴。晚德庆来,介与孙子长之女文英相见。文英来送包子、春卷及广柑等。俭侄将移家济南,过此。

二十二日　缴房捐十三万六千元。寄一信与马一浮,又寄一片与董容冠。午后周仲容来。

廿三日　午前匪石来。午后到汪宜荪家及柳劬堂处拜年,在劬堂处得见丁蘧卿。汪仲衡有信来。

廿四日　培儿寄二十万来,年终奖金之款也,当覆一片。又寄一片与道铭。付电费四万一千三百。

廿五日　韵媳借去十万元。

廿六日　午后丙孙来。叔兄来一信,并附诗四首。

廿七日　前寄金煌常州信退回,因写一信与胡宏蓁问金煌病况。付德贞日用十万元。向银行兑二十万。午后王务孝来,还前年所假三十万元,此真意外事,然于此可以观人矣。

廿八日　覆叔兄一片。

三　月

一日　在乃仁家午饭,给其子一万元。程光曜亦在。午后看丁万年。宰平来一信片。

二日 道铭来一信。德庆来一信,调北京工作,自日内行矣。晚看黄正勤《群英会》。

三日 午后义侄媳妇来,送鸡卵二十枚、甜莱菔干一包,言为予生日寿也。早晨腹又作胀,终日食粥而已。

四日 仍食粥,晚加花卷两只,服发酵药粉后腹较松。钟道铭来一信。

五日 仍食烂饭。德贞交来泉官六万元,即移作房租。晚悌儿回,交来家用二十五万,又还前借十万元。

六日 买玉版宣一纸,三千元。东甫来一片,系与德贞者。斯大林于五日午后九时逝世,不知继任者何人。是关全世界安危,甚悬之也。

七日 政府有令,为斯大林志哀三日,自七日至九日。付本月报费二万四千八百元,买红枣半斤三千二百元。

八日 星期。中午德庆来,卫素存来。看许士仁、陈憬初,皆未值。在吴眉翁处谈约一小时。徐声越送还《陋轩诗》,并借我《周易指》,与戴家祥、林孟辛同来,距余出门才十数分钟,竟相左。又刘丙孙、季家骧来,亦未遇。

九日 寄一片与声越,谢其寄书之勤。又寄一片与鼎女。

十日 付德贞日用十万元。午后周仲容来。德庆自宁来一片。晚看戏,并由丁万年介与黄正勤相见。

十一日 声越来一信。可权信来,言东甫病,欲接德贞回宁照应,因以电话转知倪杰,午后杰来。

十二日 付自来水钱四万元。发一片与蒋云从,问任心叔病,因昨声越信来道及也。可权有信,言东甫病已愈,德贞可不行矣。

十三日 午前王循序来。薄暮散步时,便道一看孙子长。

十四日 以李金煌久无信,而前作书问胡宏薪又无覆,不能无疑,乃至莫干山路访胡,一问,知前数日曾有信来,心为一慰。晚在宜之侄处饭。林孟辛再来,与魏建猷同来。未相值。

十五日 星期。冒雨看林孟辛,会外出,乃过陈朝龙处小坐。再去,仍未归,而戴叔和适在,乃与谈约半小时而归。

十六日 天有晴意。到瑞金二路访正勤,未值,值其父桂秋,乃与小谈,并将赠正勤《缀白裘》一部留下而回。午后朗晴。本日阴历二月初二,余生日也。发一片与季家骧,约星期日去相看。

十七日 培儿寄八万元来,云另五万元由悌拨,又将储蓄会存单两张寄来。蒋礼鸿有覆信,言心叔病咯血,已止。写一信与金煌。又一信与林伯,向其借一百万,为购屋用。鼎女信来,言患骨痨,正休养,可忧也。

十八日 兑款五百万,备作屋价。

十九日 看徐烈,顺看陈云裳。归途一过叶溥老,知其文史馆事亦在被屏之列。付德贞日用十万。寄一片与心叔。晚缴房价,连手续费共五百四十三万五千。李金煌忽来,面色甚好,大慰。留之宿,谈至十时半始寝。

二十日 林伯信来,可借肆拾万。郑宝隆来一信问"杜诗",覆以一片。午后参观华东京剧团。

二十一日 早丁尔柔来。寄一片覆培儿,一片覆鼎女。晚金煌又来,明日回常州,夜谈至十一时半寝。

廿二日 星期。金煌晨九时去。季家骧自来。悌儿交来家用,当与德贞二十万作买米用,又泉官六万亦并交与之。午后看《孔雀东南飞》。

廿三日 寄王鸢飞一片,又与林伯一片。午后户籍警严同志来询太谷学派始末,并属草一概略与之。李培园来。

廿四日 草《太谷学派概略》。

廿五日 张桂记木匠来,言定客堂隔间并作门,工料合五十五万元,当先付二十万。龙女来一信,并附孩子等照片一帧。

廿六日　一湖来一信,并附照片一张。户籍警严言卿来取《太谷概略》去。

廿七日　连日天雨。张桂记来作隔间。发一信与正勤,约星期日相见。

廿八日　叔兄来一信。

廿九日　星期。晴。看竹庄,后访伯宣,未值。遂看正勤,款余以客饭后归。

三十日　寄东甫一信。晚梅轩介一周某名易来定屋,付定金五十万元。丁尔柔来信,言即回靖江矣。

三十一日　付德贞日用十万元。覆叔兄一信,并将银行存款清理申请书附去,此来书所属也。又付张桂记十万元。

四　月

一日　升昌号来装抽水马桶,言定连添装电灯共一百万元。

二日　付徐桂记二十五万,已结讫。周仲容来谈文史馆事。写一信与一湖。买扇面两个八千元,《南北史演义》一部四本七千元,木架大小四个六千元。晚梅轩又送来押租五十万。

三日　早看廖茂如。付升昌水电行一百万元。午后王务孝来。刘约真来一信,邀上巳游中山公园。晚李永圻请看黄桂秋戏。悌儿交来廿五万元。

四日　李永圻再邀到天蟾舞台看戏,并不见佳。

五日　王敬老来,宗伯宣来。覆约真一片。午后回请李永圻看黄桂秋父子《春秋配》。又遇钱启肇,钱在《解放日报》任校对也。本日星期。

六日　看正勤,赠以《玉台新咏》一部,在其家盘桓半日。午饭后同出,赠予新与其爱人吴摄影一帧。在途遇伍胆伯。看汪宜荪,未值。过竹庄谈,天转冷即归。

七日 可权来信,言东甫夫妇又病矣,因由电话告知沧舲,嘱其回宁侍疾。晚梅轩又送来二十万,共收押租一百二十万矣。

八日 看匪石、仲容,留午饭。王务孝来,以金陵局刻《渔洋古诗选》一部赠之。可权来信,言二老病已愈,再电告沧舲。寄一片与林伯,告以款不需矣。

九日 买锁一枚,一万一千元。交德贞家用贰十万元。

十日 八时乘车赴宁,车票四万一千二百元。

（中缺）

二十四日 午车返沪,六点多到站,车票四万九千九百元。

二十五日 午后看陈匪石。

二十六日 星期。早朱庶侯来。寄东甫一片。又覆王季镛一片,因有书来问审目事也。季镛在沈阳俄文专科学校。

二十七日 寄一信与一之,一片与鼎女,又一信与振流。

廿八日 到师范大学看刘约真、吕诚之、求吕小姐画扇。朱有瓛,在有瓛家午饭。去时适遇史存直,因与同看许士仁,未值。又看徐声越,亦未值。归后过林孟辛,刚外出,留一字而回。云从来一信,心叔病仍可虑。

廿九日 雨转凉。午前林孟辛来,午后强天健来。

三十日 看周孝老,因过眉孙,留午饭。饭后同至石门一路四十九弄十号访朱庶侯,未值。丁蘧卿偕万少石来顾,亦未值。晚看戏。

五 月

一日 回看万少石,因过林孟辛,取雨衣而回,前日来时假去者也。

二日 买印花票八千四百五十元,贴租约、租折。又买樟脑精九千元,共十二块。一之来信,已回汉口矣。

三日　星期。晚林孟辛来谈任心叔病情。

四日　发一信与蒋云从。

五日　早王循序来。五时黄正勤来,为之讲解《孔雀东南飞》一诗,直至晚饭后十时始去。

六日　昨晚俤回,交来家用二十五万,又泉官六万,即付德贞作日用。鼎女来一信,病大好矣。王季镛亦有一信。晚看李永坼,归时微雨。

七日　看《北史》齐代毕。

八日　看强天健,同至城隍庙福民街陈泰兴红木器具铺修理小磁屏风一具,工资二万元。买珊瑚金笺一帧,一万五千元。同回午饭。饭后天健去,小卧。正勤来。

九日　晚新房客结婚,客至十二时后始散。天又骤热,以是未能好睡。

十日　星期。弄中修理围墙,摊费一万六千元,又本月路灯费四千元。买六安茶四两一万元,又条子布一尺二千九百元。

十一日　晚看李元春戏。又付日用十万。

十二日　云从来一信。林孟辛来,言得心叔一片,病况并尚佳,可慰。

十三日　看梭白柯著《和平的保证》,全官所借来也。

十四日　有奖储蓄满额,取回五十万元,又缴储两分八万元。寄一信与一之。

十五日　到陈泰兴取回所修小磁屏风,又买花瓶坐一个一万二千元。

十六日　付煤气钱四万四千元,房捐十三万六千元,又下月报费两万四千元。道铭来信,谈谋教书。

十七日　为道铭事写一信与吕诚之。房客周易夫妇请在蕾茜饭店吃饭,以盛百熙所书对联一副送之,作为新婚贺礼。本日星期。一之有信来言曾到庐山。

十八日　李永圻请看梅兰芳《凤还巢》。吕诚之父女亦来。

十九日　付自来水费两万八千元。

二十日　写一信覆钱履周。林孟辛来。泉官交来六万，仍与德贞作日用。

二十一日　培儿寄款到。有自湖州来者，卖新茶三万元一斤，为买一斤。晚孟辛偕陈兆龙来，出示心叔信片，暂不行手术。

廿二日　卢子安与吴眉孙来，留之午饭去。心叔来一信。正勤本约今日来，忽来信言派往南京演出矣。徐伯儒邀卢子安晚饭，约作陪，因候正勤，遂未去。

廿三日　吕诚之来。发一信覆道铭。又写一信与正勤，一片与叔兄。

廿四日　星期。悌儿交来家用二十五万元。写一片与心叔。

廿五日　买米一百五十斤，廿二万五千七百五十元。与周备兄弟到公园散步。

廿六日　天热，未出里弄。

廿七日　叔兄来一片。吕小姐邀看杨宝森戏。

廿八日　强天健来一片，回南京矣。再与周备到公园，荷叶渐欲满塘，正雨后也。

廿九日　云从来一信。朱有瓛来。

三十日　正勤、道铭各来一信。唐玉虬来信索诗。吕诚之来信说钟道铭事。晚饭前看林祥楣、陈兆龙。

三十一日　星期。杨云汉来，留晚饭去。

六　月

一日　时有骤雨，天气忽凉忽热。写一信与正勤，因前信论及姜

414

六,彼意不然,因以释之也。付德贞日用八万元。

二日 写一信覆道铭,并将吕诚之来函附去,属其辞职事勿卤莽。

三日 昨寄道铭信由邮局退回,言系旧邮票,实则黏帖时偶染油污,迹近用旧票洗帖,亦可谓不白之冤矣。然邮政工作人员细心负责,却自难得。下午公安局一何姓人员来查振流存放八十六号物件,因过我询问其地址而去。

四日 自天未晓前即大雨,终日不止。雨中丁蓬卿忽来,坐片时去,盖其兄住上海新村,便道过此也。

五日 雨止,天仍阴。周权由浦东捎来一信。傍晚看孙子长,因病入医院,回家一月矣。写一信交小弟,附致一之大连。

六日 校《南北史》毕,盖历时八月矣。又付德贞日用八万。悌儿交来共三十万也。

七日 星期。补录《刘屏山集》阙篇,盖吴眉翁曾自胡璧江家由明弘治刊黑口本过录者,于是此书复完,惟稍有脱字耳。写数字捎与周权,慰其病。吴林伯来。一之于家书中附来数字。

八日 还蒋竹庄《北史》、吴眉荪《屏山集》。竹庄未晤,在眉荪处谈至午饭后始回,并以前张令贻所赠抄本《参同契阐幽》及刻本《参同契直解》两书转赠。买褥单一床,七万一千五百元。晚看李永圻。

九日 泉官交来六万元,仍与德贞作日用。报载俘虏遣返,谈判成功,且协定已签,和平或有望乎。

十日 午后看蒋竹庄,借宋本《三国志》,备校勘也。便过伯宣晚饭。饭后看袁金凯剧团戏。道铭来一信。

十一日 一湖来一信,言气行不顺状,属向竹庄问所以治之之方。

十二日 写一信与正勤,要其来取书。

十三日 心叔来一信。付自来水钱四万八千五百元。寄眉荪一信,并附还借抄《七夕记文》。

十四日 星期。周权又捎来一信,邀往游浦东。义侄来,留晚饭

415

去,并与同至虹口公园一看。

十五日 覆心叔一信。午后看竹庄,为一湖气功有错误,求治也。再付德贞日用十万元。

十六日 过江看周权,十时到轮渡候至十一时始渡江。回时小火车又误点,在车站亦坐候一点钟。舟车之苦过于乡村,数时闲散之乐,实不值也。寄一湖一信。

十七日 为唐玉虬《六十读书诗》题绝句三首,曰:"药簏书籯共一廛,功夫老去益精专。谁言炳烛光无几,绝《易》韦编是晚年。""刻意诗成自誓深,仍祈祖考与监临。先生自嗜如书命,不信犹生退转心。""臭味差同我与卿,眼明千古任纵横。从他不识相嗤点,故纸堆中过一生。"

十八日 付报钱二万四千元。

十九日 连日闷热,室内寒暑表已到九十度矣。理发。买 D.D.T 喷器一只一万三千二百元,又买跳蚤粉一盒送周权。夜得雨,少凉,可以安睡。

二十 全官交来六万,仍与德贞作日用。报载李承晚托辞释放劫去战俘二万五千人,和谈恐又成泡影矣。

廿一日 付夏季地价税六万元,又上月路灯费三千三百元。

廿二日 写一信与唐玉虬,并将题诗寄去。

廿三日 付有奖储蓄八万元。鼎女来一信,病好十八矣。写数语附致一之。

廿四日 昨、今两日转凉。到来青阁取所装订书,付钱六钱。

廿五日 写数语与鼎女,附德贞去信内。

廿六日 付电灯钱二万八千五百,又付日用拾万。

廿七日 看江淮戏,乃第一次也。金煌、道铭皆有信来,周权已回。

廿八日 星期。午后王会极来谈近况甚久,又同至公园荷花池旁小坐,周权与其友张耀波亦同去。返后知区政府派一丁姓女同志来问生活状况,不知意何在也。

廿九日　覆道铭一信。严同志来。玉虬又来一信,问十力所著书。

卅日　薄暮独游公园,坐池旁。荷气袭人,觉凉乃归。

七　月

一日　发一片与王务孝,问分配工作有否定夺。

二日　竹庄来一片,属去取《四十年之北京》诸书。天又转热。再看江淮戏《四进士》。

三日　傍晚访竹庄未值,取书而归。

四日　午后丙孙来,晚其子子静来。悌儿交来家用廿五万,付德贞十万。

五日　星期。午后胡才甫来。

六日　傍晚出门,适值郑宝隆来,遂与同到虹口公园,七时后始归。夜又转热。

七日　早以日光不强,至公园看荷花,开已十八九矣。唐季芳忽来一信,不通音问者盖四五年矣。钟道铭、顾哲民亦各来一信。

八日　连日酷热,皆食瓜。晚吕诚之来一信,为钟道铭事也。本日阴历五月廿八,榆孙生日。

九日　覆诚之一信,寄师范大学。又覆唐季芳一信。

十日　得雨,热少解。夜还竹庄书。

十一日　午前刘约真来顾。买海蜇头、海带,共一万一千一百元。

十二日　星期。写一片寄与彭祖年。谭婿叔常来一信。房屋过户,托何冠英大姐代办,交去费用二十万元。全官由沈阳回。

十三日　全官交来六万元,仍与德贞作日用。

十四日　吕诚之自常州来一信,并附信介钟道铭与吴泽相见。

十五日　写一信与道铭。心叔来一信。收房钱三十八万四千二百元。

十六日　槿孙生日，盖旧历六月六日也。付煤气三万八千四百元，买果汁、润肠糖一盒四千八百元。

十七日　付报钱二万四千元。

十八日　写一信片寄心叔。

十九日　星期。杨云汉来，至晚饭后始冒雨而去。一之由家书中附来一信，通信处为抚顺新抚区六道街抚顺旅社。本日理发。

二十日　悌儿晚回，交来家用二十五万元。

廿一日　买米一百五十斤二十三万一千元，又房产登记手续等费九万三千元。南京来信，培儿兑来拾万元。

廿二日　李永圻来。付电灯费二万五千一百元，又培儿十万元即与德贞作日用。

廿三日　晚偕宇元看电影《不屈之城》。

廿四日　彭祖年来一信。晚回看李永圻，遇周哲准，巧矣。

廿五日　买菜豆一斤三千元，蛰头一斤四两五千元。

廿六日　星期。夜看月全食。

廿七日　报载朝鲜停战，本日签字，不知临时有无变化也。晚看李元春泉滩戏。

廿八日　苏氏侄媳来。王务孝之父南言来信，言务孝又呕血矣。阎任之从山东观城来一信，自去岁即在师范学校任职。

廿九日　停战谈判已签字，战已停；傥不再发，则生民之福也。修白铁顶篷，四万元。

三十日　午前王善业、汪锡鹏来。午后正勤来，为说诗七首，晚饭后去。求其父荫清画扇，画成带来。

三十一日　看华东京剧团演戏，正勤所邀也。以《桂枝写状》一出为最佳。

八　月

一日　付装换自来水龙头八万元,买汗衫一件两万元。晚看《彼得大帝》电影。

二日　星期。午后钱少群、拱稼生、刘子静来,四点后始去,少群盖不见者十馀年矣。付德贞日用八万元。

三日　写一信覆任之。一信片与许士仁,托问王务孝病况。鼎女来一信。一湖来一信,仍望气不舒□。

四日　连日走泄,颇怪。写一信与一之,交其子寄去。晚悌儿回,交来家用五十万。

五日　付德贞日用十万。写一信与竹庄,将一湖原信附去。

六日　道铭有信来。晚看电影《彼得大帝》下集。全官交来六万元。

七日　早梅轩来,言刘寄尘要来沪。竹庄有覆,即写一纸转与一湖。午后林伯来,已到师范大学任职。

八日　连日通电话与正勤,皆不相值。

九日　星期。早道铭来,昨始由开封到沪也。当将吕诚之介绍信交与,且看下文矣。午饭杨云汉来,直至晚饭后始去。

十日　写一信寄正勤。王务孝来一信。

十一日　再付德贞日用十万元。晚林孟辛来,言曾到杭州看心叔病,进步多矣。

十二日　付自来水费三万二千八百元。晚看锡鹏。

十三日　早道铭来,借得《法华经》去。一之来一信。

十四日　傍晚到白渡桥,人多如蚁,未见凉也。

十五日　晚看京戏《春闺梦》,未见佳。午后卫素存来,托其带两万元送汪仲衡,仲衡今年八十也。王务孝来。一湖来一片催覆信,覆信已寄去数日,不知何以尚未到也。收房钱三十八万四千二百元。

十六日　缴房捐十三万六千,煤气三万八千四百。

十七日　付德贞日用十万元。自昨晚飓风,一日夜未息,而热不解。

十八日　道铭来,还所借《法华经》。

十九日　晚卢氏侄媳来。郑道隆来信求改诗。看电影《大音乐院》。

二十日　修配天篷玻璃,一万二千元。银行转期一年。午后许士仁来,问愿复教书否,谢之。吾岂能为冯妇耶!晚道铭来。

二十一日　覆宝隆一信,并将所改诗附去。

廿二日　昨日文史研究馆忽有信来索简历,草千数百字覆之。看蒋竹老,得遇庞甸村,不见且二十馀年矣。过宗伯宣家晚饭。

廿三日　付电费二万七百元。晚道铭邀游公园,十时始归。

廿四日　一湖来一片。寄一信与一之,为子慧事也。

廿五日　买米一百五十斤廿一万九千七百五十,煤一担二万六千八百,路灯三千四百。

廿六日　竹庄来信,言文史馆名单已通过。

廿七日　午前道铭来谈。

廿八日　晚万少石来,言昨在孝老处,孝老嘱转告,文史馆事已发表也。自昨晚风雨,今日起天气转凉。

廿九日　午后陈匪石来。

卅日　星期。有微雨,晚渐大,旋止。看道铭,未见,乃过宝侄家,冒雨归。

三十一日　交德贞日用十万元。五时后看周孝老,以有客,小坐便走。过尹石公,未值。

九　月

一日　早道铭来。午后王务孝来，言已考毕，休息半年再派工作。李金煌有一信，附有照片，言七月杪又咯血一次，病根尚在，可虑也。

二日　覆金煌一信。回看万少石。

三日　道铭来，师大事有信回绝矣。午后王善业、汪锡鹏来，善业送糟蛋四枚，分一半送周权母子。

四日　校《三国志》毕。今日时有小雨，旱象已除。

五日　鼎女来一信。泉官交来十万元，仍与德贞作日用。晚汪宜荪来邀予与祖源明日晚饭。悌儿交来廿五万。

六日　星期。午后看竹庄，并还《三国志》。遂至汪宜荪家晚饭，祖源已先去矣，肴馔甚美。九时归。

七日　午饭后正勤忽偕崔华来，谈至四时后去。市府送文史馆聘书来。

八日　写致周孝老、蒋竹庄、尹石公各一信，并以感赋七律一首附去，诗别纸写存。午后看匪石、仲容。晚归不适，服阿斯朴若，出汗后稍好。

九日　早道铭来。午后看《华东运动会》。丙孙来，未值。

十日　寄一信与叔兄，一信与李金煌，又一片与培儿。晚偕德贞在大众看《秦香莲》剧，票价每张一万八千。

十一日　天雨。付自来水三万三千，又日用十万。石公来一信。

十二日　伤风仍未愈，午后勉强邀周权、周备看电影《八一运动会》。孝老来信，并附寄《写经告成记》一纸。

十三日　星期。买一鸡为祖源饯行，其伯父嘘云来，杨云汉亦来，留午饭后去。拱稼生来，送自书折扇一柄。

十四日　看周孝老，出示所写《士礼》及《礼小戴记》，皆篆文，盖以三十四年之岁月始将全十三经写完，真可佩也。坐中一客，名金克天，山西人，亦谋文史馆事者。其人自云收藏颇富，不知何以汲汲于此也。顺过徐伯儒，近亦常患失眠，想过劳之故耳，留午饭。饭后看倪氏甥女，旋至宁海路剧团看正勤，不知今日是团中假期，阒无一人，徒劳往返，可笑也。

十五日　早约周仲容同至永嘉路文史馆取八、九两月薪，闻陈芸患盲肠炎昨日入医院割治，怪得匪石面有忧色也。叔兄、蒋云从各来一信，叔兄信中言兴业已判决。此子出言卤莽，遂遭极刑，可悯也，亦可戒也。

十六日　倪沧舲来。晚饭前看李永圻，未值。

十七日　付报钱二万四千，煤气四万六千八百元。道铭来，日内回开封矣。覆云从一片。偕周权、张家怡及榆孙看朝鲜《保卫家乡》电影。

十八日　周家交来本月租金三十八万四千二百元。毛继曾有信来告贷。朱月轩由南京回，带来咸水鸭一只。晚看道铭。

十九日　寄五万元与孝宽过节，又寄毛继曾两万。金煌因其母病殁于戚家，告假来沪料理后事，来相看，并馈月饼两盒，留之午饭后去。久不至公园，薄暮散步过之，荷叶已渐枯萎矣。

二十日　午前看匪石、仲容问陈芸病，会柳贡禾亦在，小谈而归。晚看乃仁，候至七时始返，遂在其处晚饭，馈其子月饼一盒。

二十一日　托张胖子代缴契税共三十万，又交电灯钱二万八千。孙子长于昨日病殁于医院，其子文浩来告丧，会予不在家，未相值，留一字而去。

二十二日　中秋节。密雨终日。往孙子长家一吊，送奠仪二万。心叔来一信。

二十三日　付德贞日用十万元。午后访正勤，与正勤、英才、崔华、梁斌在十乐坊天津馆小吃。晚看戏，以《徐策跑城》一出为最佳。

一之来一信,并附一信与其子宇元,当即送交。

二十四日　王循序来谈。覆一之一信。又写一信与正勤,代改订戏中辞句。付种树钱三万。文史馆来信,廿八号下午二时在南京西路民主青年联合会会场开谈话会,并提前于廿六日发十月薪。

二十五日　写一信与彭祖年。晚看李永圻,坐候一时许未返,遂归。

二十六日　还伯宣《越缦堂日记》第八函。伯宣今年六十整寿,作五律一首贺之,文曰:"上寿今才半,三秋未过中。身轻鹰斗健,气静桂相融。朋辈推盟主,乡人挹德风。行年六十化,应不让蓬翁。"到文史馆取薪,便道过汪宜荪家,留晚饭吃包子。初出门时值李永圻来顾,同上车谈至海宁路,伊下车去。又吴林伯来,未相值。

二十七日　丙孙来谈。付地价税六万元。伯宣来。午后忽有一张姓者来告帮,言怀宁人而住南京者,赠以两万金,留笔两枚而去。晚在五十二号、七十五号看昙花。

二十八日　看周仲容,留午饭。饭后与同过吴眉孙,偕赴文史馆茶话会。到者七十馀人,有茶点并摄影而散,说话者江艺云、李青崖,皆副馆长也。

二十九日　陈匪石来,与同至虹口公园小坐回,留午饭后去。王季铺来一信,调至鞍钢高职任教员矣。晚汪宜荪来。为孝宽事写信与叶誉虎,嘱为修改。

三十日　覆王季铺一片。彭祖年来一信,与余前信盖同日发出者。郑宝隆亦来一信。

十　月

一日　本日国庆。晚到北四川路一看,人山人海,兴高采烈,真太平景象也。葛兴自南京来相看，以无下榻处，未相留。

二日 覆郑宝隆一片。本日伯宣六十一寿（阴历八月二十五），走吃寿面。其弟仲远备有晚酌，又留晚饭而归。先于午前看石公，未值，因过竹庄小谈。正勤信来，本日午前赴朝。

三日 早葛兴来谈，本日回南京矣。祖源自沈阳来，带得符离集烧鸡，晚餐饱啖。

四日 星期。晚看江苏剧团《群英会》《借东风》《华容道》戏，先过宁海路看梁彬，复兴中路桃源村看王务孝。

五日 午前看黄桂秋。访伍胆伯，以所开门牌有误，寻觅不得而归。

六日 雨，未出门。

七日 午晴。薄暮到虹口公园，荷叶已划去大半矣。

八日 早宋小坡来。到师范大学看刘约真、吕诚之、许士仁、徐声越等，刘往静安寺听经，许去北京开会，皆未见着。在吕诚之处午饭，归时便道过中山公园一游，桂花正开也。一之来一信。

九日 晚访李永圻，未值，在周哲朏处小坐而归。

十日 午后永圻来谈。周权送来荷叶包肉和粉蒸肉，食之甚美。

十一日 星期。周权往浦东代课，来辞行。

十二日 寄一信与龙珠，并汇去十万元。刘约真寄一片来，邀重九日在中山公园茶叙。

十三日 午后崔华、梁彬来，与同至虹口公园吃煎饼。覆唐玉虹一片。一之自大连来信，并附来一湖、一平寄彼之信，皆为子慧事也。

十四日 付自来水钱两万七千六百。午后看吴眉荪，在眉孙处吃面后同看宋小坡，晚九时后返。

十五日 早王循序来，送芝麻糖一包。买米一百五十斤，煤一石又盐一包，共二十五万九千七百元。米二十三万馀。

十六日 寄一片与金煌。赴刘约真约，到者十人，除主人吕诚之本相识外，曹俶补在文史馆上曾一见之。一程姓，字宅安，万县人，其子在师范大学数理系任教,住旧约翰大学三十五号,云在成都时余曾与邵潭秋至其家,余则忘记久矣。又云与穆生守志相识,穆住万县三马路礼拜寺内。又葛一之,嘉定人,住马思南路五十七号,电话七七八一九,新由山东财经学院调至师大中文系者。此外为黄燕甫、刘孝怀、何某、王某,皆湘人也,并摄一影。饭后与吕诚之、葛一之在植物园徘徊久之。归途经荣宝斋,买朱墨两铤、磁青墨一铤,共十四万元。得遇尹硕公、陈病树,又一人忘其名,硕公云与陈皆文史馆员也。与陈病树小作周旋,因天雨乘三轮车而回。付煤气钱三万八千四百元。

十七日　午后与匀孙看电影《冷酷的心》。

十八日　薛嘘云来,留晚饭后去。本日星期。

十九日　天雨。晚万少石来,邀明日吃饭,谢之。竹庄云此人不可多与往还,听其所言甚浅薄,即此往来无益,亦可知矣。

二十日　天转凉,察风向已转西北矣。写一信片覆一之。午后崔华、梁彬与一名聂玉凌者来,梁彬送香蕉一篮。聂在杭州市剧团,亦夏声剧校人物也。聂与崔先去,梁晚饭后去。为讲解白居易《卖炭翁》诗及《檀弓·苛政猛于虎》一文,并告以政同征税之征,非政治之谓,此近时人所不能解者也。又葛一之来,借得《三国志》上半部去。

二十一日　悌儿交来家用二十五万元。付电灯费三万六千八百元,又买丝棉四两两万元。

二十二日　缴储蓄券八万元。道铭由江阴来一信,天健来一片。

二十三日　倪沧舲来。覆道铭一信。写一片与刘子静,要其来取老太爷对子。

二十四日　看黄秋生,同至其对门装裱何子贞对子一付、王伯沆画梅花横幅一个,共三万二千元。随至思南路看葛一之,留吃面,谈甚久。三时后至美乐坊看钱子严,会金巨山、吴眉孙、王福广、李子扉等,在其处小聚至五时后散。再同眉孙同看柳劬堂,小谈而归。付报钱两万四千。王季镛来一信,在沈阳医科大学附属一院治腿疾,住九病房五〇四室。

二十五日 建德徐在钟有信来,言山木可砍伐,令悌儿写一信覆之。此人不可信,且敷衍之。午后周仲容来。崔华与其爱人强玉琴携其侄锡安来邀往其家晚饭,备肴馔甚丰,谈至九时始归。本日星期。

廿六日 雨。午后黄三嫂来,盖返苏州为其子完娶也,送以四万元。一之信来,不日去抚顺。

廿七日 泉官今日返沈。覆一之一信,强天健一片。午后崔华、梁斌来,与之略谈文之类别,留晚饭去。宝侄来,会余到红星书场听书,未相值。书场人杂而空气甚浊,不可多留,坐一小时许便归。车中遇林味辛。郑宝隆有信,托买书。

廿八日 鼎女来一信。覆郑宝隆一片。午饭时刘啸篁来,此重九日中山公园同席者,前记作孝怀,盖长沙口音听不端的,遂误记也,约一时许去。付日用十万。

廿九日 寄鼎女一信。午后周备来。付裁缝工钱五万三千元,盖缝制绵袍者也。十力有一信片托,在苏锡觅屋。

卅日 刘约真寄重九照片一枚来,并索诗。天又雨。

三十一日 作重九公园集会诗,题曰《癸巳重九,无净居士邀集于中山公园酒饭,摄影而散。曹、刘、黄、何诸老既有佳唱,居士又书来索诗,藏拙不得,勉赋七律一首乞正》:"海隅苦无高可登,欲买茱萸插未能。赖有名园远嚣俗,偶应嘉召会高朋。晤言只觉兰同臭,得酒何须菊满滕。老影婆娑各看取,明年此会傥能仍。"注:黄荫甫携酒而至,本年园中无菊。因雨终日未出。

十一月

一日 覆十力一片,又将诗写寄约真。天仍雨,午始食蟹。付日用十万元。本日星期。

二日 龙女来一信。十力之子寄其父转来信一纸,乃知昨信片地名误矣。午后回看刘啸篁。送石溪山水装裱,裱工四万五千元。晚在汪浏家谈。又钱子泉寄所作文物研究等文字来。

三日 将龙珠信附寄一之,再写一片与十力。又写信与丙孙,并附致汪仲衡一信,托在苏州为十力觅屋。王务孝来,去后崔华、梁彬、章浏来,为说文文山《正气歌序歌》,只讲得起首数句,以有会匆匆而去。钱子泉寄其所作文物考证等来。

四日 心叔来一信,徐桂贞来一信,丙孙来一覆信。午后张文约与陈匪石同来,谈甚久。

五日 买煤球一担两万七千,油一斤五千一百。刘啸篁来,属题其《瓜瓞图》,并送来所作和予重九日登字韵诗。覆心叔一片,告以暂不能去杭。又覆钱子泉一信。

六日 刘丙孙来,取得龙川老人对子去。汪仲衡来一信,刘约真来一片。

七日 《为刘啸篁题瓜瓞图》诗成,云:"岣嵝碑诗有典型,其先世侍讲公有《题岣嵝碑》诗。传家原不仗簪缨。书香琴趣箕裘业,池藕棚瓜农圃情。偶藉画图传乐事,早于判牍识廉声。君尝为法曹。信知世泽江流远,又见孙枝两两荣。"写一片问一湖疾。

八日 雨。昨周备自浦东回,捎来周权一信,写一纸覆之,告以防止遗泄之法。十力来一信。午后宝侄来,送来仲兄皮帽作样。崔华邀同刘更象来,并约至其家晚饭。刘为崔同学,参加志援军作放射电影工作,调回张家口休息,到沪购买机器者,陕西临潼人。在朝修建机场以发电机供给用电,几一月未睡眠,又曾拼命救护倒屋压伤之人,评为三等功臣,受有勋章。与之谈甚久后,四时又送予到家,小坐而去,予约其星期二再聚。本日星期。

九日 作五律一首赠刘更象,云:"我愧无能老,君真可爱人。小楼风雨夕,一见便相亲。莽莽英雄迹,匆匆萍水因。党民无二致,珍重

427

旧功勋。"民字拟改群字,群,群众也,本刘口中语。

十日 买油四斤,每斤五千一百元。晚刘更象来,崔华亦续至,同吃锅贴、螃蟹、炒面。后复回,谈至九时始去。诗即写赋之,并为之解释。

十一日 晚与周备同散步,至虬江路而回。付日用十万。寄一片与刘约真,约十四日午前相访。十力寄《新论删定本》一册来。

十二日 寄十力一信。又寄孝宽一信,并赠以五万元。午后刘更象偕其友人贺忠礼来顾,盖同来沪采购者,亦陕人也。与之游中山公园动物园,晚同饭于十乐园。饭后至剧团小坐,见崔、梁、章等,归时已十下钟矣。刘、贺赠予同摄影片一张。

十三日 午前王循序来。子韦之女转来孝宽一片,一之亦来一信。

十四日 早到师范大学看刘约真,取草书横幅,即在其家午饭。饭后便看许士仁,他处皆未去。到文史馆取本月薪,以三万元订上次开会时摄影一张。归途便过蒋竹庄,会缪子彬、陈季明亦来,小与周旋而回。

十五日 星期。雨。杨云汉来,留午饭去,并赠以《战国策去毒》一部。午后梁彬来,留晚饭去,崔华因感冒未来。付本季房捐十三万六千元,煤气三万八千二百元。周易送来本月租金。

十六日 尹石公来书,言马湛翁到沪,明晚周孝老邀晚饭。书才阅毕,而湛翁与其门下吴敬生已来,别有一张同志陪来。住淮海中路武康路口华东招待所。以其戚汤氏约午饭,未多坐即去。午后刘啸篁来,诗写好交其自携走。孝宽有一信,款收到。

十七日 午后四时到李老家坐,客湛翁外,有徐森玉、江翊云、蒋竹庄、尹石公、吴敬生,本约柳劬堂,因病未来,谈至晚九时后归。而刘、贺两君到余家已三次,并曾追至石公处,欲邀余在崔华家晚饭。又留字,候余至九时馀,归太晚,遂未去,负其厚意矣。

十八日 付日用十万。早起到招待所访湛翁,赵苇舫、尹石公已先在，王妙达、寿毅成则与余同至门。陪湛翁同到静安寺观东密坛场，过愚谷村访孙倜仁，未遇。仍回至招待所晚饭，得细谈。再同到徐家汇访程演生，陋室敝衾，全屋已赁作工厂，观演生一人枯坐其中，不能不为之恻然。归途取裱件。再过华东剧团，刘、贺于明日行，尚得一握手为别。晚丙公来，自苏捎得汪仲衡书，言已为熊十力觅得一屋。

十九日 发一书与十力，并将仲衡原书及图寄去。即覆仲衡一片。又写一片与蒋礼鸿，因湛翁言心叔病覆发也。又一片寄王季镛，问其动手术后情形。午后又写一信与吴林伯，告以湛翁来沪，并问其寓中可否分一室与十力过冬。买米百斤，十四万三千五百元。

二十日 再看湛翁，仍在招待所午膳，同食者有程演生、丰子恺。又得遇孙倜仁，并允将钞本《石斋集》借予校补，孙住愚谷村一百五号也。又遇许石楠，同馆者也。饭后偕演生同看柳劬堂，病已愈。便过眉孙，而陈贻先亦来，约于星期日赴某票房听戏。十力来信，不拟南迁矣。孝宽亦来一信。

二十一日 写一信寄龙女。又写一片寄苏宇，问其疾。付报钱两万四千。周权捎来一信。

廿二日 德贞今早回宁，托带四万元与三姊，今年七十寿也。付电费三万六千三百。午后梁、章二人来，为讲"正气歌"完。崔华后至，会余欲赴眉孙票房之约，遂同出门。主持票房之事者为陈孟广，潮州人，前于胡宛春家中曾见之。纳入会费一万，下月会费一万。共听戏三出，曰《玉堂春》，曰《珠帘寨》，曰《二进宫》。回在眉孙家晚饭，同席有陈孟庵、陈贻先、宋小坡。云从有覆信。心叔自亦有一信，并寄茹三樵《周易小义》一本来，其病当无大碍也。

廿三日 通一电话与一浮，昨晚始游无锡回，后日返杭，约明日早再去一见。

廿四日 约真寄诗来。苏宇有覆信，言其子天祚由昆明返宁，已在途中，此好消息也。上午看湛翁话别。午后过周仲容，匪石则赴茶会出矣。晚雨。

　　廿五日　雨。付日用十万。写一片与汪仲衡,言房子不必留。一片与心叔,劝其善养。一片与十力,告以房子已回却。

　　廿六日　王务孝来,留午饭去。午后吴林伯来,借《严氏诗缉》。十力来一信,仲衡来一片,德贞来一片。

　　廿七日　在温泉浴室洗澡,背生小疖忽溃,因走乞徐伯儒一看,云无碍也。便过剧团看梁彬。

　　廿八日　过江看周权,与周备同去,送渠橘子二斤、香蕉一柄,共九千元。午后与周备从张家桥步行至高庙码头,到家已六时半矣。买回猪油两斤十两,两万元。王季镛来一信。

　　廿九日　星期。赴星集,与眉翁在十乐园吃虾仁面,一万二千元。

　　卅日　天骤热,报云有寒流将至,此殆其兆也。

十二月

　　一日　雨,热如故。伍胆伯来。买煤一担两万七千元.。

　　二日　金煌来信,虽病未发而忙如故,可虑也。天仍雨,已转寒,昨日夹衣,今则非棉不可。

　　三日　写一信与金煌,属其保啬身体,来书有风木之思,因即以是动之。又写一片与苏宇。午后看《秘密客》电影。

　　四日　文史馆秘书梅焕藻来访问。付日用十万元。午后周备请看《在北冰洋上》电影。

　　五日　文史馆送照片来,并通知七、八两日有围棋聚会。晚梁斌、章浏来,为讲《段太尉逸事》一文。

　　六日　星期。悌儿交来家用廿五万。买油五斤,两万五千五百元。十力来一信,并附有致其子信,属阅后转去。午后到星集,仍请眉翁吃饭。

七日 孝宽来一信,并附与其姊万老太太一信、王循序一信,嘱各转去。一湖来一信,并寄刘策成《庄子集解内篇补正》一册来。一湖新由京回,病无大碍,孝宽则病已愈,皆可慰也。午后匪石来,与之同到公园小坐,斜日中亦殊适也。

八日 午前看孙俶仁,晚看李永圻则未值。鼎女来一信。十力、孝宽托转信一一发去。寄一片与东甫,问德贞病。

九日 同张家怡看《牧鹅少年马季》电影。晚培儿自无锡来。寄一信与十力。

十日 缴地价税四万一千六百元。写一片与刘更象、贺志礼。晚李永圻来,宝伫来。龙女来信,属寄廿万。

十一日 付日用十万。写一信覆十力。

十二日 早送回刘啸篁《陈其年填词图题咏》,人未值,交与珠宝店中人代交。晚看汪浏,商量孝宽事。

十三日 星期。覆一湖一片。十力之子又转来十力一信片。一之来一信。午后四时赴星集,晚饭眉翁会钞。

十四日 取得旧储蓄发还钱廿六万二千五百元,寄二十万与龙女。又覆一之一信,将龙女来书并转去一阅。下午看孙俶仁,借得《黄石斋》明钞本,共三十六册一箱,备与陈左海刊本校对。

十五日 丁恭甫来,捎得孝宽一信,言史馆事暂阁矣。午后到史馆取薪,归途一看倪氏甥女,并访竹庄一谈。德贞来一片。

十六日 周家交来房金三十八万二千六百元。付自来水两万、通沟八千二百、看弄堂与打扫一万六千四百,言年底双薪也。又付煤气三万五千七百,买米一百五十斤廿一万六千七百五十,油一斤五千二百,盐一斤一千二百。彭祖年来信,又生一子,属余命名,因名曰大用,字建五。

十七日 到房地产管理局取房产所有权状,贴印花六百元。晚在

431

光陆戏院看常州红星剧团演《八大锤》,扮陆文龙乳娘一老旦名连奎良,唱、作俱甚佳,而无人赏音,上海人听戏程度之低,亦可见也。写一片寄彭祖年。

十八日 洗澡。贺忠礼来一信,言刘更象又到上海而未来,可异也。王苏宇来一信。晚在七十三号开会,取得选民证。_{藏之眼镜盒内,防遗失也。}回看丁恭甫,未值。

十九日 寄五万与丁孝宽,用挂号信寄去。晚刘更象来。又梁彬、章浏来,为之讲曾子固《赵公越州救灾记》一半而止。自本日起校阅《黄石斋集》。

二十日 星期。昨与更象约十二时后在克立电机行相见,吃面后与同至星集,坐一时许,彼以锣鼓太闹不耐,遂同到剧团,得识马科,_{河北深州人。}邀与同在卡夫卞斯吃快餐,甚不恶。复折回剧团,小盘旋而回。更象明日返张家口矣。悌儿交来家用二十五万,付韵媳日用十万。丙公父子、周仲容来,皆未相值。

二十一日 孝宽来一片,言看司空表圣《诗品》有得,因以为劝。

二十二日 付居民委员会会费三千元。本日冬至。

二十三日 付电灯费三万六千三百元。买咸肉两块,合四斤半,三万四千五百元。青鱼头尾一付,共一斤十两,七千元。崔华来,留晚饭去。孝宽来一片,款收到矣。

二十四日 付报费一万六千元,言明年起篇幅将缩减也。覆苏宇一信。

二十五日 眉孙来一信。东甫来一信,并款三十万,嘱转杰甥。六十六号周太太来,为前之江学生张寅姊之姐,名允和,亦在之江读过一学期,后在光华毕业,能唱昆曲,邀余星期一晚听曲。其师为沈传芷,旧新乐府人物也。晚在恒丰里开会,听联合提名定额选举报告。

二十六日 上午看周孝老,谈译《尚书》及《春秋左氏传》为白话事,文且不能晓,而言读经乎,恐亦徒劳而无益也。下午看倪氏甥女,并将款交与。便一过丁氏姊妹处。在伯宣处晚饭,出孝宽屡次来信示之,朋友之谊可感,然伯宣今日安有暇读《诗品》一类文字乎。

二十七日　星期。覆东甫一信。午后赴星集,与眉翁再接洽丁孝宽事。

二十八日　写一信与孝宽,覆其劝读《诗品》之言也。晚在六十六号周家听张允和唱昆曲《断桥》《扫花》《闹学》三出,笛师名张传芳,本在新乐府唱贴旦者也。归家已近十时。

二十九日　付日用十万元。一之由汉口来一信。又陈墅来信,言徐闲山上树已斫伐矣。文史馆通知,明日发一月薪。孙俶仁来。午后周仲容来。晚看崔华,送份子四万,又旧花瓶一个,崔一月一日结婚也。

三十日　午后到史馆取薪。便过柳劬堂,还所借《陈散原集》,人未值。到剧团,留吃牛肉与馍馍。馍馍梁斌所买,牛肉马科所烧也。再到干校与悌儿谈卖树事,属其即覆陈墅。王敬老来一信。写一信与一之,寄抚顺。

三十一日　付煤球钱两万七千。龙女来一信,言子慧判刑十五年。五十之人,此与无期徒刑何异乎。晚崔承文来,借二十万去。

一九五四年

一　月

一日　十时崔华在剧团结婚,茶点而散。悌儿交来家用廿五万。买油六斤,三万六千元。

二日　寄一片与十力。王天祚来,谈其家事,为之欷歔而已。以腹疾未食午饭,晚食粥。

三日　腹泻仍未愈,屏去油类,看明日如何也。午后拱稼生来,胡绍棠与汪锡鹏来。理发。

四日　晚到宝偫处小坐,约阴历腊月廿三日在彼处祭祖。午后二时开会,提出候选人名单。

五日　王务孝来,崔华兄弟来。洗澡。东甫有一信,并款二十万,嘱转沧舲,因通一电话告之。午后丙公来,带来《归群草堂书目》。寄一片覆王敬老。晚又开会。孝宽来一信。徐在钟即金根来信,欲于树价中分惠一二。

六日　午后丁月江偕其外孙女来。此老明年八十矣,索寿诗,与

434

之偕往虹口公园一游。

七日 付日用十万。买白鱼一尾四斤,两万。午后送汇款与杰甥,便过悌儿学校将徐在钟之信交其阅看,并嘱酌量作覆。在胡开文买狼毫一支六千五百元,羊毫一支三千元,又小狼毫两支五千元。

八日 写一信覆东甫,告以杰甥医费尚需廿万,请其以此款拨送王苏宇,因前信曾告穷也。

九日 晚悌儿回,言已有书与陈墅,属其转告金根矣。

十日 星期。九十八号钱耀山来,捎得唐玉虬一书,言胡姓有藏书出卖。张允和来,送借得《夜奔》词谱。买猪蹄二作酱肉,重六斤,四万八千元,又鲫鱼两尾五千五百元。午后到星集,遇尹石公,盖与宋小坡偕来也。便过剧团,将《夜奔》词交与梁彬。

十一日 午前黄正勤来,送北京酱瓜一小篓、糖红果一小罐,谈朝鲜情况甚悉,留午饭未肯,去。午后汪宜荪夫妇来。覆唐玉虬一信片。

十二日 写一信寄贺忠礼,并转刘更象,怪其去后遂无音信也。又写一片与义侄,告以定腊月廿三日在宝侄处祭祖。午后看电影《智取华山》。东甫有信,又寄二十万与杰甥,言款送苏宇不受,言尚可支一年也。

十三日 买镦鸡两只五万六千元,共重六斤十两。午后送款与倪杰,便过利南居买熏牛舌一根一万六千八百元、腊肉一斤一万四千元。

十四日 寄一片与东甫。买窗帘一副,连铁丝架九万八千元。眉孙来信,并附冷御秋覆姜慧禅函,索丁孝宽诗文,因到汪浏家思搜得若干,而竟无有。

十五日 付自来水二万元、煤气三万五千七百元,看弄人七千七百元。周家送来房钱三十八万二千七百元。覆眉孙一信。写一信与伯宣,并将所抄《诗品》附去。又写一信与丁孝宽,寄十万元去,内四万

435

与黄氏小兄弟。买肉,一块二斤十两一万八千五百,一块四斤十两三万二千,腌以过年也。阿杭来信,欲到上海过年。

十六日　徐伯儒生日,照例送板鸭两只,在北大有买,共五万五千元。扰其午面、晚饭。中间一看倪杰。又过剧团看黄正勤等,盘桓两小时。

十七日　覆阿杭一信片。又写一片与郑瑜,嘱买鹅一只,由阿杭带来。付日用五万元。买草鱼一尾,三斤欠二两,一万三千五百元。午后赴星集,梅翁未来。

十八日　在合作社买年货,粉丝、皮蛋等,共六万六千九百五十元。买泰和豆豉半斤,四千元。晚在周家听曲,将《夜奔》曲谱交还张传芳。

十九日　付下月报费一万八千元。一之家书中附来一信。孝宽来信,附诗五首。晚李永圻邀看小盛春猴子戏,戏甚劣,然足发噱也。

二十日　将孝宽寄诗五首转函眉孙。

二十一日　午后刘丙孙来,托带两万元与汪仲衡过年,微中其微矣。晚看宝侄,未遇。本日崔华将床与铺盖送回。

二十二日　寄丁月江寿诗七古一首,了人事也。午后在华德灯泡厂选举投票,亦了人事也。孝宽补寄诗一首来。东甫来一信。夜有雪,盖苦雨者已半月馀,今转寒矣。

二十三日　仍雨,报云寒流分股南下,长江下游有雨雪。昨夜雪未积旋化,沪地工厂林立,气候固自别也,屋内温度仍在四十以上。晚正勤来,为授《滑稽列传》“优孟”一段,侯朝宗《马伶传》一篇。悌儿回,交来家用二十五万。付日用十万,买煤球一担二万九千元,买劳动牌手巾一条八千二百元。

二十四日　星期。天晴,寒甚。午后看丁月江并将诗交与。到星集,晚饭后归。眉翁亦未来,约李永圻亦未至。刘约真来一信,并附来一湖致伊一信,血压甚高,可虑也。

二十五日 买咸鸭一只两万五千,青鱼一尾两万五千,香菰木耳、蜜桔等共二万三千。缴电灯费四万零五百。沧舲来,留午饭去。覆约真一片。又写一片与一湖,将重九诗抄去,来信所要也。又买金针菜半斤,五千零二百。夜十二时后泽杭由宁来,带来鹅一只、野鸭两只,五万二千五百。又东甫送咸鸭一只,德贞送油鸡鸡杂一包。

二十六日 到文史馆取二月薪,昨日有通知也,并云廿九日午在南京西路民主青年联合会开春节联欢会,备有午餐。便过延庆路,将东甫托带鸭子、咸肉捎与沧舲,即在其家午饭。买烧卖三十个九千元,又在四马路红杏北京糕饼店买枣泥酥六个,每个一千二百元,又山楂四串,每串一千。

廿七日 李金煌来一信。晚在宝倕处祭祖,吾家所供为野鸭一、青鱼头尾一、十锦素菜一,共三馔。义倕带来家栋倕孙寄余年礼十万元。

廿八日 买油十斤五万二千,米百斤十四万四千。寄拾万与龙女,并属泽杭起草为子慧申请减刑书,一并寄去。覆李金煌一片。给洗衣服人一万五千。

廿九日 十一时到文史馆开会处,所来者不少,菜六品,为福建庖人所制,江艺云荐也。会后到宋小坡寓中小坐。过剧团,邀马科、梁斌到家晚饭,十时左右始去。阎任之有一信来。

卅日 买油三斤,一万五千六百元。寄一信与一之,将申请书附去斟酌。汪仲衡来一信。晚看何亚谋,同访胡才甫,则回杭州去矣。徐伯儒来,未相值,送油鸡一只、茶叶一包。

三十一日 悌儿今晚赴严州,给与路费二十万元。又付日用十万元。写一片谢徐伯儒,一片邀王天祚来过除夕,俗所谓吃年夜饭也。午后建德款汇到,悌儿遂止不行。款共四百八十六万,内三十万系田租,交悌儿充诸孙学费,馀款则卖树所净得,暂以定期储蓄券存入四百万,备作修屋之用。刘更象、贺忠礼亦有信来。

二　月

一日　买咸肉三斤两万六千四百元，又买鲜蹄爪两段两万元。午后梁斌送戏票来，与同到公园盘旋一时许。回家则云从夫妇正从杭州来，留晚饭去。

二日　今日阴历腊月廿九，除夕也。午后伯宣来，送龙井茶叶一包。王时炎来，送橘子一篓。晚邀周权来吃饭，邀王天祚、萧宇元皆未来。付阿杭五万二千五百元，还瑜媳买鹅与买野鸭钱也。韵媳与三孙各与押岁钱一万。家栋侄孙来一信。文史馆办事人员有一片来贺节。

三日　阴历元旦也。廖茂如来。王淮夫妇来，送郑福斋点心一盒。何立言夫妇来。写一片回答文史馆同人。寄刘更象、贺忠礼一信，将原信错字改正写去。薄暮回看廖茂如。杨云汉来。童载新来、马子彝来。

四日　到大众剧院看李玉茹与正勤所演《十三妹》，便过黄秋生贺年。朱有瑜、张祖培、周赞吾、徐伯儒来，皆未值。钟道铭来一信，现在安徽大学教课。

五日　汪宜荪来，送橘子一篓。宝侄夫妇来，送咸肉一块，宗氏侄媳并请午后在国际电影院看"抗美援朝"第二部影片。王务孝来。义侄夫妇来，未相值，送鸡卵二十枚、糖莲子一盒。电影后便过匪石，在仲容处拜年。

六日　刘啸篁来，留午饭去，约明日红榴村吃早点。倪杰来，送自作豆沙圆子二十个、橘子八个。覆家栋侄孙一信，道铭一片。午后陈憬初来，送桂圆一包、蛋糕一盒。季家骥来。

七日　早起赴刘啸篁之约，吃豆沙包子一个、菜菔丝合子两个，尚好。过伯宣，未值，送其橘子一篓。看竹庄。回看马子彝，坚留午饭。

饭后过眉苏家,与之同赴星集,晚饭由余会账。闻周孝老年底回沪,因病入华东医院,通一电话于其家问之,云医生禁会客,遂未去。季家骧又来,送黑枣一包,未相值。

八日　傍晚散步。买野鸭一只,一万一千元,回视之,几半腐矣。

九日　丁月江来,邀于十四日星期在莹瑞坊十三号午酌,并托转邀伯宣、眉苏、丙孙。发一片与丙孙,一片与伯宣。与阿杭五万元。午后吴林伯来,将前所借《十力语要》《新唯识论》交其带去。

十日　早邀同眉孙同到兴安路二号看陈蒙庵,回到眉孙家吃饭。

十一日　付日用十万元。洗澡,因天骤热也。

十二日　伍胆伯、周绳武来,留午饭去。叶普孙来,陈匪石来。托郏老问周植曾,知孝老病在肾,石可消归膀胱,无大碍。今日天又转寒。

十三日　早七时阿杭返宁,再与之两万元。午后王循序送张伯琼来。伯琼将去泰州,谈甚久,候循序不再来,遂别去。唐玉虬来一片,促行。

十四日　丁月江邀午饭,伯宣、丙孙并未到,到者眉孙、秋生与余三人而已。饭后与其子及外孙谢某同至襄阳公园拍一影。赴星集,请眉孙在绿杨村吃煨面与菜肉包子。何翘森来,未值,现派在绍兴省立绍中高中部任教。付煤气三万九千四百元,水费一万八千元。

十五日　赴文史馆取三月薪半数,二十万。便过汪宜苏家,留午饭。赴馆后到剧团看正勤等,因闻将赴浙闽作慰问演出也。正勤邀至其家晚饭,与马科同去。饭后看戏,李玉茹《铁弓缘》也。一之来一信,刘约真有一信,阿杭有一片。收房金三十八万二千六百。

十六日　付看弄人八千二百。龙女有信来,并寄来申请书两件。晚正勤、梁斌、马科来此晚饭,谈甚欢,黄、梁即将赴闽。

十七日　代正勤发寄往北京信一封,并写一片告之。将龙女申请书一寄与李一平代递最高检查署,一径寄汉口中南监察委员会,并寄一湖一函告知此事。又发一片覆刘约真。午后回看叶溥孙。在义侄处晚饭，托其觅水木作修理房屋。

十八日　寄一之一片。午后王天祚来。

十九日　文史馆二时开会，为认购公债也。会后到襄阳南路回看王天祚。过旧货摊买铜台灯一盏，八万元。叔兄来一信。又刘静窗者来一信，转致十力移沪就余意，此事讵如是容易耶？

二十日　缴房捐十三万六千元。寄还认购公债书，余认四十万，分三、四、五、六四个月扣。付煤球钱四万七千。报载四外长会议结束，并建议于四月二十六日在日内瓦举行五国并南北朝鲜会议。午后丙公来，并带来《白石山房文集》、老夫子诗文及函稿。赵苇舫来。写一信与十力，一信与叔兄。马科来，晚饭后去。

二十一日　看王淮夫妇，未值。到乃仁家，乃仁亦不在，送其子雪柑一篓，共三斤有零，一万三千元。在乔家栅吃粽子一个、汤团两个。看柳劬堂病，已起床，无大碍矣。旋到剧团约马科到洪长兴吃羊肉饼、羊肉饺子、片儿汤，共一万四千五百元。再同到星集听程君谋《庆顶珠》。散后又同到金星北京食店吃杏仁茶与红果，归家已九点。见道铭夫人来信，道铭于七日死去，为之惊叹不置！徐伯儒来，送茶叶一包，未相值。

二十二日　张姓水木作来，引之各处一检看，令开单交义侄，并带还义侄两万元，南京退回祭祖费用也。付三月报费一万八千元，居委会经费三千元，路灯费一千五百元。刘静窗又转来十力一信，仍言迁沪事。王循序来。晚丙公父子来，留饭去。

二十三日　袁惠常来，在柳劬堂处所识也。缴电灯费三万四千七百元，买米百斤十四万三千五百元，付日用十万元。徐声越来，并捎来任心叔所托人带来浦潜夫《周易辨》一部，言心叔病发，又入医院矣，可虑也。留声越午饭去。到百货公司买理发剪刀一把，两万五千四百元，徐美才来信所索也。写一片与何翘森。又一片与道铭夫人徐方英,唁其新丧。

二十四日　寄剪刀与美才,木盒二千五百,寄费二千,共四千五百元。写一片寄礼鸿,问心叔日来病状。

二十五日　崔华由南京来一信,云即去浙江矣。连日天雨,未出门。

二十六日　问孝老病,尚未出医院,而腰已不痛矣。其家人云如此。梁斌由福州来一信。午后看匈牙利《一八四八年革命》电影。彭祖年来信,已派在文史馆工作。

二十七日　买糯米五斤,七千八百元。

二十八日　看陈憬初,未值,送其龙井茶、藕粉各一小包。看徐伯儒,送其子苹果八枚,二斤半,一万七千元。在倪杰处午饭。饭后过葛一之,托词取回《三国志》四本。到星集,缴会费一万五千。是日陈蒙庵五十寿,正月廿六。公分祝寿,因附之出二万元。在青年会晚饭。饭后过义侄,取回张伟记所开修理房子账单。云从有覆信,心叔情形尚好,为稍慰。文史馆有函,索诗文、书画,云备观摩会展出。

三　月

一日　连日仍阴雨。晚到宝侄家,送还所借皮帽。

二日　雨止,仍阴。闻冷御秋到沪,与眉孙约欲同去一看之,回云连日开会无暇,遂止。

三日　付日用五万元。发一信片与徐美才,问剪刀收到否。刘约真寄其从子雪耘亚台游记来。

四日　孝宽来一片。约张伟记来谈修墙事。覆彭祖年一信,并托其探询一湖病状。

五日　写一信寄孝宽,并录寿丁月江诗去,来书所索也。袁孟常来。

六日 阴历二月初二,余生日也。念生我之劬劳,感老大之无成,终日为之不怡。张伟记来,先付五十万去。午后萧侄媳妇来,送蛋糕一盒、糖芝麻片一包。晚过崔华家小坐。

七日 悌儿交来家用二十五万。为水落管与左右两家共用,与朱正范、侯佩瑜谈明修费分担,后侯来云不愿出,此人素不讲理,听之可也。修理外墙则余家与朱家两户分任,昨日已谈好矣。买煤球百斤贰万七千,油二斤半二万三千二百五十元,又付日用十万。午后季家骥来。赴星集。晚邀马科吃水饺,又吃杏仁茶,九时归。

八日 午前看孝老病,且因昨日眉孙谈及政府有创立古籍诠释馆之议,孝老已内定为馆长,而欲推予为馆员。以经籍译为白话,予向不主张,此盖一字之失,差以毫厘必至谬以千里,因向孝老力辞。闻后日午后将召开坐谈会,亦决不赴也,大约可免矣。

九日 写一信寄梁斌福州。尹石公来信言明日坐谈会事,当托眉孙转致意,不拟赴会也。李一平将申请书退回,嘱修改。

十日 寄一挂号信与龙女,嘱将申请书修改,径寄北京最高检查署。阿杭来一片。

十一日 覆阿杭一片,又写一片与鼎女。张伟记来,又付五十万,共一百万矣。蒋礼鸿信来,言心叔病有进。李金煌亦来一信,询回宁期。写数诗,拟塞文史馆展览观摩之请者也,补成《食煨蹄戏作》五古一首。

十二日 午后看眉孙,以所写诗商之,无违碍可出视人矣。晚与周备在三江浴室洗澡。电力公司来谈抄火表事。

十三日 升昌行来拆移电线,备移火表也。彭祖年来一信,言一湖办公如常,可喜也。马科寄明晚川剧票来,李永圻又由萧宇元转送后晚群众戏票来。

十四日 到星集。晚看川剧《玉簪记》,作工甚佳而唱腔不美,帮腔尤可厌,不知何以不肯改也。写一信片与尹石公,以星期三坐谈会由其通知,不可不覆。

十五日　到文史馆取回本月薪水馀额二十万,又公债十万元。交春季地税四万一千六百。煤气三万四千三百。午后丙公来。电力公司来移火表。晚李永圻邀在群众戏院看新艳秋演《碧玉簪》、陈正岩《打登州》。

十六日　付自来水一万四千,看弄堂及打扫八千二百。居民委员会费三千。催张伟记来修窗,便过孙俶仁谈。一时许林孟辛夫人来,送瞿禅及心叔自覆徐声樾信来看,大致与云从来信同,决不动手术矣。偕周备看电影《印度》,零零碎碎,殊无剪裁。

十七日　再催张伟记,不来,因从电话中怒叱之。固知忿之当惩,而此辈之无信即亦不能不令人气恼也。付洗衣钱一万。

十八日　付升昌行电料工资三十五万六千,付下月报费一万八千。看柳劬堂,因昨日曾托人捎信来言有事相商,及去,乃知受孝老之属为古籍诠释事劝驾也。因亦转托其善为辞谢。鼎女、龙女各有信来。鼎女将动手术,取腰骨以补胸骨,覆一片寄沈阳和平区汉口街中国医科大学第一医院第九病房五一四病室。

十九日　付日用五万元。泥水匠来修墙。午后丙公来。严同志来,问钱震夏过去情形。伯宣一片来,言廿四日午在其家中公宴丁月江。王苏宇来一信,春暖,喘病稍轻矣。

二十日　一湖来一信,唐玉虹来一片。

廿一日　悌儿交来家用廿五万元。尹石公来谈甚久,仍为所谓古籍诠释馆事劝驾也。一之来一信,甚简。

廿二日　覆唐玉虹一片。油漆匠来收拾窗子。午后匪石来,马科来。与马科同在土庆路西湖饭店吃虾仁爆鳝面,尹石公所夸饰者,然去杭州奎元馆则远不逮也。食后同到崔华家,盘桓至九时后始归,崔华约月底月初亦可返沪矣。又付日用五万。

廿三日 刘啸篁来。孙塵才来,不见盖七八年矣。寄二十万元与龙女,由棉湖菜种街王振兴号转交。徐美才来一信。一湖又来一信,仍为子慧事,又寄来参考文件。文史馆来信,明日十时开会商量观摩会事。

廿四日 十时前到馆,与会者除江艺云、李青崖两副馆长外,刘天囚、汪彭年、陈贻先与予四人而已,盖以展览品中不无荒谬与不知忌讳之作,欲加以审查也。会至十一时半未毕,本备有午饭,予因本日与秋生、眉孙、丙孙、伯宣共为丁月江祝寿,乃先离去。至伯宣家,丁、黄、吴已早到矣。饭后谈至三时左右始返寓,此与馆中之会盖有仙凡之别矣。德贞来一信。

廿五日 买白布一丈二尺五寸,作裤用也,共三万四千四百元。又买奶油两块,一万四千元。晚与周氏兄弟在三江浴室洗澡。

廿六日 又付张伟记五十万元。覆一湖信,并将所寄文件寄还。

廿七日 抄老夫子《宜黄县学记书后》,备柳劬堂阅也。晚通一电话与马科,约明晚相见。付日用十万,内买煤球二万七千。

廿八日 看王天祚,未遇。到余乃仁家,留午饭。与乃仁不见盖半年矣。饭后过柳劬堂,并将《荀注订补》及所钞文交与。《荀注订补》亦劬堂前次所要看者也。五时半后到剧团候马科,久方回,草草同吃面与粽子以充晚饭,托其买杂技团票。归途过李永圻,约三十一夜看河南戏,未相值,戏票托周哲肫转致。

廿九日 寄三十万与老妻,写一信由德贞转。又与三哥一片,告以不回去上坟矣。丙孙来一信,言幼朋夫人出售幼朋所钞老夫子著作,价四十万,分四月付。覆信托其先垫付十万。龙女来一信,言其阿翁不欲再申诉,果不出我所料也。晚与周备看《钢铁是怎样炼成的》电影。

卅日 张伟记来,再付三十八万四千四百,前账结清,内有东邻朱家摊任墙头阁漏款三十一日万,已从朱家收来。外修阳台前墙及添装铁纱等,尚须加五十馀万,言定须结工后再付。王天祚来,会与周氏兄弟约游虹口公园,遂同去。归后祖源亦来,并留晚饭。鼎女来一信,已施行移骨手术,经过甚好。

三十一日　晚请李永圻看河南梆子《打金枝》《葛麻》两剧,较在宿县所看盖天壤矣,然终不如四十年前所看陕西梆子也。

四　月

一日　正勤来一信。马科来一信,寄来八日杂技团票两张。德贞来一片,款已收交。覆龙女、鼎女各一片。

二日　看孝老病,谈甚久,已全康复矣。送南京带来款与沧舲,即在其处午饭。饭后过汪宜荪,交十万元与顺兰,属寄孝宽为来沪川资。

三日　悌儿交来廿五万。又付日用十万。买米百斤,十四万三千五百。写一信与金煌,一信与马科。午后雨。丙公自苏州来,带来幼朋所钞老夫子《诗》《书》《礼记》三读本及文章八本,共一楠木箱,幼朋夫人以四十万售与予者,言定款分四月付,当付三月十万元。

四日　道铭之妇徐才英来一信。本日星期。泉官来,午饭后去。

五日　阴历三月三,又清明也。叶华送色拉来。泉官来,晚饭后去。

六日　早陈茶村来,唐玉虬所介也,现在师范大学历史专修科读书,暑假毕业,常州百丈人。言尝遍读《十三经注疏》及《二十四史》,使其言而信,则今日后生中所仅有者矣。

七日　午后看尹石公,复相偕同看竹庄,谈甚久。过义侄、伯宣,皆未值。五时半到剧团,则赴浙者已于今日午回沪。见罗通明、顾忆萱二人,馀未见也。晚饭后到崔华家,九时返。

八日　邀周备同看杂技团。

九日　张允和来问《牡丹亭》中诸故实,送北京桃脯、杏脯一小盘。午后崔华来,送柳叶包子数枚,其母所手制也。

十日　鼎女来一信。玉虬来一片,仍问行期。晚马科、崔华、章浏来此晚饭,章浏送杭州茶叶一盒。

十一日　崔华邀至其家午饭,红烧大鲫鱼甚佳。晚邀其母及其夫妇在永安看民间歌片。覆玉虬一片。

十二日　付日用十万元。文史馆有信,邀明日再开审查作品会。

十三日　九时到馆,与会者除上次四人外,多一黄葆钺,盖为审查画件也。在彼午饭后回。

十四日　写一信为刘啸篁祝寿,由邮寄去,诗云:“喜得清明被不祥,举头惟见寿星昌。还将海上蟠桃会,移入山中曲水觞。兰芷遗芳应未远,苧萝旧梦故难忘。老来宾客诗弥健,几日争传自寿章。”盖今年三月三日恰值清明,为其诞辰也。午后馆中送本月薪水来。

十五日　收周家租金三十八万二千六百。

十六日　缴煤气三万四千五百元。

十七日　张伟记来,付修理增补工程钱五十万八千六百元。丙孙来,托带十万元与黄三元,本月分摊付书价也。张允和送来《玉茗堂四梦传奇》,云自赵景深借来者。午后程彬儒来,出黄仲素所抄《濂溪一滴》,欲易十万元,留书而去。付报费一万八千。晚泉秀来,带来南京家中所作素鸡,分一半送与周家。龙女来一信。

十八日　午后程彬儒又来,馈之十万元去。到星集,六时即归,意兴渐阑矣。本日星期。梁彬来一信。

十九日　寄梁彬一信福州。覆龙女一信,并附一信与姚一新、沈茂彰,为龙女谋事也。馆中有电话,言午后豫展,不得不再走一遭。归后便看孝老,并回看程七,未值。刘啸篁来,未值。

二十日　付日用十万。又赴馆作最后决定,到者馆长外,尚有蒋、徐、秉、丰诸委员,备午饭。饭后便过眉孙,得遇蒙庵。

二十一日　写一片寄一之,托在汉购沱茶。一片寄丙孙。晚与周备看《太阳照到了红石沟》电影,坏极矣。

二十二日　叔兄来一片。

二十三日　写一片与刘啸篁,一片与陈蒙安,又一片覆叔兄。午后二时赴常州,应唐玉虬之约也。七时到,住局前街爵禄旅馆。在县直街德泰恒吃面,后访玉虬,仍回旅馆宿,玉虬直送至旅馆时,已十时半矣。

二十四日　早到十子街看吕诚之病,病无大碍,但其夫人又病。留余宿其家,以未便扰及病人辞之。会李永圻亦前一日由上海来,邀余同游天宁寺,冒雨而往。大雄宝殿后已作病院,废然而回。至玉虬家午饭。玉虬已将旅馆账代算,坚留宿其家,不得不允。晚应诚之召至其家饭,玉虬亦在所邀。永圻来邀余先在南大街迎桂吃蟹馒头及麻糕,馒头甚佳,麻糕则平平。晚饭由吕小姐作陪,肴馔甚丰。玉虬、永圻外有吕夫人之侄虞君,诚之则戒荤腥未入席,九时后与玉虬同回。

二十五日　仍雨,寒甚。午饭备有全鸭,亦太费矣。四时回沪,永圻同行,玉虬直送至车站。九时到上海,抵家则十时后矣。悌儿交来家用二十五万。付煤球二万七千,油一万三千五百,自来水二万二千八百,电灯二万一千六百,又路灯费一千五百,猪油五千。

二十六日　夜大风,益寒,幸昨日返,不然狼狈矣。缴有奖储蓄十万元,综计赴常所费亦约十万元。晚邀周氏兄弟在三江浴室洗澡。

二十七日　正勤由福建回,来候,送漆箸一副,留午饭去。午后梁斌亦来,送漆盒一个、漆箸五双,留晚饭去。

二十八日　午万少石来,借《三国志·魏志》八本去。午后看王天祚,未值,过柳劬堂谈。便到汪宜荪家问丁孝宽行踪,留晚饭。饭后再看王天祚,正准备行装,云趁五一假期回宁一走,当交四万元托买香肚。唐玉虬来一信。

二十九日　葛一之来取所校《三国志》两本去。丁月江来,属题小像。彭祖年来一信。午后丙孙来。正勤来，为讲《三国志·周瑜传》上半，又借《儒林外史》，并为李玉茹借《儿女英雄传》去。

三十日　写一信片覆玉虬。付日用五万元。看匪石、仲容，小坐便回。

五　月

一日　看爱伦堡《暴风雨》小说。晚看徐碧云《白蛇传》"水漫与祭塔"，老矣。而其子徐鸿轩文武小生则可观。

二日　为丁月江题画像，云："抱朴守冲，老而益恭，人推为有道君子，己则曰吾焦东老农。夫农也而有君子之容，是岂不益可以为来学风乎。"写好，将自送去，而马科来，遂未出门，马科晚饭后去。

三日　朱月轩送来一之一信。徐桂贞来。看小说《牛虻》。寄蒋云从一片，问心叔病。

四日　写一片寄一之抚顺，又一片覆徐桂贞。晚饭后洗澡。沈维岳来访。晚心叔之仲兄来。

五日　雨。午后盛静霞来，因其母病也。王天祚来，送来托买香肚八个。续看《暴风雨》。鼎女有信与悌儿，即将出院回锦西矣。

六日　又付日用五万。写一片与十力。

七日　寄一片与吕诚之，问其疾。程七来信问文史馆事，覆以一片。

八日　蒋礼鸿来一片。

九日　悌儿交来廿五万。一之来一信。陈蒙安有信，言心叔将来沪，如静霞所言，然以病情观之，实不易动也。报载越南奠边府于七日解放。午后到星集，缴会费二万五千元，便过剧团一看梁斌等。回家晚饭。付咸蛋钱五万四千，付日用四万。

十日　买米百斤，十三万九千。午后与周备同在五芳斋吃糖藕，买电钟一个十五万九千五百,湖南腊肉两斤九两两万六千四百而回。看《暴风雨》完。万少石来还《三国志》,未值。

十一日　覆彭祖年一片,托觅几何参考书,已不许卖矣。电料行来装电钟,工资四千元。续看《巨浪》。

十二日　又雨。付自来水钱一万六千六百,居民委员会费三千。

十三日　马科来一信,内附正勤一片,约星期日上午来。

十四日　昨甚热,夜雨大风又转寒。今夏气候反常,调摄殊不易也。缴煤气三万四千三百。

十五日　午后赴馆领薪,便过汪家问孝宽行踪,又送《礼记读本》与柳劬堂。闻梅翁头眩因过候之,已愈矣。施蛰存来小谈。

十六日　又付日用十万,煤球一担二万七千,看弄人及打扫夫八千。丁月江来,为其子及外孙求书扇,此又一苦差事。马科来邀往文化广场看朝鲜文工团演出,正勤亦在,因言今日其父生日,故失约未来。会后与马科同看刘炳昆,以其能操琴挡筝,然言荒废久矣。

十七日　早徐声越来长谈。晚偕周氏兄弟在三江浴室洗澡。徐钟悟欲邀余充里弄文书委员,以老病力谢。

十八日　早王循序来,言孝宽在海安停留甚久,并有拜门者,果尔,亦为不知进退矣。缴夏季房捐十三万六千元。托周备买花生酱,甚佳,一斤四千七百元。

十九日　金煌来信,言午后有时发烧,可虑也。一之由大连来一信。

二十日　祖年来信,已移居水陆街清真寺十号。付报费一万八千。晚与周备看《翠岗红旗》电影。

二十一日　写一信与金煌。

二十二日　晚刘子静来,本月应付黄三元十万元,交其带去。

二十三日　星期。悌儿交来家用二十五万元。付日用十万,缴电费两万一千,买糖一斤六千三百,油四斤二万一千四百。陈憬初来。

二十四日　昨鼎女来信，言因病负债六七十万，寄五十万与之。午后丙孙来。

二十五日　连雨得晴。与周备偕游虹口公园，新荷已出水矣。

二十六日　看周孝老，并将丙孙及黄佩秋所写字样交与，托其将来在古籍诠释馆设法位置。在义倕处午饭。饭后看伯宣，未值，遂归。

二十七日　又雨。周备明日去宁，买煤炉一个两万三千元，托其带送三姑太太，并交五千元与作车费。午后请其兄弟看《尤拉也夫》电影以当饯行。

二十八日　早孝宽来，谈至十一时半始去。午后丙孙来。

二十九日　午后看孝宽，即在汪家晚饭。

三十日　发一信片与伯宣，本日星期，约星期三与孝宽同去相看。

三十一日　东甫来一信，煤炉已收到。马科来信，言今晚彩排《白蛇传》，邀去相看。六时到剧团。在十乐坊吃面，甚不佳。归时大雨，车资六千元。唐玉虬来一片。

六　月

一日　付日用十万元。午后余乃仁来，因学校发薪款不足，借二百二十万去。付碧玉洗衣钱一万五千。伯宣覆到，约明日午后相见，并备晚饭。

二日　上午看孝老，送《诗经读本》与《周子通书批本》与其阅看也。午后四时后邀同孝宽到伯宣家，馔甚丰，眉翁亦来，谈至九时后始归。本日忽雨忽晴。泉官自沈阳来一信。

三日　买樟脑精一包一万元，味精一瓶八千八百元，又买猪蹄一块九千元。龙女来一信，言患神经衰弱。子慧则到内蒙集宁参加铁路建设，南人而往北边，如何经得寒冬耶。

四日　寄龙女二十万元,并将原信转寄南京与老妻看。鼎女来信,款收到矣。马科寄八日夜戏票来。晚送戏票与永圻,约其八日夜看戏。

五日　寄一信与马科,因来信有刘斌昆邀吃饭之说,托其转谢也。本日又雨。

六日　星期。悌儿交来二十五万,当付十五万一千买米一百斤又九斤,买 D.D.T 一瓶。午前郑生道隆来问书。午后访孝宽,便过倪氏甥女一看。

七日　午后赴华山路虞氏蕊园,馆中召开园游会也,摄影、茶点而散。老妻来一信。

八日　寄南京家中一片。晚偕李永圻看《白蛇传》,先过剧团带粽子二十枚去,在健康食店买者,食之者皆大欢喜。属马科写一信与刘更象,问其近况。

九日　正勤来,午饭后去。

十日　晨看盛灼三,言及郑鹤春去冬生胃癌,经割治后已大愈,因过新绿村一视之,归时已一时后矣。以旧夹袍改作单短衫两件,工资二万四千元。

十一日　付日用十万元。培培来一信,即覆一信,并为他事写一信与权甥,又写一信与葛兴。买毛绳两股,八分之一磅,二万五千六百元。

十二日　盛灼三与郑鹤春来谈。午后看孝宽。

十三日　晚李永圻邀看李万春武松戏,颇似盖五。

十四日　东甫来信,代可权作覆者,不欲为周备介绍。

十五日　看竹庄,不值。看劼堂,遇诸途。过孝宽小话。在乃仁家晚饭,借款先还二十万。收房租三十八万二千六百元,应补二千二百万。

十六日　付煤球二万七千,自来水二万二千,看弄人八千,地价税

451

四万一千六百,煤气三万四千一百。冒雨到馆中取薪。金煌来信,言又咯血一口,可虑也。一之由家书中附来一信,行期又展缓,托人自北京带来沱茶三饼。覆一之一片。写一信与金煌,劝其休息。又一信与周备,可权亦来一信,即附与周备一看。

十七日　马科有信来。写一信与刘更象,并将马科寄彼之信附去。午后孝宽父女来谈,一点多钟去。

十八日　报载日内瓦会议朝鲜和平不得协议而结束,东北风云其将复起乎?写一信与马科,送信赴邮局时遇吴广洋,乃浙江大学学生,今在新沪中学任教,云曾于任心叔处相见,因偕之归,小谈而去。

十九日　天晴。买澡盆一个,十一万元。马科来,谈至夜十时去。付裁缝工资两万四千,改造短衫两件。

二十日　悌儿交来家用廿五万元。付报钱一万八千。晚丙公来,托带十万元与黄三元,盖至是买书之款毕矣。又带两万元与张伯琼,供药饵之需。

二十一日　买油四斤二万四百,又猪油五千。易静贞自北京来,送蛋糕一盒,言与其五妹即赴杭州。周备来一信。晚张寅和与其姊来,便过周家听曲。

二十二日　付日用拾万元,买玻璃板一块两万六千四百元。晚看李永圻,邀其明晚看黄桂秋戏。

二十三日　付电费两万八千。午后访伯宣,因孝宽早相约也。丙孙亦在,孝宽先回,余与丙公晚饭后离去。本晚黄桂秋《春秋配》戏甚好。

二十四日　写一信与正勤,索《春秋配》原剧本。

二十五日　缴有奖储蓄六万元。黄任之由京寄来《读资本论第一卷附马克思颂》一册。

二十六日　付通沟钱八千三百。午后梁斌来,四时后去。

二十七日　十时出门看王天祚、王淮,并未值,惟见淮妻。看宋小坡,亦未值,将求书折扇留下。过眉翁,会其子树能,从军者,自福建归省,留共午饭。饭后赴李永圻约,在人民大舞台看戏,吕小姐亦来,《红娘》一戏恶劣万状。戏后邀李、吕在厚德福便饭。归时遇雨,及家知崔华来,留字云晚十一时车赴朝鲜,因复冒雨过其家相送。

二十八日　午后大雨,路有积水矣。写一信与黄任之,赴邮局为水所阻,因折归投之邮筒中。

二十九日　到襄阳南路,拟邀孝宽观博物馆书画,孝宽因腿无力未能去。龙女来一信,附子慧一纸。

三十日　看周孝老,取回老夫子所批注《通书》及《诗经读本》,会尹石公来,因得一谈。到义侄家午饭。饭后过伯宣,因与孝宽有约也,而伯宣开会不能如约,与孝宽坐谈、点心而散。便一看蒋竹庄。李金煌来一信。十力来一信,并附一信属由唐玉虬转与羊宗秀。

七　月

一日　写一信与玉虬,并将十力信附去。伍立仲夫人逝世,寄有行状来,写一信与三兄,托其转送奠仪四万元,顺将龙女之信附去与老妻一看。夜有雨。

二日　孝宽来宿。写一信与永圻,邀星期一晚与吕小姐在大众看戏。天气甚热且闷。

三日　十力又来一信,托在宁觅屋,此公主张屡变,不可解。写一信寄永圻,并在群众买戏票附去,因大众星期一不演出,故改计也。旋永圻有信来,也言大众无戏。终日与孝宽谈,甚欢。

四日　卫素存来。午后拱稼生来。丁氏姊妹来,孝宽去。唐玉虬来一片。伍立仲来一信谢收到奠仪。再写一信,由萧宇元转致永圻。

五日　覆十力一信,劝其在常州觅屋,不可二三失信于人。又写一信与梁斌。晚邀永圻、吕小姐在群众看全部《伍子胥》。

六日　晨吕小姐来,约同到建业坊六十六号看屋,永圻亦来。昨晚悌儿回,交来家用二十五万元。买煤球一石两万七千,米五十斤七万九千。写一信与一湖问疾,又一信寄还叔兄四万元。

七日　买力士皂、药水皂各一块,六千四百元。周备来谈,报名已准,但只可考师大物理、数学两系。

八日　午后看匪石、仲容。写一信与眉孙,将《读宪法草案》诗七律一首写去。叔兄来一片,南京大水。

九日　到师范大学看刘佛年父子、许士仁、朱有瓛、徐声越、林孟辛、钱国荣,并将《周易指归》还声越。在佛年家午餐,吃水饺子,三时后穿中山公园而归。归后大雨。德贞来信,代三姊寄一百万与沧舲。

十日　送款与沧舲,即在彼处晚饭。饭后赴吕小姐红都看戏之约。到沧舲处之前过宁海路小作盘桓。十力来一片。

十一日　写一片与丙孙,约于明日在孝宽处相见。而丙孙夜晚来,谈钞写《白石山房诗文集》事,黄少怀愿任之,先带十万元去,又五万元备买纸。三哥来一片,款收到矣。

十二日　写一信与玉虬,将十力一片附去,并覆十力一片。付日用十万元。

十三日　看果戈里《钦差大臣》影片。

十四日　李永圻托人捎来一片。胡允恭来一信。看孝宽,午饭后回。

十五日　到史馆取薪,归途看胡允恭及吴艺父。寄一信与马一浮,并寄去沱茶两团。

十六日　缴煤气钱三万四千三百,又付看弄堂人八千二百元。到塘沽路乍浦路浦西公寓李青崖家开会讨论宪法草案,史馆五人、文物保管委员会二人,其一即陈匪石。十时起十一时半散,以后尚有五次会,在星期一、四,至八月三日止。彭祖年来一信,汉口武昌大水征实矣。晚请吕小姐、李永坼在大众戏院看戏,并留晚饭。

十七日 看亚伯拉罕姆斯著《怒吼》。夜又大雨。

十八日 写一信与周备,交周权附去。吕翼仁请在厚德福晚饭,饭后看戏,李永坼送其回去。

十九日 开第二次宪法讨论会。一湖来一信,嘱转刘约真一看。覆一湖一信,一信与约真。又写一信与马科、梁斌。张允和来,言星期六在纺织业工会有《长生殿》清唱。买席垫四块,二万六千。

二十日 一浮寄一诗来,答前送沱茶也。毛德孙来。付下月报钱一万八千。

二十一日 付日用十万元。午后有晴意,与周权游虹口公园,荷花无一枝,盖受水淹故也。晚梁斌来。苏宇来一信。许士仁来一信,言王务孝于上学期已派徐家汇天钥桥路一〇〇号第四女子中学任教。

廿二日 开第三次宪法讨论会。

廿三日 付电费三万四百元。报载越南和平已协定告成,此天大喜事也。王苏宇来一信,刘约真来一信。

廿四日 在百货公司买茧绸两色各七尺,共九万七千二百元。买大、小笔四支,一万六千元。过孙俶仁小谈。作茧绸西装裤一条,工钱两万五千。写一信覆苏宇。

廿五日 星期。丁月江来。正勤偕其爱人吴常美来,讲《周瑜传》下半篇。午后三时半后乘车到宁海西路,与马科相左,候之久不归,乃到汪宜苏家,晚饭后归。

廿六日 早胡允恭来。宋小坡来,扇已书成,其所自作《寒雨》一律也。到李青崖家开四次宪法讨论会。写一信与马科。买米五十斤七万九千元,麻油半斤三千二百元。

廿七日 泽杭来信索钱。马科来,谈至午饭后去。吕翼仁来,言房屋有问题,托另觅屋。

廿八日 寄十万元与泽杭。午后四点到伯宣处,原与孝宽约定在

455

其家一聚也,谈至八时后始归。晚饭肴馔甚美,卤蛋、虾饼尤佳。

廿九日 宪草五次讨论会。会后匪石邀至其处午饭,因与仲容相晤,后又同至曾满记茶叙,郑大觉、陆丹林在坐,许公为未到。

卅日 付日用十万元。马科来,为讲《简兮》一诗及《左传》"晋侯观于军府见钟仪"一段文字,饭后去。龙女又来信告苦。

三十一日 寄二十万元与龙女。付洗衣钱一万五千。

八 月

一日 午后四时偕梁斌、马科、章浏游中山公园,时小雨,以携有雨具,未至沾濡。晚即在彼吃加里鸡饭、虾仁炒面,炒面坏极而价较他处为昂,以烈军属所办,故特优容之耳。

二日 第六次会,带病而往。本可毕,而周伯敏想作文章,欲再续一次,遂约定星期六再见而散。阿杭来一片。

三日 马科来,为讲太史公《滑稽列传》一篇。午后王务孝来。任心叔来一信,一之由家书中附来一信。

四日 得倪昌龄信,言病已三星期,微热不退,随走车往视之。午饭后三时许偕之到徐伯儒诊所诊视,并注射盘尼西林一针,大致无大碍也。便过柳老及胡允恭一谈。

五日 阿杭由宁来。写一信与一之。

六日 悌儿交来廿五万元。付煤球钱二万七千,油钱二万八千,买米五十斤七万九千,又付日用十万元,罄矣。马科寄来戏票两张,让悌儿与阿杭去看了。

七日 最后一次会,其实闲谈而已。许公武来访,以急于赴会,匆匆数语送之去,意甚歉然。寄一信与心叔。

八日 唐玉虬来一信,并转来十力一片。本日星期。

九日 邀匪石同回看许公武，未值，留一刺而返，也了一人事也。

十日 胡允恭来信，言已回南京矣。

十一日 买西瓜，一万元。

十二日 由银行取回储蓄本利二十五万元，再储蓄四万元。付煤气三万四千三百，自来水二万七千。

十三日 早许公武再来顾。付修理垃圾箱及门房，费用二万元。马科未来。

十四日 到四马路买纸，路遇汪余卿，言已移居广东路功顺里二十一号。晚强玉琴来，送还所借二十万元。

十五日 付日用十万元，里弄工人八千二百元。周易交来房租三十万元。王淮来，周权来。

十六日 到史馆取薪。归过剧团，遇正勤。马科、梁斌皆开会，未见，乃将《水浒》一部、《封神》一本托正勤转交。看孝宽，送之川资十万元，又送黄三元两万元，托其转寄汪浏夫妇，留吃拌面。午后二时后看倪杰，病尚未愈，又改服中药矣。王善业、汪锡鹏来，未相值。丙孙来一信。

十七日 缴房捐十一万二千四百元。寄拾万元与黄少怀，此第二次款也，并附一信与丙孙问病。

十八日 付香港衫工钱一万五千，下月报费一万八千。

十九日 龙女来一信，款收到矣，内附有王亲家与阿杭一信，此老真不知门户以外事者也。马科来信，言本星期内不能来。永圻来一片。

二十日 阿杭本日去校。买米粉干一斤，四千元。

二十一日 下午梅焕藻来，当是路过避雨也。

二十二日 悌儿交来二十五万元。付电灯费二万六千，买米五十斤七万九千，煤球一石二万七千。连日又大雨，今日似可望晴矣。邵潭秋夫妇来，留之午饭去。令悌儿写一片与培儿，告以自下月起每月五万元不必寄，即与梅孙买补品食，因渠肺部不强也。晚马科来，十时后去。

457

二十三日　周备来一信。权送来梨子、苹果各两个,言其姊托人从大连带来者也。

二十四日　孝宽来,谈甚畅,午饭后四点钟去。阿杭来信,欲余代其寄九月家用,此子全不懂道理,写一信痛责之。晚王子辅来,盖在京开会毕,因汉口至长沙水阻绕道过此,经浙赣路转株州回粤也。

二十五日　付日用十万元。覆周备一信。

二十六日　阿杭来一信。马科寄彩排票子来,时已过,遂未去。

二十七日　孝宽来片,坚八月初二之约,是日其生辰,顺兰等备有鸡面也。德安王某寄一信与十力嘱转,十力一时未必来,因代寄往北京。

二十八日　德贞来一信,阿南来一信。

二十九日　王天祚来。马科来,讲《项羽本纪》完,午饭后去。到汪家吃孝宽寿面,寿以蛋糕一盒。何翘森来,未值,留一字而去。邵潭秋寄近作《出蜀至沪诗》来。周培亦来一信。

三十日　祖年来信,言一湖病转恶,可虑也。崔华来一信,十六日所发。覆一片与德贞。

三十一日　看丁月江,交所嘱写扇。看邵潭秋。过剧团看梁斌等,适《三姐下凡》一戏彩排,遂与马科同到人民大舞台观之,五时后回。李永圻来,未相值,吕氏父女所书画扇托永圻交来。

九　月

一日　周仲容来,言伍仲文于八月中旬化去。又言江苏文史馆长已发表,为钱子严。写一片覆阿南,一片与李金煌,一片覆崔华。晚看李永圻。

二日　写一信与一湖,由祖年转。一信与祖年。近两日又转热。报载法国议会否决欧州军条约,此则佳音也。

三日 付日用五万。写一片与张蔚记,促其来修漏。晚马科来,为讲《留侯世家》。

四日 写一片谢吕诚之写扇。又一片与叔兄,恳向钱慈念探听孝宽史馆消息。

五日 悌儿交来家用廿五万。买米五十斤七万九千五百,油五斤二万八千,糖一斤四千馀。张蔚记派徐姓木工来,用油毛毡修盖天篷。晚遂大雨,可无忧矣。黄佩秋来。

六日 梁斌、章浏来,午饭后去。付日用十万元。

七日 孝宽来,午饭后同游虹口公园,见西北云起,知有雨,急出园送孝宽上电车。后雨大至,因在合作社避雨,待雨住始归。叔兄来一片,言钱慈念已回沪矣。

八日 柳贡禾来,义侄来。午后赴伯宣之召,因与孝宽有夙约也。丙公亦来,赙汪仲衡两万元即交丙公捎去。晚饭后归。

九日 金煌来一信。午后与权看《梁山伯祝英台》电影。买月饼十个,一万三千元。晚有寇机来扰。

十日 刘啸篁来,言将去鄂。

十一日 写一信覆金煌,一片与周备。本日中秋,在周家晚饭,饭后与周权同到虹口公园看月。

十二日 星期。阿杭信来言患腹泻并发高热,热止而泻未已,因令悌儿往一视之。

十三日 看浦龙渊《周易辨》完,书名辨者,盖驳朱子易为卜筮而作之说也。续看纪大奎《周易外编》。缴自来水费两万五千八百。

十四日 缴煤气三万四千三百元。孝宽约明日午后在彼处与蒋继明晤谈,继明十三晨抵沪者也。

十五日 到史馆取薪。便看赵苇舫、柳劬堂,劬堂留午饭。饭后看钱自严,随赴孝宽之约。随继明来者,戴一同、罗静轩二人,继明颇善谈,孝宽并备有晚饭。饭后丙公亦来,当将少怀钞书费十万元交与丙公。

十六日 看周孝老,便过尹石公,当午饭时石公必回,故候其便而往。石公留吃面,谈极畅,至四时许始辞去。又过吴眉孙,小谈而归。连日吴氏媳亦病泻,皆做饮食不谨而致也。阿杭回。付日用十万元。

十七日 阿杭还来垫寄家用十五万元。买胶皮鞋一双三万九千七百元,买布一丈六尺四万四千八百元。午后四时半偕周权、张家怡看朝鲜影片《侦察兵》。

十八日 邀蒋五、孝宽、丙公、戴一同、罗静轩小聚,会钱希吾亦自南京来。蒋五多述旧闻而不无矛盾龃龉之处,因时与辩难,此公终是气盛而学疏也。午后五时散去。童载新来。晚吕翼仁、李永圻来。

十九日 星期。付下月报费一万八千元,买米百斤七万九千五百元。午后阿杭去。晚马科来,为讲《淮阴侯列传》毕。一之来一信。

二十日 覆一之一信,交其家附去。鼎女来一信,言病已愈,可喜,而龙女来信则云病如故,真忧喜同门矣。唐玉虬亦来一信。汪仲衡之子国琛来信道谢。晚崔妈妈偕马科来。

二十一日 早刘子静来辞行,并调北京建设银行工作也。寄二十万与龙女,又覆鼎女一片。午后看蒋竹老,遂过伯宣吃面。今日旧历八月廿五,其诞辰也。孝宽亦去。

廿二日 彭祖年来一信,言一湖病转好,此佳音也。黄少怀来信问钞诗次第,写一片覆之。又覆唐玉虬一片。文史馆通知,廿五日举行国庆联欢会。又南充师范学院来一信转与熊十力,十力久无消息,不可解,姑候数日再说。

廿三日 邮局寄来徐益修所著书十三本,署名者为徐立孙,殆其弟卓也。午后匪石来。看汪宜荪,病已少愈,与孝宽稍谈而归。金煌来信,言调军委会工作,去京前当来沪一行。

廿四日 缴电费三万二千,又付日用十万,缴地价税四万一千六百。

廿五日　史馆豫祝国庆,备午餐并有弹唱、口技、杂技等,极口腹耳目之娱矣。龙女来一信,内附子慧一纸,当交与阿杭寄与道一。悌儿交来家用二十万。马科来一信。

廿六日　早季家骥来。午后看仲容病。叔兄来一片。杨云汉来,晚饭后去。王天祚来。

廿七日　刘约真来一信片,问一湖病,当作书覆之。又写一片与李金煌。又黄少怀附来与刘丙孙书一纸,加封转去。

廿八日　马科来一信。

廿九日　到史馆取薪,便看孝宽、倪沧舲、柳贡和、宋小坡,并托小坡代将黄少香寄来朝鲜人与刘慈民往来书信与诗数封设法出售。正勤来信,告十月一日行婚礼。

三十日　葛一之来,借《三国》五、六二册去。丙公来。宗维恭来告帮,留午饭并赠以两万去。送正勤以旧磁屏风一具,并题"雀屏中选"四字贺之。一之捎来一信,言游医巫闾山未成,以遇雨故也。刘啸篁来一片,言已安抵武昌。

十　月

一日　早张允和来,谈家事并诉苦。晚间有昆曲彩排,约余俱去,以雨谢之。王耀曾结婚,送以"二乔观书图",新自黄氏购得者也。

二日　看吕翼仁。王耀曾邀晚饭。李永圻来,言吕翼仁在大醉园候余小酌,余既不饮酒,又以耀曾约在先,谢之。买米五十斤七万九千五百,油五斤二万九千。

三日　周仲簋夫妇来。午后王务孝来,赠其《文选集评》一部。写一五律寄刘啸篁,了人事也。叔常婿来一信。

四日 付日用十万,付洗衣钱一万五千。徐立孙来信,问冒鹤亭等地址。寄一信与十力,并将南充师范学院信附去。午后丙孙来。访宋小坡不遇,过蒋竹庄借《周易函书约注》,在汪家吃馄饨。

五日 写一信寄徐立孙,并将题其兄益修徐氏全书后六绝句写去。十力来一信。

六日 将十力信转与唐玉虬、羊宗秀,以其又欲在常州觅屋也。又附来一信转寄其子世菩,(十七区)青云路招商二村九十一号。晚过宝侄家小坐。龙女来信,款收到。

七日 看宋小坡,未遇。看眉孙,为丁小珊学画求师事也。崔华自朝鲜回,来看我,留晚饭去。

八日 覆十力一片。天雨转凉。蒋云从来一信,盖为王绵事也。

九日 钞本《黄石斋集》校完。

十日 星期。付日用十万元。寄阿兰五万元,令阿杭写信寄去。金煌因呕血入汤山疗养院,托其友人文忬来信告知不能来沪。金煌屡愈屡发,可虑之至。覆礼鸿一片。又写一片与德贞,一信与马科。一信与文忬,问金煌入院后情形,并问可否到汤山探问。苏宇来一信。

十一日 付自来水钱二万四千三百,买对过刘家茶叶一斤二万四千元,又煤球一担两万八千。午后看孙俶仁。

十二日 马科来,饭后同到人民大舞台看华东戏剧观摩演出,有沪剧、徽剧、淮剧。晚再看安徽梆子、黄梅戏、倒七戏。倒七戏演《芦花记》《闵子骞事》,剧本甚佳而音调单纯而粗劣,殊不足登大雅之堂。闻此为合肥庐江一带土戏,谓之倒七者,殆以每句七个字故也。在剧场遇正勤。汪宜苏来一片,问江苏文史馆新发表馆员事。

十三日 写一片与徐立孙,告以冒鹤亭地址。缴煤气钱三万六千八百。德贞来一片。还孙俶仁钞本《黄石斋集》。在三江浴室洗澡。

十四日 还所借文史馆书。看宋小坡,未值。看眉翁,留午饭。饭后看丁孝宽,告以文史馆事已由眉孙函江某询问矣。

十五日 早孝宽来。心叔来一片,言前托云从片有误,再写一片寄去。收房金卅八万四千八百。张蔚记来粉刷。

十六日 偕周权到虬江路买赴宁十八日车票,四万九千元。又到南京路食品公司买扁笋三斤二万四千元,莲子一斤一万四千八百元,糖果十包一万七千元,备到宁送人也。买米五十斤。

十七日 星期。马科来,送到昆曲戏票,在人民大舞台。看戏与张允和同去,张有先约也。

十八日 乘十一时五十五分车赴宁。权权送上车,备备来接,到红庙已九点钟矣。车抵下关车站为七点三十分,在下关吃鸡丝面一碗,四千四百元。

十九日 早起到双石鼓看叔兄,已出,告三嫂明日在武定桥包顺兴相聚,随至天青街午饭。饭后小憩,返城北看苏宇病。六时回至红庙,则叔兄已来,同饭,谈至八时后始散。寄一片与金煌。

二十日 邀东甫、叔兄在包顺兴吃蟹包,每个八百元。到马道街看郑仲青,未值,与其兄阳和略谈。谈及周仲琦,因卖宅在宁,因索开一地址。再至伯沆家看周夫人母女,赠予芝麻一包,在今日为珍物矣。回红庙晚饭。

廿一日 午前到碑亭巷六十二号文史馆看黄辑五,今改字七五,不见殆四十年矣。便问及丁孝宽事,知九月中发表二十馀人无其名,恐无复指望。此事权半操在调查者之手,非上峰所能一力主张也。回红庙午饭,饭后至湖北路卢宅看仲琦,知其兄直清尚在,住上海北京西路,亦旧时在日本交游中之硕果矣。复到宁海路看望杏夫妇,晚饭后回。

廿二日 连日吃油腻稍多,早起大泻,遂不敢再吃,仅吃蒸糕两块。午后食山芋一个,晚在天青街食馒首两个。培儿至八点始回。中间经平家巷看伍立仲,慰其丧耦。写一片与胡允恭。

廿三日 叔兄邀在包顺兴食蟹包,仅食四个而止。看韩渐老姻丈,回红庙午饭。饭后看振流、苏宇。晚饭亦在红庙。

廿四日　胡允恭来,知金煌病不轻,甚忧之,而至今无回信,想不能接见访客也。与周备同游玄武湖,回至鸡鸣寺食素面,昔时阿兰若今成茶肆矣。复同至人民戏院看《萨特阔》电影,看毕同至天青街晚饭。

廿五日　午前看强天健、杨碧天,到旧曾公祠看林子硕,钟英中学今迁此也。午后与备备同在堂子巷洗澡,邀其同至叔兄处晚饭。强、杨二生午后来,未相值。

廿六日　再看黄辑五,以丁孝宽之事托之。晚应苏宇之约在其处吃面,赠予李小湖对一副、王梦楼条幅一帧,又萧屋泉山水一帧、章太炎篆书一条,皆未裱者。另方唯一字四条转赠东甫。是日苏宇精神颇佳,殆溶血疗法之效欤。

廿七日　东甫邀在刘长兴吃蟹包,似不如包顺兴,而价较昂。余食四枚,遂未午饭。至天青街检出英、日文旧籍数种。晚食蟹。

廿八日　为周备觅屋,到洪武路陈修南家看屋,屋中有一泉曰"陈氏甘泉",此城市中所希有也。午后邀强天健同到丁家巷坟上一看,便游雨花台烈士墓园。归途在土产公司买香肠二斤半,共三万三千七百五十元。

廿九日　天有雨意。午前看周备未值,在叔兄处午饭。饭后看苏氏侄媳病,已出医院矣。再看苏宇,适杨光杰自沪来亦在,小谈而归。晚周备来,上海转来唐玉虬一片,宋小坡一信,一之一信,鼎女一信,并知前寄文忻一信已退回。

卅日　与叔兄同游灵谷寺,吃素面,过音乐台看菊花,归途游博物馆。是日天转晴,霜叶渐有红者。

三十一日　购好一日车票,将行而金煌书来,渴望一见,乃将票退还。午后与三姊同至中华剧场看江苏京剧第二团《将相和》一戏,演廉颇者为于金奎,殊不恶。可权请客。晚培儿来。

十一月

一日　乘八时三十分汽车至汤山陆军第三病院看金煌病,云血止已二十馀日。谈约一小时而出,赠之《诗经集传》一部,有红蓝色加批套板,旧时购之广州者也。归途经大行宫,复购好明日车票。晚看周备。

二日　周备早来,邀在北门桥吃早点,并送余上车。车十一点五十五分开,晚七点半到。

三日　发一片去红庙,一片与王天祚。文史馆通知,薪资调整为六十万。晚到青云路招商二村九十一号访熊十力,十力于上月秒由京移沪,曾在余赴宁期中来过,未值,谈至十时后始归。

四日　买米五十斤,价如旧。寄一片与唐玉虹,十力言曾邀其来沪也。看日人高仓辉所著《箱根风云录》小说,乃托李永圻转借来者。黄少香偕王循序来。

五日　晨十力偕周朋初来,谈至十一时后始去。到文史馆取补发九、十两月薪资各十万元。送徐益藩托还眉翁《亭林诗注》。过汪家问孝宽消息,并送与芝麻半包。晚与权权在三江浴室洗澡。

六日　写一片与叔兄,一信与一之,一片与鼎女。天祚来取所带猪肉去。

七日　悌儿交来二十五万元,付日用十万。十力托周朋初、刘毓瓒送来一信,内附玉虹一信,会余外出,周、刘并未值。

八日　午前看匪石、仲容,留午饭。归后小憩,看十力,留吃面,七时半后归,谈极欢。

九日　与权至虹口公园看菊花。

十日　卖旧报纸,五万九千元。吕翼仁邀在光华戏院看昆剧,李永圻亦来。戏后请二人在十乐坊晚饭,报纸钱罄矣。寄一信与宰平。

十一日　　寄一片与备。马科自佛子岭来一信。与权看苏联木偶戏影片。

十二日　　看周孝老病，未见。看周直清，不见三十年矣。便过竹庄，未值。付自来水费二万二千七百，又居民委员会费三千。晚吕翼仁邀看《长生殿》。久旱得雨，一夜未绝，可喜也。

十三日　　仍雨。缴煤气六万零一百元。一之来一信。崔华来一信，已至合肥矣。周孝老令其第六子写一信来述不能接见之故，此老可谓周到矣。晚过崔华家，其母病已痊。

十四日　　写一片寄一之。梁斌亦由合肥来一信。当写一信寄与马、崔、梁、章四人。

十五日　　许公武来。到文史馆取薪，便过汪家一看。强玉琴来邀吃饺子，谢之。买米五十斤七万九千五百，付看弄人八千二百。

十六日　　缴冬季房捐十一万二千四百，又有奖储蓄八万。看十力，留午饭。回邀同权权看《黑孩子》电影，甚佳。买旧望远镜一具二十五万元，付日用十万。吕左海、李永圻来，未值，留下后日昆曲票一张。文史馆寄来菊花展览券两张。

十七日　　写一片与刘丙孙。午后邀同周权赴菊花展览会，所谓名种者须依次排队观看，人甚拥挤，懒于等候，遂绕园一周而回。在乐仁堂买参芪膏半斤，三万二千元。黄秋生寄一扇面来，外一函欲予为其书画。

十八日　　寄一片与金煌。宰平来一信，其新址为东城本司胡同乙卅二号。买鸡卵二十枚，一万五千元。

十九日　　苏宇来一信，因写一片告天祚，约星期日去相看。晚在光华看戏，亦吕小姐请也。昆曲而杂以苏滩，扫兴极矣，惟朱国樑《窦公送子》一戏尚不恶。

二十日　　马科自合肥来一信，知所寄信收到矣。馀人尚在蚌埠。

廿一日　　访王天祚，未值。付报费一万八千。杨云汉来。晚邀吕、李二人看汪传钤《夜奔》，朱传茗、华传浩《芦林》，甚佳。吕并在寓晚饭,杨饭后去。

廿二日　彭祖年来一信,已移寓武昌涵三宫三十二号。晚天祚来。

廿三日　买鸡蛋十六个一万元,糖一斤七千二百元。覆苏宇一信。叔兄来一片,韩渐老于昨晨作古矣。邀权权同看《山中防哨》影片。买菜六十斤,万二千。

廿四日　午前看十力,赠以旧墨一挺,因天欲雨小坐即回。一之来一信,寄一片与马科。

廿五日　为秋生作一七古,即写于其寄来扇面上,又了一事矣。写一片覆叔兄。午后丙孙来。晚永圻请看扬剧,卖座甚盛,多扬州人,戏词及音调殊鄙。

廿六日　买米五十斤,价同前。付日用十万元。十力来,稍坐即去。午后看竹庄,还所借《周易函书约注》。看秋生,缴还所属题扇面。马科来,未相值,留一简及佛子岭水库照片一帧而去。因其明早即去宁,因电召之来宿,谈至十一时始寝。

廿七日　夜眠不佳,马科六时去,未起送之。崔华来一信。晚吕翼仁邀在寓中吃饭。

廿八日　苏宇来一信。晚吕翼仁、李永圻邀看山东吕剧戏。

廿九日　梁斌从合肥来一信,即赴南京矣。程彬儒来信告贷。十力来,持玉虬信邀同赴常州看屋。

三十日　孝宽来一信,寄五万元与之。又写一信与叔兄,为蒋竹庄索苏馆人名单,转致黄辑五也。马科自宁有信来,金煌亦来一信,病渐起,甚慰。晚邀吕、李二人听昆曲,此为最后一场矣。

十二月

一日　寄五万元与程彬儒。

二日　邀周权看《一个女矿工》电影，不如《箱根风云录》远矣。

三日　连日寒流南下，室内温度已在五十度下。取《乾坤正气集》校《黄石斋集》，亦补得数字。

四日　彬儒来一片，款收到矣。买油四斤六两，两万四千六百元。看十力，后回到吕翼仁寓中吃晚饭。

五日　星期。交十万元与阿杭寄与龙女。王天祚来。十力来。孝宽来一片，款收到矣。天仍阴。午后永圻邀看淮剧，在共舞台。

六日　终日雨。覆苏宇一信。付里弄租地钱五千六百元。

七日　看十力，交还托向银行储存款单二百万元。本定明日与之同往常州，以天雨改期。悌儿回，交来家用二十五万。付日用十万。买鸡蛋十四个，一万零五百。寄一信与马科。萧宇元来，捎得一之口信，月底可回沪，又附来一湖音耗。

八日　章浏来一信。崔妈妈来，送虾米一包。叔兄寄来苏史馆名单，随转与竹庄。本日沐浴。吴镝赴宁，托带四万元交与周备买香肠。买米五十斤七万九千五百，付洗衣钱一万。

九日　写一信与一湖，一信覆章浏。买麻油一斤六千六百元，参芪膏半斤三万二千元，肉松四两四千七百元。晚永圻来，言吕诚之有寒疾，渠与吕翼仁明日即回常，因到兴业坊小坐而归。

十日　买猪肉半斤、猪腰一对，七千四百元。

十一日　鼎女来一信。发一片与马科，托买香肚。

十二日　看淮剧《白蛇传》，未见佳。苏宇来一信。

十三日　永圻来。吴镝来。香肚买得三斤，共四万〇五百元。

十四日　买赴常州票两张，共五万五千六百元。付自来水两万一千五百元。为十力誊写与郭沫若长函，终日在其家，至晚九时始回。永圻送来药一瓶，托带与吕小姐。

十五日　早到史馆取薪，随到十力处午饭，饭后同赴常，五时左右到。羊宗秀来接，住康乐饭店。在玉虬处晚饭，饭前一过吕诚之家，将药交与吕翼仁,诚之病亦稳住。写一片约天祚来谈。

十六日　早羊宗秀请吃点心。十二时十八分车回沪,五时到。收房钱三十八万四千八百。买米百斤十五万九千,付煤气七万〇四百,地产税四万一千六百,看弄人八千二百,买鸡蛋十枚七千二百,猪油一斤八千一百。苏宇又连来两信,先覆一信以慰之。

十七日　付日用十万元。梁斌来一信,随覆之。马科交李富笙带来香肚十个,来信言以此见馈,意甚恳至,自剧团取回香肚后即覆一信谢之。晚过宝佺。

十八日　午永圻来谈。唐玉虬来一信,随送与十力。

十九日　宝佺夫妇来。宝佺将赴北京,邀其下星期四来晚饭。王天祚来,知其夫人已不坚持分居,当写一信告知苏宇。付下月报钱一万八千,买牛舌一条万九千。看裘盛戎《打鸾驾》。

二十日　十力来谈,又欲移居苏州,当告以苏州无熟人,不可住,且觅屋亦不易耳。晚与周权洗澡,热不可耐,匆匆洗毕遂出。悌儿回,交来家用二十万。写一片与玉虬。又程彬儒来书问庄子"尸居龙见"三句义,亦写一片覆之。买鸡子二十二枚,一万五千二百元。

二十一日　买鸭一只,一万六千元,备请宝佺也。尹石公来信,言周、江二公邀集消寒,自明日始。

二十二日　十力来一信。晚在孝老家消寒第一集。买皮大衣一件,七十万元。

二十三日　苏宇来一信。复十力一信,劝其勿再萌移居之念。贻孙来一片,邀吃元宵。

二十四日　张蔚记来,付修理天棚油毛毡钱十二万。十力来。郑宝隆来一信。到汪家,晚饭后回。

二十五日　吕翼仁来。覆苏宇一片,郑宝隆一信。德贞代三姊寄来五十万与沧舲。

二十六日　午后送钱与沧舲。覆德贞一片。又寄东甫一片问三姊疾。晚吕翼仁邀在冠生园吃火锅,并看谭富英演《文天祥》,早晨即由永圻送票来。

廿七日　梁斌自无锡来一信,即写一信覆之。买肉四万五千八百元,不及六斤,备腌腊过年也。换皮鞋鞋跟,一万元。买新译苏联关于青年修养书合二种,寄与梅孙,价五千三百元。

二十八日　付日用十万元。买镦鸡两只五万三千元,鸡卵三十枚两万二千五百元。午前看吕小姐,未值。午后邀周权看《奠边府战役》及《战斗的友谊》影片。

二十九日　雨,时有微雪。买粉丝二斤,每斤九千三百元。付修大衣钱三万元。再看吕翼仁,已于今晨行矣。东甫来一信。陈墅寄来代取田租廿四万馀,以十万寄龙女,馀十四万馀与悌儿买雨衣。

三十日　仍雨。自本日起看《瑜伽师地论》。

三十一日　一之回。正勤来一信,即覆一信。史馆有信贺年,覆以一片。晚消寒二集,仍在孝老家。宗维恭来一信。